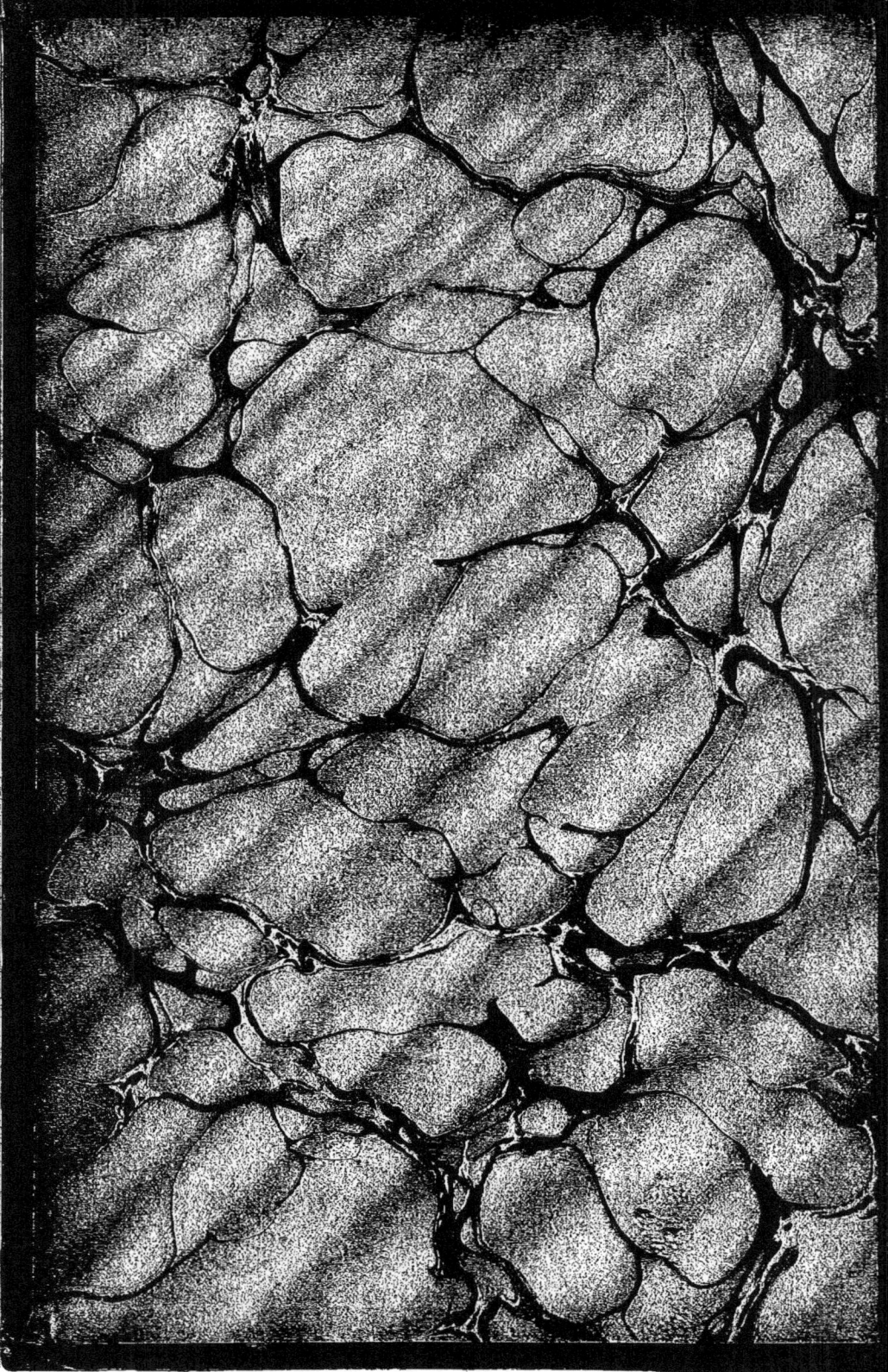

MÉMOIRES

DES FRÈRES GAY

DE DIE

DU MÊME AUTEUR

Essai historique sur l'Eglise et la ville de Die. Montélimar, Bourron, in-8°. Tome 1er (1888), XII et 500 pages. 6 fr. — Cet ouvrage aura trois volumes. Le tome second est sous presse.

Manifestations religieuses à Montélimar en 1583. Montélimar 1872, in-8°.

Notes et documents pour servir à l'histoire des doyens de l'Eglise de Die au XVIe siècle. Montbéliard, 1880, in-8°.

Passage de la Compagnie des Ecossais dans le Diois (XVe siècle). Document inédit. Montbéliard, 1882, in-8°.

Procès-verbal de la visite pastorale de Jacques de Tournon, évêque de Valence et de Die, à Die et à Crest (26 mars et 4 avril 1551). Montbéliard, 1882, in-8°.

Notes et documents pour servir à l'histoire des évêques d'Avignon et de Valence dans la seconde moitié du XIIIe siècle. Valence, 1886, in-8°.

Histoire généalogique de la maison de Rabot par Jean de Rabot. Valence, 1886, in-8°.

Mémoires de P. Archange de Clermont, de l'ordre des Frères Mineurs Récollets pour servir à l'histoire des huguenots à Romans (1547 à 1570). Romans. 1887, in-8°.

MÉMOIRES
DES FRÈRES GAY
DE DIE

POUR SERVIR A L'HISTOIRE DES

GUERRES DE RELIGION EN DAUPHINÉ

ET SPÉCIALEMENT DANS LE DIOIS

PUBLIÉS D'APRÈS LES MANUSCRITS ORIGINAUX, AVEC UN TEXTE SUPPLÉMENTAIRE
DES NOTES GÉNÉALOGIQUES ET DES DOCUMENTS INÉDITS

PAR

Jules CHEVALIER

PROFESSEUR D'HISTOIRE AU GRAND SÉMINAIRE DE ROMANS

MONTBÉLIARD
IMPRIMERIE P. HOFFMANN.
1888.

Tiré à 200 Exemplaires.

MÉMOIRES
DES FRÈRES GAY
POUR SERVIR A
L'HISTOIRE DES GUERRES RELIGIEUSES
EN DAUPHINÉ
Au XVIe siècle

Les guerres religieuses, qui ont désolé la France durant la seconde moitié du XVIe siècle, auront toujours le triste privilège de captiver notre attention et de nous émouvoir. Comment, en effet, demeurer indifférents en face du spectacle que nous offre alors notre malheureuse patrie? L'incendie et le pillage promenés par tout le royaume; les tombeaux violés et dépouillés; les reliques des saints jetées aux vents; une multitude d'églises et d'abbayes, jusqu'alors respectées par les siècles, vouées à la profanation et à la ruine; des crimes horribles, d'atroces barbaries qui seront à jamais la honte de l'humanité: voilà ce que découvrent de toutes parts nos regards épouvantés, et ce qui proclame la violence des passions qui étaient en jeu. Au milieu de ce trouble et de cette anarchie, il y a pourtant une chose qui excite l'admiration : c'est la bravoure déployée sur les champs de bataille; c'est l'héroïsme avec lequel des hommes et des femmes, retranchés derrière de faibles murailles, défendent leur honneur et leur liberté. Les noms de des Adrets et de Montbrun, toujours vivants dans les légendes du pays, rappelleront longtemps encore à nos populations des scènes terribles, mais ce douloureux souvenir demeurera inséparable de celui de l'habileté, de l'audace de ces fameux capitaines [1]. De misérables bourgades, de modestes châteaux, dont les derniers débris couvrent les sommets de nos montagnes, opposèrent des résistances, soutinrent des sièges qu'on pourrait comparer à ceux de Numance et de Sagonte. Qui ne se souvient parmi nous du siège de Livron, durant lequel une poignée de soldats tint en échec toute une armée royale?

Mais ce ne sont point ces souvenirs qui font le principal intérêt qu'on attache à l'histoire de ces temps malheureux. Les causes multiples qui armaient alors les uns contre les autres les citoyens d'une même patrie ; les conséquences immenses de ces dissensions, conséquences que nous voyons se dérouler encore aujourd'hui, car la révolution religieuse du XVIe siècle n'a été que le prélude des autres révolutions accomplies depuis cette époque dans l'ordre politique : tout cela est bien autrement intéressant à étudier.

Personne ne contestera que de graves désordres, des abus de toute espèce s'étaient glissés avec le temps dans tous les rangs de la hiérarchie ecclésiastique. Les familles nobles donnaient à l'Eglise ceux de leurs enfants qui étaient disgraciés de la nature, ou bien encore ceux auxquels elles ne pouvaient assurer dans le monde une position élevée sans amoindrir la part des aînés. Ces jeunes seigneurs, entrés le plus souvent dans les ordres sacrés sans aucune vocation et dotés par la faveur royale de riches bénéfices, n'avaient point les qualités, les vertus que réclamait l'exercice de

---

[1]. BRANTÔME (Œuvres complètes, édit. de la soc. de l'Hist. de France, t. IV, p. 32) parle en ces termes de des Adrets : Soubz luy il fit trembler le Lionnois, le Forestz, le Vivarez, l'Auvergne, le Dauphiné, le Languedoc, la Provance un peu, bref ce pays de par de là ; et le craignoit-on plus que la tempeste qui passe par de grandz champs de bled, jusques la que dans Rome on apprehenda qu'il armast sur mer, qu'il la vint visiter, tant sa renommée, sa fortune et sa cruauté volloient par tout. — Montbrun a mérité par ses brillantes qualités militaires le surnom de Vaillant ; mais on doit lui reprocher d'avoir laissé à ses soldats une licence effrénée. Le massacre de la garnison de Mornas (8 juillet 1562) suffirait pour souiller sa mémoire. Voir un épisode qui peindrait sa cruauté dans DELACROIX, Statistique de la Drôme, Valence, 1835, in-4°, p. 551.

leur auguste ministère. Ils abandonnaient à d'autres le soin et la direction des fidèles, et dépensaient à la cour ou dans le luxe des villes des revenus qui, dans les intentions des premiers bienfaiteurs du clergé, devaient être uniquement employés au service des autels et au soulagement des pauvres. Il n'était point rare de voir un même personnage en possession à la fois de plusieurs évêchés et de diverses abbayes [1]. Le droit de percevoir les dîmes et autres revenus des églises, vendu à des fermiers ou receveurs, s'exerçait parfois d'une manière odieuse aux populations et donnait naissance à une infinité de procès [2]. Dès le temps du concile de Vienne (1311), dit BOSSUET, un grand évêque chargé par le pape de préparer les matières qui devaient y être traitées, mit pour fondement de l'ouvrage de cette sainte assemblée qu'il y fallait reformer l'Eglise dans le chef et dans ses membres.

[1]. *Le cumul des bénéfices, qui est la ruine de la discipline ecclésiastique, avait atteint au XVI*ᵉ *siècle des proportions incroyables. Le cardinal Jean de Lorraine peut être cité comme un exemple de ces prélats chargés de bénéfices : il devint évêque de Toul en 1517, de Metz en 1518, de Narbonne en 1520, de Valence et de Die en 1521, de Verdun en 1523, de Luçon en 1524, de Reims en 1533, d'Alby en 1536, de Lyon en 1537, d'Agen en 1541, de Nantes en 1542. Il était encore abbé de Cluny, de Fécamp, de Marmoutier, de Saint-Ouen et de Gorze. Il conserva jusqu'à sa mort les archevêchés d'Alby et de Narbonne et l'évêché de Metz* (GAMS, *Series episcoporum ecclesiæ catholicæ, Ratisbonæ, 1873, in-4°, p. 293).*

[2]. *Une enquête faite en 1450 dans la ville de Die, par ordre de l'évêque Louis de Poitiers, constate le mécontentement du peuple à l'égard des clercs et des moines et en laisse clairement entrevoir la cause. Après avoir dit que les chanoines et les prêtres de l'église cathédrale sont au nombre de trente, le commissaire de l'évêque ajoute :* In conventu fratrum Minorum sunt circa 25 fratres, qui vivunt supra civitatem. In conventu fratrum Predicatorum sunt tantumdem. Prior Sᵢ Marcelli et circa quindecim tam monachi quam servitores. Prior Sᵢ Mauricii et circa quindecim. Prior Sᵉ Agathe de Castello. Prior Sᵢ Petri... De causis miserie dictorum habitantium civitatis predicte, dicunt dicti probi electi quod domini ecclesiastici superius nominati tenent meliores possessiones et predia territorii ejusdem, et percipiunt super possessiones dictorum hominum et popularium dicte civitatis tantos census et pensiones quod vix solvi possunt, utpote ecclesia cathedralis percipit in pecunia circa duodecim centum florenos et in bladis ultra mille sextaria ; dicti etiam conventus fratrum Minorum et Predicatorum plures percipiunt pensiones...... (*Archives de M*ᵐᵉ *de Lamorte-Félines, à Die).*

Le grand schisme arrivé un peu après mit plus que jamais cette parole à la bouche non seulement des docteurs particuliers, d'un Gerson, d'un Pierre d'Ailly, des autres grands hommes de ce temps-là, mais encore des conciles, et tout en est plein dans le concile de Pise et dans le concile de Constance. On sait ce qui arriva dans le concile de Bâle, où la réformation fut malheureusement éludée et l'Eglise replongée dans de nouvelles divisions [1]. *C'était pour apporter un remède salutaire à tous ces maux que le concile de Trente fut convoqué. On y rédigea des règles pleines de sagesse sur les principaux points de la discipline ecclésiastique : leur application immédiate eût peut-être détourné de l'Eglise et de la société d'incalculables malheurs. Mais que peuvent les meilleures lois contre de vieilles habitudes, contre des vices que l'intérêt oblige à ménager ! Les décrets disciplinaires furent écartés et réservés pour un autre temps : ces sages réformes contrariaient les appétits du plus grand nombre; les désordres continuèrent et la guerre éclata.* Bossuet n'hésite point à voir dans le protestantisme une punition terrible du relâchement du clergé [2].

Les motifs qui attirèrent à la religion nouvelle ses premiers adeptes sont nombreux et de nature fort différente. Bien des moines fatigués du joug de la règle s'empressèrent de saisir l'occasion de renoncer à un état, pour lequel ils ne ressentaient aucun attrait, et d'embrasser une vie plus commode [3] : *ils devinrent souvent les pré-*

---

1. BOSSUET, Histoire des variations des églises protestantes, *liv. I* (Œuvres de Bossuet, *éd. Guérin, t. III, p. 155).*

2. *Pierre de Villars, archevêque de Vienne, dans un écrit spécialement adressé au clergé, déplorait tous ces maux de l'Eglise, et y voyait la source de l'affaiblissement de la foi et des vertus chrétiennes chez le peuple* : Si la piété ancienne, disait-il, se trouve du tout éteinte, non, non, n'en rejettons point la coulpe sur les laïcs, parce que s'ils en ont, elle est toute nostre et toute nous sera imputée. (Opuscules et divers traités de M⁰ P. de Villars, arch. de Vienne, sur plusieurs matières ecclésiastiques, *Lyon, 1596, in-8°, 2 vol., préface).*

3. *François Lambert, cordelier d'Avignon, fut le premier religieux français qui, après avoir apostasié, se maria publiquement. Il explique pourquoi il a quitté le catholicisme dans l'ouvrage suivant* : Francisci Lamberti, Avenionensis theologi, rationes propter quas Minoritarum conversationem habitumque rejecit ; *1523, in-8°. A l'occasion de son mariage, il publia* : De sacro

dicateurs de la nouvelle doctrine, et mirent d'autant plus d'ardeur à la propager qu'ils avaient plus de remords à étouffer au fond de leur conscience et que le scandale de leur apostasie était plus grand [1]. Comme dans toutes les révolutions, le désir de sortir de

conjugio commentarius Fr. Lamberti in positiones 69 partitus; *1525, in-8°*. (BARJAVEL, Dictionnaire historique... de Vaucluse, t. II, p. 104-7). — L'audace et la violence des réformés effrayèrent également un bon nombre de religieux et les entraînèrent dans l'apostasie. Dans un Mémoire pour M* Daniel-Joseph de Cosnac, évêque et comte de Die,... contre M* Joseph de Gallien de Chabons (s. d., André Faure, in-f°, 72 p.), nous trouvons la note suivante (p. 41) : Le premier prêche fut indiqué (à Die) pour le premier mai suivant (1562). Ce premier triomphe de l'hérésie fut bientôt suivi de toutes les fureurs qui l'accompagnent lorsqu'elle peut les exercer impunément. Les religieux et les prêtres se virent en un moment en butte à une persécution ouverte. Quelques-uns par intérêt ou par faiblesse renoncèrent à leur état et à leur foi, et les autres ne trouvèrent leur salut que dans la fuite. La voix impérieuse de la sédition força jusqu'à la nature même à se taire; les lois les plus inviolables de la société ne furent plus écoutées. Les chanoines de l'église cathédrale, quoique pour la plupart enfants de l'église de Die, furent obligés de se réfugier au château de Glandage.

1. Dans plusieurs villes du Dauphiné les premiers et les plus ardents propagateurs des nouvelles doctrines furent d'anciens religieux. Amédée Maigret, dominicain, prêchait à Grenoble, le 25 avril 1524, un sermon hétérodoxe, qu'il répéta en latin devant le Parlement et qu'il fit imprimer (ARNAUD, Hist. des Protestants du Dauphiné, Valence, 1875, in-8°, t. I, p. 12-3). — Audit an 1524, en février, fut bruslé à Grenoble un cordelier qui tenoit le parti de Luther et le fit brusler le grand commandeur de Viennois. (Journal d'un bourgeois de Paris sous le règne de François I*er*, Paris, 1854, p. 227). — En 1528, Etienne Rénier, cordelier, prêche la réforme à Annonay (CHARVET, Hist. de la s*e* église de Vienne, Lyon, 1762, in-4°, p. 541). — L'évêque de Valence et de Die, Jacques de Tournon, faisant sa visite pastorale à Crest, le 4 avril 1551, fut informé que la population avait été grandement scandalisée des prédications d'un religieux cordelier, qu'on ne voulut nommer, qui a presché ceste caresme passée audict Crest, parlant du baptesme et du sacrement de l'hostel en maulvaise partie. (Procès-verbal de la visite pastorale de Jacques de Tournon... à Die et à Crest, 1551, dans le Bulletin, t. III, p. 82). — L'an 1551, au mois de décembre, c'et à dire pendant les advents, le prédicateur ordinaire de la ville (de Romans) fut accusé d'avoir avancé quelques propositions en chaire qui etoient contre la foy, à raison de quoy on se saisit de sa personne et fut mis entre les mains du vibailly de Saint-Marcellin. (ARCHANGE de Clermont, Le transport du mont calvaire de Hierusalem en France par la piété

l'obscurité, la soif de s'enrichir de la dépouille d'autrui, la perspective entraînante d'un avenir inconnu grossirent les rangs des réformés. Beaucoup de nobles et de petits seigneurs se déclarèrent dès le début pour le protestantisme, et le peuple qui relevait de leur juridiction seigneuriale, soit par crainte, soit par ignorance, suivit en partie leur exemple. Ils espéraient, dit un historien dauphinois qui a toujours puisé ses informations aux bonnes sources, ils espéraient regagner le terrain qu'ils avaient perdu, et redonner à la féodalité expirante la puissance qu'elle possédait au moyen âge. Leurs rangs se grossirent des courtisans disgraciés, des mécontents de toute espèce, des ambitieux et des déclassés. Les gentilshommes auxquels les lois nobiliaires défendaient de se livrer au commerce, ne pouvant refaire ou améliorer leur fortune par ce moyen, convoitaient les biens du clergé. Ils espéraient suivre l'exemple des Allemands, qui s'étaient emparés des richesses des évêchés et des couvents. La bourgeoisie et le peuple, en adoptant la Réforme, comptaient s'affranchir des dîmes et des pensions ecclésiastiques qui absorbaient une partie de leurs revenus 1. A ces remar-

d'un catholique dauphinois, *Lyon, 1638, in-8°, p. 575-6*).—Jean LE FRÈRE *nous raconte, dans La vraye et entière histoire des troubles et guerres civiles (Paris, 1584, 2 vol. in-8°), que les protestants de Montélimar ayant su ce que faisaient leurs coreligionnaires de Valence (p. 18) s'enhardirent à leur exemple par les presches d'un moyne nommé Tempeste, qui preschoit le caresme en son habit, et neanmoins tenoit et enseignoit la doctrine des Protestants.*

1. Bon de COSTON, Histoire de Montélimar, *dans le* Journal de Montélimar, *1879, n° 50. Cf.* DOUGLAS *et* J. ROMAN, Actes et correspondance du connétable de Lesdiguières, introduction. — *Lesdiguières laissa une fortune princière. René de la Tour-Gouvernet acheta, de 1582 à 1612, plus de vingt fiefs ou coseigneuries (Voir Bull. de l'acad. Delph., 3ᵉ sér., t. II, p. 185). Ce dernier, abusant de la puissance que lui conférait son titre de gouverneur de Die, fit enlever les pierres de taille de la cathédrale de cette ville pour les faire servir à la construction de son château d'Aix. Aussitôt que les protestants deviennent les maîtres dans un pays, nous les voyons se jeter sur les biens des églises, mettre en vente les terres, les maisons qu'elles possédaient, s'emparer des vases sacrés, des reliquaires et de tout ce qui pouvait avoir quelque valeur. Les registres des délibérations consulaires de la ville de Die sont remplis de détails sur ce sujet : (1562 juil. 10) aussy ont parlé des chapes que demande monsieur des Adrets à messieurs de l'Esglise et comment*

ques si judicieuses et qui témoignent d'une parfaite connaissance des annales de notre province, nous ajouterons que les abus qui déshonoraient alors l'Eglise durent en mainte circonstance faire impression sur des âmes droites, et les engager à prêter l'oreille à des hommes qui leur parlaient d'une grande réforme, à entrer dans la nouvelle société religieuse qu'on leur montrait comme étant destinée par la Providence à ramener le christianisme au pur évangile et à la ferveur des premiers siècles.

Les mémoires dont nous entreprenons la publication vont nous faire pénétrer dans le sein de la société protestante du XVI° siècle;

commandement leur en a esté faict ; (juil. 16) ont parlé des chapes que le sieur consul a faict retirer des Cordeliers qui les avoient prises ; plus de ce que Gilles Lambert a faict mettre en sequestre les revenus et biens des Cordeliers et Prescheurs, et qu'il demande lesdictes chapes pour les conduire à Valence ; (1563 janv. 11) ont conclu d'appoincter avec les ja religieux auxquels on a rien bailhé, de les recompenser comme les aultres. Ont arresté de donner à M° Estienne Raymond ja religieux la chambre qu'il avoit au couvent pour 8 florins pension, bien qu'on en trove davantaige, trovant bon de le gratifier de ce. A esté arresté de descouvrir les cloistres des Prescheurs, vendre la depoulhe a credit ou argent comptant, aussy la depoulhe de St-Pierre, du cloistre des Cordeliers.... *Qu'on nous permette encore d'ajouter ici les lignes suivantes, empruntées au* Mémoire pour M° Daniel Joseph de Cosnac, *cité plus haut :* Au milieu de tant de troubles il est aisé de juger que les biens des églises furent abandonnés au pillage ; chacun profita à l'envi de l'occasion de s'accommoder ce qui se trouvoit à sa bienséance. Les terres et autres biens patrimoniaux de l'évêché de Die furent les moins ménagés. En 1591 Gouverson s'empara de la terre de Châtillon ; en 1579 les prés de Vercors passèrent entre les mains de M° Charles du Cros, président de la chambre de l'Edit ; ceux de Die avoient passé dans celles de M° Guillaume de Charenci dès l'an 1575. En 1581 M° Eymar du Perrier se mit en possession de la terre de Chamaloc ; les terres de Divajeu et Lambres, la coseigneurie de Vesc et autres furent pareillement démembrées du domaine de l'évêché. Il est vrai que les usurpations se firent pour la plupart avec une sorte de décence, et qu'à en juger par les apparences, la violence n'en décidoit pas absolument. Les usurpateurs pour colorer leurs entreprises et pour s'assurer la possession des choses usurpées, se faisoient passer des actes simulés de vente par les gens d'affaires de Jean de Monluc, qui étoit alors évêque de Valence et de Die et qui pendant presque tout ce temps là se trouva dans les pays étrangers occupé à diverses ambassades pour les intérêts de nos rois.

ils nous peindront, mieux peut-être que ne pourraient le faire de grands historiens, les mœurs de cette époque et ces deux dernières classes d'hommes qui embrassèrent la réforme : les uns, comme nous l'avons dit, pleins d'ambition, voulant refaire leur fortune ; les autres honnêtes, croyant défendre la cause de Dieu. Ces mémoires ont été rédigés par trois frères, natifs de la petite ville de Die en Dauphiné. Tous les trois furent d'ardents et zélés protestants ; tous les trois ont pris une part active aux guerres religieuses ; aussi le tableau qu'ils nous tracent des événements dont ils ont été les acteurs ou les témoins, les jugements qu'ils portent sur l'esprit qui animait certains de leurs coreligionnaires, n'en auront que plus de valeur à nos yeux [1]. Leur récit contribuera, croyons-nous, à combattre les déclamations de ces écrivains qui nous représen-

1. Le Dauphiné, dont les archives sont si riches en documents de toutes les époques, ne possède en revanche qu'un très petit nombre de mémoires historiques écrits par des contemporains. Pour la période des guerres religieuses, nous citerons : Eustache PIEDMONT, Memorial perpetuel de plusieurs choses advenues, a cause des guerres civiles de ce royaume de France et de ce que particulièrement est advenu en Dauphiné et notamment en notre pauvre ville de Saint Antoine en Viennois, receuillies par moy Eustache Piemond, notaire royal dalphinal : receuillies depuis l'année mil cinq cens septante et deux que je fus de retour de Poitou ou j'avois demeuré onze ans, et onze ans j'avois lorsq'un mien oncle nommé Jean Piemond m'y avoit attiré, y étant marié dès l'an 1560. C'est le titre que porte un manuscrit de ces mémoires, copié sur l'original qui était entre les mains de M° Melchior Piedmont de St-Didier, avocat, mort à Grenoble le 9 mars 1745. Ce manuscrit, qui fut soigneusement copié et collationné sur l'original même en 1742, a fait partie de la bibliothèque de l'abbaye de St-Antoine ; il a appartenu ensuite à M. Mermet, l'historien de Vienne, et en dernier lieu à M. Henri Pion, notaire à Lyon, dans la bibliothèque duquel nous l'avons vu. M. Brun-Durand, de Crest, prépare la publication complète de ces précieux mémoires ; — P. SERRE, cordelier de la maison de Montélimar, Compendium de bellis civilibus religionis causa. (Bibliothèque de M. Lud. Vallentin, à Montélimar) ; — DE GORDES, Correspondance et journal militaire : ces précieux documents, que cite Cnorier en tête de plusieurs chapitres du t. II de son Histoire générale de Dauphiné et que désirait si vivement pouvoir consulter M. Rochas (Biogr. du Dauph., t. I, p. 345), sont aujourd'hui conservés en partie dans la bibliothèque de M. le duc d'Aumale (cf. Histoire des princes de Condé, t. I, p. 515) ; — Le livre du Roy de Briançon : analyse et extraits par Fauché-Prunelle, dans Bull. de l'acad. Delphin., 1° sér., t. I).

tent sans cesse les calvinistes comme des modèles de tolérance, tandis que leurs adversaires ne se laissaient guider que par le plus odieux fanatisme. Si les catholiques se sont rendus coupables de quelques actes de barbarie, ce que nous n'essayons pas de contester, il faut néanmoins reconnaître qu'ils y étaient poussés par les ravages des bandes protestantes, dignes héritières des traditions des routiers et des écorcheurs. Les chefs du protestantisme, ceux qui en furent les premiers fondateurs, ne s'appliquaient nullement à inspirer à leurs disciples cette modération, cette douceur évangélique qui fut l'arme avec laquelle les premiers fidèles triomphèrent des résistances du paganisme, et imposèrent aux nations la foi et la morale du Christ. Il ne sera peut-être pas inutile de placer ici sous les yeux de nos lecteurs quelques-unes des maximes des fondateurs de la secte; maximes qui furent parfaitement comprises et dont nous verrons l'application en plus d'un endroit des Mémoires des frères Gay. Ceux qui ne veulent pas que les hérétiques soient mis à mort, *dit Théodore de Bèze*, sont tout autrement coupables que ceux qui réclament l'impunité des parricides ... Nous voulons pouvoir exterminer ceux qui troublent les églises. *Le même est d'avis qu'on extermine les prêtres* [1]. Quant aux jésuites, *écrivait Calvin*, il faut ou les tuer ou, si cela ne peut se faire commodément, les chasser, ou du moins les écraser sous les mensonges et les calomnies [2]; *et ailleurs il dit qu'il faut cracher à la face des rois catholiques* [3]. En Allemagne Luther *ne se montrait pas plus conciliant* : Frappez en bonne conscience sur ces infâmes, *s'écrie-t-il*, tant qu'ils pourront remuer un membre. Nous vivons dans de si singuliers temps qu'un prince peut mériter le ciel avec plus de facilité par l'effusion du sang qu'un autre par la prière [4].

La famille Gay était originaire d'Orgelet en Franche-Comté. Catherin Gay, qui exerçait la profession de notaire, vint s'établir

---

1. Profession de foi, V^e point, p. 119.
2. Becanus, s. J., Opusculorum theologicorum t. V, opusc. 17, aphor. 15 : *de modo propagationis Calvinismi*.
3. Longueval, Fontenay, Berthier et Prat, s. J., Hist. de l'Eglise Gallicane, t. XIX, p. 527.
4. Cité par la Bibliothèque de l'Ecole des chartes, t. XL (1879), p. 591.

à Die et y épousa, le 7 juillet 1498, Catherine Crestin, fille de Jacques Crestin, marchand de cette ville. Par leur intelligence et leur activité, ses enfants acquirent bientôt une situation de fortune relativement élevée. Antoine Gay, son petit-fils, épousa successivement noble Jeanne Brunel, fille de Vincent Brunel, seigneur de St-Maurice-en-Trièves, et noble Jeanne Faure de Vercors, fille de Jourdan Faure, co-seigneur du Vercors ; il eut entre autres enfants les trois frères, auteurs des Mémoires qu'on va lire.

Thomas Gay, fils d'Antoine Gay et de Jeanne Brunel, naquit en 1547 et mourut en 1586, l'année même où éclata dans la province une peste affreuse qui, au témoignage de Gaspard Gay, enleva près de cinq mille victimes dans la seule cité de Die. On trouvera plus loin une notice biographique sur Thomas Gay ; aussi nous bornerons-nous maintenant à faire connaître la nature du travail historique qu'il nous a laissé. Voulant sans doute imiter l'exemple de quelques capitaines, qui maniaient habilement la plume pendant que leur vaillante épée se reposait, Thomas entreprit d'écrire l'histoire de ses campagnes. Il ne doute pas un instant de son talent d'écrivain et croit fermement que son œuvre vivra. Parfois l'enthousiasme poétique s'empare de lui, et il résume les événements qu'il vient de raconter en des complaintes, en des tirades rimées qui auront au moins le mérite de réussir à récréer le lecteur. Toutefois nous devons savoir gré à Thomas Gay de nous avoir conservé un bon nombre de lettres et de dépêches de capitaines dauphinois, et les détails dans lesquels il entre, les réflexions qu'il fait sur les hommes et sur les choses de son temps offrent toujours un intérêt réel. Aussi regrettons-nous vivement que de toute cette prose, de toute cette poésie, il ne nous soit resté que quelques fragments. Nous n'avons plus aujourd'hui que le cinquième livre d'un ouvrage, qui devait être considérable, et encore ce cinquième livre présente-t-il en plusieurs endroits de déplorables lacunes. Le commencement s'en est perdu ; une petite note, écrite de la main de l'auteur au dernier folio et que nous transcrivons ici, indiquera dans quelle période des guerres religieuses se sont passés les événements racontés par notre chroniqueur. Fin du cinquième volume touchant ce que a esté fet aux moys de juing, julhet, aoust, septembre, novembre, décembre 1574, et une partye de janvier

1575. Faict par Thomas Gay, natif de Dye, estant en garnison à Espenel. *Ce sont ces fragments que nous allons tout d'abord publier, comme étant d'ailleurs la partie la plus ancienne et la plus curieuse des écrits des frères Gay ; nous croyons pouvoir leur donner le titre de* Journal de Thomas Gay. *Quelques pages d'introduction amèneront le lecteur à bien saisir le fil du récit.*

*Le manuscrit original de Thomas Gay, tel qu'il est parvenu jusqu'à nous, forme un petit cahier (hauteur 0,20 c. ; largeur 0,15 c.) de 35 feuillets de papier non numérotés. L'écriture en est fine et très régulière. Le dernier feuillet contient sur le verso une généalogie de la famille Gay, qui s'arrête aux frères de Thomas. La couverture de ce précieux cahier est une feuille de parchemin sur laquelle se trouvent écrits, en beaux caractères du XIII*e *siècle, quelques fragments en langue romane d'une vie des saints.*

*Nous possédons encore un autre petit cahier (haut., 0,16*c *; larg., 0,12*c*) de 20 feuillets, entièrement écrit de la main de Thomas Gay, dans lequel on lit, à côté de différents comptes de dépenses de sa maison, quelques curieuses notes historiques se rapportant toutes à l'année 1580. Nous les reproduirons à la suite du journal.*

Gaspard Gay, fils d'Antoine Gay et de noble Jeanne Faure de Vercors, sa seconde femme, naquit le 8 septembre 1560. Il nous apprend lui-même qu'yl fut baptizé en l'Esglize roumayne dans le temple de St-Jean quy estoyt dans l'enclos de la grand esglize N.-Dame de Dye. *Ses parents ayant embrassé la religion réformée, il reçut une éducation en rapport avec leurs idées. En 1575 il commença à manier l'arquebuze. La paix lui ayant fait quitter les armes, il s'exerça au commerce. Son penchant naturel le portait vers l'état militaire, et il saisit la première occasion pour retourner dans les camps. Il fut reçu* archer aux gardes d'Henry de Bourbon *par lettres de janvier 1585, et au mois de juillet de la même année nous le trouvons* enseigne d'une compagnie de cent hommes de pied soubs le seigneur de Soubreroche. *Depuis 1587 jusqu'en l'année 1591 il sert dans la compagnie des gendarmes de Gouvernet, en qualité de sergent-major. Rentré à Die, il occupe différentes charges municipales jusqu'à sa mort, arrivée le 3 juin 1606.*

Gaspard nous a laissé une histoire généalogique de sa famille, dont le manuscrit original est heureusement parvenu jusqu'à nous. C'est un petit cahier (haut. 0,22 c; larg. 0,17 c) de 96 feuillets de papier, dont 77 seulement sont numérotés et écrits. La première page porte un titre assez long; nous n'en donnerons ici que les premières lignes : Nostre commancement soyt au nom de Dieu quy a fayct le ciel et la terre. Ainsin soyt il. Cet le livre de memoyre de la maizon des Gays en cette vile de Die, commancé par moy Gaspard Gay, fils d'Anthoyne bourgeoys d'icele, en l'année mil cinq cents nonante sinq. *Au bas de cette première page, nous lisons :* La devize de la maizon des Gays est : EN DIEV SVIS GAY.

Le travail de Gaspard Gay, bien que d'un tout autre genre que celui de Thomas son frère, ne manquera pas d'offrir, nous en sommes convaincu, un véritable intérêt à nos lecteurs. Il se compose d'une série de biographies des personnages de la famille Gay, et les nombreux et minutieux détails dans lesquels l'auteur semble se complaire, jettent un nouveau jour sur plus d'un événement de l'histoire de la province. Gaspard, cela va sans dire, ne manque pas de transmettre à la postérité son autobiographie, et comme César il parle de lui à la troisième personne. Il n'oublie pas de nous laisser son portrait : « Ledict Gaspard, fils d'Anthoyne, estoyt homme de grand estature et de six pieds d'aultheur, gresle de corps, gros d'espaulle, et maigre de face, le poyl et barbe fort espaysse et blonde, grand nez et petits yeux noyrs et homme fort actif en toutes choses, etc. *Il est admirable de prévoyance :* afin qu'on recongnut sa signature qu'yl faysoyt ordinerement en chozes d'importance, l'a inserée icy afin qu'elle serve si le temps le requeroyt : J. GAY ». *Ce n'est pas tout. Pensant bien que le continuateur de ses mémoires devra un jour parler de sa mort, il veut lui en éviter la peine et il écrit de sa propre main :* Ledit Gaspard est décédé de cette vye, pour aller a la gloyre celeste de paradys ainsin qu'yl a toujours pryé et esperé en Dyeu luy en fere grace au nom de son fils bien aymé N. S. J. C., le   du moys de   , année mylle   , ayant attaint l'eage de   années. Dyeu luy en face myzericorde. Amen.

Antoine Gay, frère de Gaspard, fut l'héritier du précieux cahier. Il a eu soin de le continuer et de l'enrichir lui aussi de son autobiographie complète. Il naquit en 1571 et fut baptisé au château d'Aix par le ministre Chabran. D'un naturel guerrier, il entra de bonne heure dans la carrière des armes, se trouva mêlé à la plupart des faits militaires de son temps, et conquit successivement les grades d'enseigne, de lieutenant et de capitaine. On le trouve au combat d'Esparron en Provence (15 avril 1591), à la bataille de Pontcharra (18 septemb.), à la prise d'Exilles, etc., etc. Antoine Gay jouissait de l'estime de ses concitoyens, qui l'appelèrent deux fois aux honneurs du consulat. Il mourut au mois de juin 1653, à l'âge de 82 ans.

Les manuscrits des frères Gay, que nous publions ici aujourd'hui pour la première fois, font partie de cette riche bibliothèque dauphinoise dont M. le dr Long, de Die, a été pendant de nombreuses années l'heureux et intelligent possesseur. Grâce à sa persévérante activité, grâce à son amour pour tout ce qui était de nature à faire revivre les anciennes gloires de notre province, la cité de Die a le rare privilège de posséder dans ses murs une collection d'inscriptions romaines et du moyen âge, de monnaies, d'objets antiques, de manuscrits et de livres imprimés, collection unique en son genre et offrant à peu près toutes les ressources nécessaires pour étudier les événements dont la ville et la contrée ont été le théâtre aux diverses époques de l'histoire. C'est dans ce sanctuaire du passé, au milieu de ces vieux livres, de ces pierres vénérables qui ont traversé les siècles et qui lui parlaient des Voconces et des Romains, que cet éminent archéologue, aussi affable que modeste, a goûté les plus douces jouissances de sa vie et a terminé sa longue et savante carrière [1]. Il légua en mourant toutes ses richesses à

---

[1]. M. LONG (*Jean-Denis*), docteur en médecine, auteur des Recherches sur les antiquités romaines du pays des Vocontiens, de La Réforme et les guerres religieuses en Dauphiné, etc., etc., est né à Die le 2 octobre 1776; il est mort dans cette même ville le 17 mai 1866. C'est par héritage de famille que les mémoires des frères Gay étaient devenus la propriété du docteur Long. Daniel Gay, frère d'Antoine Gay, continuateur du travail de Gaspard Gay, a laissé entre autres enfants, de Jeanne Plante, sa femme, Jeanne Gay. Celle-ci, qui épousa Jean Ripert et qui testa le 19 février 1657, fut mère de Daniel Ripert, avocat à Die, dont la fille, Catherine, épousa, en 1697, Giraud Long, de Die. Ce dernier eut l'année suivante un fils, Antoine Long, qui est l'aïeul du docteur Long.

M. *Alfred de Lamorte-Félines, son disciple et son ami ; mais, hélas! celui-ci n'a pu jouir longtemps de ces belles collections dont il appréciait toute la valeur* [1]. *Mme de Lamorte-Félines, sa veuve, s'est toujours montrée la digne héritière de ces trésors historiques : elle les a conservés avec ce religieux respect qu'inspire le souvenir d'un époux regretté. Elle a voulu mettre de l'ordre dans sa bibliothèque et a fait rédiger un catalogue de tous ses livres, détail dans lequel ne pouvaient entrer des savants, tout absorbés dans leurs longues recherches. Nous sommes heureux de trouver l'occasion d'exprimer à Mme de Lamorte-Félines notre vive reconnaissance pour le bienveillant accueil qu'elle a toujours daigné nous faire, et pour la générosité avec laquelle elle nous a permis de puiser dans sa bibliothèque et dans ses archives. Nous tenons également à remercier ici M. Anatole de Fontgalland, son gendre, pour l'intérêt qu'il prend à nos travaux : nous aimons à le reconnaître, c'est grâce à ses indications, à son concours empressé, qu'il nous a été donné, au mois de septembre dernier, de retrouver dans un coffret du cabinet de M. Long les précieux manuscrits des frères Gay. Ses goûts sérieux et son amour pour l'étude font naître en nous l'espoir qu'il saura bientôt faire revivre les traditions de travail et de science de la noble famille où il est entré.*

Journal de Thomas Gay.

Le Dauphiné fut une de nos provinces où les guerres religieuses éclatèrent avec le plus de violence et causèrent le plus de désastres. Ce pays était peut-être plus que tout autre préparé à devenir le théâtre de querelles sanglantes. En partie couvert de hautes montagnes couronnées d'innombrables châteaux-forts, il offrait bien des ressources pour une guerre de partisans, dans laquelle se déploient d'ordinaire la ruse et l'audace. Les derniers débris des sectes Albigeoises et Vaudoises avaient trouvé un asile dans les sauvages vallées des Alpes ; leur croyance religieuse parvint à s'y maintenir pendant des siècles, et nous voyons durant toute la période du

---

1. *M. Alfred de Lamorte-Félines est mort à Die le 23 novembre 1875, à l'âge de 49 ans.*

moyen âge des prédicateurs hérétiques se répandre en Dauphiné et en Provence [1]. *Cette propagande de doctrines hétérodoxes avait depuis longtemps aigri les esprits et les entretenait dans un état continuel de surexcitation contre l'Eglise. Les protestants du Dauphiné, parlant des Vaudois comme de leurs ancêtres, ranimèrent les anciennes haines qui, semblables au feu caché sous la cendre, n'attendaient pour produire un vaste incendie que le souffle des révolutions.*

Dès l'année 1557 les troubles commencèrent en Dauphiné, et depuis cette époque le désordre ne fit que s'accroître. Le 12 avril 1560, le duc de Guise, gouverneur du Dauphiné, faisait expédier, au

[1]. *Le pape Urbain II, en l'année 1096, désignait certaines vallées Alpestres comme un foyer d'hérésie. Dans le siècle suivant Pierre le Vénérable, abbé de Cluny, nous fait connaître avec quel zèle le bienheureux Ulric, évêque de Die, et Guillaume, évêque de Gap, travaillèrent à la conversion des hérétiques de leurs diocèses (cf.* notre Essai historique sur la ville de Die et sur son évêché, t. I, p. 197-8; ALBERT, Hist. eccl. du dioc. d'Embrun, 1783, in-8°, t. II, p. 103). *En 1321, les deux franciscains Pierre Paschal et Catallan, chargés par l'inquisiteur général de prêcher dans le diocèse de Valence, furent assassinés par des hérétiques entre Chabeuil et Montélier.* (ARTURUS A MONASTERIO, Martyrologium Franciscanum, Parisiis, 1653, in-f°, p. 65 : Tertio idus februarii. In territorio Valentinensi in Gallia, passio beatorum Petri Paschalis et Catallani martyrum, qui cum sanctæ inquisitionis munus exercerent, ab hæreticis intercepti crudeliter pro fide catholica necati sunt. *Ce commentaire est ajouté au texte :* Cum R. P. f. Jacobus Bernardi generalis inquisitor esset adversus hæreticam pravitatem in provinciis Arelatensi, Aquensi et Ebredunensi, misit hos duos beatos fratres tanquam officii sui vicarios in episcopatum Valentinensem, ut contra hæreticos eorumque fautores procederent. Dum ergo injuncti muneris opus diligenter prosequerentur pergerentque a Cabiolo ad castellum Montelisium, ab ipsis hæreticis intercepti crudeliter sunt interfecti anno 1321, quorum corpora delata Valentiam et apud conventum fratrum honorifice condita pluribus miraculis illustrantur.... (*L'historien Columbi nous a conservé en partie une fort curieuse enquête, faite par ordre de l'autorité ecclésiastique dans l'affaire d'un certain Monet Roy, du lieu de St-Mamans, accusé de recevoir chez lui les prédicateurs Vaudois qui venaient chaque année dans le pays, à des époques déterminées. Ce document, qui porte la date de l'année 1494, nous apprend que l'hérésie comptait plusieurs adeptes à Chabeuil, Montvendre, Barcelonne, Alixan, Châteaudouble, Beauregard, etc.* (COLUMBI, Opuscula varia, p. 330; cf. Bull. de la soc. d. sciences et d. arts de Grenoble, t. I, p. 452 et suiv.; — JUSTIN, Hist. des guerres excitées dans le Comté Venaissin, Carpentras, 1782, in-12, t. I, p. 37 et suiv.).

nom de François II, une dépêche à Gaspard de Tavannes, pour lui enjoindre de réprimer dans le plus bref délai l'insolence des huguenots. J'ai été presentement averti, *disait le roi*,... des rebellions, ports d'armes et autres méchants et malheureux actes que aucuns de mes sujets dudit pays exécutent de jour à autre sous couleur et pretexte de religion, s'étant... plus de trois ou quatre mille hommes de leur secte mis ensemble tant à Valence qu'à Romans et Montélimart, où ils font prêcher publiquement à la mode de Genève et exercent toutes les autres insolences dont ils se peuvent aviser.... A cette cause j'ai avisé pour y donner quelque ordre et éteindre un si grand feu vous faire presentement cette dépêche, vous priant, Mr de Tavanes,.... vous acheminer au plus tôt que pourrez en Dauphiné, afin d'y remédier et les tailler en pièces si vous les trouvez encore ensemble à votre arrivée... [1] *Un instant le calme parut se rétablir, mais cette paix trompeuse n'était en réalité que le prélude de la tempête. Le massacre de Vassy devint le prétexte d'une grande insurrection dans tout le royaume.*

Au mois d'avril 1562, les guerres religieuses proprement dites s'ouvrent en Dauphiné par l'assassinat à Valence du lieutenant-général de la province, La Motte-Gondrin [2]. *Des Adrets, qui venait de se rallier au parti calviniste par rancune contre le duc de Guise, poursuivit les catholiques, comme il avait naguère poursuivi les protestants. Parcourant le pays à la tête de ses bandes sauvages, il ne se contentait pas d'exiger d'énormes sommes d'argent : son passage était encore marqué par une longue traînée de sang et de ruines. Il serait difficile de se faire une idée des maux de toute sorte qui vinrent fondre sur la province durant cette première guerre civile* [3].

---

1. MICHAUD et POUJOULAT, Nouvelle collection de Mémoires, *t. VIII, p. 10.*
2. PERUSSIS, *dans le t. I des* Pièces fugitives pour servir à l'hist. de France, *p. 8* ; — (de SERRES), II^{as} partis commentariorum de statu religionis, *1577, in-8°, p. 39-40* ; — Jac. Aug. THUANI Historiarum sui temporis, *t. II, Genevæ, 1626, in-f°, p. 129-30.*
3. Voici en quels termes un témoin oculaire, Michel de CASTELNAU, nous dépeint dans ses Mémoires (édit. Buchon, *1875, p. 182*) *les désastres de cette guerre* : L'agriculture délaissée..., les villes et villages saccagés, pillés et

L'édit d'Amboise (19 mars 1563), destiné à mettre un terme à toutes ces horreurs, ne contenta ni les protestants ni les catholiques, qui tous ne le considérèrent que comme la proclamation d'une trêve [1]. *La guerre continuant toujours sur certains points, le roi envoya en Dauphiné le maréchal de Vieilleville, avec mission de faire exécuter les articles de la paix* [2]. *L'année suivante, le duc de Guise, assassiné à Orléans, fut remplacé dans la charge de gouverneur du Dauphiné par Antoine de Bourbon, prince de la Roche-sur-Yon, qui s'empressa de venir visiter sa nouvelle province* [3]. *L'arrivée du gouverneur précédait de quelques jours seulement celle du monarque qui parcourait alors la France pour relever son crédit. Charles IX séjourna en Dauphiné du 17 juillet au 20 septembre 1564* [4]. *Se trouvant au château de Roussillon, le roi, pressé par les vives instances des catholiques, publia un nouvel édit qui restreignait la liberté accordée aux protestants par celui d'Amboise* [5]. *Cette mesure ne fit qu'exciter l'animosité déjà très grande entre les deux partis. Maugiron, lieutenant du gouverneur de la province et qui ne paraissait pas aux yeux de la cour déployer assez de vigueur contre les hérétiques, fut remplacé par Bertrand-Raimbaud de Simiane, baron de Gordes, dont le nom est devenu justement célèbre. Sans cesser un instant de se montrer zélé catholique, Gordes sut néanmoins par sa sagesse et sa modération conquérir l'estime des protestants eux-mêmes : on*

brûlés s'en alloient en déserts, et les pauvres laboureurs chassés de leurs maisons, spoliés de leurs meubles et bestail, s'enfuyoient comme bestes sauvages, abandonnant tout ce qu'ils avoient pour ne demeurer en la misericorde de ceux qui estoient sans mercy.... Les marchands et artisans quittoient leurs boutiques et leurs mestiers pour prendre la cuirace ... La guerre civile estoit une source inépuisable de toutes mechancetés, larcins, meurtres, incestes, adultères, parricidés esquels il n'y avoit ni bride, ni punition aucune.... Les esglises et monastères estoient démolis, les religieux chassés et les religieuses violées.

1. Le Frère de Laval, La vraye et entière hist. des troubles, *t.I, f° 201 v°*.
2. *Voir sur ce personnage* : Brantôme, Œuvres (*édit. de la soc. de l'hist. de France), t. V, p. 49-71.*
3. Gariel, Bibliothèque hist. et litt. du Dauphiné, *Grenoble, 1864, t.I, p.183.*
4. Recueil et discours du voyage du roy Charles IX.. es années 1564 et 1565, *Paris, 1566, in-12.*
5. Daniel, Hist. de France, *t. X, p. 310.*

l'a surnommé l'*Epaminondas français* [1]. Il visita la plus grande partie du pays, s'appliquant à faire observer partout les édits du roi. Il fit, dit CHORIER, des règlements pour chaque ville et ordonna prudemment ce qu'il crut y pouvoir établir la paix et la concorde.

L'année *1567 fut moins heureuse que les précédentes. On fit courir le bruit d'un projet de massacre des huguenots, ce qui jeta l'alarme dans leur parti. Condé et Coligny, exploitant avec habileté certaines circonstances, comme l'échange fréquent de courriers entre la cour de France, le St-Siège et le duc d'Albe, l'inutilité des démarches des princes allemands auprès de Charles IX, poussèrent leurs coreligionnaires à la révolte. Le 28 septembre 1567 fut le jour fixé pour un soulèvement général. En Dauphiné, beaucoup de villes se déclarèrent pour les protestants. Les principales opérations militaires eurent lieu auprès de Vienne, St-Marcellin, la Côte-St-André, St-Vallier et Romans. Montbrun et de Gordes déployèrent de part et d'autre leurs talents militaires* [2]. *La paix de Longjumeau (20 mars 1568) suspendit pendant six mois les hostilités, mais ne parvint point à calmer les esprits. Durant la trêve, le lieutenant-général, de concert avec le Parlement de Grenoble, résolut de faire démanteler un certain nombre de villes, dont les hautes et fortes murailles, en offrant aux rebelles un moyen de braver impunément les ordres du roi, rendaient la guerre civile interminable. La ville de Die, où les protestants étaient nombreux et remuants, se vit un moment condamnée à perdre ses fortifications; mais les habitants, par leurs prières, finirent par obtenir que de Gordes ajournât l'exécution de ses projets* [3].

---

1. *Cff.* BARJAVEL, Diction. hist... de Vaucluse, *t. II, p. 413 ;* — DOUGLAS, Soffrey de Calignon, *p. 445 ;* — TAULIER, Notice hist. sur Bertrand-Raymbaud Simiane, baron de Gordes, *Grenoble, 1859, in-8°.*

2. ARNAUD, Hist. des protestants du Dauphiné, *t. I, p. 215 et suiv.*

3. *Les registres des délibérations consulaires de Die rapportent tout au long les négociations qui eurent lieu à ce sujet entre la ville et le lieutenant-général :* (*1568 juil. 29)* Ont parlé de M° Estienne Charrencii qu'apporte une lettre de messieurs les commissaires à faire desmanteller les villes et que quelques ungs ont dict et rapportés auxdicts commissaires que la ville ne veult permettre le désmantellement, ains qu'ils veulent endurer

La troisième guerre de religion a éclaté au mois d'août 1568. Condé et Coligny firent appel à tous les protestants de France ; le rendez-vous général était fixé en Guyenne. Avec cet élan qui caractérise nos populations méridionales, les réformés du Dauphiné et de la Provence partirent en masse pour aller renforcer l'armée des princes ; ils étaient commandés par les plus habiles capitaines de l'époque : Montbrun, Mirabel, Blacons, Ancône, etc. Dans le Diois, on vit des enfants et des vieillards prendre les armes et s'enrôler dans les troupes de Mouvans. Un de ses lieutenants, le capitaine St-Pierre, signala son passage à Die par la démolition de la cathédrale et celle des cloîtres magnifiques qui s'étendaient au nord de l'édifice ; toutes les autres églises de la ville furent complètement ruinées [1]. *L'année précédente, Mouvans s'était introduit par ruse dans Montélimar et, au mépris des promesses faites en son nom, s'était empressé d'ordonner la démolition de toutes les églises de la ville* [2].

Le départ de l'armée protestante pour la Guyenne permit au

le cop de canon et qu'ils feront venir les companies de Romans, et que l'on leur escripve fere envoyer de personnes notables pour leur fere entendre la volonté de la ville. Ont conclu et arresté que le premier consul et le sieur Cati y alhent avec bonnes memoyres et instructions troyer lesdits commissaires ; — *(août 10)* A esté propozé par monsieur le consul premier qu'il a entendu que monsieur le commissaire monsieur Françoys Boyer, conseilher du Roy nostre sire, qui estoit venu icy pour le desmantellement de la ville, s'en veult en aller sans executer ce que a eu charge et craint qu'il ne soyt faict quelques maulvays rapports de la ville...

1. *Dans une enquête faite à Die en 1637 par ordre du Parlement, Guy Boudra, natif de Die, révèle les détails suivants* : ... Après en l'année 1568 ou environ, certaines troupes conduites par un gentilhomme, nommé M^r de St-Pierre qui s'en alloit trouver Mr de Mouvans, bruslèrent le bois du clochier de ladite esglise *(de Die)* et abatirent partye de la vouste d'icelle, ensemble la chapelle de St-Estienne, en sorte que... rien ne demura en estat de ladite esglise que le clochier qui y est a present. *Cf.* Long, La Réforme..., p. 85.

2. Lacroix, L'arrondissement de Montélimar, t. VI, p. 146-52. M. Arnaud (Hist. des Prot. du Dauph., t. I, p. 219), *tout en puisant aux mêmes sources historiques que M. Lacroix, a soigneusement passé sous silence la prise de possession de Montélimar en 1567, parce que les détails que nous révèle le manuscrit de Candy ne sont point de nature à faire l'éloge de la bonne foi de ses coreligionnaires.*

lieutenant-général de parcourir librement la province pour y rétablir l'autorité royale. Le 19 septembre, son arrivée prochaine était annoncée à Die, et bien que la ville fut presque toute protestante, elle s'empressa d'élire hommes capables pour aller au devant de monseigneur de Gordes et luy présenter toute obeyssance. Gordes demeura quelques jours à Die. Les habitants lui demandèrent pour gouverneur le sieur de Paris ; mais il préféra remettre le commandement dans la ville au sieur de Gargas, qui fut peu après remplacé par Glandage, habile capitaine et catholique zélé.

Cependant les défaites successives de Jarnac et de Montcontour découragèrent les protestants dauphinois qui étaient allés combattre en Guyenne : ils résolurent de revenir dans leurs montagnes où une guerre de partisans leur offrait plus de chances de succès. Montbrun, à la tête du petit nombre de guerriers qui avaient survécu aux malheurs de la campagne, exécuta à travers l'Auvergne et le Vivarais, une retraite dont l'histoire eût tenu compte aux jours moins remplis d'événements [1]. *Le 28 mars 1570, il franchissait le Rhône, malgré de Gordes, et rentrait en Dauphiné. Montbrun s'empare de Loriol et de Livron, pendant que le lieutenant-général se replie sur Crest. L'armée de Coligny venait de pénétrer en Vivarais et avait établi son quartier d'hiver à St-Montant. Une avant-garde de cette armée franchit le Rhône et se saisit de Donzère, de La Garde-Adhémar, de Pierrelatte et de St-Paul-Trois-Châteaux (avril 1570). Coligny chargea peu de jours après le comte Ludovic de Nassau d'aller, avec des forces considérables, faire le siège de Montélimar ; mais la ville, énergiquement défendue par Jean d'Orgeoise de la Thivolière, opposa une résistance qui découragea le comte et l'obligea de lever le siège après 27 jours d'inutiles efforts. De son côté Gordes ne demeurait point inactif. Renforcé de quelques compagnies françaises et italiennes, il mit le siège devant Loriol ; Montbrun, qui se trouvait à Grane, accourut au secours de la place (juin), et le lieutenant-général vit échouer son entreprise. De part et d'autre on commençait à être las de ces hostilités, qui n'amenaient aucun*

---

1. Long, La Réforme, p. 95.

résultat définitif : la paix fut enfin signée à La Charité (8 août 1570) entre la reine mère et les princes du sang, et l'édit de pacification, publié le 15 à St-Germain-en-Laye, fut enregistré le 29 par le parlement de Grenoble. La cour envoya en Dauphiné le maréchal de Damville pour y faire exécuter le nouvel édit, et de Gordes ne négligea rien pour rétablir partout le bon ordre et la paix [1].

Le lieutenant-général était tout entier occupé à cette œuvre de pacification, lorsque la nouvelle des massacres commis à Paris le 24 août 1572 et à Lyon le 31 du même mois, répandit l'épouvante dans la province. Grâce à l'honnêteté de de Gordes et à l'esprit de modération qui animait alors le parlement, le Dauphiné fut préservé des horreurs d'une Ste-Barthélemy [2] ; mais le coup porté à Paris et dans d'autres villes du royaume eut un tel retentissement, que le parti protestant dans nos contrées put paraître un instant abattu. Beaucoup de réformés dauphinois s'enfuirent à Genève ; d'autres dissimulèrent soigneusement leur croyance, attendant des jours meilleurs.

Montbrun releva bientôt le courage de ses coreligionnaires. Ayant achevé ses préparatifs de guerre, il sortit de sa retraite le 6 avril 1573 avec 18 cavaliers et 22 fantassins ; la plupart des capitaines qui s'étaient trouvés mêlés aux grandes luttes des années précédentes accoururent spontanément se ranger sous ses drapeaux, et il se vit en quelques jours à la tête d'une petite armée, composée de ce que le parti protestant renfermait de plus audacieux et de plus fanatique. Les courses de Montbrun à travers

---

1. ARNAUD, Hist. des Protestants, t. I, p. 228 et suiv.
2. A Romans, sept religionnaires furent massacrés par des gens inconnus et masqués, qui envahirent les prisons. De Gordes écrivit au gouverneur de la ville pour lui enjoindre de poursuivre les meurtriers et d'en faire prompte justice. Dr CHEVALIER, Annales de la ville de Romans pendant les guerres de religion, Valence, 1875, in-8°, p. 58-9. Ce sont là les seules victimes dont on eut à déplorer la mort en Dauphiné ; mais, comme on le voit, l'autorité publique ne fut pour rien dans ce massacre isolé. Voir sur le rôle de de Gordes dans ces circonstances difficiles : CHORIER, Hist. gén. de Dauphiné, t. II, p. 647 ; — DOUGLAS, Soffrey de Calignon, p. 429 ; — de COSTON, Hist. de Montélimar, dans le Journal de Montélimar, n° du 9 oct. 1880.

les montagnes du Dauphiné sont marquées par un grand nombre de combats et par la prise d'une multitude de petites localités. Il essaye de surprendre la ville du Buis, et se dédommage de cet échec par la prise de la Roche-sur-Buis, après un siège de 18 jours. Il se rend maître d'Orpierre et de Serres, puis poussant des reconnaissances du côté de Gap et de Tallard, il se saisit de La Roche-des-Arnauds, de Veynes et de quelques autres places (18 mai). Après quelques jours de repos à St-Maurice-en-Trièves, on le retrouve au Monestier et à Vif. Puis il se dirige vers les Baronnies et reprend Sahune; revenant sur ses pas, il s'empare de Condorcet, Vinsobres, Nyons (2 juillet), Dieulefit, Poët-Célard, Poët-Laval, Manas, Bourdeaux, Loriol et Livron. Malgré les intelligences qu'il a su se ménager dans Crest et dans Valence, il ne réussit point à surprendre ces villes; mais en revanche il se saisit de Soyans [1].

Pendant ce temps Mirabel, un des meilleurs lieutenants de Montbrun, avait rassemblé les protestants du Diois et s'était emparé de Saillans et de Pontaix. Il prit ensuite Chabeuil (6 juil.); mais de Gordes reprit cette ville quelques jours après. Le lieutenant-général, encouragé par ce succès, vint assiéger Manas où apres avoir campé devant huit jours, cuidant les prendre par forces, survint des nouvelles que le Roy vouloit que chacun vecut en paix en sa maison suivant l'accord de La Rochelle. Occasion que mondit sieur de Gordes permit à la garnison de se retirer aux troupes du sieur de Montbrun qui étoit à la veüe du camp faisant bonne mine; et quittèrent ladite ville. Après mondit sieur de Gordes fit approcher en assurance ledit sieur de Montbrun avec lequel il parlementa longuement, de quoy plusieurs murmurerent de ce qu'il ne les chargeoit ayant alors le moyen et la force de les tailler en pieces. Ce fait, led. seigneur se retira a Valence laissant garnison aud. Manas et plusieurs villes de Valentinois [2].

La paix de la Rochelle et l'édit de Boulogne, qui en fut la suite,

---

1. ARNAUD, Hist. des Prot. du Dauph., t. I, p. 277-82.
2. Eustache PIEDMONT, Mémorial. Cette citation est faite d'après le manuscrit précédemment indiqué.

ne pouvaient contenter les protestants, secrètement appuyés par le maréchal Damville. Montbrun ne voulut consentir qu'à une trêve d'un mois, et le 25 août il recommença les hostilités avec une nouvelle ardeur. Les châteaux de Rosans et de Verclause tombèrent en son pouvoir (septembre). Il se dirigea ensuite vers Nyons et Orange ; puis tout à coup il se porta sur Die à marches forcées, afin d'essayer de prendre cette ville par escalade. Glandage le père, qui en était gouverneur, déjoua les projets de l'ennemi [1]. Dans le haut Dauphiné, les huguenots, sous la conduite de Lesdiguières, furent plus heureux : ils s'emparèrent de la Mure, et ce coup causa une telle panique dans la ville de Grenoble que le parlement négocia aussitôt une nouvelle trêve avec Montbrun. On convint qu'elle serait fidèlement gardée jusqu'au 1er février 1574.

Le parti protestant prenait de jour en jour plus d'audace ; son organisation devenait puissante : il formait une sorte d'Etat dans l'Etat, une véritable république dirigée par de grands seigneurs.

A l'expiration de la trêve, Montbrun se met en campagne et ses succès, comme les atrocités que commettent ses troupes, jettent la consternation dans la province. Il s'empare d'une vingtaine de places dans les Baronies et le Valentinois : le Poët-Laval, Bourdeaux, Le Poët-Célard, Le Puy-St-Martin, Pontaix, Espenel [2], Loriol, Livron, Allex [3], Aouste, La Vache, Montélier, etc. ; il échoue sur Chabeuil et sur Valence. Il marche ensuite sur Grenoble. Pendant ce temps Cugie rassemblait les protestants du Royanais et occupait successivement le Pont-en-Royans et Izeron (avril). Ce fut à la

---

1. Eustache PIEDMONT, Mémorial.
2. La place d'Espenel fut confiée à la garde d'Antoine Gay, père de Thomas.
3. La prise d'Allex par les protestants fut signalée par des actes d'une barbarie atroce. Les soudards s'embusquerent dans ladite maison du sieur d'Urre et avoient deliberé de tuer tous ceux qui se trouveroient à la messe du matin pour prendre des cendres et ce fut une femme nommée Rossignole qui les découvrit. Et mirent à mort messire Pierre Vions curé, messire Claude Lamier, ... et garderent un pretre six a sept jours avec eux et puis le menerent hors la ville au devant de la porte du bout de l'esglise, ou trois des soudards huguenots le saignerent comme un mouton. Voir Prinse et reprinse du lieu d'Allès en l'an 1574, dans l'Album du Dauphiné, t. II, p. 18.

suite de ces divers événements militaires que le roi fit proposer à Montbrun de mettre bas les armes et d'en venir à un accommodement ; mais celui-ci, rendu insolent par la victoire, répondit aux propositions de paix par la prise du château de Grane, propriété personnelle de de Gordes [1]. *La cour résolut alors d'agir vigoureusement contre Montbrun : une armée de 7000 fantassins et de 1200 chevaux entra en Dauphiné au mois de mai, sous le commandement de François de Bourbon, duc de Montpensier, dauphin d'Auvergne.*

L'armée royale commença la campagne par la prise du Pont-en-Royans, qui fut saccagé. Montbrun arrive bientôt après ; il force à son tour la place et passe au fil de l'épée une partie de la garnison catholique. On apprit sur ces entrefaites la mort du roi Charles IX ; on continua toutefois de part et d'autre à guerroyer.

Au retour du massacre des compagnies du Pont-en-Royans, *dit Eustache* PIEDMONT, les huguenots cherchant toujours a mal faire allerent en secret presenter l'escalade à la ville de Die, car elle leur étoit fort à contre cœur; mais pour la seconde fois ils en furent bien repoussez avec perte de plusieurs d'ou ils commencerent a payer la boucherie du Pont-en-Royans [2].

Après cet échec, Montbrun conduisit la plus grosse partie de ses forces à Livron et à Loriol, parce qu'il venait d'apprendre que le dauphin d'Auvergne arrivait dans le Valentinois et se disposait à s'emparer des places occupées par les protestants. Eustache Piedmont va nous raconter les opérations militaires qui eurent lieu durant ce mois de juin 1574, et cette page du chroniqueur de St-Antoine [3], *en nous retraçant un fidèle tableau des malheurs de cette époque, préparera le lecteur au récit de Thomas Gay, qui commence avec le mois de juillet.*

Sur la my juin 1574, Monseigneur le Prince manda toutes ses compagnies et assembla son armée et pionniers qu'il avoit

---

1. ARNAUD, Hist. des Prot. du Dauph., t. *I*, p. 290.

2. *Eustache* PIEDMONT, Mémorial. — *Voir sur ce siège :* PÉRUSSIS, Hist. des guerres du comté Venaissin *dans* Pièces fugitives, *t. I*, p. 163.

3. *Nous conservons pour cet extrait comme pour les précédents l'orthographe du manuscrit cité plus haut.*

fait lever pour la conduite de l'artillerie, et le tout s'assembla a Romans et les gentilshommes volontaires du Païs. Foisoit beau voir son armée. Il marcha droit à une petite ville nommée Allex, pres de Livron au Valentinois, tenue par les huguenots, lesquels sommés de se rendre ils firent refus. C'est pourquoy ils furent furieusement battus du canon, tellement que dans deux jours la ville fut prise par assaut et pillée, et tout mis au fil de l'épée, ceux de la garnison seulement [1].

Le lendemain de la prise d'Allex le camp alla a Oste, autre petite ville pres de Crest, laquelle fut battue du canon, la breche faite et rendue suffisante sur le minuit. Quoy voyant ceux de dedans qu'ils n'etoient assez forts pour la defendre et qu'ils ne pouvoient avoir secours, la meme nuit ils quitterent la ville secrettement par un quartier le plus favorable et se retirerent a Lyvron qu'ils faisoient fortifier. Le jour venu on se prepara pour donner l'assaut et venant à deliberer a iceluy ne se trouva personne pour y rester. La ville ne fut pas moins pillée.

Apres la prise d'Oste mondit seigneur fit marcher son camp droit a Lyvron, lesquels sommés de se rendre firent refus, parquoy furent furieusement battus, et la breche faite laquelle etoit suffisante, fut commandé le capitaine Bernard, fils d'un procureur de Grenoble, pour la reconnoistre, qui en revint en honneur, qui en raporta ce qui en etoit, et au lieu de donner assaut Monditseigneur le prince Dauphin ayant eu avertissement le cinquieme jour du siege que ceux de la Religion pretendue venoient forts, renvoya a Valence l'artillerie et deux jours apres leva le siege. L'infanterie se campa dans les parques d'Etoile et Monditseigneur le Prince a Valence. Quelques jours apres les compagnies furent remises ça et la en garnison par le Valentinois. Audit siege dans Lyvron les huguenots perdirent mon^r de Mirabel qui fut par eux fort regretté et plusieurs braves soldats de leur party. Du coté du Roy ne se perdit aucun chief, sinon de soldats environ une trentaine. Apres les garnisons etablies ne se fit faction de guerre sinon quelques petites courses les uns sur les autres.

---

1. *Voir sur ce nouveau siège d'Allex*: Prinse et reprinse d'Allés, *loc. cit.*

Durant ce temps jusqu'aux vandanges le vin fut extremement cher, plus que memoire d'homme ne pouvoit avoir veu, car la charge fut vendue quinze francs ; a Saint-Antoine le pot valoit quatre sols [1]. Cela etoit procede tant de la gelee des vignes de l'an precedent 1573 du vingt unième avril que du degât que la gendarmerie avoit faite. Les autres vivres assez mediocre prix, bien que la gendarmerie fut sur les bras du pauvre peuple a discrestion et un gros magazin qu'il faloit payer a Romans le plus excessif qu'on eut encor veu : il cuida ruiner toutes les communautés pour les depenses que l'on en souffrit avec les contributions aux lieux ou etoient les gens de guerre en garnison. La livre d'huile de noix valoit sept sols la livre.

On le voit, au commencement de juillet 1574, le Dauphiné se trouvait dans une situation à tous les points de vue déplorable. Un grand nombre de châteaux occupés par les huguenots étaient devenus comme autant de repaires de brigands : les protestants se répandaient de là dans les campagnes environnantes, et y semaient la désolation et la ruine. La ville de Die, toujours au pouvoir des catholiques, grâce aux talents militaires et à l'énergie de Glandage, était entourée de garnisons ennemies stationnées dans la plupart des villages voisins. La garnison de Pontaix se montrait surtout redoutable : elle faisait sans cesse des courses à travers le pays, rançonnant les malheureux habitants et pillant toutes les maisons qu'elle rencontrait sur son passage. Les fragments des Mémoires de Thomas Gay, parvenus jusqu'à nous, commencent par le récit émouvant de la retraite d'une bande protestante qui venait de faire une excursion sur le territoire de Die et qui continuait à se livrer à des actes de pillage et de cruauté. Mais il est temps de laisser la parole à notre chroniqueur diois et de rentrer dans notre modeste rôle d'annotateur.

---

1. *Sous Charles IX la valeur de la livre a varié de 4 f. 45 c. à 4 f. 68 c. En prenant la moyenne et en fixant le pouvoir de l'argent à 2 seulement, la livre vaudrait 8 f. 52 et le sol 0.42 c. La charge contenait 64 pots et équivalait à 84 litres 35 cent.; le pot pouvait valoir 1 litre 31 cent.*

....

plus grand importance nous retirasmes a Pontaix [1] sans perdre nul de nous gentz. Quand fusmes au pont Raschas [2], aulcuns soldartz de nostre trouppe menerent ung payzan de Dye papiste, lequel point ne se volut acourder a leur doner ransson, le getterent du pont en bas dantz la riviere de Droume et ne s'estant tué devalerent dans la riviere et la l'acheverent de tuer à coups de poignal, puiz le laisserent la. Ces parants advertiz du fet envoyerent a Saincte-Croix [3] a aulcun du vilage qui l'encepvelit, et furent six de Dye qui furent tuez ce jour la. De laquelle chose le sieur de Glandage [4] fust si fasché qu'il en-

1. *Commune du canton de Die, à dix kilomètres de cette ville. Pontaix... est important par son assiette; ce petit village de quatre cent cinquante-huit habitants était partagé en trois enceintes : la ville, le bourg d'Aiguebelle et le bourg de Drôme, et défendu par une forteresse dont on voit encore quelques restes. Dans une gorge de montagne, il ferme la route de Valence à Die* (LONG, *La Réforme, p. 111*). — *Charles VII, par lettres patentes du 16 juin 1434, données à St-Symphorien-d'Ozon, engageait les terres de Pontaix et de Quint à Rodolphe de Harcourt, son chambellan, pour la somme de 2500 florins. Ces terres devinrent ensuite la propriété de Guillaume, bâtard de Poitiers, qui remboursa les 2500 florins prêtés par Rodolphe de Harcourt. Le 27 juin 1464, Louis XI donne à François d'Urre, son valet de chambre, en considération de services rendus par lui et sa femme, Catherine de Blou, tout ce qui avait appartenu à feu Guillaume de Poitiers. En 1483 Pontaix faisait retour à la couronne. François I*er*, par lettres du 14 octobre 1543, donna Pontaix et Quint à Guillaume de Poitiers, fils de Jean, seigneur de St-Vallier. Les terres de Pontaix et de Quint appartenaient au roi en 1579; quelque temps après, le 4 septembre 1591, Henri IV les cédait à René de la Tour, seigneur de Gouvernet, pour la somme de 15,280 écus.*

2. *Le pont de Rachat était sur la Drôme, au pied de la colline sur laquelle se voient encore aujourd'hui les ruines du château de Quint. En 1464, les commissaires chargés de visiter les châteaux et les terres de la couronne, ordonnèrent qu'on fit des réparations au château de Quint et au pont Raschas* (Archives de l'Isère, reg. B, 2990, f° 289).

3. *Sainte-Croix en Quint, commune du canton de Die. En 1165, il y avait dans ce lieu un prieuré dépendant de l'église de Die* (voir notre Essai histor. sur Die, t. I, p. 208), *qui fut uni en 1289 à l'ordre de Saint-Antoine et devint une commanderie générale.*

4. *Claude l'Hère ou de Laire, baron de Luc et Miscon, déclara, le 15 mars 1540, devant le sénéchal du Valentinois, tenir en fiefs de l'évêché de Die la terre et seigneurie de Luc et Miscon, sous le titre de baronnie, la seigneurie de Glandage et celle de Grand-Guisans. Homme de cœur et de résolution,*

voya d'ung cousté et d'aultre pour avoyr de cavalerie, dizant a ceux de la ville : « Je veux icy avoyr de gentz de cheval quoy-
« qu'ils costent, pour n'endurer que les huguenaulx vous vien-
« nent icy murtrir aux portes de vostre ville et vous gardent de
« fere vous moyssons et coupper vous bleds. Ilz emportent à
« Pounet 1 et a Pontaix vous gerbes. Que peuvent ils plus fere
« sinon vous tenir assiegez ? » Ceux de la ville s'acourderent a luy et trouverent son dire vray et son conseilh bon et utile, pourquoy envers le prince daulphin solliciterent, par messagiers qu'ils luy envoyerent, qu'il lui pleut leur envoyer de cavalerye. Aulcuns des principaulx papistes ou revoltez de la ville s'y acheminerent avec le sieur de Chaudebone 2 pour fere lesdites doléances et soliciter leur requeste envers ledit prince.

Ung sapmedy, 10 de juillet, le capitenne Chabanas fist une aultre sortie de Pontaix pour destorner les moyssoneurs de Dye, et menoit avec luy 60 pietons arquebuziers et 18 chevaliers pistoliers ou arquebuziers de cheval, lesquels se hasterent trop estre prés de la ville, car ayant surpassé l'infanterie au lieu de ce tenir derrière, comme ceux de la ville commenssaient de sortir pour reconnestre que c'estoit, pensant qu'il y heust peu d'infan-

---

Glandage s'était distingué au siège de Sisteron, au combat de Monfrin et aux bords du Lez, sous le comte de Suze (LONG, *p. 246*). *Nommé gouverneur de Die en remplacement du sieur de Gargas, il justifia la confiance de de Gordes en défendant cette place contre les entreprises réitérées de Montbrun* (PÉRUSSIS, *p. 163*). *Il eut un fils, Hugues de l'Hère, qui embrassa en 1572 le parti des réformés et se distingua dans les guerres du Comtat, notamment à la prise d'Orange, le 5 novembre 1573. Hugues, connu sous le nom de Glandage le fils, était en 1574 au siège de la ville de Die, et portait ainsi les armes contre son père. Le siège n'ayant point réussi, les protestants accusèrent ce jeune homme de trahison* (ARNAUD, *t. I, p. 292*). *La branche de la famille de l'Hère qui possédait Glandage s'est éteinte avec Marie de l'Hère, dame de Glandage, qui épousa, en 1620, Antoine de la Baume, dit le baron de la Baume* (ANSELME, *t. IX, p. 72*; CHORIER, *Estat politique, t. III, p. 90*).

1. Ponet, commune du canton de Die.
2. Le sieur de Chaudebonne était Henri du Pilhon, fils de Jean du Pilhon et d'Isabeau de Reynier. Il fut père de Laurent du Pilhon, seigneur de Bouvières, Chaudebonne, coseigneur de la Baume-des-Arnauds, et de François du Pilhon, sieur de Chaudebonne. Laurent ne laissa qu'une fille, qui épousa, vers 1670, François de Morges, seigneur de Ventavon.

térie sans chevaliers, descouvrirent lesdits chevaliers et se retirerent dantz la ville. Nous gentz s'enretournant prindrent quelques asnes qu'ils trouverent par les yeres : ceux qui valoint le mener, les menerent ; et les aultres qui ne valoint guiere, tuerent. Les moyssonneurs et eyriers les avoyr descouverts fouyrent et se tenoint cachés dentz les rifz et valas [1]. Nous gents se retirans amenerent oultre les asnes quelques gerbes et ung prisonier qu'ils en renvoyerent peu de jours après a Dye ; et voila qu'ils firent ce jour la.

Durant ces jours le sieur de Paris, gentithomme du Daufiné, ne fezant nul guerre ne pour ung parti ne pour aultre, non obstant qu'il estoit catolique romain, morut de maladye dentz sa mezon. Ses mezons ou chateaulx de Guizans et Gensac furent de mesme instant saiziz par ceux de la religion : ceux de Bourdeaux saisirent Guizans et ceux de Menglon Gensac ; dentz lesquels chasteaulx mirent quelques soldarts pour la garde d'iceux, a ceste fin que les papistes ne s'en fussent saiziz pour empescher ces passages. Or quelques jours après, la dame desdites places fist promesse (avoyr obtenu du sieur de Monbrun de fere sortir les soldartz de la dedentz) que la dedents lesdits chasteaux ne doneroit antrée a nulz pour y fere acte de guerre et qu'en ces terres ne seroit aussi fet actes semblables, ains feroit service à tous passans, alans et venents, tant d'une que d'autre religion. Par ceste promesse les soldartz quiterent lesdites places par le commandement du sieur de Montbrun. Les papistes lui promirent aussi de ne se saizir de ces dites places, en y fezant come durant la vye du sieur de Paris service a tous alant et venentz [2].

1. Valas, *terme usité encore de nos jours dans le pays pour désigner des fossés.*
2. *Ce sieur de Paris était Philibert de Brutin, seigneur de Paris, Guisans, St-Nazaire, etc., chevalier de l'ordre du Roi, décédé entre le 20 juin et le 1ᵉʳ juillet 1574. Son caractère modéré et conciliant le faisait estimer des deux partis. Les habitants de Die, qui auraient voulu l'avoir pour gouverneur, eurent recours à lui dans maintes circonstances, car il était en haute considération auprès du lieutenant-général de Gordes. Sous la date du 17 janvier 1569, nous lisons, dans le registre des délibérations consulaires de la ville de Die, les lignes suivantes :* ont conclu d'aller trouver la femme de M. Gaspard Charencii et luy dire qu'elle fasse bonne chiere à Mʳ de Paris et que la

Dans ledit moys de juilhet, guerre fust esmue en Prouvence, car le sieur d'Estoublon et aultres de la religion se geterent dentz leur dit pays, et s'y saizirent de quelques viles et chasteaux qu'ils gaignerent par assault, surprize ou aultrement par fet militere [1].

En ces mesmes jours et moys fust prins Sainct Pol, vile en Daulfiné, par ceux de la religion [2]. Le 15 dudict moys de juilhet, le capitenne Chabanas [3] envoya les deux tiers de sa compagnie

ville luy payera sa despense, et en oultre prier ledit sieur de Paris, en fagnant de entrer avec luy en propos, de scavoir et sentir de luy s'il vouldroit aller à Grenoble parler a monseigneur de Gordes pour la fin de ce moys, accompagné de ceulx qui luy sont agréables, aux fins d'avoir quelques deschargements de mgr de Gordes. *Le 16 juin 1575, généreuse dame Catherine de Toulon (Tholon), veuve de noble Philibert de Brutin, seigneur de Paris, etc., fit un premier testament*, au chasteau de Guisans, en la chambre grise. *Elle choisit sa sépulture* en l'esglise de St-Nazaire, chapelle de St-Anthoyne, en la tombe de son mary, *et veut* qu'il soyt convoqué le jour de son decès cent presbtres chantant messe, chascung desquels celebrera messe des morts ce jour la et recepvra troys sols et le disner honestement, sinon ils diront successivement les cent messes, si on ne peult les dire ce jour la, tant qu'elles dureront. *Cette dame refit son testament le 9 janvier 1578. Elle ne laissait que deux filles, qui furent ses héritières universelles: Anne de Brutin, qui épousa Georges d'Urre, lui porta la seigneurie de Paris et fut mère de François d'Eurre de Brutin, marié le 13 janvier 1590 à Catherine de Mévouillon; Charlotte de Brutin, qui épousa Louis de Monteynard.* — *Guisans, hameau de la com. de Bouvières, dans le canton de Bourdeaux; Gensac, com. du canton de Luc-en-Diois; Bourdeaux, chef-lieu de canton de l'arrondissement de Die; Menglon, com. du canton de Châtillon.*

1. *Thomas Gay veut parler ici de l'expédition dirigée par Pontevès et Estoublon pour délivrer Menerbe assiégée par l'armée catholique. Ces capitaines huguenots étaient venus en Dauphiné chercher quelques troupes (Cf.* PÉRUSSIS, *p. 163-6;* JUSTIN de Monteux, *p. 115-23). Le sieur d'Estoublon (ou plutôt de Stoblon) était fils de Louis de Baschi, seigneur de St-Estève et de Melchionne de Matheron, dame de Levens, de Trevans, d'Auzet et de Stoblon. Sa famille, originaire de l'Ombrie, vint en Provence avec Louis d'Anjou et s'établit en 1422 au diocèse de Digne (Cf.* PÉRUSSIS, *notes, p. 314-7).*

2. *St-Paul-Trois-Châteaux fut enlevé par les protestants qui avaient été réunis pour marcher au secours de Livron, assiégé par le prince dauphin. Celui-ci s'étant retiré à Valence, l'armée protestante, commandée par Montbrun et Saint-Romain, vint camper à St-Paul* (PÉRUSSIS, *p. 165).*

3. *Le capitaine Jean de Chabanas était de Die; il fut un des premiers dans cette ville à embrasser la réforme. D'une naissance infime, il parvint à obtenir*

et quelques soldarts des garnisons d'Espenel, Pounet et le Cheylard, en tout cent ou six vingts; s'en alerent a St Jean de Royans [1], ou estre arrivés pilherent le lieu, pour ce qu'ils n'avoint volu contribuer a Pontaix et au Cheylard, prindrent pluzieurs prizoniers, lesquels mirent a ransson, tuerent le capitene Pacient dentz sa mezon et ung Pinier de ce lieu ; ceulx de Royans promirent (puiz après que le capitenne Chabanas s'en fust retorné a Pontaix) au capitenne Chabanas qu'ilz luy contribueroint selon leur pouvoyr, moyenent qu'il ne les pilhe plus et qu'il leur fust amy, ce qu'il leur promist moyenent qu'ils fissent contribucion tel qu'il leur demandoit. A cela s'acorderent les gents dudit lieu pour n'estre plus pilhés desdits de la religion.

Comme les soldarts furent arrivés audit Sainct Jean de Royans, ceux de Dye et de Crest en furent quant et quant advertiz, et sachans que dentz Espenel et Pontaix ni avoit guieres gents, envoyerent ceux de Crest a ceux de Dye quelques ita-

des lettres de noblesse, mais ce dont il ne sut jamais se dépouiller, ce fut de la bassesse de ses sentiments. Il ne vit dans les guerres religieuses qu'une occasion de faire fortune. Deux circonstances de sa vie nous le peignent tel que vont bientôt nous le faire connaître les Mémoires de Thomas Gay. Lorsque Gouvernet, lieutenant de Lesdiguières, eut été nommé au commandement de la ville de Die, Chabanas l'excitait à renverser de fond en comble ce qui restait encore debout de l'antique cathédrale de Die ; lui montrant le clocher, qu'on avait conservé à cause de l'horloge : Rasez le pigeonnier, *disait-il*, et les pigeons, dispersés pour toujours, n'y reviendront plus (LONG, *Notes mss. ajoutées à son exemplaire de* La Réforme, *p. 277). Il ne se fit pas faute quelque temps après d'une autorisation de Gouvernet pour prendre des pierres à la cathédrale et en reconstruire la façade de sa maison. C'est ce que nous révèle une enquête de 1637 :* A quoy ottemperant, il (Gouvernet) permit auxdits ouvriers d'en (des pierres) prendre, qui en usant de ladite licence ont réduit lesdites murailhes en l'estat qu'elles sont à present, scavoir escorchées et sans aultre matiere que l'entredeux ou cœur que estoit entre les deux faces de pierres de tailhe, hors du cousté de la porte rouge que subsiste encore, et c'est par l'emploi qu'ils en ont fet audit edifice et bastiment du chasteau d'Aix ou par la permission qu'ils ont donné à quelques habitants de Dye d'en user et prendre, entre autres a Jean Chabanas qui en a construit le debvant de sa mezon située a la rue de la Pierre ... *Jean de Chabanas avait épousé Jeanne Brunel et se trouvait ainsi par sa femme allié à la famille Gay.*

1. *St-Jean-en-Royans, chef-lieu de canton de l'arrondissement de Valence.*

liens que le prince Daulfin [1] avoit congedyés de son armée et ordonés à aler a Dye, pour secours tel qu'ils lui avoient pluzieurs foys demandé. Il y avoit 17 chevaliers, douze mestres lanciers et 5 serviteurs qui, partis de Crest, passerent prés du pont d'Espenel ; 3 soldartz dudit Espenel [2] avec leurs arquebuzes a la main les suivirent jusquez aulx tours ancienes de Vercheyni [3], et leur avoynt un cop fet abandoner ung de leurs chevaulx de bagage qu'ils menoint en lesse, més se retornans arriére virent qu'ilz n'estoient suiviz que de troys soldartz. Parquoy fezentz mine de les charger, firent advancer leur dit cheval et reculer les troys arquebuziers ; puis s'en alerent passer à Horel [4] et sen s'y arrester monterent la montagne et dessandans par Montmor [5] s'en alerent a Dye, ou ils furent bien acuilhis et festoyés des papistes et revoltés [6] de la ville, qui leur venue avoient bien souvent dezirée. Pour ce que mon pere comandoit a Espenel pour la parti de la religion ilz logerent dentz sa mezon [7] le capitenne desdits italiens lanciers. Lesdits

1. *François de Bourbon, duc de Montpensier, dauphin d'Auvergne, qui avait remplacé le maréchal Damville en qualité de commandant des troupes du roi dans le Dauphiné, la Provence et le Languedoc, venait de lever le siège de Livron, sur la nouvelle que Montbrun avait été renforcé par St-Romain* (Pérussis, *p. 164-5*).
2. *Espenel, com. du cant. de Saillans. Espenel reconnaissait alors plusieurs seigneurs : Jean de Piégros, qui fit hommage le 12 septembre 1541; Amien Sauvain, fils de Gaspard Sauvain, qui déclare posséder une moitié de la seigneurie, indivise avec Louis Sauvain et Michel Arier ; enfin Jean d'Albon*.
3. *Vercheny, com. du cant. de Saillans. Le seigneur de Vercheny était alors Louis Sauvain, qui fit hommage le 5 octobre 1540 pour Le Cheylard, Piégros, St-Sauveur, Chastelarnaud, Barry, Vercheny*.
4. *Aurel, com. du cant. de Saillans. La terre d'Aurel, qui avait toujours été une cause de litige entre les évêques de Die et les comtes de Valentinois, fut donnée en 1305 par l'empereur Henri au dauphin Humbert I*^{er}.
5. *Montmaur, com. du canton de Die*.
6. *Thomas Gay désigne sous le nom de révoltés ceux qui avaient abandonné la cause protestante pour retourner au catholicisme*.
7. *Les Mémoires de Gaspard Gay nous donnent d'intéressants détails sur cette maison d'Antoine Gay. Ledit Anthoyne fit rebatir fort diligement sa mayson paternelle quy est en la rue de Vyleneufve avecq celle qu'il avoit aquis des hoyrs de Martyn Malsang, qui confine des deux coustés les maysons des David et des Bertrand, et du devant ladite rue du Dionyer,*

lanciers furent suivis de 26 arquebuziers de la garnizon de Pontaix conduits par le capitene Grand, més passans par aultre chemin ne les peurent rancontrer, aussi n'estoit possible selon l'heure de leur despart et la cource des chevaux desdits italiens qui mieux advanssoint chemin que nous pietons susdits.

Les papistes regagnerent le chasteau La Roche.

Le 17 de juilhet les papistes entrerent par inteligence dentz le chasteau La Roche prés du Buys, naguieres gagné par ceux de la religion [1], comme avez peu ou pouvez voyr au QUATRIESME LIVRE. Celui qui le rendit a ceux de la religion ayant demeuré gouverneur d'icelui le randist ce jour cy aulx papistes par ambicion et avarice de 7 ou 800 escus que lui donerent les papistes. Estre dedentz desarmerent ceux de la religion qui le gardoint, et les avoyr devalizés leur donant la vye par bonne guerre les en renvoyerent. A ceci se doibvent bien prandre garde les grandz chefz des armeez de ne metre point dentz les forteresses de capitennes avares et ambicieux, car aujourd'huy on en voyt qui veulent tenir le degré et office de capitenne dentz une forteresse et, au lieu de s'adoner a l'art militere, trafficquent en arrantements et damrrées et aultres moyens encore plus deshonestes a gentz de guerre, car desrobent bien souvent les deniers des soldartz ou sur leurs mostres, ou sur les butins qu'ils font aulcunes foys a la guere ou aultrement. Je ne parle point icy des bons capitennes, més de ceulx qui ne sont payés de main de comisseres, qui en prenent les contribucions par pays en desrobent la pluspart, et souvanteffoys aulcuns d'iceux par leur avarice insaciable, par prezantz de pecune rendent à l'henemi par trahizon les forteresses qu'ils debvroint fidelement garder et plustost morir qu'ainsin vileynement les randre.

le viol des Cordelliers, ou il fit fere des salles, chambres, cabinets, le tout byen proprement selon sa qualyté.

1. *La Roche-sur-Buis avait été prise vers le 19 mai 1574, quoique secourue par Baumelle et Subroche* (Pérussis, *p. 162*). Chorier *dit que St-Auban, après un siège de dix-huit jours, avait enlevé ce château aux catholiques commandés par Fallet d'Avignon et Faucher de Die* (Hist. gén. de Dauph., t. II, p. 652).

Entreprize a Loriol rompue.

Le 18 juilhet les papistes du Valantinès, assemblés en bon nombre avec eschelles, s'acheminerent ou se mirent en chemin pour aler a Loriol [1] doner escalade avec inteligences qu'ils avoint avec quelques traytres dedentz la ville ; més estant en chemin leurs soldarts, par ung desbordement et deshobeissance de leurs chefs, au lieu de advancer chemin pour parvenir au lieu a l'heure assignée, s'escarterent dentz de granges et metheryes pour piccorer et saccager. Cependant le jour vint plustot qu'ils n'eussent volu. Les traistres qu'estoint en sentinelle furent remuez. Les papistes d'aultre part furent descouverts, ce que voyant s'en retornerent et brizerent leurs eschelles, et voyla comme leur entreprize ne vint ja a bonne fin (comme Dieu le voloyt) par le deshordre et deshobeissance des soldarts, qui souvent cauze plusieurs accidents a la guere, et souvantesffoys pluzieurs bonnes entreprizes en sont rompues et aneantyes, més tout vient de la volonté du Seigneur Dieu, car rien n'advient sans sa permission.

Durant ces jours, audit moys, fust prins Sainct Restitui [2] par ceulx de la Religion. Les noveles nous furent aportées a Pontaix, le 20 de juilhet 1574. Le landemain, 21 dudit moys, les papistes de Dye firent sortie et s'en alerent à Pounet. Ceux du chasteau firent aussi sortie, et ayant escarmouché quelque temps, ceux de Dye se retirerent a la ville sens avoyr fet choze de valeur.

La commerce libre aulx marchans.

Entre ceux de la Religion et les papistes fust convenu et acourdé en ce pays de Daulfiné la commerce libre aulx mar-

---

1. *Loriol a joué un grand rôle pendant les guerres religieuses et les deux partis se disputèrent souvent la possession de cette place importante. Le 29 juillet 1570 Gordes avait fait battre ses murailles et y fit donner l'assaut le lendemain par la brèche que son canon avait faite, mais il fut repoussé. Cette place lui fut ensuite remise à la conclusion de la paix et il se promettait de la faire démanteler, lorsqu'en 1573, à la reprise des hostilités, elle tomba entre les mains de Montbrun, qui s'empressa de s'y fortifier.*
2. *St-Restitut, com. du cant. de St-Paul-Trois-Châteaux.*

chans, tant d'une religion que d'aultre, a ceux de ja qui en ceste guere n'ont prins les armes ne pour ungs ne pour aultres, l'acort estant tel que lesdits marchants de leur religion povoint passer a nous forteresses, et les marchans de nostre religion povoint passer aux leurs pourtants toute marchandize, fors armes et avitalhements d'avivres, que n'estoit compris an cest acord. Le sieur de Montbrun en fist fere cryés par toutes les forteresses tenents pour le parti de la religion refformée [1]. A Pontaix fust (comme j'ouy) cryé, le 23 julhet, ainsin comme s'enssuit :

« De par Charles du Puy [2], segneur de Montbrun et Ferras-
« sieres, commandant generalement les trouppes des gentz de
« guerre du prezant pays de Daufiné tenent le parti de la reli-
« gion refformée, a l'absence de Monsegneur le Prince de
« Condé, il est fet prohibicion et deffance a toute personne
« de quelque calité et condicion qu'il soyt ne troubler, moles-
« ter et empescher, directement ne indirectement. aulcuns
« marchantz ne aultres, menents ou conduizans marchandize,
« de quelque espece que se soyt, au prezant pays de Daulfiné,
« ains les laisser passer, vandre et debiter leurs dites marchan-
« dizes de quelque espece que ce soyt au prezent pays de

1. Cette proclamation a été publiée par M. Long, La Réforme, p. 118. Cf.Charronnet, Les guerres de religion et la société protestante dans les Hautes-Alpes; Gap, 1861, in-8°, p. 91.
2. Charles du Puy, seigneur de Montbrun et de Ferrassières, était le troisième des fils d'Aimar du Puy et de Catherine La Valette de Parisot, sœur de La Valette, grand-maître de l'ordre de Malte. Montbrun fut un des plus grands capitaines de son temps. Brantôme a fait l'éloge de sa bravoure et signalé ses exploits (Œuvres, édit. de la soc. de l'hist. de France, t. V, p. 422-4). Nous nous bornerons à faire remarquer ici qu'il était allié aux plus grandes familles dauphinoises ; ce qui fut cause qu'en bien des circonstances il eut à combattre contre ses propres parents. Il épousa Justine Alleman, fille de François Alleman, seigneur de Champs, et de Justine de Tournon : celle-ci était nièce de François, cardinal de Tournon, de Charles, évêque de Rodez, et de Gaspard, évêque de Valence et de Die ; un de ses frères fut également évêque de Valence et de Die. Montbrun eut de Justine Alleman : Jean Alleman du Puy, en faveur de qui la terre de Montbrun fut érigée en marquisat, en 1620 ; Justine, qui épousa François des Massues, seigneur de Vercoiran ; Louise et Madeleine.

« Daulfiné, sur peyne de la vye, comme estant la commerce
« libre, et laquelle dizons par ces prezantes debvoir estre en-
« tretenue. Fet a Montbrun, le xxiii° juilhet 1574.

« Montbrun. »

Extret et colacioné sur aultre extret signé Mosnier, dizant l'avoyr extret d'aultre extret signé Marchand, affirmant l'avoyr tiré du propre original par M° Jean Zacarye, nothere royal et dalphinal et greffier de Pontaix, par comandement du capitene Chabanas, et moy Thomas Gay l'ay prins par copye et double de celui dudit Zacarye, de mesme fasson comme il estoyt et comme fust cryé par le tambour.

Comme les papistes furent chassés de Beauffort.

Le syeur de Glandage pour se fortyffier au Dyois, se voyant pressé des garnizons de Menglon, Pounet, Pontaix et Espenel qui gardoint les passages, solicita, ou le sieur des Piles [1] pour luy, envers le prince Daufin (qui pour lors estoyt a Grenoble) de fere fortiffier Beauffort [2] (petite vile et chasteau, la vile desmantelée et le chasteau tenent bon pour le parti des papistes). Et ayant ce obtenu dudit prince, fust comandé le capitene La Tour de Beaumes pour y aler. Pour quoy s'estant

---

1. *Le sieur de Piles est probablement Marc de Fortia. Il fut chargé, le 6 avril 1573, de garder Montélimar pendant un mois et reçut pour ses gages 80 livres. Paul de Fortia, né à Carpentras en 1560, fut ensuite seigneur de Piles. En 1742, Alphonse de Fortia vendit Piles et une partie de la seigneurie d'Aubres à Paul-François d'Andrée* (Pérussis, notes, p. 252).

2. *Beaufort-sur-Gervanne, com. du cant. de Crest.* Castrum Bellifortis est in ruppe supra ripperiam Gervane et habet villam clausam sub se (*Enquéte du XV° siècle, dans* Chevalier, *Choix de documents, p. 268). Le 6 septembre 1521, les commissaires nommés pour l'aliénation des domaines du comté de Valentinois et Diois, vendirent les châteaux de Beaufort et Gigors à Catherine Adhémar, veuve d'Antoine de Clermont de Montoison, et à Blanche Adhémar, veuve d'Aymar d'Urre, coseigneur d'Ourches. Le 30 mars 1573, Claude de Clermont et Nicolas du Peloux devinrent acquéreurs de ces deux seigneuries. Elles passèrent en 1602 aux mains de Jean d'Arbalestier, qui les paya 1333 écus 20 sols. Le château de Beaufort fut plusieurs fois pris et repris par les protestants et par les catholiques. Les protestants s'en étaient emparé au mois d'août 1569 ; mais Gordes y ayant envoyé des troupes, on le*

mis en chemin avec sa compagnie, qui estoyt de 4 vingts hommes ou environ, comme dentz Crest furent par aulcuns reconeux, le 24 juilhet en passant, qui secretement nous en advertirent a Pontaix. Or ledit jour arriverent dentz Beauffort et de mesme instant, aussi tost qu'ils furent logez, retrancherent les ruines et bresches des murs de la vile avec toneaulx, chevrons et pierres pour ce mettre en assurance, jusques a ce qu'ils heussent heu la comodité de serrer lesdites bresches avec pierre et mortier. Le capitene Chabanas, voyant l'anuy que ceste garnizon nous pouvoit fere, s'y estants ung cop fortiffiez, tant pour le regard des contribucions qu'en ces cartiers nous heussent hosté, que pour le secours qu'ils heussent donné au sieur de Glandage, quand il en heust heu besoin, consulta avec le capitenne Appays et aultres, qui tous enssemble delibererent de les aler hoter de la. Par quoy ung jours apres, ung dimanche, 25 dudit moys, partismes avec lesdits capitennes de Pontaix, sur le soleilh couchant, en nombre de 60 arquebuziers et 10 ou 12 argolets [1], et, passans par le col des Blaches, arrivasmes a Beauffort sur la mienuict du cousté du chasteau, ou estre parvenus fismes ung peu alte, dernier les mezons du bourg, prés le chasteau. Cependant le capitene Appays, le sergent La Roche de Pontaix, le sergent Vercors de Romans, Florimond du Cros de Dye [2] et aultres bons soldartz en petite troupe alerent reconoistre droit a la barricade et tranchée de la bresche ou portal, qui est au pied du chasteau. Ayant recogneu qu'ils n'estoint descouverts, entrerent dentz la ville, et ayant chassé le corps de garde crians : « Tue, tue, tue » par la ville, se prindrent garde que perssonne de nous n'antroyt pour les seconder, pourquoy le capitenne Chabanas

reprit avec quatre de leurs capitaines qui furent menés prisonniers à Grenoble (PÉRUSSIS, p. 109).

1. *Les argoulets étaient des arquebusiers à cheval.*
2. *Le sergent Vercors appartenait sans doute à la famille Faure de Vercors; aucune branche de cette famille ne s'est établie à Romans. — Les Ducros étaient nombreux à Die : en 1577, alors que la ville était tombée au pouvoir des protestants, nous trouvons parmi les membres du conseil Louis Ducros et Marcellin Ducros.*

retornant arriere vint a ces soldartz qui estoynt entre les mezons d'ung vyol d'icelui faulxbourg, qui est vis a vis du chasteau et près d'icelui quinze ou seize pas ; mez les soldartz, intimidez pour les pierres que ceux du chasteau getoient, ne le volurent suivre fors quelques 25 ou 30 de mon escoadre et quelque peu d'aultres, qui induits pour prieres que leur fys et remostrances me suivirent, et avec ledit capitene nous advansames pour antrer dentz la ville, pour seconder les aultres qu'estoint dedentz au combat. Quand le capitene Chabanas et moy fusmes prez de la barricade, ung soldart, poussé des aultres qu'estoint derriere luy, pour la crainte des pierres que ceux du chasteau nous getoint, passa sa mesche sur mon fornimant qui estoyt plus que my plain de poudre. Le feu se mit dedentz, et la Dieu me bele grace, car je fuz celui qui fuz le moins offancé pour le feu d'icelui, fors de mes acoustrements qui brusla, aultrement a ma perssonne heux moings de mal que ceux qui estoint entour moy, car le capitenne Chabanas s'eschauda le vizage, d'aultres les mains et surtout celui qui par sa soutize y mit le feu, que fust si bien acoustré qu'il laissa cez armes et s'enfoyt, més non guieres loin, car l'ayant mis sur une beste, cheval ou jument, le conduirent au Cheylard. Toute la trouppe qui nous suivoyt s'espouvanta pour le bruit ou la clarté de mondit forniment, si bien qu'ils se mirent tous en fuitte, et, demurans le capitene Chabanas et moy seuls a la place, nous comansasmes a retirer après les soldarts, et ceux de dedentz qui de nous ne furent secondés commancerent a sortir ; et comme sortoint ung des nostres de dehors tira ung arquebuzade au premier des nostres qui commanssoyt a sortir et le blessa a la mort, car il escoula de sang comme on l'amenoyt. C'estoyt Claude Serre, marchant de Dye, soldart de la garnizon de Pounet, qui eagé de 25 ou 26 ans morut de ce coup, ung get de pierre loin de Beauffort, ainsin comme le menions, au grand regret de moy et de tous ses compagnons. Celui qui tira l'arquebuzade cuidoit, selon son dire, qu'il fust de l'hennemy, touteffoys qu'ayant fet ce coup ne fut ja besoin de divulguer qui l'avoyt fet, car punicion s'en fut enssuyvye. Comme nous gentz sourtiont d'ung cousté, les papistes, c'est assavoyr les gentz du capitenne La Tour (car il n'y estoyt pas, il estoyt a Crest ung peu malade), sortoint et de l'autre cousté, et senfouyrent a Crest, fors huict d'iceux qui furent tuez en rompant le cors de garde et pluziers blecez qui se cacherent dentz de mezons, le landemain s'enalerent a Crest comme les aultres. Antre aultres fust tué le lhieutenant de ceste compagnie (par Florimond du Cros), nommé le capitenne Sarralut de St. Marcelin.

Avoyr fet ceste execucion, nous en retornasmes les ungs au Cheylar [1], les aultres à Pounet et nous aultres a Pontaix, avec nostre capitenne : chescung de nostre trouppe ce retira a cez garnizons, joyeulx, mesme ceux qui y gagnerent, car aulcuns de nostre trouppe y gagnerent arquebuzes, tolaches, espieux et aultres arnoys. Florimond du Cros y gagna ung fort beau tolache ; le sergent Vercors y gagna ung aultre tolache ; Vilesneufve y gagna ung espieu ; Pierre Tanquain y gagna la bourguignotte dorée du capitenne La Tour ; plusieurs aultres y gagnerent, lesquels seroit trop long a reciter. Je ne parle pas icy de plusieurs que y gagnerent de coups de pierre, qui en fesant les aproches disoit l'un : « Ho du bras ! » l'aultre : « de la teste ! », mez les morrions [2] servoint

---

1. Le Cheylard, commune du canton de Saillans. Louis de Saurain, seigneur du Cheylard, fournit un dénombrement de tous ses biens nobles le 5 octobre 1540. Il fut en 1568 gouverneur de Die, et au mois de septembre de la même année il marchait à la tête d'un régiment au secours du prince de Condé. Il mourut à Nîmes le 8 août 1575.

2. On donnait le nom d'arquebuse à une espèce d'arme à feu, dont le canon était monté sur un fût qui avoit une crosse pour coucher en joue ; ce fut au plus tôt sur la fin de Louis XII. Elle devint avec le temps l'arme à feu ordinaire des soldats dans les troupes. C'est la plus ancienne des armes montées sur un fût... Des arquebuses vinrent les pistoles ou pistolets à rouet, dont le canon n'avoit qu'un pied de long : c'étaient les arquebuses en petit (P. Daniel, Histoire de la milice françoise ; Amsterdam, 1724, in-4º, t. I, p. 334-5). — Taloche : c'était une espèce de petit bouclier. Le morion était le casque de l'arquebusier ; le timbre en avait une forme ogivale ; les bords en étaient abaissés sur les oreilles et relevés en avant et en arrière. La bourguignotte n'était autre chose que le morion, auquel on avait fait subir un léger changement de forme : elle était garnie de plus larges oreillons. Le fourniment, dont il a été question quelques lignes plus haut,

bien a ceste heure a ceux qui en portoint. Si les soldartz de la troupe heussent si bien fet comme les premiers, heussent bien encore mieux exploité, car ils heussent non seulement gagné d'aultres chozes, comme l'enseigne et aultres choses que n'eusmes pas, mais heussions deffet toute ceste compagnie du capitenne La Tour, més Dieu ne le volut pas ainsin. Or soyt donq loué le Dieu, qui nous a creez, qui en maints lieux nous a donné de ces faveurs acoustumées plus que nous lui en saurions remercier, n'ayant esgard a nous meffaicts.

> Fust ung dimanche, vint e cinq de juilhet,
> Que dants Beauffort fust cestui acte fet,
> Que Sarralus et aultres de ces gents
> Furent tuez, sans conter des fuyants.
> Des nostres ung fust tué tant seulement,
> Dit Claude Serre, tué je ne say commant.
> Ce fust l'an mile sinq cens septante quatre
> Qu'advint pour lui cestui mortel desastre.

Durant ces jours estoint a Pontaix les sieurs de Vercoyran [1], de Comps [2] et du Poyet [3], gentilhommes hordonnés comis et

---

était une poire à poudre, accompagnée, comme le sont encore les poires à poudre des chasseurs, d'un étui ou capsule en métal, destiné à mesurer la charge ; le soldat portait son fourniment suspendu à une chaîne ou à un baudrier (QUICHERAT, *Histoire du costume en France*, p. 413, 415).

1. Vercoiran était François des Massues, seigneur de Vercoiran, d'Urre, Ste-Euphémie et Châteaudouble. Il épousa Justine, fille de Montbrun.

2. Comps. Il s'agit ici de Mary de Vesc, fils de Sébastien de Vesc et de Louise Brunier. Sébastien de Vesc, qui avait abandonné la religion de ses pères vers 1561, fut tué à la bataille de Montcontour avec trois de ses fils. Mary, héritier de son frère Louis pour Dieulefit, Comps et Vesc, épousa le 27 août 1572 Françoise des Alrics, fille de Reynier, seigneur de Rousset et d'Honorée d'Urre-Cornilhan. Il fut l'ami de Montbrun ; après la mort de ce dernier, il s'attacha à Lesdiguières et fut tué en 1587 à la reprise de Montélimar.

3. Louis de Marcel de Blain, baron du Poët-Celard, seigneur de Barry, Mornans, Saou et Châteauneuf-de-Mazenc, figure parmi les plus braves capitaines protestants de cette époque. D'après CHORIER (*Estat politique*, t. III, p. 109), il était fils de Pierre de Marcel et de Marguerite Blain. A partir de l'année 1572 on le retrouve dans presque tous les grands événements de nos guerres civiles, combattant d'abord sous les ordres de Montbrun, dont il fut l'ami,

deputés par le sieur de Montbrun, pour metre ordre et reglement non seulement a cete garnizon, mez a toutes les aultres tenent pour le parti de la religion refformée. Ils firent rendre ces comptes au capitene Chabanas et lui ordonerent le nombre des soldarts qu'il debvoyt entretenir en la garnison dudit Pontaix. Ledit capitenne pour n'estre poyé de main de comissere come les aultres, quitta ausdits seigneurs les contribucions qu'il tenoyt du feu sieur de Mirebel, et pour metre tousjours quelque choze dentz la bource, comme il savoyt bien fere, obtint desdits seigneurs qu'il yroyt chercher de contribucions en terre de l'henemi, tant comme il en pourroit amasser, sens rendre compte a perssonne, de la Royans au Vilar de Lens et ces environs, més promyt ausdits sieurs d'entretenir la cent soldarts audit Pontaix et les poyer bien moys pour moys, més mal les poyet aprés ; aussi plusieurs de ces soldarts ce desbanderent et le laisserent, pour ce que a plusieurs d'iceux retenoyt, aux aulcuns des butins qu'ils fezoint, aux aultres de leurs mostres et soldes, ce qu'est mal convenable en tel art de guere, mesme soustenantz le parti que nous soustenons, car il est requis a nous de combatre pour la foy, pour l'advancement de la gloyre de Dieu et son sainct Evangile, et non pour butiner et nous fere riches, remplissant des biens d'aultrui nous bources, choze qui fet souventeffoys aler la cherrue debvent les beufz, come on dit ; c'est a dire que au lieu de bastre nous

puis, après la mort de ce dernier, s'attachant à la fortune de Lesdiguières (ROCHAS, Biogr. du Dauph., t. II, p. 114 ; LACROIX, Arrondis. de Montélimar, t. I, p. 183-8 ; LONG, p. 246). *Le Poët fut tué dans un duel par Gouvernet en 1598 : voir sur ce duel fameux, qui a été raconté d'une façon dramatique, mais purement fantaisiste, par* VULSON DE LA COLOMBIÈRE *dans son* Vray theatre d'honneur et de chevalerie (Paris, 1648, t. II, p. 529), *les nouveaux documents publiés par M.* ARNAUD (Bull. de la soc. d'archéol. de la Drôme, 1873, t. VII, p. 403-9) *et par M.* VELLOT (Vie d'Artus Prunier de St-André, p. 325-30), *qui nous font connaître la date, les causes et les principales circonstances de cette triste affaire. Le Poët avait épousé Jeanne d'Aillan, veuve de Louis de Bologne, seigneur de Sersson, près Crest ; comme il ne laissait pas d'enfants, ses biens passèrent à Marguerite, sa sœur, épouse de Pierre Marcel, avocat et coseigneur de Savasse, qui était en outre son cousin au dixième degré* (DE COSTON, Hist. de Montélimar, dans le Journal de Montélimar, n° du 17 juil. 1880).

ennemis, nous ennemis nous batront, comme souventeffoys nous est advenu pour nous pechés [1].

L'hennemi recognoit Salhens pour le fortiffier, més furent destournés par ceux de la religion.

Le sieur de Vercors ayant demandé au prince Daufin licence

---

[1]. Les lignes suivantes sont empruntées à une enquête faite à St-Paul-Trois-Châteaux en *1582* et dont le texte a été en partie publié par M. de Coston dans le Bull. de la soc. d'archéol. de la Drôme, *1879*, t. XIII, p. *135-47*). Elles complèteront le récit de Thomas Gay et nous permettront d'entrevoir ce qu'étaient alors ces contributions, ces impôts de guerre dont on accablait nos malheureuses populations. Après avoir rappelé que la ville de St-Paul-Trois-Châteaux a été quatre ou cinq fois prise et pillée, qu'on y a tué beaucoup de catholiques, jusques au nombre de trente-cinq ou quarante et comprins les prebstres et chanoynes dudit lieu, *Antoine du Puy, lieutenant du bailli de l'évêque*, ajoute : Outre ce et durant ledict temps le labouraige dudict St. Paul demeura inculte, d'autant que tout le bestial de labourer a esté prins et volé, d'ung party ou d'aultre, pour trois ou quatre fois, tellement que durant ledict temps de guerre le terroir a demeuré sans pouvoir estre ensemencé ny cultivé, et les habitants reduits en telle misere et povreté qu'a present estant remis dans leurs maisons et biens par le beneffice de la paix, n'ont de quoy se meubler et moings achepter bestail pour cultiver leurs terres et sy a present treuve quelqu'un qui laboure ou seme, s'est par le moien et ayde de leurs amys circonvoysins, qui par prests les secourent ; ains se treuvent aussy a present desmantelés et a la discretion de tout homme, tellement qu'il n'y a ville en Daulphiné plus ruynée ny plus pouvre de personne et butin que la communaulté et habitants de St-Pol, lesquels après avoir despendu tout leur bien ils se sont engagés et endeptés de plus de cinq mille escus...; n'ayant iceulx habitants aulcun moien à poyer leurs creanciers, qui journellement les vexent tant par saisie de leurs immeubles, emprisonnement de leurs personnes que par prinse du peu de bestail a labeur qu'ils ont, estant chargés de grands apports et interets qu'ils souffrent pour faulte de paier leurs creanciers, et avec les grosses tailhes imposées par les sieurs tresoriers et commis du pais, et qu'il fault par nécessité qu'ils payent, les habitants pour demeurer en repos et pour obvier aux tourments et vexations sont en deliberation d'abandonner leurs maisons, biens et familles comme plusieurs d'iceulx ja ont faict et aller mandier et chercher leur pain ailleurs, car pour paier les creanciers et aultres charges ordinaires.... fauldroit vendre la plupart du bien et terroir, et encore ne sçait on si on trouveroit marchand pour achepter ledict bien....

de fortiffier Salhens [1] et obtenu d'icelui a ce fere, despartist de Crest le 30ᵉ juilhet, acompagné de quelques chevaliers et avec iceux s'en ala a Salhans ; ou estre arrivez, tornoyerent la ville par dehors, sens dessendre de leurs chevaux, et ayant veu les ruines et bresches de la ville dirent entre eux qu'il seroyt encore possible de la manteler, ayant fet rezolucion de ce fere ; més le lendemain advertissement en fust donné a ceux d'Espenel et de Pontaix, qui assemblez y alerent avec bonne trouppe de massons et laboreurs, portant paulx, pressoyrs, malhets, pics et martaux et aultres hutilz a ce convenable, et razerent le ravelin de la porte Sabeyrane qu'estoyt encor entier, rompirent les creneaux de la tour d'icele porte qu'estoint encore entiers, et razerent la courtine en aulcuns endroits, ou elle estoyt entiere, puis s'en retornerent chescung d'iceux a leurs garnizons et forteresses.

> Pas ne fermerent les bresches de Salhans
> Les catholiques, car pluziers de nous gens
> S'y acheminerent, et si belle ouverture
> Y firent lors, que clef aussi serrure
> On y verra de deux jours claveler.
> Leur ravelin nous fismes lors raser.
> Ce fust du moys de juilhet le dernier
> Jour, trente ung, que par fet guerrier,
> L'an mil sinq cents et septante et quatre,
> Des murs Salhans fismes encor abatre.

S'ENSUIT MAINCTENENT LE SECOND CHAPITRE OU EST RECITÉ TOUT CE QUE FUST FAICT AU MOYS D'AOUST 1574 DE PLUS MEMORABLE.

Le quatriesme jour du moys d'août 1574, fust prins mestre

---

1. *Saillans, chef-lieu de canton de l'arrondissement de Die. L'abbé de St-Géraud d'Aurillac était autrefois seigneur temporel de Saillans, où son ordre possédait un important prieuré. En 1299 Guillaume de Roussillon, évêque de Die, acquit de Pierre, abbé d'Aurillac, tous ses droits féodaux sur Saillans. Au mois de mai 1573 les protestants se rendirent maîtres de cette place, le secours que Gordes y avoit envoié sous le capitaine Menon et sous Gessans n'étant pas arrivé à temps. Mais Gordes y étant lui-même, accourut, les en mit dehors quelques jours après* (CHORIER, *p. 652 ;* PÉRUSSIS, *p. 146 et 369*).

Pierre Malheffaud [1] des soldarts de la garnison de Vachyeres [2], en alant a Dieulefits et nonostant que ledit Malheffaud ne portoit les armes, ils le mirent a ransson de 40 escus, et en ce fezant ils rompirent la commerce des marchants, naguieres acourdée entre eux et nous. Més ilz dizoyt l'avoyr bien prins, pour ce qu'il avoyt fet naguieres auparavant de salpetre et poudre audit Dieulefits [3], puis c'estoyt venu retirer a Pontaix, ou il fesoit traffic de draps et mercerye, et la travalhoyt de son estat talheur. Le landemain 5 dudit moys, La Roche de Pontaix, son nepveu, premier sergent pour lors de la companie du capitene Chabanas, partit dudit Pontaix de nuict avec quelque troupe d'arquebuziers, et s'en alerent embusquer a Montclar [4], et la demeurèrent une partie non seulement de la nuit més du jour, pour atraper quelcun de la garnizon de Vachieres, més lesdits de Vachieres ne sortirent de tout ce jour pour aler a Montclar, et bien sagement firent. Ce que voyans, La Roche et ces compagnons s'en despartirent et s'en retornerent a Pontaix, sens rien fere ne trover perssonne, ce qui luy vint mal a propos, car ledit La Roche cuidoyt atraper a Montclar quelcun de la garnison de Vachieres, pour fere randre son oncle en fezant eschange de prizonier pour prizonier sens poyer ransson, comme souvent s'accorde en ceste guerre.

Lors dentz Dye survint certeyne suspicion de trahizon par deux soldartz piesmonteys, qui estantz en sentinelle sourtirent des muralhes de la ville avec des cordes et avec leurs armes qu'ils sauverent, puis s'en alerent rendre au chasteau de Pounet, ou ils furent recuilhys humeynement par le capitenne Champagne [5] et ces gentz. Ces deux soldartz sortirent de Dye envi-

---

1. *Pierre Malhefaud était marchand à Die et faisait le commerce des draps. Il figure encore dans une enquête faite au mois d'octobre 1579 pour connaître des dévastations commises par les protestants à Die et à la Motte-Chalançon, au préjudice des religieux de St-Marcel de Die* (Bull. de la soc. d'archéol. de la Drôme, *1874, t. VIII, p. 448).*
2. *Vachères, commune du canton de Crest.*
3. *Dieulefit. Voir pour le rôle de cette ville pendant les guerres religieuses :* LACROIX, L'arrondissement de Montélimar, *t. III, p. 126 et suiv.*
4. *Montclar, commune du canton de Crest-Nord.*
5. *Le capitaine Champagne était de Die et nous le voyons figurer dans*

ron la mienuict ou bien aprés, entre la tour du Portal dit de Port' Englene et ung aultre tour proche de la tour de Thibaud [1]. Ils furent menez de Pounet a Pontaix par Jàques Marys dit Paton, et presentez aux sieurs de Comps, du Poyt et de Vercoyran, jandre du sieur de Montbrun, lesquels les interoguerent de plusieurs demandes, ausquelles ils respondirent fort bien a propos. Ilz furent envoyez a Espenel (aprés avoyr fet promesse de loyaulté), vers le capitene Bovyer de Romans [2], qui la dressoyt et levoyt une compagnie d'infantherie, lequel les receut, les mit de sa compagnie et leur fist donner logis. Leur capitene et leur caporal et quelques aultres de leurs compagnons furent ung jour aprés mis et fermez en prison, par le

une assemblée des chefs de maison de cette ville, le 27 janvier 1577. Les protestants, devenus maîtres de la cité, s'occupaient du choix d'un gouverneur. L'assemblée municipale conclud de supplier les principaux chefs du parti qui se trouvaient alors réunis à Die pour les affaires de la Religion, de volloyr nommer pour gouverneur audict Dye monsieur de Valserre, lequel est fort agreable auxdicts habitants, fors et excepté ledict cappitaine Appays, qui a demandé nommer pour gouverneur le sieur de Blacons; et les cappitaines Champagne et Florimond, Jacques Marie, Loys de Corsanges et Jacques Alleoude ont declaré s'en rapporter de ladicte nomination au general et auxdicts seigneurs gentilhommes de ladicte assemblée.

1. *La porte Englène était au midi de la ville, ainsi que la porte St-Vincent. La tour de Thibaud était ainsi désignée du nom d'un habitant de Die qui en avait eu la jouissance, à la charge d'y faire certaines réparations. Nous lisons dans les registres de la commune, sous la date du 17 avril 1498* : Item, debent claudi due fenestre existentes in meniis ante domum Petri Barnerii et claudantur omnes fenestre et foramina que sunt in meniis a turre Portalis St Petri usque ad turrem quam tenet Jacobus Tibaudi.

2. *Le capitaine Bouvier de Romans était sans doute Raymond de Bouvier, fils de Claude de Bouvier et de Florye d'Arces. La famille Bouvier était de Curson et se divisait en deux branches, l'une dite de Chabert, à laquelle appartenait Raymond, l'autre représentée alors par Hugues-Pierre de Bouvier, qui épousa le 22 janvier 1544 Jeanne de Montmeyran. Raymond de Bouvier et son fils Louis de Bouvier-Chabert furent, l'un et l'autre, de hardis capitaines huguenots. Eustache Piedmont nous parle du capitaine Bouvier de Romans comme d'un homme agité et n'aimant que la guerre. Après l'édit de Poitiers (17 septembre 1577) il ne voulut point mettre bas les armes : il s'empara par surprise du Pont-en-Royans et, lors qu'il en eut été chassé par les habitants, il se retira à la Chapelle de Vercors, parce qu'il ne s'osoit se retirer à Romans d'où il etoit.*

comandement du sieur de Glandage, gouverneur de la ville, panssant que pour avoyr trouvé la muralhe vuyde de deux sentineles y heust quelque conspiracion ou trahizon, més après qu'ils les heurent tenus quelque temps en prizon ilz les relacherent, voyans et conoissans que de tout cela n'estoyt rien, car aulcune preuve n'en fust ja faicte.

Antreprize a Beauffort, laquele ne vint a perfection.

Le 6e jour d'aoust despartismes de Pontaix sur le soyr 60 arquebuziers ou environ, conduits par le capitene Chabanas, le capitene Appays et le capitene Olivier [1], lesquels avec ung serviteur du sieur de Vercoyran se mirent premiers et quelques aultres avec eux bien en jambé et en langue; avec iceux estoint les deux soldartz piesmontoys naguieres sortis de Dye. Lesdits premiers se marquerent de croix blanches a leurs chapeaux et vestementz, debvent et derriere soy, contreffezans papistes [2], car ceste nuit (comme fusmes advertis) devoit venir a Beaufort ung sergent avec 18 ou 20 soldartz de la compagnie du mestre de camp des papistes, qui pour lors estoyt a Crest. Or nous gentz se mirent premiers, contreffezant les aultres pour antrer dentz le chasteau et icelui gagner par ceste ruze, car nous savions l'heure que les aultres y debvoint arriver pour hoster dudit chasteau le capitene Maupas [3] et 7 ou 8 soldarts qu'il avoit la dedenz, et voloint les papistes changer de

---

1. *Le capitaine Louis Appaix avait épousé Claude Gay, fille d'Antoine Gay et de Jeanne de Brunel; il était donc beau-frère de Thomas. — Le capitaine Jean Olivier était originaire d'Embrun; il épousa Jeanne Bois de Die en 1591.*

2. *Dès leur première prise d'armes, les huguenots avaient adopté un signe de ralliement. A la bataille de Dreux, les cavaliers du roi de Navarre avaient des écharpes rouges et ceux du prince de Condé des écharpes blanches. Les catholiques, à l'imitation des protestants, adoptèrent l'écharpe rouge, mais ils eurent soin pour se reconnaître de porter la croix blanche : ils la placèrent le plus souvent sur la mandille, sorte d'habillement qui recouvrait la cuirasse* (Quicherat, Hist. du costume, p. 416).

3. *Le château de Beaufort était demeuré au pouvoir des catholiques depuis l'année 1569, époque où de Gordes l'avait fait enlever aux protestants par le capitaine d'Arces et y avait placé comme gouverneur le capitaine Maupas.*

garnison audit chasteau de Beauffort, comme nous d'ung aultre cousté et par subtil moyen, si hussions peu.

Nous renconstrasmes les premiers de nostre trouppe aux Chanaux prés Beauffort, lesquels prindrent leur chemin au gauche et s'en alerent droit au pied du chasteau. Nous avec le reste et le plus de la trouppe prismes le chemin a cousté droict, et ayans travercé quelques champs nous alasmes embuscher tout auprés de la vile, mesmes qu'en y alant moy et certains aultres, estans a la venue de la ville, hostasmes nous morrions de la teste, a cauze de la clarté de la lune qui fezoit lors. Comme nous arrivasmes d'ung cousté, les aultres de nostre trouppe arriverent de l'aultre. La sentinelle du chasteau leur crye : « Qui va la » ou « Qui est la ? » Ils respondent : «Amys.» — « Quels amys ? » dit la sentinelle. Ils respondent : « Les gentz du mestre de camp. » Le capitene Maupas, pensant que ce fust vray, s'advance vers le pont levis et d'une fenestre parle a nous gentz et leur dit : « Portez vous point de letre ? » R. : « Non. » D. : « Et qui est la du pays, je ne cognoy perssonne de vous aultres» (chose qui le fist doubter et entrer en suspicion). Il leur dit après plusieurs aultres paroles : « Compagnons, retirez vous dentz quelques mezons de la ville jusques au jour, puis je vous ouvrirey le chasteau et antrerez dedentz. » Ceux de dehors, voyans que par beles paroles ne povoint ja entrer, se mirent a crier : « Hé ! comant, capitenne Maupas, nous somes chassez de l'henemi, nous voulez vous fere couper la guorge icy par vostre plaizir ? » — « Compagnons, dit Maupas, si vous estes assailhis, venez vous ruer au pied du chasteau, et nous qui somes dedentz vous deffandrons avec armes, pierres et aultres moyens tels que nous pourrons. » — Nous gentz protesterent la tous enssamble, dizant : « Capitene Maupas, advisez bien an ce que vous fetes, et assurez vous que si mal nous vient, vous en serez en poyne come en estant cauze, et en advertiront monsieur le mestre de camp nostre chef. » — Maupas leur dit : « Coment appelez vous monsieur le mestre de camp par son vray nom ? » Nous gentz demeurerent la muzards, et a ce ne luy seurent respondre, ce qui fist encor mieux metre en doubte ledit Maupas, qui leur dit encore de

rechef : « Retirez vous d'ici ; je ne sey qui vous estes ; je ne vous cognoy point, aultant m'en pourroint fere les huguenaulx ; panciez vous que je veuilhe vous donner entrée icy dedentz sans letre pourter, ne sans cognoyssance d'ung qui vous conduize ; je ne suis pas si sot ; porquoy retirez vous. »
Nous gentz ne pouvans aultre choze fere se retirerent le petit pas, et se vindrent joindre a nous aultres qui les atandions hors la ville, et la nous conterent tout ce qu'avoyt esté fet et dit par eux et Maupas. Nous tinsmes conseilh entre nous aultres, assavoir si nous debvions attandre les soldartz papistes qui debvoint la arriver en petite trouppe. Le capitene Chabanas et quelques aultres de la trouppe dirent que n'estoyt ja besoin de les . . . .

. . . .

Nous avons à déplorer ici, dans le manuscrit original de Thomas Gay, une lacune de quelques feuillets ; le récit de notre chroniqueur s'arrête brusquement au commencement d'août 1574, et ce n'est qu'à partir du 20 octobre suivant qu'il nous sera donné d'en retrouver la continuation. Durant ces quelques semaines, de graves évènements s'étaient accomplis. Henri III, le dernier roi de sa race, arrivait de son lointain royaume de Pologne, pour recueillir la succession de son frère Charles IX. En mettant le pied sur le territoire français, au pont de Beauvoisin (4 septembre 1574), il eut à essuyer un sanglant outrage : Montbrun arrêta quelques hommes de sa suite et pilla une partie de ses bagages. Cette atteinte portée à la majesté royale aurait dû faire comprendre à ce jeune prince de quel roi la France avait alors besoin ; il ne sut en concevoir que le désir d'une basse vengeance. Devenu chef d'un grand royaume, Henri sembla vouloir faire oublier la gloire de ses premières années et prendre à tâche d'ensevelir dans les débauches, dans les lâchetés et les perfidies de son règne, les illustres souvenirs de Jarnac et de Moncontour.

Arrivé à Lyon (6 septembre), il se préoccupe de former autour de lui les habitudes de la mollesse italienne. Dans un grand conseil il se décide, il est vrai, à poursuivre activement les hostilités contre Montbrun, mais au lieu de se mettre à la tête de ses troupes, ainsi que la nation le désire, il en laisse à d'autres le comman-

dement, pendant que ses jours s'écoulent au milieu de parades de dévotion et de misérables plaisirs.

Comme il ne nous reste aucun espoir de combler, par la découverte des feuillets arrachés au manuscrit original, cette lacune laissée dans le journal de Thomas Gay, nous croyons utile d'insérer ici quelques lignes des Mémoires d'Eustache Piedmont, qui résumeront les opérations militaires de la nouvelle campagne contre les protestants jusqu'au 20 octobre 1574.

Le Roy fit dresser une bonne armée sous la conduite de Monseigneur le Prince Dauphin, assisté de monsieur le maréchal de Bellegarde et de M. de Gordes, gouverneur de Dauphiné, avec les quatre milles Italiens, les Reytres qui estoient ja au Païs et les troupes de Dauphiné. L'armée fut belle, etant destendue au Valentinois feignant aller a Lyvron, allerent assieger le Pousin, lequel fut battu furieusement et emporté promptement, et tué ce qu'il se trouva aux rencontres. La moitié de la ville fut brulée et dementelée, la laissant comme chose vacque sans garnison. De la l'armée alla assieger Loriol, qui fut prins incontinent : une partie de la garnison se sauva, l'aultre mise au fil de l'épée [1]. Les Reytres furent laissez en garnison a Loriol, pour courir la campagne. Monseigneur le Prince s'en retourna a Lyon parler au Roy, ou après avoir conferé avec luy s'en alla en France. L'armée demeura au Valentinois, attendant plus grande force pour assieger Livron, lequel cependant se remparoit et fortifioit tant qu'il pouvoit. Les Italiens qui faisoient tant de piaffes [2] commencerent a devenir maladifs en cette occasion, tant que de quatre mille ne resta pas deux cents pour se retirer en Piemond et Italie. Ils garnirent tout le païs de morions.

Après le départ du prince dauphin, le commandement de l'ar-

---

1. (De Serres), V partis commentariorum de statu religionis et reipublicæ in regno Galliæ libri tres, Henrico tertio rege ; *Lugduni Batavorum, 1580, in-12, f° 32 v°* : Ad expugnandam facilius Liberonem, oppidula sive castella proxima nominis Religiosi primum erant expugnanda. Loriolum oppidum, quod a religiosis tenebatur neque regio exercitui sustinendo par futurum videretur, Montbrunii jussu deseritur.

2. Piaffes *veut dire* marches forcées.

mée royale passa aux mains du maréchal de Bellegarde. Comme on avait résolu à tout prix de s'emparer de Livron, dont la garnison protestante était une perpétuelle menace pour les nombreux commerçants qui parcouraient sans cesse la vallée du Rhône, le maréchal voulut, avant d'entreprendre ce siège difficile, se rendre maître de toutes les places voisines qu'occupait l'ennemi. Il vint donc attaquer le bourg de Grane [1], place forte que couronnait un superbe donjon, ancienne demeure des comtes de Valentinois, devenue la propriété personnelle de de Gordes. Les canons eurent bientôt ouvert dans les murailles une assez large brèche, et les assiégés se virent dans la nécessité de se rendre. Les principaux chefs protestants avaient eu soin de fuir pendant la nuit. Thomas Gay va nous raconter la fin de ce siège et les excès dont se rendirent malheureusement coupables les troupes catholiques.

. . . .
de se sauver ceste nuit, les atandirent en fezant quelques corps de garde sans feu a leur chemin. Le compte d'Aix, Alement, et les sieurs de Comps, du Poyt, de Vachieres, de St Benoyt [2] et

1. *Grane, chef-lieu de cant. de l'arrond. de Valence. Dans une enquête, faite vers l'année 1442, nous trouvons cette note :* Castrum Grane est domini comitis pro sua residencia, super ripperia Drome ex vento et super quadam alia riperia que vocatur Graneta, et habet hospicium pulchrum et magnum, cum putheis et citernis, et est super ruppem. *En 1570, St-Romain s'était emparé de Grane ; voulant faire observer la paix publiée à Grenoble le 25 août 1570, Gordes l'envoya sommer de rendre cette place. St-Romain ne voulut pas obéir ; Valavoire, qu'il laissa comme gouverneur, continua la résistance, et ce ne fut que le 6 décembre 1570 que le bourg et le château de Grane rentrèrent au pouvoir du roi. Peu de temps après, Charles IX donna la seigneurie de Grane à de Gordes et la châtellenie du lieu à Briançon* (Chorier, *t. II, p. 642-3 ;* Pérussis, *p. 127 et 301). Au mois de mai 1574 Montbrun s'était rendu maître de Grane par escalade* (de Serres, IIII partis commentariorum, *p. 134 ;* — Arnaud, *t. I, p. 290.*)

2. *Le sieur de Vachères de Saint-Benoît se nommait Guillaume de Grammont. Dans un acte du 7 janvier 1565, par lequel les consuls et conseillers d'Espenel s'obligent envers lui pour une somme de 450 florins, en échange de 100 sétiers de blé qu'ils en avaient reçus ; il se qualifie seigneur de St-Benoît, Rimont et la Chaudière* (Archives de la Drôme, E, 4114). *La terre de Vachères fut érigée en marquisat, en 1688, en faveur de Philippe de Grammont, fils de Jacques-François de Grammont et de Marie de Gélas de Leberon.*

aultres gentilshommes qui estoynt dedentz, avoir entre eux conseilh de sourtir, sourtirent, et lesdits soldartz aprés eux, et trovant l'hennemi a leur chemin qui les atandoit, s'effroyerent et se rompirent de tele fasson que ceux du cheval se sauverent tous et les pouvres de pied se sauvoit qui pouvoyt, les ungs d'ung cousté, les aultres de l'aultre. Plusieurs d'iceux furent prins par les Franssoys de la garde du Roy qui leur firent bonne guerre, se souvenentz de la bonne guerre que leur fismes a Lusson [1] les aultres guerres de l'an 1570. La fust prins le capitene Baux des Italiens, qui poya 200 escus de ransson debvent qu'estre randu. Son ensseigne, le capitenne Corsange [2] de Dye, y fust prins aussi des Italiens, lequel fust rendu pour deux soldartz que tenions prizoniers a Espenel. De tuez n'i en heust des nostres que dis et neuf soldartz et le capitene d'Aubres [3], qui fust tué le premier jour du siege d'une arquebuzade qui le frappa sur la murailhe. Le sieur de St Benoyt se sauva a Livron, et les aultres d'un cousté et d'aultre : les ungs a la mezon du sieur de Lestic [4] a Sou, les aultres a Bourdeaux, d'aultres a Espenel et Pontaix, ou en venoyt a petits troupeaux, la pluspart merfondus ou desvalisez, sens armes.

1. *Cf.* Daniel, Hist. de France, *t. X, p. 464.*
2. *Le capitaine Corsanges appartenait à une ancienne famille de Die. En 1577 nous trouvons parmi les chefs de maison Louis, Pierre et Arnoux de Corsanges.*
3. *Quel peut être ce sieur d'Aubres? c'est ce qu'il n'est point facile de déterminer. Falques ou Faulquet de Tholons, seigneur d'Aubres. vendit la terre et seigneurie de ce nom, le 3 mai 1548, à Gabriel Girard, d'une famille avignonaise, pour le prix de 1500 écus d'or sol. Gabriel eut pour fils Pierre Girard, chevalier de l'ordre du pape et de celui du roi, qui servit avec distinction dans les guerres contre les calvinistes. Ce capitaine d'Aubres, tué au siège de Grane, n'est certainement pas de la famille Girard d'Avignon, famille demeurée toujours fidèle à la foi catholique.*
4. *Ce personnage appartenait à une famille originaire d'Auvergne, dont un membre, Jean de Lastic, s'établit en Dauphiné, par suite de son mariage avec Antoinette d'Ambel, en 1434. Le sieur de Lastic, dont il est ici question, était Jacques de Lastic, qui s'allia en 1558 avec Jeanne de St-Ferréol, et en 1571 avec Agnès de Montagne. Il fut père de Raymond de Lastic, zélé huguenot, qui brûla le fort de Saou pour empêcher aux troupes de La Valette de s'y établir.*

Les pouvres femmes n'urent si bon moyen de se sauver, car aulcunes d'iceles furent murtries, d'aultres violées, d'aultres mises a ransson ; plusieurs filhes, avoyr perdu leur pudicité, furent vandues des uns aulz aultres ; plusieurs aultres meschancettez furent perpetrées ; brief, de choses si barbares que le Turc seroyt marri d'en fere de samblables sur les chrestiens ; aussi nous avons veu quele fin en a esté, et de quelle mort ont fini leur vye beaucop de tels ravisseurs, tant devent Livron qu'ailheurs, comme verrez cy après, cy lire volez davantaige ; et considerez que la fin corone l'euvre, car ilz panssoint desja tenir toutes nous forteresses dentz la main [1].

> Sur la fin d'octobre froydureux,
> Fust des papaulx, par canons furieux,
> Gaigné la ville et le chasteau de Grayne :
> Pour tous ne fust bonne ceste sepmayne.

Monsieur de Saincte Marye [2], mareschal de nostre camp, et le capitene Chabanas envoyerent a mon pere ces deux lettres missives, l'avertissant de la prinze de Grayne comme s'enssuit :

« A Monsieur de Saint Maurice [3], commandant en Espenel.

---

1. Cf. (de SERRES), Vae partis comment., f° 33 ; — LONG, p. 124.
2. Claude de Rivière, seigneur de Sainte-Marie-en-Val-d'Olle et de Brueys, chevalier de l'ordre du roi, gentilhomme ordinaire de la chambre de Charles IX.
3. Comme on le voit, il s'agit ici d'Antoine Gay, père de Thomas. Il se faisait appeler M⁺ de Saint-Maurice, à cause des droits féodaux qu'il tenait sur la terre de St-Maurice-en-Trièves, du chef de sa femme, Jeanne de Brunel, fille de Vincent de Brunel, seigneur de St-Maurice, et de Jeanne de Gallien. Vincent de Brunel, d'une ancienne famille du Trièves, avait acquis, le 30 octobre 1540, de Claude de Feugières, la seigneurie de St-Maurice, avec son château et ses dépendances, à l'exception toutefois des moulins de l'Oulle, qui relevaient de la directe du chapitre de Die. Le 23 octobre 1544, une ordonnance du juge de St-Maurice déclarait ouverte la succession de Vincent de Brunel. Il laissait : Claude, qui testa en 1569 et avait été un des premiers à prendre les armes dans les bandes protestantes ; Jean ; Guillaume ; Catherine, qui épousa Claude Pellat ; Françoise, épouse de Jean de Chipre ; Jeanne, épouse de noble Antoine Bonniot ; Jeanne, épouse d'Antoine Gay. Chacun des héritiers de Vincent de Brunel n'était donc seigneur que de la septième portion

« Monsieur de Saint Maurice, j'ay receu la lettre que mandez
« a monsieur de Montbrun, et la luy ai fette tenir par le capi-
« tene Travers, et ay escrit a monsieur de Montbrun pour vous
« fere response. Je crois que savez la prinze de Grayne. Il faut
« avoyr bon coraige et se fortiffier de la grace de Dieu, auquel
« prye, monsieur de St Maurice, en sainté, bonne et longue
« vie vous donner, me recommandant a vostre bonne grace.
« De Bourdeaux en Dyois, ce dernier jour d'octobre 1574.
« Vostre meilheur amy et alyé plus a commandement.

« SAINCTE MARIE. »

Celle du capitene Chabanas disoyt :

« Monsieur de Saint Maurice, je vous prie bailher a ces por-
« teurs des soldarts, pour leur fere compagnie. Il fault que nous
« ayons bon coraige et estre bien resoluz, car nous combatons
« une bonne cauze. Envoyez de gents pour fere rompre les
« chemins, qui ne sont pas assez rompuz. Je croys que vous
« savez que nous gentz ont quitté Grayne. Fetes fere de fari-
« nes. J'envoye a monseigneur de Montbrun qu'il luy pleze
« pourvoir a tout, come croy qu'il fera, et ne se fault estonner
« de ceci, me recommandant a vous.
« De Pontaix en ate, ce dernier d'octobre 1574.
« Vostre meilheur voisin, frere et amy a commandement.

« J. de CHABANAS. »

Voila la fin de ce que fust fet de plus memorable, au moys d'octobre 1574.

---

de la terre de St-Maurice. La vente du 30 octobre 1540, passée par Claude de Feugières à Vincent de Brunel, ne l'ayant été que sous faculté de rachat Pierre de Châteauneuf, seigneur de Rochebonne, et Huguette de Feugières, sa femme, fille et héritière de Claude, cédèrent par acte du 31 août 1563, à noble Claude Pellat, notaire à Mens et mari de Catherine de Brunel, cette faculté de rachat. Celui-ci acquit ensuite successivement de ses beaux-frères et de ses belles-sœurs les diverses parts qu'ils pouvaient réclamer sur la seigneurie de St-Maurice ; il devint ainsi, en 1565, seul possesseur de cette seigneurie. Ces actes de vente, passés par les héritiers de Vincent de Brunel en faveur de Claude Pellat, devinrent bientôt une source intarissable de procès et à partir de l'année 1573, pendant plus d'un siècle, la terre de St-Maurice fut disputée entre les Brunel et les descendants de Claude Pellat.

S'ensuit mainctenent ce que fust fet au moys suivant, c'est assavoyr de novembre 1574, ainsin que s'ensuit.

Copie d'une lettre que monsegneur de Montbrun envoya a monsieur de Sainte Marye, pour l'estat des afferes :

« Monsieur mon cousin, j'ay receu vostre lettre pour le mes-
« sagier du capitenne Chabanas, par lequel me festes entandre
« de l'estat des affayres de par de la. Il est de besoin de nous
« assembler et metre en gros. Je vous ay desja escript comme a
« ce jord'huy monsieur des Esdiguieres [1], cavalerie et infan-
« therie, arrivans au Rouzans [2], de la s'en vient droit a Bour-
« deaux. Il sera bon que leur faciez leurs cartiers, et toujours
« en quelque lieu que soyt fermé, afin qu'ils ne recoyvent
« point d'escorne. J'ay mandé querir ceux d'Orange, lesquels
« pourrez prendre au Poyt de Laval. Je prendroy le chemin
« de Dieu le Fet et tout ce que j'auray icy. Je ne pourroy
« prendre aultre lougis, si me semble, sens nous metre en
« azard de ce lougis la, pour secorir ceux qui en auront neces-
« sité, soit a Pontaix ou a Roynac. Au Poyt, fault fere bonne
« garde et que personne n'aye conference avec l'hennemi.
« Pourrez advertir ceux de Roynac qu'ilz prennent coraige,
« qu'ilz seront secorus, si les hennemis les vont ataquer ;
« qu'ilz facent acoustrer leur molin a bras en diligence, et qu'ilz
« s'en aydent le mieux qu'ils pourront. Cependant que les
« ennemis remueront leur artilherie, nous forces arriveront,
« et aurons moyens de leur donner quelque estrette et de
« les combatre. Il ne reste sinon que ung chescung prene
« coraige, et fere de mieux en mieux. Voila tout ce que je puis
« vous escrire. J'ay receu nouvelles aujourd'huy bien tard que
« monsieur de Cugy [3] de Seyne est alé parler a messieurs de

---

1. *François de Bonne, fils de Jean de Bonne, seigneur des Diguières, petit village dans le Champsaur. Pendant une partie de sa vie il se fit appeler* des Diguières, *puis il prit le nom de Lesdiguières, sous lequel il est devenu célèbre. Cf.* Mémoires de ce que j'ay appris ou veu du commencement de la fortune de mgr le connestable Desdiguières... *(par le capitaine* ARABIN), *dans :* GARRIEL, Delphinalia ; *Grenoble, 1855, p. 73-92.*

2. Rosans, *chef-lieu de canton (Hautes-Alpes).*

3. *Aimé de Glane de Cugy, fils de Jean, écuyer, seigneur de Cugy au*

« Prouvence a Ryez [1], de la part de monseigneur le Prince de
« Condé, et sera demain icy.

« Je prie Dieu le Createur, Monsieur mon cousin, qu'il vous doingt très longue et heureuse vie.

« De Nyons, ce premier de novembre 1574.

« Vostre bien humble et meilheur cousin.

« MONTBRUN ».

Ce jour, les reistres [2] de l'hennemi logerent aux environs de Crest ; les Suisses, a Aouste, et les Ithaliens, a Mirebel et Montclar.

Le 3 de novembre 1574, le sieur de Montbrun fist un reglement sur les butins des armes et advivres et aultres, ce qui seroyt trop long a reciter icy par le menu ; més passant plus oultre reciterons le chemin que l'hennemi fesoit lors.

Sur le matin du 3ᵉ jour de novembre, comme il nous tardoyt d'avoyr secours, mon pere envoya au capitenne Chabanas qu'il luy envoyast quelque peu de soldartz des siens, jusque a ce que nostre secours fust venu. Or les choses passerent

---

pays de Vaud, et petit-fils de Marguerite d'Eurre, veuve de Claude de la Salles. Cette dame lui donna par testament (20 mai 1540) la terre d'Eurre en Valentinois (Archives de la Drôme, E, 2574). Il épousa Antoinette des Massues, sœur de François des Massues, qui était le gendre de Montbrun : il en eut trois fils et deux filles, dont l'une fut mariée à Henri de Garagnol de Verduns, vi-bailli et gouverneur de St-Marcellin. Cugy a joué un rôle important dans l'histoire de nos guerres religieuses. Il fut gouverneur de la ville de Die de 1577 à 1580.

1. Seyne et Riez, chefs-lieux de cant. de l'arrond. de Digne (Basses-Alpes). Les protestants de Provence s'étaient emparés de Riez au mois de juillet 1574, et en avaient fait le centre de leurs opérations dans le midi. Le comte de Carces tenta, au mois de septembre suivant, de leur enlever cette place importante, mais il ne réussit qu'à défaire un corps de troupes qui essayait de lui barrer le passage. Les protestants en furent chassés, le 8 décembre 1574, par le maréchal de Retz (PÉRUSSIS, p. 167 et 169).

2. Les reîtres étaient des volontaires allemands, dont les premiers furent amenés au service de la France par le comte palatin du Rhin en 1557. Ils n'avaient pas de fer sur le corps, mais seulement des pourpoints de buffle pour amortir les balles, et contre le mauvais temps de grosses et lourdes casaques (QUICHERAT, Hist. du costume, p. 391).

ainsin que s'ensuit, par la letre qu'il luy envoya le jour suivent, ne sachant la venue de nostre secours arrivé sur le soyr a 4 heures.

« Monsieur de Saint Maurice,
« Yer tout tard je vous envoyez le capitenne Colet [1] avec
« 10 arquebuziers pour vous secorir ; més quand ils furent
« aux tours de Vercheyni, ils virent quelque chose, et s'estant
« miz en fuite s'en sont retornez a Pontaix. J'ay opinion que
« desja avez heu secours de Bourdeaux, et, si ne l'avez receu,
« envoyez le moy, je vous en envoyerey incontinent. Ne doutez
« rien le canon, car il vient du cousté de Beaufort pour me
« batre, parquoy fault regarder d'avoyr bon coraige, car nostre
« secours est prez, comme savez. Non aultre chose, sinon me
« recommande a vostre bone grace, priant Dieu qu'il soyt
« garde de vous.
« De Pontaix, le 4 novembre.
« Vostre meilheur voysin, frere et amy a commandement.
« J. DE CHABANAS. »

Mon pere luy envoya par responce comme il avoyt heu secours, conduict par les capitenes Eynard et Champs [2], et qu'il le remercyoyt, et que la peur que ces soldartz heurent

---

1. *Il y avait alors à Die une famille Collet, représentée par Gaspard Collet, docteur en droit et consul en 1568, et par Jean Collet, son fils. Nous donnerons plus loin des détails sur la généalogie de cette famille. Les Collet de Die étaient probablement originaires d'Alixan : Jean Collet est compris parmi les nobles de cette localité dans une révision des feux de l'an 1475 ; d'autre part, nous trouvons diverses pièces relatives à un procès de succession qui eut lieu entre Pierre Collet, sieur de la Chasserie, d'Alixan, et Jean de Collet, avocat à Die, en 1646. Jean Collet, d'Alixan, fils de Guillaume et de Sybille de la Chasserie, fut gouverneur d'Alixan en 1575.*

2. *Nous ne savons si ce capitaine Champs se rattacherait à la branche de la famille Alleman qui a possédé la terre de Champs. Il ne saurait être question ici de Philippe Alleman, seigneur de Champs, qui combattit dans les rangs des huguenots. Ce capitaine avait épousé à Montélimar, le 6 février 1560, Jeanne d'Ancezune, veuve d'Hector de Poitiers, seigneur d'Allan. Il testa le 5 juin 1565 et mourut la même année, laissant un fils, Antoine : celui-ci ne vécut que fort peu de temps (Cf.* DE COSTON, Hist. de Montélimar *dans le* Journal de Montélimar, *n° du 7 février 1880).*

c'estoyt pour avoyr veu devaler de nous soldartz d'Espenel qui les aloint recognoistre, fesans fin a icelle aprez les recommandacions faictes.

Le 3 de novembre, le sieur de Vercors, parti de Crest, vint avec quelques aultres jusques a Sailhans et plus en ça, pour reconestre le pas de l'Eycharenne qu'avions rompu peu de jours debvent. Cela fet, s'en retorna a Aouste.

Cete nuict arriva en Espenel les capitenes Eynard et Champs, avec vingt et sinq soldartz, la moytié a cheval, l'aultre moytié a pied, et voila le premier ranffort et secours que monsieur de Sainte Marye nous envoya a Espenel par le comandement de monsieur de Montbrun.

Le 4 dudit moys, lesdits capitenes avec leurs gentz, reliez avec aulcuns de la garnison de Pontaix et des soldartz de mon pere, alerent batre l'estrade du cousté de Mirebel et Aouste, ou rencontrerent les sieurs de Vercors de Dye et de Vercors de Sailhans, qui estoint toujours après a fere visiter le pays pour passer l'artilherie. Le sieur de Vercors, de Dye [1], fust

---

1. Vercors, *de Saillans, et* Vercors, *de Die, appartenaient à deux familles bien distinctes l'une de l'autre. Les Vercors de Saillans étaient les derniers représentants de l'antique famille de ce nom qui figurent dans les chartes dès le XIIIe siècle ; Jean de Vercors habitait Saillans vers le milieu du XVIe siècle ; Béatrix de Lhers, sa veuve, fit son testament le 1er avril 1581, et nous voyons que leurs enfants furent: Louis de Vercors, qui testa le 20 novembre 1586, mais qu'on retrouve encore en 1594 et 1595, époque où il reçut diverses reconnaissances à St-Agnan et à St-Martin-en-Vercors ; Jeanne, qui épousa Jacques Chevalier, de Saillans ; Bonne, mariée à Martin Cony originaire de Poyols, fut mère d'Henri et de Louis de Cony. Henri de Cony eut une fille, Lucrèce, qui épousa Salomon Chevalier, sieur de Hautecombe. — Dans les notes qui accompagneront les Mémoires généalogiques de Gaspard Gay, nous aurons l'occasion, en trouvant relaté le mariage d'Antoine Gay avec Jeanne Faure de Vercors, de donner beaucoup de détails sur les Vercors de Die. Cette famille, qu'on rencontre à Die dès l'année 1427, époque où vivait Guigues Faure de Vercors, notaire, se divisa de bonne heure en plusieurs branches. Quelques membres de cette famille embrassèrent le protestantisme. Le Vercors de Die, dont il est ici fait mention, doit être Gaspard Faure de Vercors, fils d'Antoine Faure de Vercors et de Louise de Beauchastel. Il se montra toujours zélé catholique, à l'exemple de son père. Celui-ci testa le 2 janvier 1551 : il élit sa sépulture dans la chapelle St-Maurice, à la cathédrale ; il fait des dons aux confréries du Corpus Domini et de la Ste-Tri-*

blessé a la mort par ung soldart noumé Friolet le Vieux, qui le blessa a coups d'estoc, si bien qu'estant prez d'Aouste, ayant escoulé de sang, tumba mort par terre, et fust despuis son corps porté a Crest sur une eschelle et la enterré. Le sieur de Vercors, de Sailhans, se randit, ne pouvant fouyr plus oultre, et fust mené par nous gentz en Espenel, puis a Pontaix. Le sieur de Vercors, partant de Dye quelques jours auparavant sa mort, dit haultement : « Je vous puis asseurer que je ne retornerey point du camp que je n'aye fet assieger Pontaix, ou je mourrey a la porssuite. » Et voila comme l'homme propose, et Dieu dispose.

Nous gentz prindrent aussi ung mulatier de Lion, duquel heurent cent escus de ransson, pour ce qu'il estoyt mestre mulatier. Ilz prindrent aussi ung jeusne soldart du Puy en Auvergne, qui ne poya point de ransson, més prins les armes pour nous et se mit de la compagnie du capitene Champs, qui lors fesoit sa compagnie en Espenel, en ayant heu commission de monsieur de Montbrun.

Ils tuerent aussi ce jour un nothere et mestre d'espée de Crest, nommé Mathieu Calvely, et ne le volurent aulcunement prandre a merci, pour ce qu'il avoyt esté de la religion et estoyt cedicieux et homme de mauveze vye. Le capitene Guidon, ingenieur des papistes, y fust blecé d'une arquebuzade, més se sauva. Aulcuns de ses soldartz se sauvants, ne sachant le peys, furent tuez prez de Veronne [1], par aulcuns soldartz de Pontaix. Ilz se panssoint sauver a Mirebel et, au lieu de prandre le chemin de Mirebel, tenoint le chemin de Pontaix. Or Dieu nous fust si favorable ce jour, estants peu de nombre, que bien detornasmes l'hennemi de reconoistre nous montagnes, et pas n'eurent envye de retorner. Le compte de Gayasse [2], ithalien, coucha la nuit debvent au chasteau de

---

nité, ainsi qu'à treize pauvres qui porteront son corps ; il veut qu'après son décès quatre prêtres récitent le psautier et qu'on leur donne à chacun six sols ; etc. (Minutes du notaire Charenci, à Die).

1. Véronne, com. du canton de Saillans. *La seigneurie de Véronne appartenait alors à Rostaing d'Eurre, qui était également seigneur d'Ourches, La Motte-Chalancon, Pounet, Saou.*

2. *L'Histoire des grands officiers de la couronne nomme ce comte de*

monsieur de Vachieres soubz Montclar, qui sachant comme nous gentz avoint repoulcé les leurs, se deslogea de la et s'en ala a Crest louger. Nous gentz gaignerent ce jour plusieurs armes et chevaux de l'hennemi. A 4 heures du soir, arriverent en Espenel le capitene Marin du Buys et le capitene Bouvyer de Nions, avec 25 arquebuziers de cheval, et fust le second ranfort et secours qu'eusmes en Espenel, pour ce qu'estions en la teste de l'hennemi. Il n'estoyt jour qu'ilz ne fissent des sourties et courses sur l'hennemi du cousté d'Aouste et Mirebel, de fasson qu'il n'estoyt jour qu'ils n'en fissent mourir ou prinssent quelcun, que a cause de ce les Italiens fermerent les bresches de Mirebel avec barricades et gros somiers et chevrons de fustailhes. Ce jour, Marguaud et sa filhe, femme de Jaques Paton, partis de Pounet de peur, pour aler a Serre [1] se retirer, furent trouvez et prins a Romeyer [2] par quelques soldartz de la garnizon de Dye qu'estoint la en embuscade. Bartholemy Dhalari, soldart de la garnison de Pounet, qui les acompaignoyt, fust d'iceux papistes tué, pour ce qu'il fezoit difficulté de se randre a eux.

Roynac se rend aux papistes. Ung italien tué. Le capitenne Sordet va a Pontaix pour secours. Courvée a Dye. Boutilhon tué. Six italiens tuez et ung prins. 21 papistes tuez et 3 prins par ceux d'Espenel. 17 papistes tuez par ceux de Pontaix. Le chasteau de St. Benoyt regaigné. Deffette des papistes entre Aouste et Mirebel. Mortalité dentz Mirebel. 42 mulets chargez de marchandises prins prez de Romans.

Le 1 de novembre 1574, le capitene Chabanas envoya a mon pere une lettre touchant les affaires, comme s'enssuit :

Gayasse Antoine-Sigismond, et le dit fils naturel de Robert, comte de Cajazzo, en Italie ; elle ajoute que c'est le même qui fut mis à l'inquisition à Rome en février 1571 et absous au mois de septembre. Il vint en France servir dans les armées royales et fut tué par les protestants entre Montélimar et Derbières, vers le 16 janvier 1575 (cf. Pérussis, p. 171 et 319).

1. Serres, chef-lieu de canton, arrond^t. de Gap (Hautes-Alpes).
2. Romeyer, com. du canton de Die.

« Monsieur de Saint Maurice, j'ay receu la lettre que m'avez
« envoyé, aussy celle de mestre Travers. J'ay fet tenir le paquet
« que monsieur de Saincte Marye envoye a monsieur Desdi-
« guieres, auquel j'ay escrit et prié de fere passer ces troupes
« par ces cartiers. Il ne fault pas que doutiez le canon ; ilz ne
« veulent passer debvent Beauffort. S'il venoit d'abas, il ne me
« pourroyt batre en ceste ville, parquoy ne fetes *(cas)* de leurs
« menaces. D'aultre part, ils ne rompront point leur camp pour
« nous venir trouver. Arsoyn [1] tout tard, arriva deuz laquez,
« l'ung des papistes, l'aultre de la religion, lesquelz m'ont dit
« qu'ilz ne veulent plus camper et qu'ilz veulent metre l'ar-
« tilherie sur le Rhosne, et que les batheliers estoint venus
« de Valance. Non aultre chose pour le present, me recom-
« mandant a vous.

« De Pontaix, ce 1 novembre.

« Vostre meilheur voizin, frere et amy a commandement.

« J. DE CHABANAS. »

Le sixiesme jour du moys de novembre, l'an de nostre salut 1574, le camp des papistes despartit de Mirebel, Aouste, Crest et aultres lieux, ou estoint campez, et s'en alerent assieger Roynac [2], dentz lequel commandoit le sieur de Saint Ferriol [3] avec le sieur d'Audeffré [4]. Lesquels craignans n'avoyr secours assez promptement, randirent la ville et le chasteau soubz

---

1. Arsoyn, *c'est-à-dire* hier soir.

2. Roynac, *com. du cant. de Grane. Le fief de Roynac appartenait alors à la famille de la Baume-d'Hostun.*

3. *Georges de St-Ferréol, seigneur de Pont-de-Barret et de Chevrières, fils de Claude de St-Ferréol et d'Isabelle de Marsanne. Il testa le 14 octobre 1605. Il avait trois frères : Guillaume, Jacques et Alain de St-Ferréol* (RIVOIRE DE LA BATIE, Armorial de Dauphiné, *p. 666*).

4. *Le sieur d'Audeffré se nommait Pierre des Isnards, seigneur d'Oddefred. Il était fils de Charles Isnard ou des Isnards, capitaine de 300 hommes de pied, qui fut tué en 1565, en défendant la porte de St-Just à Lyon. Sa famille, originaire du Comtat, vint se fixer à Manas en 1497, par suite du mariage de Mathieu des Isnards avec Louise de Cléon, en 1497. Pierre, qui figure dans les Mémoires de Thomas Gay, avait épousé Louise de Tardivon, dame de St-Médard* (Inventaire des arch. de la Drôme, E, *996*). *Oddefred était un fief situé près de Montjoux.*

main au frere dudit sieur de Saint Ferriol, lequel mirent dedentz avec huict vingts soldarts, qui comme de nuict furent entrez, les nostres sourtirent, puis après marris d'ainsin quiter ceste forteresse, ils ne furent guieres loin qu'ilz trouverent le secours qui y aloyt. Le sieur de Montbrun fust fort fasché et marri de ceste poure conduitte, car il n'extimoyt pas qu'ilz heussent heu si peu de coraige, zelle et bonne volonté; car l'henemi n'avoyt que quatre piesses d'artilherie au debvent, lesquelles ne tirerent que 2 ou 3 coups en saluant la ville. Les soldartz du camp ne sceurent que leurs gentz fussent dedentz jusques au lendemain, grand jour cler, ce qu'ayant seu cuiderent aulcuns d'iceux enrrager, mesme les estrangiers, cuidant avoyr le pilhage come de Grayne, et mieux heussent aymé cela que une telle composicion come cele la [1]. Et voilà coment Dieu conduit les afferes, aulcunes foys en nous donnant coraige pour bien fere, aulcunes foys nous l'hostant pour nous pechez.

Le 3 de novembre, le sieur de Sainte Marye, estant a Bourdeaux, envoya ceste letre a mon pere en Espenel, come s'enssuit:

« Monsieur de Saint Maurice, j'ay receu vostre letre par
« ces porteurs et veu le contenu d'icelle; j'escris au capitene
« Chabanas. Ces letres vous serviront a tous deux, car les
« pouvez voir, et verrez par le secours qui nous vient que fault
« prandre corage, car l'henemi n'a de quoy pour advancer et
« passer plus oultre. Ilz ont fet tout ce qu'ilz pouvoint. Vous
« vous gouvernerez selon ce que j'escris au capitene Chabanas.
« Les troupes seront icy jeudi prochain pour devaler, cavalerie
« et infanterie, le tout pour vous secorir au besoin. Je vous
« envoyerey ung nombre de soldartz demain ou l'aultre. Vous
« verrez toutes nouvelles par mes aultres letres, qui me fet
« abreger la presante. Més qu'ayez veu les letres, mandez en
« diligence le porteur que j'aye responce. Me recommandant
« a vostre bonne grace, priant Dieu vous donner sa grace.

1. (De Serres), v⁴ᵉ partis com., f° 33 : Roynacum oppidulum munitissima arce firmum, non expectato regio exercitu, deserit Sanferriolus, et in fratris pontificii manus condonat, rem Montbrunio indignante, qui constituerat eo in loco sibi opportuno Regium exercitum adoriri et duabus obsidionibus jam delassum.

« De Bourdeaux, ce 3 novembre, a sinq heure du matin.
« Vostre meilheur et parfet amy et alyé plus a commandement. »
« SAINCTE MARYE. »

Ce mesme jour le capitene Chabanas envoya une letre a mon pere, dont la teneur s'enssuit :

« Monsieur de Saint Maurice,

« Incontinent la presente veue, festes depescher homme de
« garnison en garnison pour porter ce papier a monsieur de
« Montbrun la ou il sera. Vous l'envoyerez a Bourdeaux, et de
« la le feront tenir a la part ou sera le sieur de Montbrun. Ne
« vous estonnez des menaces que les ennemiz vous font,
« car ce ne sont qu'espouvante. Veilhez et crois fermement
« qu'ilz ne le font que pour fere par effroy, et vous assure que
« monsieur de Montbrun leur sera bientost a la teste ou a la
« queue, nous aussi, sinon après m'estre recommandé a vous.
« Prierey Dyeu qu'il vous doingt sa grace et a moy la vostre.
« De Pontaix, ce 3 novembre 1574.

« Vostre bien affectionné amy a vous fere service.

« J. DE CHABANAS. »

Le 3 novembre 1574, monsieur de Saincte Marye envoya ceste letre a mon pere pour ce que s'enssuit :

« Le capitene Champs, avec la trouppe d'arquebuziers qu'il
« meyne, ira loger en Espenel, et la sera sa garnison jusques
« a ce qu'il soyt mandé par monsieur de Montbrun. Je vous
« prye bailher cartiers au capitene Champs et entretien des
« municions de vivres, lequel s'en va vers vous pour la garde
« et tuicion de vostre ville. Vivez en toute moudestie en fezant
« bonnes deffances et gardez que ne soyez surprins. Vivez en
« union. Advertissez nous d'heure a aultre des fassons de
« fere de l'henemi. Me recommandant a vostre bone grace,
« priant Dieu, monsieur de Saint Maurice, vous donner sa
« grace.

« De Bourdeaux, ce 3 novembre 1574.

« Vostre meilheur et parfet amy et alyé plus a comman-
« dement.

« SAINCTE MARYE. »

Le sieur de Montbrun, estans a Nyons, envoya ceste letre a Bourdeaux au capitenne Bouvyer dudit Nyons :

« Capitene Bouvyer, puis qu'estes parti de la hault, je vous
« prye de vous employer a ce que cognoistrez que sera ne-
« cessayre, soyt pour la concervacion d'Espenel ou aultrement,
« comme vous dira monsieur de Gouvernet [1], et sur ce je
« prye le Createur vous donner sa saincte grace.

1. *René de la Tour, seigneur de Gouvernet, fils de Guigues de la Tour et d'Esprite du Bosquet, né à Gouvernet (Drôme) en 1543. Compagnon d'armes de Montbrun, il fut un des premiers à se rallier à Lesdiguières, quand celui-ci devint en 1575 le chef du parti calviniste en Dauphiné. On le trouve mêlé à presque tous les événements de cette époque, mais, comme nous l'avons déjà fait remarquer, il sut habilement profiter des circonstances pour amasser de grandes richesses : il était baron de Montauban, Aix, Lachau, Cornillon, Val-d'Oulle, seigneur de Nyons, Montmorin, Mirabel, Quint, Portaix, Laborel, Val-Gaudemar, Cornillac, etc. Il fut créé marquis de la Charce en 1619. Il passa les dernières années de sa vie à Die, avec le titre de gouverneur de la ville ; dans les traditions populaires son souvenir demeurera longtemps encore vivant. Nous avons parlé dans une note de la permission qu'il aurait donnée à des maçons de prendre les pierres de taille de la cathédrale pour la construction de son château d'Aix ; ce n'est point la seule église dont le peuple lui attribua la démolition. Qu'on nous permette de reproduire encore ici quelques lignes de l'enquête de 1637 : « Me Guy Boudra, docteur et avocat... après avoir presté le serment en ce requis, a dict estre docteur et avocat et d'avoir 90 années ou environ, estre natif et habitant de la ville de Dye... Il a ajouté que, quelque temps après de la publication de l'edict de Nantes, accompagnant le seigneur evesque de Dye au lieu d'Aix pour obtenir permission de feu M. de Gouvernet pour la celebration du service divin en cette ville, estant audict lieu, après que feu seigneur evesque et le sieur de Gouvernet heussent longtemps discouru sur la bastisse du chasteau d'Aix, ledit sieur evesque luy dict que la taille ne luy coustoit rien. A quoy le sieur de Gouvernet repliqua que non, parce qu'il la prenoit dans l'esglise cathédrale Nostre Dame de Dye. De quoy ledict s. evesque se plaignant, ledict sieur de Gouvernet luy repliqua qu'il la fallait r'oter...... — Noble Loys de Cogny, natif et habitant de Joncheres, agé de 72 ans (dit) avoir memoyre qu'en l'année 1594 le clocher de l'esglise de Poyols estoit encor en son entier et estoit construict de gros quartiers de pierres de taille faisant front a l'esglise dudict Poyels, ayant environ quintes pas de face et une toise et demy d'epaisseur,.... Auquel temps a memoyre que certain nommé Jean Oddon, dit Combe Felix, natif de Luz, habitant a Poyols, gendarme de M. de Gouvernet, le fit abattre de l'autorité a ce qu'on disoit de feu Mr de Gouvernet, lequel audict temps*

« De Nyons, ce 3 novembre 1574.
« Par vostre trés affectionné amy.
« De Montbrun. »

Ce secours ou renffort desdits capitenes Champs et Eynard, avec ces quatre letres, vint en Espenel ung jour après la letre que monsieur de Peynes 1 envoya a mon pere.

faisoit pareilhement abattre les esglises de Chastillon, Montmaur, Menglon et Barnave, pour construire son chasteau d'Aix, non qui l'heusse veu, mais l'a ainsy ouy dire; et tout ce que scait de certain c'est d'avoir veu charrier et voiturer lesdites pierres du clocher de Poyols hors du lieu pour les porter a Aix, ainsy qu'on disoit par bruict commun. *Gouvernet mourut à Die le 21 août 1619. Il avait épousé en 1573 Isabeau de Montauban, fille d'Antoine de Montauban, seigneur de la Charce, et de Marguerite de Planchette ; il en eut entre autres enfants : 1° Charles, baron d'Aix, mort en 1643 ; 2° Lucrèce, qui épousa en 1591 Jean Alleman du Puy, fils du célèbre Montbrun ; 3° René, tué en Piémont en 1616 ; 4° Jean ; 5° César, tige de la branche de la Charce ; 6° Marguerite, qui épousa en 1599 Alexandre de Forest de Mirabel, seigneur de Blacons ; 7° Hector, tige de la branche de Montauban ; 8° Justine, épouse de Louis de Marcel de Blayn, baron du Poët, cousin du célèbre baron de ce nom, tué en duel par Gouvernet en 1598.*

1. *La famille de Jony, qui possédait la seigneurie de Pennes (cant. de Lucen-Diois), était d'une noblesse quelque peu contestée en 1450 : Alziarus Johanini..., licet pater ejus uteretur mercantiis. En 1453, Alziar Jony est qualifié courrier du Dauphin et bourgeois de Die. François de Jony, seigneur de Pennes, habitait Die en 1496, et eut pour enfants : Charles de Jony, qui hérita de la seigneurie de Pennes ; Louis de Jony et Susanne de Jony, qui épousa François de Manteau. Antoine de Jony, seigneur de Pennes et probablement fils de Charles, combattit dans les armées catholiques ; nous le trouvons à Montélimar èn 1575. Il avait épousé Jeanne, sœur de Rostaing d'Urre, seigneur d'Ourches. Venance de Jony, fils d'Antoine et capitaine de 50 chevau-légers, que l'on voit figurer dès l'année 1590, avec le titre de sieur de Pennes, testa en 1640 en faveur de Jean de Lhers, sieur d'Aubenas, son neveu, à condition qu'il joindrait son nom à celui qu'il portait. Rostaing de Jony, frère de Venance, habitait Manas et avait épousé Françoise de Guyon : comme il ne laissait aucun héritier direct, il donna ses biens, le 13 mai 1637, à Louise de Lattier, sa cousine, femme d'Alphonse de Sassenage. Nous trouvons également à Manas un Jean de Jony en 1579 ; la famille de Jony a donné plusieurs chanoines à la cathédrale de Die et des religieux à l'ordre de St-Dominique (Cf.* de Coston, Hist. de Montélimar, *dans le* Journal de Montélimar, *n° du 20 novembre 1880 ;* Inventaire des archives de la Drôme, E, 2242 *; etc.)*

Le 4 de novembre, monsieur de Saincte Marye, estant a Bourdeaux, envoya en Espenel ces deux letres a mon pere, dont la teneur de la premiere est telle :

« Monsieur de Saint Maurice,
« Fetes tenir en toute diligence ceste letre au capitene
« Chabanas, par homme assuré et qu'aporte la responce, le cas
« le requiert. De vostre cousté, ayez force espions pour savoyr
« ce que fet le camp, la ou sont lougez les reistres, les Suisses,
« les Francoys, les Ithaliens, monsieur le marechal de Bele-
« garde, general, monsieur de Gordes et leur cavalerie, tout
« par le menu, et ou sont lougées les piesses d'artilherie, et
« fetes que les guides soint assurez, et sans bruict. Je vous ay
« mandé le secours qu'avez heu ; tenez moy adverti d'heure a
« aultre de l'estat du camp.

« De Bordeaux, ce 4 novembre 1574, a 11 heures de nuict.
« Vostre meilheur amy et alyé.
« Saincte Marye. »

La teneur de l'aultre estoyt telle, laquelle fust envoyée sur le soyr :

« Monsieur de Saint Maurice,
« Monsieur de Gouvernet est arrivé, lequel s'en va a vous,
« pour savoyr du camp de l'henemi. Je vous envoye le capitene
« Bouvyer, qui demeurera avec vous. Ne fault a present rien
« craindre. Je vous prie envoyer en toute diligence au capitene
« Chabanas ma letre, et m'advertissez de l'estat du camp de
« l'henemi.

« De Bourdeaux, ce 4 novembre 1574.
« Vostre meilheur amy et alyé.
« Saincte Marye. »

Ce mesme jour, monsieur de Gouvernet envoya de Bourdeaux ceste letre a mon pere :

« Monsieur de Saint Maurice,
« Monsieur de Montbrun m'a commandé venir icy et vous
« envoyer le capitene Bouvyer, et pour ce qu'il n'avoyt icy ces
« soldartz, le capitene Marin s'i achemine. Je vous prie de leur
« communicquer tous vous afferes et me tenir adverti, afin

« que j'advertisse monsieur de Montbrun, et m'assurant que
« le ferez, ne ferey plus longue letre par m'estre recomandé a
« vostre bone grace. Je prie Dieu vous donner la sienne.
« De Bourdeaux, ce 4 novembre 1574.

    « Vostre affectioné amy a vous hobeyr.
            « De Gouvernet. »

Nous avyons un espion qui ordinerement aloyt et venoyt au camp de l'henemi, et les advertissements qu'il nous donoyt les envoyons ausdits sieurs, pour en tenir adverti monsieur de Montbrun. Le capitene Chabanas envoya ceste letre a mon pere, pour l'advertir de ce que s'enssuit :

    « Monsieur de Saint Maurice,

« Je vous envoye ce paquet, lequel vous prie fere tenir plus
« promptement que pourrez a Bourdeaux a monsieur de
« Saincte Marye, pour l'advertir des afferes du camp de
« l'henemi. Monsieur de Glandage passa hyer au Chaylard,
« avec 16 ou dix huict lanciers, tenent son chemin a Crest
« pour aler soliciter monsieur de Gordes, et fere venir le camp
« au debvent de Pontaix. Me recommandant a vous.
« De Pontaix en hate, ce 5 de novembre 1574.

    « Vostre meilheur voysin, frere et amy a commandement.
            « J. de Chabanas. »

Ce mesme jour, le sieur de Saincte Marye envoya ceste letre a mon pere, pour ce qui s'enssuit.

    « Monsieur de Sainct Maurice,

« J'ai receu vostre letre que fet mencion de la prise de
« Vercors de Sailhans, lequel fault bien garder fins a ce que
« l'on voye quel suites auront ces afferes. Je vous escrivis
« et au capitene Chabanas, pour me tenir adverti de l'arrivée
« du camp a Pontaix et de la forme de leurs logis, tant de la
« cavalerie que de l'infanterie. N'espargnez rien a avoyr force
« espions pour visiter leur camp, gentz de bon entandement
« pour bien raporter a la verité come ils sont lougez.
« Monsieur de Montbrun et nous forces arrivent aujord'hui a

« Dieu le Fet. Le capitene Bouvyer et le capitene Marin batront
« l'estrade [1] ordinerement, pour prendre langue de ceux du
« camp, et nous advertiront de ceux qui prandront. Me
« recommandant a vostre bonne grace, priant Dieu vous doner
« en santé bone et longue vye.

« De Bourdeaux, ce 5 novembre 1574.

« Vostre meilheur alyé et compaignon a vostre commandement,

« SAINCTE MARYE. »

Le sieur de Glandaige, estant a Crest, envoya ces deux letres a Dye, le 6 dudict moys. La suscription de la premiere est tele : « A monsieur d'Arzey [2], capitene de cent hommes de
« pied, pour le service du Roy. »

« Monsieur Darsey,

« Je vous ay bien volu advertir de mon arrivée, que fust
« hier environ dix heures, et desja resolu devent mon arrivée
« d'aler au siege de Roynac, parce que le chemin de Pontaix
« se treuve difficile et dangereux ; toutteffoys je tanteray fortune
« de les fere torner vizage de ce cousté, pour ce
« qu'il y a quelcun qui m'a doné asseurance d'y fere passer
« l'artilherie. Je ne sey si avez seu les pitieuze nouvelles et
« infortunes advenues a monsieur de Vercors, dont j'en ay esté
« extremement marri, comme aussi beaucop d'aultres de par
« dessa. Je retiens icy son homme avec moy pour estre en
« plus d'asseurance du passage avec toutes ces ardes. Je
« vous prie monstrer ma letre a messieurs de la ville. Qu'ilz
« ne se metent en desespoyr pour ce que j'espere fere encore
« quelque chose, et dites a monsieur de la Tour qu'il se done
« garde de ma compaignie et que, Dieu aydant, je y serey
« plustot que je pourrey. Au demeurant je vous recommande
« le tout et ferey fin, aprés m'estre recommandé a vostre
« bone grace et de toute la compaignie, priant Dieu, monsieur

---

1. Battre l'estrade : *terme de guerre, qui signifie* courir la campagne, aller à la découverte.

2. *Il est sans doute ici question de Gaspard d'Arces, seigneur de la Roche-de-Glun, qui avait été gouverneur de la citadelle de Crest en* 1569

« Darsey, vous doner en santé bone et longue vye. »
« De Crest, ce 6ᵉ novembre 1574.
« Par vostre antierement meilheur amy et compaignon.
                                            « Glandage. »

« A monsieur Caty [1], advocat a Dye.

« Monsieur Caty, je vous envoye une letre que monsieur
« Froment [2] m'a envoyée, laquelle je vous envoye et a Es-
« coffier [3]. Je tiendrey la main par dessa, tant que me sera
« possible, pour les deniers des compaignies. Je vous veux
« bien advertir que monsieur le duc d'Uzés a 33 places detenus
« pour ceux de la religion, soubs monsieur le marechal Damp-
« ville, et entr'aultres Pezenas et toute son artilherie [4]. Je

---

1. *Claude Cati, docteur et avocat à Die, avait été nommé consul de la ville avec Antoine Peyrol en 1565. Il demeura toujours zélé catholique. Il avait épousé Louise Faure de Vercors, fille de Jordan Faure de Vercors et de Dauphine de Presles, et se trouvait ainsi beau-frère d'Antoine Gay, père de Thomas. Il fut père de Pierre Cati, aussi avocat, qui épousa Blanche d'Arces ; de Louise Cati, épouse de David Roy, et d'Anastase Cati, chanoine de Die.*

2. *Il est probablement ici question d'un des membres de la famille Froment, de Valence, qui possédait le fief de Saillans, près de cette ville. Claude Froment, écuyer, épousa en 1549 Sébastienne de Marlemont et en eut : Alexandre-Bernard, chambellan de Henri, roi de Pologne (depuis Henri III), et Claude, écuyer, seigneur de Saillans, professeur à l'université de Valence, qui obtint des lettres de noblesse en 1607.*

3. *Barthélemy Escoffier, notaire à Die, en 1568. A la même date nous trouvons Jean Escoffier, qui s'offre à recueillir les contributions des villages. En 1577, Louis Escoffier, qualifié exacteur des boys et chandelles de la ville, est invité à rendre ses comptes.*

4. *Jacques de Crussol, seigneur d'Acier, puis duc d'Uzès, après la mort de son frère aîné, Antoine de Crussol, arrivée le 15 août 1573 (Anselme, t. III, p. 770). François, duc de Montmorency-Damville, maréchal de France (Anselme, t. III, p. 604). — Catherine de Médicis avait donné commission au duc d'Uzès pour commander dans les diocèses de Béziers, d'Agde, de Montpellier, de Nimes, d'Uzès et de Viviers, le 10 juillet 1574, et dans le reste du Languedoc par lettres du 7 août suivant. Damville, privé ainsi de son gouvernement du Languedoc, parce que la cour avait jugé sa conduite favorable au parti protestant, se déclara ouvertement en faveur des huguenots (octobre 1574). Il leur livra les places qu'il tenait, et de la sorte le duc d'Uzès eut dans son gouvernement plus de trente-trois places au pouvoir de l'ennemi*

« tiendrey aussi la main pour fere monter nostre camp, a ce
« que j'espere que y serey, qu'est pour fin me recomman-
« dant a vostre bone grace, priant Dieu, monsieur Caty,
« vous doner en santé longue vye.
« De Crest, ce 6 novembre 1574.
                « Vostre entierement meilheur amy,
                        « Glandage. »

Ces deux letres furent surprinses prés de Pontaix, le messagier qui les portoyt tué, et iceles portées en Espenel ou j'en prins le double. D'Espenel furent par mon pere envoyées a monsieur de Montbrun, qui lors estoyt a Dieu le Fist avec nous trouppes.

Le sieur de Gouvernet envoya ce mesme jour ceste letre aux capitenes Bouvyer et Marin de Bourdeaulx en Espenel, dont la teneur s'enssuit :

« Capitenes Marin et Bouvyer,
« J'ai ressu vous letres. J'ay esté bien ayze d'avoyr seu de
« vous nouvelles. Je vous prie, avoyr veu la presante, vous en
« venir tous deux avec vous soldartz, car les ennemis ne
« prendront point le chemin de Pontaix, més ce matin devons
« partir pour aler a Roynac. Monsieur de Montbrun est a

(*Cf.* Pérussis, *p. 167* ; — Justin de Monteux, *t. II, p. 128*). *Eustache* Piedmont *explique différemment la cause de la défection de Damville* : En ce temps la survint un bruit et avertissement que monsieur Damville, gouverneur de Languedoc, s'étoit révolté et rendu du party des huguenots, et avec eux commença a faire la guerre, leur fournissant gents tant en son gouvernement de Dauphiné que du Vivaretz, combien que pour ce il ne changeast point sa religion, mais toujours faisoit célébrer la messe. Cela etoit procédé par mecontentement de ce qu'on avoit mis en prison Mr de Montmorency, son frere, a Paris, soupconné de la mort du roy Charles IX avec d'autres seigneurs, lequel etoit decedé le XX may 1574 ; lequel seigneur de Montmorency etant declaré innocent, bientôt après fut mis en liberté. Néanmoins ledit marechal Dampville, s'etant rendu protecteur de ceux de ladite religion, se saisit de plusieurs villes en son gouvernement, comme d'Aigues-Mortes, Montpellier et autres, avec celles que les huguenots y tenoit. Cela donna grande crainte aux catholiques et grande réjouissance aux huguenots. — (*Cf.* Mézeray, Hist. de France, *t. III, p. 364-5*.)

« Dieu le Fit [1], qu'est tout ce que vous puis escrire, aprés
« avoyr pryé Dieu qu'il vous tienne en sa garde.
   « De Bourdeaux, ce 6 novembre 1574.
            « Vostre affectioné amy a vous hobeyr.
                     « DE GOUVERNET. »

Le sieur de Saincte Marye envoya ceste letre audits capitenes :
   « Capitenes Bouvyer et Marin.
   « J'ay receu vous letres. J'ay charge de monsieur de
« Montbrun vous mander querir, voyant la necessité, avec
« vous gentz en toute diligence. Le capitene Champs demu-
« rera pour encor en Espenel avec ces arquebuziers.
   « De Bourdeaux, a 8 heures de nuict, le 7 novembre 1574.
            « Vostre meilheur amy et compaignon,
                     « SAINCTE MARYE. »

Ce mesme jour, le capitene Chabanas envoya ceste cy :
   « Monsieur,
   « J'ay entendu que le camp des ennemis s'en est desparti de
« Mirebel, et s'en vont assieger Roynac, et ont desparti de
« Crest quatre piesses, deux canons et deux colovrines [2]. Je
« vous prie, si en avez entendu quelque chose, m'advertir
« pour le premier. Ce present porteur s'envient de Genesve
« et s'en va a Bourdeaux trouver nostre camp pour quelque
« moyen. N'ayant aultre chose que merite vous escrire, me
« fera finir la presente par mes humbles recommandacions
« a vostre bonne grace, priant Dieu, monsieur de Saint-
« Maurice, qu'il vous mainctienne en santé et longue vye.
   « De Pontaix, ce 7 novembre 1574.
            « Par vostre meilheur voizin, frere et amy,
                     « J. DE CHABANAS. »

1. Cf. LACROIX, Arrond. de Montélimar, t. III, p. 146.
2. La couleuvrine était la plus ancienne des armes à feu portatives. Elle se composait d'un canon relié à un fût ; un homme la portait et la mettait en joue, et un autre mettait le feu à l'aide d'une mêche.

Deulx jours aprés, monsieur de Saincte Marye envoya ceste letre a mon pere, pour ce que s'enssuit :

« Monsieur de St. Maurice,
« Je vous escrys pour vous dire que monsieur de Montbrun
« vous envoye qu'ayez bon coraige, et qu'on vous servira, et
« qu'il y ira lui mesme en personne ; vous serez adverti de ce
« que se fera. Dites au capitene Champs qu'il ne se bouge
« d'auprés de vous, et si avez besoin de soldartz, qu'il en
« prenne le nombre de ce qu'il vous fera besoin. Advertissez
« nous souvent de ce que se passe en vous cartiers Le sieur
« de Saint Ferreol a quité Roynac et icelui remis entre les
« mains de son frere, soubs monsieur de Gordes, estant
« toutesfoys ce lieu imprenable a gentz de bien. Je prie Dieu,
« monsieur de St Maurice, qu'il vous douingt sa grace.
« De Bourdeaux, ce 9 novembre 1574.
   « Par vostre meilheur alyé a vous fere service,
            « S^{te}. MARYE. »

Le lendemain, le capitene Chabanas envoya ceste letre a mon pere, ce que s'enssuit :

« Monsieur de Saint Maurice,
« Fetes fere toutes les nuits embuscades sur le chemin de
« Saint Moyreng [1], car j'ay entendu que le sieur de Glandaige
« doit passer ung de ces jours. Je fays surveiller sur tous les
« autres passages, car si nous le pouvons atraper, nous ferions
« une curre la plus belle que soyt fette en ce pays ; a ce ne fault
« rien prandre a ransson, més mener les mains basses [2]. Sy
« entendez quelque chose de nouveau, le nous ferez savoyr.
« Me recommandant a vostre bonne grace.
« De Pontaix, ce 10 de novembre 1574.
   « Vostre meilheur voysin, frere et amy a commandement,
            « J. DE CHABANAS. »

1. St-Moirans, *hameau situé au S.-E. de Saillans, entre La Chaudière et Espenel.*
2. *Cette haine des protestants contre le gouverneur de Die, Glandage, s'explique par le zèle avec lequel celui-ci soutenait la cause catholique. C'était le seul homme capable de tenir téte aux réformés dans le Diois.*

Quelques heures aprés, en ce mesme jour, le capitene susdit envoya ceste letre a mon pere, pour ce qui s'enssuit :

« Monsieur de Saint Maurice,

« J'ay esté adverti tout presentement par Seguret, que vient
« de Beauffort, que nous gentz ont quitté Roynac et que la ca-
« valerie de l'ennemi estoyt ja a Crest. Pourquoy vous prie
« envoyer homme a Bourdeaux pour en savoyr la verité en
« diligence, et aussi tost m'en advertir pour donner ordre a
« nous afferes. Priant Dieu...

« De Pontaix, ce 10 novembre 1574.

« Vostre meilheur voisin, frere a commandement,

« J. DE CHABANAS. »

Ledit jour, 10 de novembre, le capitene Sordet de Grignan, lhieutenent du capitene Pahyzan [1], de Saint Pol, avec 42 arquebuziers partis celui jour de Bourdaulx, logerent en Espenel jusques au lendemain, que partis d'icelui alerent a Pontaix, ou le sieur de Montbrun les envoya pour secours et ranffort a la garnison d'iceluy qui pretendoynt d'estre assiegés, més les afferes vindrent a meilheur succés qu'ils ne panssoint, car Dieu par sa providence destourna les ennemis d'y venir, toutes foys contre l'opinion des sages mondains.

Ce jour mesme aulcuns soldartz de la garnison de Pontayx firent une cource jusques bien prés de Dye, ou prindrent ung jeusne laboreur de la ville, qui naguieres avoyt prins les armes contre nous, nomé Boutilhon, lequel l'ayant amené jusques auprés de Pontaix l'arquebuzerent et le geterent dans la riviere, estants irrités lesdits soldartz de Pontaix contre ceux de Dye, pour ce que le sieur de Glandage taschoyt par tous moyens de les fere assieger et le sieur de Vercors aussi, més Dieu ne lui fist pas la grace de cela voyr :

> Boutilhon tué fust le dix de novembre,
> Comme Sordet entroyt dedans Pontays,
> Avec ces gents quarante deulx com' ay
> Ouy nombrer : certes bien m'en remanbre.

---

1. *Cf.* ARNAUD, Hist des protestants, *t. I, p. 314.*

Ce mesme jour, les papistes retornerent a Aouste et a Mirebel, aprés la redicion de Roynac, et aulx lieux cyrconvoysins de Crest, ou estoynt debvent le siege de Roynac.

Le 12 de novembre, le capitene Chabanas envoya ceste letre a mon pere, dans laquelle est contenu ce que s'enssuit :

« Monsieur de Saint Maurice,

« J'ay receu la letre que vous m'avez envoyé, et veu par « icelle que me mandez qu'il seroyt bon d'aler abourder l'en- « nemi a Mirebel, et que je vous envoye d'arquebuziers. Nous « n'avons pas esté de cest avys pour ce que, si monsieur de « Montbrun y est alé, il aura fet ce qu'il voloyt fayre sur la « dyane [1]. Més j'envoyerey en Veronne pour aler recognoistre « l'hennemi. Cependant je vous tiendrey adverty. Advertissez- « moy de mesme, me recommandent...

« De Pontaix, ce 12 de novembre 1574.

« Vostre meilheur amy a vous fere pleyzir et service.

« J. DE CHABANAS. »

Ce mesme jour les sieurs de Cugie, du Mas [2], d'Audeffré et

---

1. La diane, *terme militaire qui désigne une batterie de tambour qui se fait à la pointe du jour pour éveiller les soldats. Montbrun s'était donc proposé de surprendre l'armée catholique, en l'attaquant de grand matin.*

2. *Le sieur du Mas, dont il est ici question, est sans doute Charles du Puy, sieur du Mas, cousin de Montbrun, qui fut père de François du Puy, sieur du Mas, époux d'Antoinette de Lastic* (Archives de la Drôme, E, 4071). *A la même époque vivait un autre personnage, appelé également le Mas : c'était André des Massues. Son père Jacques des Massues avait épousé Françoise d'Urre, sœur de Jean d'Urre, seigneur de Vercoiran, et en avait eu entre autres enfants : François des Massues, qui épousa Justine, fille de Montbrun ; Antoinette des Massues, femme d'Aimé de Glane de Cugy ; Blanche des Massues ; André des Massues, sieur du Mas, qui épousa Lucrèce Sauvain, dite du Cheylard* (Archives de la Drôme, E, 2237). — *Le sieur du Mas joue un rôle important dans nos guerres religieuses en Dauphiné. Il fut d'abord lieutenant du capitaine Cugy, et nous le trouvons, avec cette qualité, à Die en 1577. Les registres des conclusions de cette ville nous parlent souvent des réclamations, des exigences du gouverneur Cugy et de son lieutenant monsieur du Mas (16 février 1577)* : Le susdit sire Jean Barbier, consul, a proposé a ladite companye comme monsieur de Cugie, gouverneur de Dye, luy a faict entendre qu'il prye ladite ville de luy fere fornyr, et a monsieur du Mas, de foyn, avoyne, cher, boys, chandelles et autres choses que luy seront ne-

de Saint Ferriol, et aultres ordineres de la suite dudit sieur de Cugye, passerent en Espenel venents de Bourdeaulx, Dieulefit et alerent a Pontaix, ou demeurerent quelques jours. Sur les 5 heures du soir, mon pere envoya au capitene Chabanas 20 de ces soldartz plus assurez a Pontaix. Le lendemain, avec d'aultres qu'il en heust de Pounet et avec bone troupe des siens, alerent en Veronne reconestre aulcuns de l'hennemi qui la estoynt venus, et en tuerent six italiens et prindrent ung italien pour avoyr langue d'icelui, lequel amenerent a Pontaix, et despuis prins les armes pour nous, et ne poya nulle ransson, et chasserent les aultres et en blecerent aulcuns, come seumes despuis par ung de leurs tambours qui vint demander aulcuns prizoniers.

    Ne venez plus viziter nous montaignes,
    O Italiens ! pour passer le canon,
    En nous destroyts, pour vous n'y fet pas bon,
    Pour picorrer et fayre vous fourraiges.

Des nostres n'i fust blecé ni tué personne, Dieu en soyt loué ! Le capitene Chabanas, sur le soyr, envoya ceste letre :

    « Monsieur de Sainct Maurice,

« J'ai esté adverti tout maintenent que monsieur de Glan-
« dage doibt passer ceste nuict par le chemin de St Benoyst,
« par quoy vous suplye envoyer fere garde a Saint Moyreng,
« et si pleut ce metre dentz quelque grange. J'ay envoyé sur
« les chemins de Salhants. Me recommandant a vous bones
« graces.

    « De Pontaix en ate, ce 12 de novembre 1574.

    « Par vostre meilheur amy a vous fere pleyzir.

        « J. DE CHABANAS »

cesseres. *Les habitants de Die savaient ce que signifiaient ces sortes de demandes, et comprenant que l'intérêt leur faisait une loi de se montrer dociles, ils se résignaient toujours à payer les sommes exigées, et même le plus souvent, afin de calmer des hôtes insatiables et dangereux, ils leur offraient encore, à titre de don gracieux, certaines petites douceurs. C'est ainsi que dans la délibération du 16 février 1577, les habitants, après avoir tout accordé, décident* unanimement que ladicte ville dorra audict sieur de Cugie ung tonneau de vin claret de cinq barraulx que Mr Dupuy balhera.

Le 14 de novembre, monsieur de Sainte Marye envoya ceste letre a mon pere, pour ce que s'enssuit:

« Monsieur de Saint Maurice,

« J'ay receu vostre letre des hyer matin, a huict heures.
« Vostre messagier a fet fort mal son debvoyr. Je vous prie,
« mandez vous espions a Crest, a cele fin que je soys adverty
« par vous de l'estat du camp de l'ennemi, et n'espargnez rien
« a les envoyer, car vous serez rembourcé, me recommandant.

« De Bourdeaux, ce 14 novembre 1574.

« Vostre affectionné amy et alyé,
« Ste Marye. »

Ce mesme jour, a 9 heures de nuit, monsieur de Viledieu [1], gentilhomme franssoys, avec 40 chevaliers franssoys, arriverent et logerent dentz Espenel. Ces gentz de pied (40 ou 50 que y en avoyt) alerent louger a Pontaix. Et es mesmes heures arriva audit Espenel le capitenne Cadet, de Rousans, avec 30 soldarts arquebuziers a pied.

Le 15 dudit moys, le capitene Sordet avec ces gentz despartirent de Pontaix et s'en retornerent a Nyons, par le comandement de monsieur de Montbrun.

Deffaicte de Gourdon.

Ce jour mesme, aulcuns soldartz papistes, de ceux qui estoynt lougez a Mirebel et Aouste, alerent courir jusques aux vignes de Sailhantz. Les nouveles venues en Espenel qu'il y en avoyt une aultre troupe a Gourdon, soubs Sailhants, despartirent dudit Espenel les Franssoys et aulcuns soldartz de pied, tant de ceux de mon pere que du capitene Cadet et du capitene Champs. Estre la arrivés, les trouverent que comanssoint les uns a se retirer, les aultres qui venoint seulement. Nous gentz, n'estans guiere plus de nombre que eux, les chargerent sans les reconestre si bien a propos qu'ils les mirent en fuite et en tuerent 21, tant sur le lieu que prés de Sailhantz ou au pré de madame d'Aubenas [2], contant avec eux 3 italiens

---

1. *Villedieu, capitaine français.* Cf. Arnaud, t. I, p. 314.
2. Aubenas, *aujourd'hui* Aubenasson, com. du cant. de Saillans. Le 18 janvier 1339, Guigues de Montoison fit hommage au comte Aymar de Poitiers

qu'on tua au portal d'Espenel ; 3 furent prins a mercy, 2 piesmontés et ung gascon. Le gascon ne poya nul ransson, més prins les armes pour nous ; les deux aultres furent randus pour le capitene Corsanges que estoyt prizonier (dez la prise de Greyne) a Mirebel. A ceste journé fust blecé ung des caporals de mon pere : c'est Claude Daneyrol, qui fust blecé d'une arquebuzade a la cuisse, qu'ayant percé la cuisse perssa son cheval aussi d'oultre en oultre. Ledit cheval avoyr pourté son mestre en Espenel morut ceste mesme nuict. Des nostres y en heust que ung aultre blecé, et de mors poinct : Dieu en soyt loué !

   Desoubs Sailhans, au lieu nomé Gourdon,
   Fust atrapé maint fourrageur larron.
   Vingt et ung tuez y eust ceste journée,
   Pour eulx ne fust bone ceste vesprée.

Comme on massacroyt ces Italiens, ung soldart d'Espenel en fist despoilher ung debvent que de le fraper, pour avarice des acoustrements. Ce poure italien tout nud, comme on le voloyt fraper, en sursault se mest en fuite et se gette dents Droume vers le destroit. On luy tira d'arquebuzades dents l'eau, més nonostant cela, ayant fet le mort en ung coin de la riviere, se leva puis aprés et s'enfuyt tout nud a Mirebel, et ainsin se sauva. Ung aultre en voloyt fere aultant prés du pont de Sailhants, més estant dents la riviere, comme estant le lieu plus mal comode pour luy, fust assomé dentz l'eau a coups de pierre ou d'arquebuzades. Ung aultre, qu'on voloyt tuer prés d'Espenel, s'enffoyt tout nud bien blecé et passa la riviere ; fust suyvi par aulcungs argolets, qui ne le peurent avoyr, car il prins le mauvez peys du cousté du col de la monté alant

de sa terre et de son château d'Aubenas, au diocèse de Die. Le fief d'Aubenas fut acquis en 1473 de la famille de Montoison par Guillaume de Lhers, au prix de 220 écus, et l'investiture en fut accordée à ce dernier le 16 décembre de la même année. En 1540 et le 2 octobre, nous trouvons un dénombrement fourni par Jean de Lhers qui déclare, tant en son nom qu'au nom de Jeanne Perdrix de la Baume des Arnauds, tenir en fief Aubenas avec toute juridiction. La seigneurie d'Aubenas appartenait en 1612 à François de Lhers et en 1645 à Jean de Lhers de Jony.

d'Espenel en Verone, et c'estant caché dans une petite cassine ou grangette morut la dedents, et la tout auprés fust enterré ung jour aprés par quelcun d'Espenel. D'ung aultre cousté aulcuns de ceux de la garnison de Bourdeaux, ce mesme jour, prindrent 20 chevaux, juments ou mulets conduits au fourrage du foin par aulcuns servitheurs, gogeats et palafreniers de l'henemi. Ce mesme jour, du cousté de Montclar ou Vachieres, aulcuns de la garnison de Pontaix tuerent 17 soldarts de l'henemi.

Letre de monsieur de Saincte Marye a mon pere :

« Monsieur de Saint Maurice,

« J'ay receu vostre letre et mandé a monsieur de Montbrun
« pour les logis de l'henemi. J'espere vous voyr bientost, pour-
« quoy vous prie tenir mon logis prest pour moy et pour mon-
« sieur de Gouvernet. Me recommandant, etc.

« De Bourdeaux, ce 15 de novembre 1574.

« SAINCTE MARYE. »

ENTREPRINSE DE SAINT BENOYT.

Le 16 de novembre, le capitene Champs, avec sa compagnie, despartist d'Espenel et ala loger aux Houreaulx [1]. Ceux du vilage, pour trouver moyen de les fere desloger, donerent quelque fausse alarme, sachant qu'il estoyt assez timide (aulcuns extiment qu'ils lui donerent d'argent); d'une chose ne d'aultre affirmerey. Le dit capitene, avec ses gentz, ala louger le lendemain a Vercheyni et vint bien apropos pour nostre deliberacion, car nous fusmes par quelques ungs de Salhans advertis que Flory Monventz, Pierre Daneyrol et la plus part des soldarts du chasteau de St Benoyt, avoyr heu debat du blé qui estoyt dedents, s'acheminerent a Crest (laissant pour la garde du dit chasteau Claude Paulet et trois ou quatre aultres sol-

---

1. Les Aureaux, près de Saillans. Le 2 avril 1540, François de Planchette, seigneur de Piégon, coseigneur de Vassieux, déclare tenir par indivis avec l'évêque de Die, le mandement de Vassieux et la seigneurie de Suze, confrontant les mandements de Marignac et de la Chapelle-en-Vercors ; il déclare en outre posséder quelques cens aux Aureaux. Le 12 septembre 1541, Jean de Piégros faisait hommage au roi pour sa coseigneurie d'Espenel et pour les droits qu'il avait aux Aureaux.

dartz) vers monsieur de Gordes, a cele fin que ledit sieur en jugeat et les mist d'apointement; més si le sieur de Gordes ne les apointa, si fismes bien nous, come verrez bientost, a l'aide de Dieu.

Le 18 du dit moys, comme le capitene Champs c'estoyt desja lougé a Vercheyni, avoir seu nostre deliberacion d'aller assieger Claude Paulet et ces compaignons dans le dit chasteau de St Benoyt, se despartist ce mesme jour de Vercheyni, et s'an ala avec sa compaignie parquer dents le vilage de St Benoyt. Avec luy marcherent la pluspart de nous soldartz d'Espenel. Ceux du chasteau les voyant entrer dents le vilage, sonant une cloche se mirent a cryer : « Vous viendrez a la messe, larrons huguenaux ; vous yrez a la messe ! » et aultres paroles de neant.

Le lendemain, ceux du chasteau parlementerent avec nous gentz, toutes foys sens se montrer ne ungs ne aultres ; ceulement tous a couvert, ceux de dedentz nous cryoint : « Hola ! huguenaux. Le. . . . .

Nous signalons ici au lecteur une nouvelle lacune dans le manuscrit original de Thomas Gay. Les deux pages qui ont disparu contenaient sans doute d'intéressants détails sur le siège du château de St-Benoît. L'intrépide capitaine Claude Paulet déploya un grand courage pour défendre la place confiée à sa garde. Il reçut malheureusement plusieurs blessures qui le mirent hors d'état de continuer personnellement la lutte ; mais avant de gagner sa chambre, où il devait bientôt être lâchement assassiné, on le voit donner des ordres aux quelques soldats qui sont avec lui et les exhorter à combattre jusqu'à la fin. Le folio, avec lequel reprend le récit de notre chroniqueur, est le 18e du manuscrit :

. . . .

ne se fiant a ces gentz, ne fesoit que cyrcuyr et rouder le chasteau, disant aux païsans : « Getez pierres sur les manteles [1] pour les rompre ! » et aux soldarts : « Les ungs deffandent la

---

1. Mantelet, *terme de l'art militaire qui désigne* un parapet portatif et roulant sur des roues, dont se couvrent les pionniers qui sont employez au travail d'un siége. Il est fait de gros madriers doublez de cinq pieds de haut et de trois de large, qui sont attachez ensemble avec des barres de fer, et qui font quelquefois un angle et deux faces.

sape 1 et tirerez a icelles, et que les aultres deffandent la porte si on la veult forcer. » Comme on l'eut porté sur le lict après sa derniere blessure, les aultres perdirent corage et apelant aulcuns soldarts de nostre garnison d'Espenel leur geterent de pain, de poudre et d'armes par une fenestre estroicte sens ferrure, a laquelle ung homme heut justement peu passer, et si estoyt hault dessus terre plus de 20 pieds. Le sieur de Viledieu et le capitene Champs c'estoynt ja retirés dentz leurs logis, a cause qu'il estoyt ja nuict fort obscure, et avions laissé la sape, l'assault ayant cessé plus d'un'heure debvent. Cepandant nous soldarts firent par icel fenestre 3 ou 4 soldarts de la dedents sortir, et les sauverent et donerent les champs, fors qu'a ung qu'ils retindrent prisonier et le donerent au sieur de Vachieres, seigneur du dit lieu de St Benoyt, lequel peu de temps debvent y heust un cop de pierre a la teste, qui le tumba comme mort et l'en falust porter a ung logis, més peu aprés se revint. Nous gents furent antrez dents le chasteau debvent que monsieur de Viledieu ne le capitene Champs en fussent advertis. Ung franssoys de la compagnie de monsieur de Viledieu, nomé la Buissiere, antra dents la chambre de Paulet, qui n'estoyt encor mort et luy dit : « Qui est tu ? » — « Je suis Paulet, icy a vostre mercy. » — Il luy dist par maniere de moquerye : « Te veux tu pas randre ? » — Il respond : « Non, car je suis au Roy et veux morir por le maintenir. » — La Buissiere le tua et puis tout nud le geta par terre. Ung païsan de la dedentz fust tué et nuls aultres, car les aultres païsans se fermerent tous dents une chambre et furent prins a mercy, et avoyr poyé quelque peu de ransson furent delivrez et mis en liberté. La dedents fust trouvé plus de six ou sept vingts cestiers de froment, seigle, orge et roye, sans les luans 2, desquels

1. Les ungs defendent la sape, *c'est-à-dire empéchent qu'on ne fasse la sappe. La* sappe, en termes de guerre, se dit d'un travail qu'on fait sous terre pour la descente d'un fossé et pour l'attaque d'une place. C'est un enfoncement qu'on fait dans les terres en les taillant par eschelons de haut en bas au-dessous du corridor, qu'on pousse jusqu'au bas du fossé quand il est sec, et jusqu'à fleur d'eau, quand il en est plein.

2. Luons *ou* lions, *terme générique employé dans la langue vulgaire de nos pays pour désigner les petites graines, bonnes à servir de nourriture, comme les lentilles, etc.* — Roye *veut dire épeautre.*

y en avoyt aussi en cantité. Le sieur de Vachieres, segneur du dit chasteau, en retira une partye, l'aultre partye se mespartist entre les chefs, assavoyr entre messieurs de Saincte Marye, de Viledieu et le capitene Champs, et le moings en heurent les povres soldarts, qui avoynt fet la faction, més c'est la coustume, come l'on dit comunement, que les grands mangent les petits. Vous, messieurs les papistes, qui estiez alez vers monsieur de Gordes qu'il vous apoinctast de ce bled, remercyez a monsieur de Saincte Marye et a messieurs de Vachieres et de Viledieu qui vous en ont mis d'accord. Grand folye fistes d'ainsin habandoner vostre chasteau, que avyez si aizement gaigné sens combatre, et pas ne vous y avons guieres de temps laissé, car vous ne l'avez pocedé que 26 ou 27 jours. Ils panssoint après la prinse de Greyne se parquer dentz Espenel, cuidants que nous le quiterions de mesme s'ils venoint. Sur ung cotau prindrent garde quelques matins durants, de sorte que pour les y surprandre i alerent ung jour quelques ungs de nous soldarts en habits de femmes, avec chescuns sa pistole desoubz sa vestement. Més je ne sey s'ils en furent advertis, qu'en les voyants venir se retiroint. Aulcuns povres ignares d'Espenel aporterent de leurs meubles, papiers et vestements dentz ce chasteau de St Benoyt, a l'adveu de la conoissance qu'ils avoynt de quelcun de dedents, penssant ces povres gentz que tout estoyt perdu pour nous et que leur bien estoyt plus sur la dedents que dents Espenel ; tant s'en falut, car le chasteau prins, tout ce qui estoyt dedentz, tant d'eux que d'aultres, fust perdu et saccagé. O ! la grande faulte que firent ces povres gents de St Benoyt de metre les papistes dents ce chasteau. Cela fust cause des grands voleries et pilheries que furent fettes en cestuy vilage, desqueles s'en sentirent long temps après. Messieurs de Saincte Marye, de Vachieres, de Viledieu et le capitene Champs envoyerent messagier exprez a monsieur de Montbrun avec letre, signés au pied d'icelle, pour l'advertir de la prinse du chasteau de Saint Benoyt, ce qu'il en seroyt de fere. Monsieur de Montbrun (qui pour lors estoyt a Dieulefit) leur envoya qu'il le fissent viziter a monsieur Desdiguieres, qui estoyt en ces cartiers, et que, s'il le treuvoyt tenable, qu'on y mist garnison ou, s'il n'estoyt tenable, qu'on le desmantelast. On demanda au sieur de Vachieres s'il voloyt que son chasteau fust desmantelé ou non ; que s'il y voloyt tenir de soldarts poyez a ces despans, on ne le desmanteleroyt pas. Il ayma mieux qu'on le desmantelast. Avoyr hosté quelques toneaux plains de vin, les grains et aultres choses qu'estoint dedents, on le desmantela du cousté de la porte ; et pour comancer a la pointe du jour, come comanssions de nous lever de garde, je mis le feu a la tour plus proche du vilage, laquele l'enemi avoyt couverte de cluyne [1]. Les massons ou paysans du vilage y travailherent en diligence deux ou 3 jours durants jusques a ce qu'il y heust grand bresche. Les capitenes ou susdits sieurs se partirent entr'eux le butin de ce chasteau. Le sieur de Viledıeu, avoyr prins sa part et la part de ces soldarts, la joua et la perdist au jeu ; ainsin n'eurent rien ceux de sa suitte, sinon ce qu'ils peurent desrober dentz le chasteau. Mon pere en heust 52 ff., qu'il diviza quand et quand a ces soldarts, que ne montet que 32 sols pour soldarts et 36 sols aux deux caporals que si trouverent, qu'estoit le sire Eynard Garcin [2] et moy, avec 15 ou 16 soldarts de nostre garnison d'Espenel. Le capitene Champs ne fist pas ainsin, car il retira la part de ces soldarts, que fust cauze que beaucop d'iceulx se desbanderent de la compaignie a cauze de cela.

DESFAICTE DES PAPISTES ENTRE AOUSTE, CREST ET MIREBEL.

Monssieur des Esdiguieres c'estoyt acheminé en ces cartiers, pour fere ceste execucion que s'enssuit. Or, le xxiiii° de novembre, le dit sieur avec toute sa cavalerye et plusieurs aultres des garnisons de Pontaix, Pounet et Espenel s'en alerent

1. Couverte de cluyne, c'est-à-dire de chaume. Dans le patois de nos pays, la prononciation de ce mot cluyne a depuis légèrement varié ; on dit aujourd'hui cluy.

2. Eynard Garcin était d'une ancienne famille de Die, dont on retrouve fréquemment le nom dans les registres consulaires de cette ville. En 1577 figure parmi les membres du conseil un Antoine Garcin. Un volume des minutes de Garcin, notaire à Die (1580-1584), est conservé aux archives de la Drôme (E, 2236).

jusques bien prés de Crest, ou tuerent aulcuns de l'henemi escartés. Ils en tuerent aussi prés de Mirebel et prés d'Aouste, ou estoynt les Suisses, qui sortirent avec leurs picques et espées a deux mains, més furent repoulcés bientost ; et mis en fuite se renfermerent dents Aouste, ou ne peurent tous fouyr, car aulcuns d'iceux hors d'aleyne furent tuez sur les chemins. Ce jour, ou prés de Crest ou prés d'Aouste ou prés de Mirebel, furent tuez plus de troys vingts italiens, suisses ou franssoys de l'henemi, et des nostres point, graces a Dieu, sinon deux gogeats [1]. Dents Aouste avoyt dix enseignes de Suisses, dents Mirebel avoyt bien quatre mil Italiens, soldarts, serviteurs ou gogeats, presque tous malades, que sur la fin a leur despart, que fust le 27 ou le 28 du dit moys, s'en sortist pas la moytié, car la mortalité d'iceux estoit si grande que tel jour y avoyt qu'ils en metoint plus de cent dents terre ; encore ne peurent tous avoyr sepulture qu'il ne n'en demurat beaucop dedents le vilage estandus par les rues, chasals et coins d'icelui, qui fust cause, tant pour la puanteur d'iceux que pour la famine, que les gents du lieu habandonerent leurs mesons et s'en fuirent pour ung temps. Les Suisses laisserent tost aprés Aouste presque en semblable desolacion. Les italiens s'en alerent loger a Crest, au bourc de Porte-Neufve [2].

Ung jour aprés la prize de Sainct Benoyt, monsieur de Lesdiguieres envoya ceste letre [3] au capitenne Champs :

« Au capitenne Champs, a Espenel.

« Capitene Champs, pour ce qu'il nous fault sejourner en
« ce lieu avec nous troupes pour quelques jours, en atandant
« quel chemin prandra l'henemi, et que n'avons aulcun moyen
« sy pouvoyr vivre, si le vilage de Pradelles [4] ne nous fornist

1. Goujat, *valet de pied des armées.*
2. *Le bourg de Porte-Neuve est au couchant de la ville.*
3. *Les* Actes et correspondance du connétable de Lesdiguières *publiés par le c*[te] Douglas *et* J. Roman *ne donnent aucune lettre de cet illustre personnage antérieure à l'année* 1575. *Celle que nous a conservée le journal de Thomas Gay aurait donc pu figurer en tête de cette précieuse collection.*
4. Pradelles, *com. du canton de la Motte-Chalancon. Ce fief appartenait à une branche de la famille de Vesc.*

« d'avivres, je vous escry ce mot pour vous prier ne demander
« aulcune contribucion pour vostre companie au dit Pra-
« delles, d'aultant que ce lieu est proche de cestuy cy, et de
« fornir sa et la les povres gentz ne pourroint subcister ne
« fornir a tant de lieux ; et pour ainsin je vous prie choizir
« quelqu'aultre vilaige pour vous contribuer, pourveu qu'il ne
« soyt voysin de cestuy cy ou nous sommes. N'estant ceste
« pour aultre, je vous dis a Dieu, lequel prye, capitene Champs,
« vous avoyr a sa garde.

« De St Lazere [1], ce xviie de novembre 1574.

« Vostre entierement bien bon et assuré amy.

« DE LESDIGUIERES. »

Durant ces jours, les sieurs de Sainte Marye, de Viledieu, avec leurs trouppes et aulcuns de la garnizon de Pontaix, despartent d'Espenel et Pontaix et vont corir jusques aulx portes de Romans, ou le capitenne Branssion [2] tua ung homme de la ville et ung aultre qu'il tua au Peage. (Il nous fust despuis dit que c'estoint les peagiers et bouchers de Romans.) S'en retornant trouverent 42 mulets chargés de marchandizes, de grosserye et mercerye, comme veloux, damas, satins, taffetas, soyes, passements, toiles fines, fustennes et aultres chozes

---

1. St-Nazaire-le-Désert, com. du cant. de la Motte-Chalancon. La seigneurie de ce lieu appartenait alors aux enfants de Philibert de Brotin ou Brutin (Brutini), dont il a été fait mention dans une note précédente. Ce fief était entré dans cette famille par le mariage de noble et puissant Jean Brotin, seigneur de Paris, avec Françoise d'Hostun, fille de François, seigneur de la Baume-d'Hostun, le 15 décembre 1477. De ce mariage naquit Charles Brotin, seigneur de Paris et de Jansac, père de Jean de Brotin. Ce dernier, qui se qualifiait seigneur de Paris, Guisans, Gumiane, Jansac, Rochefourchat et autres places, épousa Catherine de Châteauneuf et en eut : Philibert de Brotin, dont nous avons parlé (p. 29) ; Dauphine, qui épousa en 1528 Imbert d'Urre, seigneur de la Jonchère ; et Françoise, épouse de Claude de Lhère, seigneur de Glandage.

2. Thomas Gay nous apprend plus loin que le capitaine Branssion n'était point dauphinois ; il y avait en Bourgogne une famille de ce nom. Durant le fameux siège de Livron, ce capitaine se conduisit avec beaucoup de bravoure et ne se laissa point séduire par les promesses qui lui furent faites de la part du roi.

semblables. La grosserye estoyt de thoiles grosses de Saint Rambert et de Tarare, gros burres, quinquailhe et aultres marchandizes semblables. Les sieurs de Saincte Marye et de Viledieu en firent si povre part a leurs gents, qui nous cause une grande confusion, car le capitenne Branche et quelques aultres franchiments [1] de despit s'en alerent randre a l'henemi a Crest. D'aultres maux s'en enssuivit en aprés comme verrez.

Voila la fin de ce chapitre et de ce que fust fet au moys de novembre. S'enssuit maintenent ce que fust fet au moys de decembre 1574.

COURVÉE JUSQUES A LIVRON. — LIVRON ASSIEGÉ. NOUS GENTS FOURCEZ A CHASTILLON.

Le iiiie de decembre 1575, sachant que le siege venoyt bientost a Livron, les sieurs de Sainte Marye et de Viledieu, de Vachieres et de Saint Benoyt, son frere, avec leurs troupes despartirent d'Espenel et de Pontaix et alerent de nuit a Livron (passans du cousté de la Baume [2]), pour viziter et acorager le sieur de Roësses [3] et les capitennes qui estoynt avec luy. Deux jours aprés s'en revindrent, le temps si mal comode par vants et neige greiles que, quand ils furent sur la montaigne dessus la Baulme, le capitenne Branssion perdit la file et se trouvant perdu s'en rétorna dentz Livron, come Dieu le volust ainsin, car bien servist dents Livron, comme verrez en aprés ci lire volez. Les susdits sieurs furent de retour en Espenel le 6 du dit moys, bien moilhés et alassés de froit, et faschez de ce que l'hinfanterye et compagnie du capitene Champs et aultres ne passerent oultre pour antrer dents Livron pour ranffort. Lesquels s'en retornerent de mi chemin.

---

1. *On donnait autrefois le nom de* franchiments *aux habitants des contrées situées au nord de la Loire.*
2. *Il s'agit ici de La Baume-Cornillane, com. du cant. de Chabeuil. Le 2 décembre 1584, Charles-Henri de Cornillan, seigneur de Rousset, au Comtat-Venaissin, de Piégu, de la Baume-Cornillane, et en partie de Portes, Beaumont, Loriol et la Bâtie-de-Baix, prête hommage au roi. Il fut le dernier représentant d'une très ancienne famille noble du Valentinois.*
3. *Quelques détails sur le jeune Roisses, gendre de Montbrun, et sur sa famille trouveront plus naturellement leur place lorsqu'il sera question du siège de Livron.*

Le 7 du dit moys, le sieur de Glandage envoya le capitenne La Barme avec une troupe de soldarts a Chastillon [1], pour fortiffier le chasteau d'icelui, lequel estoyt tout ruiné et presque razé. Ce qu'ayans seu, les sieurs de Saincte Marie et de Viledieu y envoyerent le capitene Champs avec sa compagnie de gents de pied et le capitenne Branche (qui ne s'estoyt encor revolté), lhieutenent de monsieur de Viledieu des gents de cheval, car le capitenne Branssion estoyt lhieutenent sur ces gents de pied. Nous gents, arrivez audit Chastillon, firent abandoner la vile a l'henemi, lequel bien vistement se geta au chasteau, lequel avoynt ja commencé de fortiffier. Les gents du cap. Champs et la cavallerye de monsieur de Viledieu se retrancherent dents la ville, avec barricades qu'ils firent et fortes tranchées.

Or pour un peu laisserons a parler de nous gents retranchés dents Chastillon et parlerons d'aultres chozes que furent fetes

1. Châtillon-en-Diois, *chef-lieu de canton de l'arrond. de Die. La terre de Châtillon faisait alors partie du domaine temporel de l'église de Die. Elle avait autrefois appartenu aux anciens comtes de Die. Isoard d'Aix, qui vivait dans la première moitié du XIII*e *siècle, se qualifiait seigneur de Châtillon. De sa femme Dragonette de Montauban, il eut Raymond, qui prit le nom de Montauban, et Malberjone. Cette dernière épousa Raymond de Baux I, prince d'Orange, et son père lui donna pour sa dot, le 17 juin 1239, les châteaux et seigneuries de Condorcet, Montjoux, Teyssières, Aubres, Venterol, Noveizan, Rocheblave, Marsanne, avec leurs territoires et dépendances. Le 11 novembre 1261, Isoard d'Aix, seigneur de Châtillon, léguait en augmentation de la dot de Malberjone, sa fille, à Raymond de Baux, prince d'Orange, tout ce qu'il avait donné à Raymond de Montauban son fils, qu'il déclarait deshériter, pour avoir manqué à la foi jurée à son père et marché les armes à la main contre lui. Devenus les héritiers d'Isoard d'Aix, les princes d'Orange possédèrent, non sans contestations assez vives de la part du chapitre de Die, qui réclamait les droits de suzeraineté, la terre de Châtillon. Enfin, le 3 mars 1340, un compromis fut arrêté entre l'évêque de Valence et de Die et Raymond de Baux IV, prince d'Orange, par lequel, moyennant 15000 livres Viennoises payées par l'évêque, le prince lui livra, à lui et à ses successeurs, les châteaux de Châtillon, Treschenu, Nonières et autres ; Raymond prenait le terme de huit ans pour savoir si le chapitre voudrait ou pourrait consentir à cette transaction, mais, en attendant, il s'engageait à mettre l'évêque en possession des dits châteaux. (Cf. D*r BARTHÉLEMY, Inventaire chronologique et analytique des chartes de la maison de Baux ; *Marseille, 1882, in-8*o, *pp. 79, 133 et 337*).

durant ces jours, comme en Prouvence, Riès assiegée par le comte de Retz, gouverneur audit Prouvence pour le Roy, se rand a composicion, a la grand honte et vergoingne des capitennes qu'estoient dedents, qui n'atandirent jamais tirer aulcune volée de canon [1].

Le unziesme du dit moys monsieur du Chaylar [2], naguieres venu de Geneve en Daulphiné, arriva a Crest venant de Lion et Valance, puis s'en ala a Bourdeaux et a Nions parler a monsieur

1. *Après avoir séjourné à Lyon environ deux mois, Henri III s'était rendu à Avignon avec une suite nombreuse ; il avait fallu plus de cent bâteaux pour amener, en descendant le cours du Rhône, le monarque, la reine mère, le roi de Navarre (depuis Henri IV) et son épouse, les cardinaux de Bourbon, d'Armagnac, de Lorraine et de Guise, ainsi qu'une foule de grands seigneurs. Le roi fut reçu à Avignon avec une pompe extraordinaire, le 17 novembre 1574, et n'en repartit que le 10 janvier 1575. Henri s'était déterminé à ce voyage sur les plaintes que lui avaient portées les Comtadins à Lyon et dans la vue de terminer avant son sacre les troubles causés par les guerres de religion. On crut qu'il allait enfin se mettre à la tête de ses troupes, mais on ne tarda pas à être déçu de cette espérance : pendant que ses généraux faisaient la guerre, le roi s'affiliait à la confrérie des Pénitents blancs et cherchait à augmenter sa popularité en organisant des processions. (Voir sur le séjour d'Henri III à Avignon:* FORTIA D'URBAN, Vie de Louis de Berton de Crillon, *t. I, p. 172 et suiv. ;* JUSTIN DE MONTEUX, Histoire des guerres du Comté Venaissin, *t. II, p. 124 et suiv.) Le maréchal de Retz (Albert de Gondi, qui avait épousé Claude-Catherine de Clermont-Tonnerre, baronne de Retz), après avoir soumis la ville de Riez, vint à Avignon (*PÉRUSSIS, p. 169*).*

2. *Louis de Sauvain, seigneur du Cheylard, se signala parmi les plus braves lieutenants du baron des Adrets. Il fut gouverneur de Die en 1568, fit son testament le 18 février 1553 et mourut à Nîmes le 8 août 1575. Il avait épousé Angélique Lauxe, dont il eut : Antoine de Sauvain, seigneur de Piégros, Vercheny, qui testa le 4 septembre 1568 et mourut sans postérité ; et Pierre de Sauvain. Ce dernier épousa, le 5 novembre 1564, Hortense Cenami et en eut Pierre, seigneur du Cheylard, Auriple, Vercheny et Soyans, qui épousa Suzanne de Grasse, fille de Claude, comte du Bar, et de Jeanne de Brancas. De cette alliance vint Anne-Charlotte de Sauvain, dame du Cheylard, Soyans, Auriple, Vercheny, Chastel-Arnaud, St-Sauveur, St-Moirans, Barri et Meuillon, qui épousa Hector de la Tour, baron de Montauban et de La Chau, et qui se remaria en 1635 avec Tanneguy Poisson, seigneur du Mesnil, en Normandie. Elle testa le 4 novembre 1665. De son premier mariage elle eut, entre autres enfants, René-Louis de la Tour, seigneur de Soyans, père de René-Antoine, en faveur de qui la terre de Soyans fut érigée en marquisat en juillet 1717 (Archives de la Drôme, B, 775, 782).*

de Montbrun, aulcuns extimoint que c'estoyt pour parlements de paix, puis se retira a Piegros [1], pour quelques jours.

Ce mesme jour les Suisses retornerent loger a Aouste.

Au comancement au premiere sepmayne du dit moys, les capitennes Paysan et Suffize [2], qui estoint prisoniers dents Avignon, avoyr poyé leurs ranssons furent delivrez et mis en liberté, ce que ne fust le sieur de Castilhon d'Orange, lequel mené a Carpantras heust la teste tranchée, a l'instigacion de aulcuns de ces parants pour avoyr son bien et d'aultres que de longue main luy voloint mal. Debvent que d'estre executé de la licence de ceste justice injuste, fist son testament et donna tout son bien aux povres et en priva ces parants qui lui estoint ennemis [3]. Le sieur de Montbrun, avoyr seu sa mort, fist tuer

1. Piégros, com. du canton de Crest-Sud.

2. *Jean Suffize, d'une famille originaire de Donzère; il était fils de Pierre et d'Antonie Gardon. Ayant suivi la carrière des armes et obtenu le grade de capitaine, il prit les qualifications de noble et d'écuyer. Il épousa le 8 janvier 1558 Blanche de la Croix, fille d'un premier mariage de Joachim de la Croix, écuyer, de Pierrelatte, avec Jeanne de Nicolaï. Devenu veuf, Jean de Suffize se remaria en 1571 avec Andrée ou Andrienne de Rois, fille d'Honoré, de Montdragon. Il était mort en 1576, ainsi qu'il résulte d'un acte passé à cette époque par son fils, Joachim de Suffize, qu'il avait eu de Blanche de la Croix. Ce Joachim de Suffize, né en 1559 et qui commença à porter l'arquebuse en 1577, servit avec distinction dans les troupes catholiques et fut admis en 1585 au nombre des cent gentilshommes de la chambre d'Henri III; il mourut en 1625. Quelques membres de la famille Suffize habitent aujourd'hui Montélimar, mais ils sont bien déchus du rang élevé qu'occupaient leurs pères : ils sont réduits à demander au travail manuel le pain de chaque jour et exercent la profession de charpentiers. (Voir sur cette famille :* DE COSTON, Le capitaine Joachim de Suffise, sieur de La Croix, gentilhomme ordinaire de la chambre d'Henri III, *dans le* Bullet. de la soc. archéol. de la Drôme, t. IX (1875), pp. 257-72 et 378-92).

3. *Voici quelques détails sur Jean Castillon, qui s'était signalé dans le Comtat par tout espèce de méfaits, et dont notre chroniqueur Diois rappelle ici la mort tragique. Ils nous ont été communiqués avec une extrême obligeance par M. Barrès, bibliothécaire de Carpentras, qui a bien voulu prendre la peine de transcrire à notre intention les lignes suivantes du manuscrit original de* PÉRUSSIS. *Ces extraits viendront encore compléter les renseignements que nous avons déjà recueillis d'autre part sur les faits et gestes de ces petits capitanaux qui combattaient pour la liberté de conscience.* — Extrait du troisième discours de Pérussis, f° 489 v° : *Naguieres que cy devant en*

quelques gentilshommes et aultres prisoniers papistes qu'il

escripvant les iniques faictz d'un tas de volleurs, batteurs d'estrade que je les adjournays a quelques jours qu'ils seront divinement attrapés, pour rendre des mille escus qu'il se vantent avoir en bourse chacun, car mal faire ne peult durer. Qu'il soit la vérité, sentons ce qu'est advenu a Jean Castillon, natif de Sarrians, orcs habitant d'Orenge et (pourtant subject originaire de N. S. P.) et a certains de leurs capitanotz, comme Souffise, La Fargie, Paysan, Fauchier et aultres, tant de Bolenne que d'ailleurs, qui se tenant à St. Pol de Trois Casteaux en Daulphiné, faisoient continuelles courses sur les nostres de Bolenne, ou pour ce temps residoit en garnison le sieur Cæsar Pallazuol et sa cavallerie legiere, qui sceut si a propos les attirer au piege, qu'il les mit entre deux de ses embuscades et les print et mena prisonniers a Bollenne, ou soubdain arriva monsieur le comte de Villeclaire, quy fit conduire au chasteau de Thor ledit Castillon et l'a detenu prisonnier soubz la charge du sieur Vincenzo Albanneze, en attendant le bon plaisir de sa sainteté. Cependant son procés fut faict et veriffié, aussy que pour ses meffaicts il fut condamné (luy absent) a estre pendu l'an 1568 *(sic : il faut lire 1574)*......... *Méme discours, f° 510 v°* : On a peu cy devant avoir leu que Jean Castillon, natif de la Comté et naguieres prins par le s^r Pallazuol, fut conduit dans le chasteau du Thor soubs la protection du cap. Vincenzo Albanesi, italien, qui avecques quelques soldatz de sa nation s'en prenoit garde, le faisant tratter humainement, attendant la resolution qu'en prendroit notre St.Pere, a la saincteté duquel les procedures et responces dudit Castillon avoient été envoyées par l'ordinaire, et puis les recharges par le sieur Angel, secretaire de monsieur le comte de Villeclaire. Monsieur le cardinal de Como, au nom de Sa Saincteté escripvist a mon dict sieur le Comte d'en faire la justice; et comme il eust ce mandement, l'ayant communiqué a monseigneur le Legat, il envoya le capitaine Jean Baptiste Fusconi, son enseigne, denoncer la mort audit Castillon, qui ne s'en estonna guieres, ayns bien asseuré s'y disposa, premierement se retornant a Dieu se declaria pecheur, et retornant a son premier bon sentier de chrestien et catholique qu'il avoit esté, premier que d'errer et d'estre du parti et faction des huguenotz, il se confessa a un prebstre et disposa des biens qu'il pouvoit, laissant des leguats pies et pour prier pour son ame. Ce faict, il fut pendu et estranglé a une potence fichée dans le lieu du Thor, voyant le peuple, par l'executeur de la justice. Ce fut le 23e jour dudit novembre, au grand matin. Dieu par son infinie misericorde vueille pardonner ses offenses et loger son ame a son bienheureux et delectable sainct paradis. Il a faict une repentente fin et bien faict de se retorner a nostre saincte mere l'Eglise, catholique, apostolique, Romaine, aux ministres de laquelle il s'est confessé et a la vérité, comme les assistants affirment, il mourut fort repentant. — *Cf.* FANTONI CASTRUCCI, Istoria della citta d'Avignonc ; *Venetia, 1678,* in-4°, t. I, p. 415-6.

tenoyt, en revenche de ceste tiranie [1]; et de mesme instant, sans assembler nul de son conceilh, escrivit au roy une letre bien petite, en peu de papier et encor moings de mots, comme dizant : « que les armes estoint jornalieres et que pour la mort « de ce bon gentilhomme de Chastilhon d'Orange les massa- « creurs de Paris et Lion n'avoint pas encore desployé leur « rage et furie, c'estans acheminés en Avignon pour faire mas- « sacrer ce bon perssonage et que sa mort coustercyt cher a « beaucop d'aultres ». Le roy fut fort marri avoyr ressu ceste letre par un sien trompette, et dit qu'il en auroyt son revanche et qu'il en cousteroyt la vye a monsieur de Montbrun quoiqu'il tardast, pour avoyr ainsi escript tels propos et en si peu de papier, disant que c'estoyt trop mespriser son prince, etc.; et cela cauza aussi la mort au dit sieur de Montbrun en partie, comme verrez au 8e livre de la legende d'aoust 1575 [2].

Descapité fust le bon Chastillon,
A son jeun'aage et sans occazion ;

1. *Les lignes qui suivent, jusqu'aux vers exclusivement, sont écrites dans les marges du manuscrit original, mais toujours de la main de Thomas Gay.*

2. *L'épisode de la fameuse lettre de Montbrun au roi est raconté d'une manière bien différente par Eustache Piedmont et les historiens qui sont venus après lui. Il ne serait pas impossible que Montbrun eût écrit dans deux circonstances à Henri III. Quoi qu'il en soit, les détails précis dans lesquels entre notre chroniqueur diois montrent qu'il était parfaitement informé du fait qu'il raconte. Voici du reste ce que dit Eustache* PIEDMONT : Sa majesté étant en Avignon envoya lettre au sieur de Montbrun, que son intention étoit que ses sujets vecussent en paix et qu'on posast les armes, lui commandant les faire poser a tous ceux de son party en Dauphiné, que les choses passées il les tenoit pour abolies, le sommant lui rendre ses villes, autrement par puissance royale il le feroit tailler en pieces, et qu'au contraire s'il obeissoit a ses commandements il le tenoit pour bon et loyal sujet, tout ce qui s'etoit passé faict pour son service, d'ou qu'il considerat ce qu'il avoit a faire et luy fit reponse. Auxquelles choses ledit sieur de Montbrun, aprés avoir conferé avec aucuns ministres, fit response par lettre envoyée a sa dite majesté en Avignon, que de rendre les villes qu'il tenoit il ne le pouvoit faire pour ne pouvoir prendre assurance d'aucuns, craignant etre massacré comme a Paris, et qu'il esperoit que les armes egaliseroient les personnes avec le temps; que si on le vouloit forcer, il etait deliberé de se defendre. Cette reponse fut odieuse a sa majesté et fut cause, comme sera dit en son lieu, de la mort dudit sieur de Montbrun. — *Cf.* (DE SERRES), Væ *partis commentariorum, f° 33.*

Les capitennes Payzan et Suffize
Furent lors mis en libert' et franchize.
La mort et la vie sont a la main de Dieu.

Comme l'armée des papistes s'aprochoyt pour assieger Livron, aulcuns dudit Livron firent sortye et prindrent le sieur de Champs, gentilhomme Daulphinoys, et le menerent dents la ville, més quelque temps aprés (ayant trop de liberté d'aler par la ville) se sauva.

Livron assiegé.

Le 16 dudit moys les suisses despartirent d'Aouste, et passans par Crest prindrent a la place d'icelui quatre piesses de batherye, et avec icelles alerent au debvent de Livron. Livron donq fust assiegé ce jour la. Le 24 du dit moys de decembre comencerent a batre ladite ville, assiegée de 7000 hommes par le comandement du roy qui estoyt en Avignon. A ceste armée comandoyt le mareschal de Belegarde [1] et le sieur de Gordes [2].

---

1. *Roger de St-Lary, seigneur de Bellegarde, maréchal de France (1574), mort en 1579. Cf.* Brantôme, *Œuvres (édit. de la soc. de l'hist. de France), t. V, p. 194-212.*

2. *Bertrand-Raimbaud de Simiane, V^e du nom, baron de Gordes et de Caseneuve, gentilhomme ordinaire de la chambre du roi, conseiller en son conseil privé, chevalier de son ordre, capitaine de cinquante hommes d'armes des ordonnances de sa majesté et son lieutenant général au gouvernement de Dauphiné, naquit le 18 novembre 1513, fit ses premières armes en Italie sous le célèbre Bayard. Depuis l'année 1564, époque où il fut pourvu de la charge de lieutenant général en Dauphiné, jusqu'à sa mort, arrivée à Montélimar le 25 février 1578, il se trouve mêlé à tous les événements de l'histoire de notre province. C'était, nous dit de Thou, un homme de l'ancienne roche et qui dans tous les troubles de son temps sut conserver une grande équité. Il eut de sa femme Guygonne Alleman, fille de Charles Alleman, seigneur de Laval: 1° Laurent, mort jeune à Paris; 2° Gaspard, qui se trouva à la bataille de Lépante en 1571, accompagna le roi Henri III en Pologne et fut tué en 1575 en combattant contre les protestants ; 3° Balthasar, qui fut quelque temps gouverneur de Die et fut tué, le 30 mai 1586, au Monestier-de-Clermont, combattant dans l'armée du seigneur de La Valette ; 4° Charles, tige des seigneurs de Piannezze ; 5° Laurence, en faveur de qui Laurent Alleman, évêque de Grenoble, son oncle maternel, testa le 14 septembre 1559 et qui épousa, le 20 janvier 1571, Rostaing d'Urre, seigneur d'Ourches ; 6° Marguerite, mariée en 1576 à Antoine de Clermont, baron de Montoison.*

Or laisserons un peu a parler de Livron assiegé et parlerons de la sotte conduitte de Chastillon.

Le sieur de Glandage dents Dye fust adverti que si tost ne donnoyt secours a ces gents du chasteau de Chastilhon assiegés, qu'ils voloint quiter le dit chasteau, comme estoyt bien certain que s'il y heu pour nous quelque homme de marque ils ce fussent randus a composicion. Les sieurs de Saincte Marye et de Viledieu, au lieu d'y estre, estoint a Pontaix empressés a partir leur butin de Romans, ou en soucy plustost de jouyer aulx cartes et detz que d'aler doner ordre a ce fet qui estoyt d'importance. Car les franchimentz de monsieur de Viledieu et le soldarts du capitenne Champs heurent querele et contancion enssamble, ce qui dona cueur a ceux du chasteau de tenir bon et au sieur de Glandage de leur donner secours, come fist le 17 de decembre ; de fasson qu'il surprint nous gents qui ne fesoint guiere bone garde, de sorte que sans bien peu de resistance et deffance enffonssa leur barricade et les chassa dehors, avec l'aide aussi de ces gents du chasteau, qui avec grosses pierres leur firent abandoner leur corps de garde, et de force qu'ils getoint pierres enffoncerent plusieurs couverts des mesons plus proches du chasteau, lequel est cytué sur ung roc au dessus de la ville. Les franchiments ne furent ja si mal advizés de fouyr et sortir hors de Chastillon, comme le capitenne Champs et ces gents, més se geterent tous dedents la mezon de monsieur de Sobreroche [1], et la monsieur de Glandage les

---

[1]. Soubreroche, *ou plutôt* Souberoche, *était le nom d'un petit fief près de Châtillon-en-Diois ; le possesseur en était alors Claude de Chipre, qui fut un des premiers à embrasser la Réforme. La famille de Chipre, originaire du Trièves, où on la trouve dès le XIII*ᵉ *siècle, vint s'établir à Die, par suite des mariages de Claude de Chipre et de François de Chipre avec les deux héritières d'Antoine Faure de Vercors. Le testament de ce dernier, en date du 2 janvier 1551, nous apprend qu'il avait eu de sa femme Louise de Beauchastel: Gaspard Faure de Vercors, déclaré son héritier universel, mais qui mourut sans postérité, et Madeleine Faure de Vercors, qui s'allia à la famille de Castillon et fut mère de Jeanne et de Charlotte de Castillon. Jeanne de Castillon avait épousé Claude de Chipre, seigneur de Soubreroche et en eut Jacques de Chipre; Charlotte, sa sœur, qui était déjà morte en 1551, avait eu de son mari François de Chipre, fils de Jean et de Françoise de Brunel, un fils et une fille, Jean et Claude. Par son testament de 1551, Antoine Faure de Ver-*

assiegea, més ne les peult avoyr ne par force ne par parlements, nonostant qu'il fist bruler quelques mesons la tout auprés. Le sieur de Glandage, avoyr fet ceste bravade, ne se volut guieres sejourner la, doutant la venue de m^r de Saincte Marye et de Viledieu ; ains, avoyr avitailhé et refrestchy la garnison du chasteau, s'en retorna a Dye, amenent presque tous les chevaux des franchiments, en nombre de 50 ou 60 montures et non de grand valeur, avec 3 ou 4 prisoniers et la caysse du tambour du capitenne Champs.

A ceste jornée perdismes 15 soldarts et 5 gogeats qui furent tués, la plupart en fuyant, par les lanciers et cavalerye de l'henemi. Des papistes n'en fust tué que 6 et quelques blecés.

cors substituait à Gaspard, son héritier universel, Jacques de Chipre, fils de Claude Chypre, escuyer, et de dame Jehanne de Castilhone, sa mere, fille de feu Magdeleine, fille en son vivant du testateur, et sera tenu ledit sieur Jacques substitué, ledit cas advenant, venir habiter Dye en la maison dudit testateur et porter les surnoms et armes dudit de Vercors, aultrement la substitution n'aura point de lieu. Dans le cas où Claude et Jacques de Chipre n'auraient point de postérité, il leur substitue Jean de Chipre, fils de François et de Charlotte de Castillon. En 1581 Claude de Chipre, Jeanne de Castillon, sa femme, et Jacques leur fils, de concert avec le tuteur de noble Jean Reynard, affermait à un nommé Serre, de Die, la boucherie des chèvres des gentilshommes de cette ville, c'est-à-dire le droit de tuer des chèvres et d'en vendre la viande 1 denier de plus qu'à la boucherie des chèvres de la ville. Le 5 mars 1583, les mêmes personnages vendaient pour 80 écus d'or sol des bâtiments situés à Die, rue St-Martin. Jacques Faure de Vercors de Chipre, seigneur de Soubreroche et de Vercors, guerroya fort pendant les troubles : on le trouve au siège de La Mure en 1580, à la reprise de Montélimar en 1587. Il fut tué au siège de Bricherasio en Piémont. De Justine de Montauban, sa femme, il eut Claude de Chipre, qui passa lui aussi la plus grande partie de sa vie dans les camps, et périt de la suite des blessures qu'il reçut au siège de Gavi, où il commandait le régiment de son beau-frère, le vicomte de Tallard. Charles Faure de Chipre, seigneur de Souberoche, était mort en 1633, laissant de Philippe de Bonne, sa femme, Charles de Chipre et François de Chipre. Charles, qui avait épousé Claire, fille de Louis de Dorne, juge mage de Valence, testa en 1647 en faveur de sa mère. Marie de Chipre de Souberoche, qui paraît avoir été la dernière de sa famille, eut de son mari Félix-François de Poterlat, les seigneuries de St-Ange et de la Bâtie-Geyssans; elle les vendit en 1765 à M. de Bally de Bourchenu (Archives de la Drôme, *E, 1875, 2234, 2242, 2584, 2596 ;* — CHORIER, Hist. de Dauphiné, *II, 702*).

Les gents du capitenne Champs se retirerent et sauverent a Menglon. Le capitenne Vonier, adverty du fet, envoya letres a Mrs de Sainte Marye et de Viledieu pour fere avoyr secours aux franchiments assiegés.

La lettre qu'il envoya a Mr de Ste Marye estoyt telle :

« A Monsieur de Saincte Marye a Pontaix.

« Monsieur, je vous advertys que l'henemi est venu au-
« jord'huy a Chastillon, ou ils sont antrés et ont fourcé nous
« gents, ont avitailhé le chasteau et sourti nous gents hors de la
« vile, sinon les franssoys, qui se sont enfermés dents une meson
« ou ils sont assiegés. Il y a heu grand desordre et beaucop de
« tués, parquoy, monsieur, venez promptement pour secorir
« les aultres assiegés, car je n'ay moyen les secorir, ceux qui
« ont fouy ce sont retirés icy a nostre garnison. Je vous suplie
« de provoyr le plustost, me recomandant, etc.....

« De Menglon, ce 17e de decembre 1574.

« Vostre servitheur a vous hobeyr.

« Vonier. »

Monsieur de Sainte Marye de Pontaix envoya en Espenel a mon pere comme s'enssuit :

« Monssieur de Sainct Maurice, tout incontinent et en
« toute diligence mandez a Bourdeaux ung homme a cheval
« vers Mr du Poyt, pour fere marcher le secours a Chastillon, et
« dites au capitenne La Baumette que face tous marcher ceux
« de cheval; fetes marcher aussi de vous soldarts les deux tiers,
« car l'affere est d'importance.

« De Pontaix, ce 17 decembre 1574.

« Vostre meilheur amy et alyé,

« Saincte Marye. »

Deux jours après, monsieur du Poyt envoya ceste letre a monsieur de Sainte Marye, de Bourdeaux a Pontaix :

« Monsieur mon oncle,

« Soudain ayant heu vostre letre, je l'ay envoyée a mons-
« sieur de Montbrun. Je m'assure que bientost vous gents se-
« ront secorus. Il me semble que vous debviez mander a mon-
« sieur de Gouvernet, qui est proche de la avec bone troupe

« de cavalerie. Je suis marry que je ne puisse aler a vous,
« suivent vostre mandement, a l'ocazion que monsieur d'Our-
« che [1] a mandé gents au roc de Sou, pour fortiffier le chas-
« teau, j'antans toutes les mesons qui sont au dessus du roc,
« chose qui nous viendroyt a ung grand prejudice, si on leur
« laissoyt fere. Toutesfoys, aultant comme ils en peuvent
« fayre de jour, je le ruyne la nuit. Ils y sont forts, et nous
« batons toutes les heures ; voila pourquoy je n'i puys aler, si
« vous plet. Je n'ay aultre chose de nouveau pour vous adver-
« tir, priant Dieu, monsieur mon oncle, qu'il vous doingt ce
« que desirez.

« De Bourdeaulx, ce 19 de decembre 1574.

« Vostre bien humble et hobeissant nepveu,

« Le Poyt. »

1. *Rostaing d'Urre, seigneur d'Ourches, Vérone, la Motte-Chalancon, Pounet et Saou ; il fut un des plus grands personnages de son temps. Il appartenait à une des branches de la famille d'Urre, dite de Berlion, parce qu'elle avait succédé à la famille Berlion ou Berlhe, qui avait autrefois possédé les seigneuries d'Ourches et de Vérone. Géraud d'Urre, fils d'Aymar et petit-fils d'Antoine, seigneur du Puy-Saint-Martin, et de Marguerite de Berlion, épousa Louise de Fay, dont il eut : Gaspard, mort en 1568 ; Rostaing, qui figure ici ; Honorée, qui épousa Claude de Lattier, seigneur de Charpey ; Jeanne, épouse de François de Vesc ; et autre Jeanne, épouse d'Antoine de Jony, seigneur de Pennes. Rostaing fut gouverneur de Montélimar, chevalier de l'ordre du roi, gentilhomme de sa chambre, colonel des bandes du Dauphiné. C'est à lui, ainsi qu'à François du Puy de Rochefort, que Montbrun se rendit prisonnier au pont de Blacons, le 4 juillet 1575. Pour le récompenser de la prise de ce fameux capitaine, le roi donna à Rostaing d'Urre le péage de Montélimar pour neuf ans. D'Ourches possédait une fortune considérable. Les notes manuscrites laissées par Candy, notaire à Montélimar, relatives à l'histoire de sa ville natale, nous apprennent que d'Ourches mourut à Montélimar, au mois d'août 1577, des suites d'une blessure ; il fut enterré dans l'église Sainte-Croix de cette ville, à côté de Gaspard de Simiane, seigneur de Laval, son beau-frère, tué dans une rencontre avec la garnison de Livron, vers le 25 février 1575. Il avait épousé, le 15 janvier 1571, Laurence de Simiane, fille de de Gordes, lieutenant général pour le roi en Dauphiné ; il en eut un fils, Jacques, mort en bas âge, et une fille nommée Guyonne, qui épousa, le 17 janvier 1595, Jacques de Morton, seigneur de Chabrillan, à qui elle apporta toute la fortune de sa maison.* Cf. de Coston, Prise de la Motte-Chalancon par les protestants, le 18 mai 1575, dans le Bulletin d'archéol. et de statist. de la Drôme, t. VIII (1874), p. 440-2 ; — Pithon-Curt, Hist. de la noblesse du Comtat Venaissin, t. III, p. 587 ; — Pérussis, pp. 274 et 338 ; — Chorier, t. II, p. 682.

Les sieurs de Saincte Marye et de Viledieu, partis de Pontaix avec quelque troupe, s'en alerent a Menglon, ou trouverent les franchiments qui desassiegés se retirerent ; puis, tant eux que ceux du capitene Champs et les aultres, retornerent dents Chastillon, ou avoyr demuré quelques jours, voyans que ceux du chasteau ne se voloint randre, s'en despartirent et alerent loger a Luc [1], a Montlaur [2] et terres de monsieur de Glandaige, ou fust faict beaucop de maulx et desordres par les Franssoys. Peu de jours aprés retornerent en ces cartiers de Pontaix et Espenel.

Alors nous gents saizirent le chasteau de Genssac et y mirent garnison, sachant que le sieur de Glandage s'en voloyt sayzir, lequel par despit fist tost aprés brusler le chasteau de Recobel [3], qui ne tenoyt ne pour une ne pour aultres, car il l'avoyt fet desmanteler l'année passée.

Le 22 ou 23 de decembre, mestre Jaques Gonot, escrivain de Cahors de Quercy, avec ung soldart caporal a la compagnie de monsieur de Glandage, nomé Lautmonté, natif de Passingues, avec deux aultres, furent pandus a la place de Dye, estant accuzés de trahizon. Le laquez de Laultmonté heust le foyt par la ville, pour ce qu'il confessa qu'il avoyt esté a Pou-

1. Luc, *chef-lieu de canton de l'arrond. de Die. La baronnie de Luc appartenait alors au célèbre Glandage.*
2. Montlaur, *com. du canton de Luc.*
3. Recoubeau, *com. du canton de Luc. Ce fief, un des plus importants du Diois, avait appartenu à l'ancienne famille des comtes de Die. Bertrand de Mison, fils de Raymond d'Agoult et d'Isoarde, le vendit avec tout ce qui lui revenait de l'héritage de sa mère sur les terres de Menglon, Aix et Valdrôme, à Pierre Isoard, fils de Guillaume-Artaud, seigneur d'Aix. Cette vente est du 30 mai 1241. Au XVIIᵉ siècle la seigneurie de Recoubeau se trouve partagée entre la famille Ducros, de Die, et la famille d'Alléoud. Pierre Ducros, sieur de Recoubeau, avocat à Die, fils de Charles, président en la chambre de l'Edit (1609), fut nommé conseiller en cette même chambre par lettre au 22 juillet 1622. Il eut de Magdeleine de Philibert de Venterol, Alexandre, sieur de Recoubeau, qui mourut vers 1694. François d'Alléoud, seigneur de Recoubeau, mourut à l'âge de 88 ans et fut enseveli dans l'église de ce lieu, le 15 février 1727, en présence de Jean-René de Montauban, inspecteur de cavalerie, seigneur du même lieu. Le 6 avril 1760, fut enseveli à Recoubeau le corps de Louis de la Tour-du-Pin, comte de Montauban, seigneur de Recoubeau.*

net, pour demander ung passeport pour son mestre, qui se voloyt retirer dents sa maison vers ces parents, ce qui fust cauze de sa mort, et des aultres en fust cause les deux soldarts piesmontés, qui ce sauverent et sortirent de nuit des murailhes avec des cordes, comme pouvez voyr en cestuy livre, au comancement d'aoust 1574, au 9e feuilhet. Ils demurerent dents les prisons, despuis ce temps jusques au present jour, qu'est sinq moys et quelques jours. Le capithene Jamon, lhieuthenant du capitenne La Barme, qui estoyt avec eux en prison, acuzé de mesme crime, fust trouvé innocent et fust mis hors de prison, en liberté. De ce mesme temps, ledit Haultmonté, estant dans les prisons de Dye, fist une chansson, laquelle, pour memoyre de luy, ay mis icy en mon livre.

Chanson de L'Haultmonté, sur le chant *Dieu qui par sa puissance*, etc., ou bien *Sus, sus, qu'on se reveille*, pour chanter haultement, ou bien sur le chant de la chanson ancyene de Cabrieres [1] :

1	2
Helas ! Dieu des armées,	Helas ! par faultes grandes
Tu es le tout puissant,	Nous sommes affligés,
Tu abaisses et leves,	Metans nostre fiance
Puis, avecque le temps,	En ce monde terrier,
Ceux qui te font courroucer	Qui n'est que vanité
Tu les veux chastier.	Et mon cœur povreté.

1. *La plupart des grands événements, qui signalèrent les guerres religieuses du XVIe siècle, ont donné lieu à la composition de diverses chansons, qui forment pour ainsi dire une histoire populaire, où se révèlent les mœurs, les passions de cette époque orageuse. Brantôme, après avoir raconté le brillant fait d'armes de Mouvans, franchissant le Rhône avec les débris des bandes dauphinoises qui étaient allées combattre en Guyenne, ajoute* : cas estrange, certes, et dont il en fut faict une chanson ou vaudeville soldatesque et jollie, et s'accommençoit Mouvans a esté commandé, *que ces soldatz par admiration et gloire d'un tel capitaine, chantoient en cheminant et soulageant le travail de leur chemin par ce moyen, a la mode des anciens adventuriers* (BRANTÔME, Œuvres, *t. V, p. 426). On connaît la curieuse chanson, publiée en 1576, sur la vie et la mort de Montbrun* (LONG, *p. 291-302). Un intéressant recueil de chansons de cette époque a été publié par M. Henri* BORDIER, *sous ce titre* : Le chansonnier Huguenot du XVIe siècle, *Lyon, 1871*,

3
Helas! tu es le juge
Des bons et des meschants ;
En prison tout obscure,
Suis icy languissant,
Atandant la mercy
Et justice aussy.

4
Monseigneur de Glandaige,
Gouverneur pour le Roy
Dans la cité de Dye
Et aussy du Dyoys,
Aura de moy soucy,
Car je le croys ainsy.

5
Pour plus grand' assurance,
De ma perssonne ainsy,
Comme espouz' en dance,
Me fist mener icy,
Las dants ledit cancel,
Pour pancer a mon fet.

6
Mestre Lanteaume Besches,
Mestre dudit logis,
Geolier de ceste escole
Et de Saint Pierre aussi,
Vint avec les clefs
M'ovrir et puis fermer.

7
Monseigneur de Glandage,
Continent tout joyeux,
Pour me doner corage,
M'envoya pour secours
Capitenne Jamon,
Avec ung escoadron

8
Helas! mon capithenne,
Soyez le bien venu,
Je descour' en campaigne
Ung grand bonet cornu,
De justice nomé,
Juge d'iniquité.

9
Lors me mis en batailhe,
Ma concience aussy
Conduisant l'advant garde,
Et je disoys ainsi :
Helas! pardonez moy,
Si j'ay fet le pourquoy.

10
Messieurs de la justice,
Venez trestous icy,
Car je vous puis bien dire,
Et croyez le aussy,
Quoy que l'on dit de moy,
Servitheur suis au Roy.

11
Ung chescun en son rolle
Et par opinion,
Vous dits ceste parolle
Que n'y a trahizon,
Més enfin cognoistrez
Mon innocencetté.

2 vol. in-16. La « chanson ancienne de Cabrières » ne s'y trouve pas ; il n'en est pas fait mention non plus dans l'ouvrage d'AUBERY : Histoire de l'exécution de Cabrières et de Mérindol ; Paris, 1645.

12
Je suis en la puissance
De vous et de Monsieur ;
Prandrey en pacience,
Attendant du grant Dieu
Que je soy delivré
Et mis en liberté.

13
Monsseigneur de Glandage,
Je vous puis assurer
Que de torner vizage
N'estoys deliberé,
Més je voulés savoyr
Ce qui estoyt a moy.

14
Monssieur mon capitenne,
Helas ! voyez coument,
Pour le service randre
A Dyeu premierement
Et au Roy puis aprés,
Vous estes du procés.

15
Procés et procedures,
Par deux foys en chemin,
Cuidoyt pour infortune,
De peur d'estre ravy
Des nommés Huguenaulx,
Cauze de tous nous maulx.

16
Helas ! Messieurs et dames
De ceste ville yci,
Pour toute recompance
De vous avoyr servy,
Passent maint grand rochier
L'on m'a fet prizonier.

17
Surtout je me console
En mon affliction,
En lizant ung beau livre,
Fesant un pavilhon,
Ung jardin puis aprés
Pour avoyr des bouquets.

18
Qui la chansson a fette
Ainsin ? c'est Laultmonté,
Natif de mezon noble,
Du lieu de Passinguet ;
Dents Dye a la prison
L'a fet en languizon.

Fin d'icele.

Thomas Gay a l'aulteur de ceste chanson :

Povre soldart papiste,
D'aulcuns dit Laultmonté,
En cestuy mien registre
Ton chant ay recité.
Hault monté on t'ha fet,
D'un' eschelle au gibet.
Encor
Pour a Pounet mander
Querir ung passeport,
On t'a fet acuzer
Pour te metre a mort ;
Te volant retirer
En ton lieu et maizon,
Par envye acuzé
On t'a de telle fasson.

Ceulx de la religion de Dye portans les armes, pandus en effigie.

Aprés que les susdits furent pendus en propre perssonne, quelques cedicieux de la ville de Dye nous firent pandre en effigies, dents tableaux paints, avec nous noms et surnoms, non tous ceux de la religion de la vile, més seulement ceux de la ville abcents d'icele, portans les armes pour la religion chrestienne refformée. Ils firent depuis vandre de nous biens, ou meubles ou damprées, tant pour poyer le balif, ces archiers, le bourreau, que les chiquaigneur et maquignons, qui avoient mené et comploté cestuy affere, comme le promoteur, le juge, greffier et tele quanailhe de gents. Les premiers qui furent pendus en ces portrets furent premierement le sieur de Vaulcer [1], jadis gouverneur de Thorane, et mon pere, come les 2 principaulx, puis les capitennes Appays, Champaigne, Boix et aultres de comandement puis les soldarts. Or nous n'estions pas peu de gents en ces effigies, car de bien peu s'en falloit que n'i fussions

1. *Guillaume de Vaulserre, écuyer, membre du conseil de la ville en 1564, consul de Die en 1567 avec Jean Engilboud, avait été un des premiers à embrasser les nouvelles opinions religieuses. Le 9 juin 1591, il est présent comme témoin, avec Gouvernet, au mariage du capitaine Jean Olivier, d'Embrun, maréchal des logis de la compagnie des gendarmes de Mgr de Lesdiguières, avec Jeanne Boys, mariage célébré par le ministre Guillaume Valver. La famille de Vaulserre appartenait à l'ancienne bourgeoisie dioise. Lantelme de Vaulserre était notaire en 1413 ; Pierre, son fils, exerça la même profession. Barthélemy, fils de ce dernier, fut également notaire, et il figure, en cette qualité, dès l'année 1453. Il avait épousé Marguerite de Pellafol, dernière héritière d'une très ancienne famille du Trièves, qui lui apporta des terres nobles, situées à Valdrôme et qui relevaient de la mouvance épiscopale. Il en fit hommage à l'évêque Antoine de Balzac, le 9 août 1475. Il eut pour fils Apollinaire de Vaulserre, qui se qualifiait, en 1483, coseigneur de St-Dizier et de Valdróme. Dans l'hommage qu'il préta, le 6 mai de cette même année, à Antoine de Balzac, nous voyons comment ces droits féodaux à St-Dizier et à Valdrôme avaient primitivement appartenu à la famille de Montlahuc :* nobilis Apollinaris de Valleseris, civis Diensis, donatarius in hac parte nobilis Margarite de Pellafolo ejus matris, condomine et parerie Vallisdrome et Sancti Desiderii, Diensis diocesis, filie et heredis nobilis Alvezic de Monteluguduno, filie et heredis universalis Antonii de Montelugduno, quondam ejus patris *(Archives de M*ᵐᵉ *de Félines, à Die).* — Thoranne, *dont Guillaume de Vaulserre était gouverneur en 1574, est actuellement une commune du canton de Clelles (Isère).*

trois cents de la vile, pourtants les armes, abcents d'icelle, apelés par eux ou leurs samblables les cedicieux et rebeles contre le roy et leur patrye. Les dits soldarts de la religion mes compaignons, ou pluzieurs d'iceux, me prierent et soliciterent que j'en fisse une chansson, pour la memoyre tenir perpetuelle, pour icelle envoyer puis a Die et la divulguer partout, affin que jusques aulx petits enffants chantassent et recitassent de leur bouche puerile ceste malicieuze, fole cedicieuze execucion, nomant les aulteurs d'icelle, promoteur, juge et concelhers iniques, qui panssoynt ja tout avoyr gaigné, jusques au gros saulse ou cheysne, comme l'on dit ; més leur afere venu en povre succés, s'en repentirent despuys, més n'estans pas temps et ny pourvoyr remedier, devoynt dire ce qui s'enssuit :

> Quand le serf est blecé jusqu'a morir,
> De rien ne sert que l'arc soyt desbandé,
> Car pour cela ne peult estre amandé ;
> L'arc desbandé ne le sauroyt guerir.

Chansson des enfens de Dye, qui furent pendus en effigie, au moys de decembre 1574, pour porter les armes pour le service de Dieu et liberté de leur conçience ; et se chante sur le chant : *Peuple ceduit pance a ton fet* [1].

1

> Freres, escoutés la chansson,
> Qu'a faicte ung soldart de Dye,

---

[1]. *Ce cantique* (Peuple ceduit pance a ton fet) *a été imprimé aux folios 43-45 d'une petite brochure, qui parut en 1551* : Chrestienne instruction touchant la pompe et excez des hommes debordez et femmes dissolues en la curiosité de leurs parures et attiffemens d'habits qu'ils portent... Imprimé nouvellement 1551, *in-16 de 45 feuillets. Nos lecteurs ne verront peut-être pas sans intérêt un échantillon de cette littérature, mise au service de la morale.*

Chanson contre l'abbus damnable et detestable des dances.
(Sur le chant : A qui me doy je retirer.)
> Peuple seduit, pense a ton fait,
> Pense en ta grand' outrecuidance ;
> Voy qu'Esaye dit en effet :
> Malheur sur toy et ta bobance !

De la bien folle opinion,
Si fault qu'ainsin on le vous dye,
D'aulcuns cedicieulx de la ville,
Qui tous nous ont en ung gibet
Mis en rolle et en effigye,
Nous noms et surnoms en tilet.

2

Qui seroyt ce paintre lourdault,
Qui auroyt fet ceste paincture ?
Ceroyt ce point Guilhem Barnault [1],
Pour avoyr gain et nourriture ?
Plus ne lui sert son escriture,
Son arcumie ne son four,
Son art magicque et pipure,
Que bien en a fet pour son tour.

3

Ung vibalifs avec sergents
Ont assisté en cest affere,
A l'adveu de quelques meschants
Desquels je ne me pourroys tayre,
Car d'iceux je me rands contrere
Par leur mauveze volonté

Car tu te viens matin lever
Pour remplir ton ventre et ta pance,
Sans au ciel les mains elever.
. . . .
. . . .
De la pance vient la dance ;
De la dance, paillardise,
Orgueil et oultrecuidance.
Voila des dances la guise.

1. *Nous trouvons dans les registres des conclusions de la ville de Die les lignes suivantes, qui concernent ce personnage : (1567 juillet 16)* Est venu M⁰ Guillem Barnault, painctre de Dye, qui a dict avoyr trové dans Dye de belles fontaines, bien aysées a mettre par la ville ou l'on vouldra, presentant les monstrer, en luy poyant ce que sera raisonnable, a 25 escus le tout.. ; *(ont conclu)* de ne lui advencer point d'argent, ains luy fornir de maneuvres pour faire la chau....

Aulx enffans du lieu ainsin fere,
Contre Dieu et sa magesté.

4

Qui la couleur a donné ?
C'est ung baveur, je vous affye,
Ung sot vieilhard et rassoté,
Ung fol advocat de la ville,
Nomé Rambaud [1], teste estourdye,

1. *Gaspard Rambaud. Dans une enquête que Pierre Bastion, huissier, fit à Die, le 9 janvier 1573, au logis du Chapeau Rouge, sur la demande du chapitre, qui désirait faire reconnaître ses droits sur la seigneurie de Menglon, nous trouvons un renseignement utile à recueillir. Parmi les témoins qui déposent en faveur du chapitre, figure Gaspard Rambaud*, docteur en droict, advocat, natif de Chastillon, habitant depuis 24 ans en ça ou environ a Dye, eagé de 60 ans ou environ ; a esté juge du chapitre pendant 12 ans a Menglon et aprés lui M° Claude Cati l'a esté pendant 10 ans, luy ayant refusé la charge (*Archives de Mme de Félines à Die*). *Il était membre du conseil de la ville en 1562, année devenue fameuse par les désordres de toute espèce qui se produisirent au sein de la cité. Nommé consul, le 26 décembre 1567, avec Jean Orand, il refusait d'accepter cette charge ; la ville envoya à Grenoble Pierre Peyrol, notaire, afin de solliciter de la cour un ordre qui enjoignît à Gaspard Rambaud de se rendre au vœu de la population. Le 17 janvier, Peyrol était de retour de Grenoble et exposait au conseil qu'il avait obtenu provision de la cour de Grenoble contre Rambaud. Celui-ci, après beaucoup de difficultés, finit par céder et, le 25 mars, prêta serment de bien remplir son emploi. Il fut père de Gaspard, doyen du chapitre de Die, qui testa le 30 juin 1631 et mourut peu de temps après, car en 1634 Charles de Loulle était mis en possession du doyenné ; et d'Antoine Rambaud. Ce dernier est devenu justement célèbre, par le courage et le talent qu'il déploya en défendant les intérêts populaires, dans le procès des tailles. En 1594, il était encore à Die, où nous le voyons remplir les fonctions de consul, avec Daniel Gay. L'année suivante, ses concitoyens l'envoyaient à Lyon, avec le consul Eustache Gontier et les conseillers Gaspard Gay et Hercule Engilboud, demander au roi Henri IV la confirmation des privilèges de la ville de Die. Antoine commence à paraître sur la scène politique en 1598 (cf.* Rochas, *t. II, p. 324-8 ;* Long, *p. 268). Il était mort avant le mois d'octobre 1631, ainsi que le prouve un règlement qui fut fait alors touchant sa succession. Il avait épousé la fille du médecin Villeneuve, dont il eut : Marie Rambaud, épouse de Jean de Collet, sieur d'Anglefort ; Madeleine Rambaud, religieuse de Ste-Ursule de Montélimar, qui vint à Die, au mois de mai 1638, fonder avec quelques-unes de ses compagnes un couvent de son ordre ; Jean et Louis Rambaud, qui en 1631, époque de la mort de leur père, étaient encore étudiants au collège de Tournon (Archives de M. de Bouffier à Valence).*

Ancyen caffard affectioné
Contre l'escripture divine,
Entre tous aultres extimé.

5

Qui promoteur fust de cela ?
C'est un faulcere de la ville,
Qui mainte faulceté fera
Et mainte grande pailhardize,
Ung homme plain de cornardize :
Or doncques, c'est Michel Peloux [1],
Homme plain de grand convoytize
Et de sa femme fort jaloux.

6

Glandage dit n'en savoyr rien ;
Gironde [2] de mesme le nye ;
Le roulx de Collet [3] aussi bien

---

1. *Michel Peloux est qualifié, dans un document de cette époque, substitut du procureur général du Roi (Archives de la Drôme, E, 2235).*
2. *Charles de Gironde, écuyer et avocat à Die, mourut vers 1586, laissant deux enfants : Maximilien de Gironde et Marguerite, qui épousa Félix Charency. Maximilien épousa, le 23 août 1590, demoiselle Louise Gruel, fille de feu Jacques Gruel, habitant de Die, et veuve de Guillaume Marin. Il demeura toujours zélé catholique ; il testa en 1614. Ses enfants étaient : Charles, Marguerite et Suzanne de Gironde.*
3. *Gaspard Collet. Voir la note 1 de la p. 56 du t. III. Il n'est plus douteux que la famille Collet, de Die, ne soit qu'une branche de la famille Collet établie à Alixan, dès l'année 1347. Gaspard Collet, docteur en droit, frère de Jean Collet, d'Alixan (Archives de la Drôme, E, 2317), était venu se fixer à Die, probablement par suite de son mariage avec Catherine de Sauvignes. Il fut nommé consul de la ville en 1569 et testa avec sa femme le 18 juillet 1586, année de la fameuse peste qui causa tant de ravages dans le pays. Il fut père de Jean et de Claudine, qui, dotée de 800 écus, épousa le 1er janvier 1589 Jean Perrinet, avocat à Die. Jean Collet, docteur en droit, avocat consistorial et plus tard juge mage à Die, avait épousé Louise Guigou, de Romans, dont le père, qui suivait la carrière des armes, se faisait appeler le capitaine d'Anglefort, du nom d'un petit fief qu'il possédait près de Romans, au quartier des Balmes : ce mariage avait eu lieu le 22 mai 1569. A la mort de son beau-père, c'est-à-dire vers l'année 1590, Jean Collet se qualifia sieur d'Anglefort et transmit ce titre à ses descendants. Il fut père d'autre Jean, qui suit, et de Claude Collet, qui en 1637 était veuve de Jean d'Armand. Jean II de Collet,*

Se descuzent ; la caulte mine
De Caty [1] et aultres de la ville,
Qui s'en repantent, més de fet
Ne voudroint que la tiranie
Fusse encore mise en effet.

7

Encor plus grand meschancetté !
Vouloyr vendre nous biens et meubles,
Cuidant que tout fust confisqué,
Nous tenents desja en leurs poches ;
Més a Livron tous vous aproches

docteur en droit et avocat à Die, épousa, le 29 novembre 1620, Marie Rambaud, fille d'Antoine Rambaud, dotée de 1000 livres et de 400 livres pour ses bagues. Elle mourut le 25 novembre 1666, et Jean vers l'année 1670. Ils laissèrent plusieurs enfants : 1° Gaspard Collet, sieur d'Anglefort, juge mage de Die, qui épousa en premières noces Anne Poyte, fille de Pierre Poyte, peyroulier (chaudronnier) de Die, et de Françoise Sablières : elle eut 15000 livres de dot et 2500 livres pour ses bagues. Ce mariage avait été célébré le 22 décembre 1657. Anne Poyte mourait sans enfant, au mois d'août 1685. Devenu veuf, Gaspard se remaria peu de temps après avec Hélène de Loulle, fille de Pierre, président en l'élection de Romans. Il était mort sans postérité en 1695, ainsi que cela résulte d'une quittance passée au profit de sa veuve par Paul Bellon, religieux de St-Marcel-lès-Die ; 2° Joseph de Collet, sieur du Tournat d'Anglefort, docteur en droit, avocat à Romans, juge de Claveyson et d'Hostun. Il épousa, le 13 mai 1670, Marie Rivoire et fut père de Jean de Collet, sieur d'Anglefort, capitaine au régiment de Hesse, qui se maria, le 24 juillet 1707, avec Honorée de Mac-Carthy, veuve d'un officier irlandais; 3° Charles de Collet. La famille Collet d'Anglefort s'est maintenue à Romans jusque dans ces dernières années, mais ses représentants n'ont pas tardé à tomber dans une situation de fortune peu en rapport avec la noblesse que leur avaient transmise leurs ancêtres. Jean-Pierre Collet d'Anglefort, bourgeois, était enseveli dans le cimetière de Sainte-Foy, le 22 mars 1774. Louis Collet d'Anglefort, fils de feu Jean-Louis et d'Angélique Bonnet, épousa, le 7 janvier 1788, Magdeleine Royanné ; il laissa trois filles et un fils, Louis-André de Collet d'Anglefort, né le 26 octobre 1799, soldat, puis cordonnier, mort le dernier de sa famille, à l'hôpital de la Charité, à Romans, le 25 juin 1872.

1. Claude Cati, docteur en droit, avocat à Die : voir plus haut, p. 68. Au mois d'octobre 1586, Charles Cati mourut de la peste à Romeyer, où il s'était retiré. La famille Cati, qui paraît avoir été ennoblie, s'est éteinte en la personne de Catherine de Cati, qui, devenue veuve de Gratian de Rivière, épousa, le 10 juin 1677, Antoine de Sibeud, seigneur de St-Ferréol, gouverneur de Die.

N'ont servy qu'a paistre corbeaulx
De l'abondance des charoignes
De vous meschants, cruels papaulx !

8

Jean Escoffier [1], ce gros gourmand,
Fust le greffier de ceste hordure ;
De ce estoyt le gouvernand,
De ce beau fet et procedure.
Contre Dieu et son escripture
Nous ont ainsin percecuté,
Més de toute vostre facture
Chascun de vous sera poyé.

9

Achiles David [2] grand conceilh
De l'entreprize debvoyt estre ;
Gaspar Charency [3], son pareilh,
Y debvoyt aussi comparestre.
Nous vous ferions bien aparestre
Si nous vous tenions prisoniers,
Ou si dents Dye reconestre
Nous vous alyons haper premiers.

10

Dieu par sa grace et bonté

---

1. *Jean Escoffier : voir la note 3 de la p. 68 du t. III du Bulletin.*
2. *Achille David. Il appartenait à une famille bourgeoise de Die, qui a fourni des religieux à Valcroissant et des chanoines à la cathédrale.*
3. *La famille Charency appartenait à l'ancienne bourgeoisie de Die : en 1574 elle était divisée en deux branches, dont l'une avait pour chef Antoine Charency, qui avait succédé en 1567 comme notaire à son père, appelé comme lui Antoine ; et l'autre, Gaspard Charency. Ce dernier fut membre du conseil et trésorier de la ville, en 1564 et 1565. Au mois de novembre 1568, il était envoyé aux Etats à Grenoble. Il se fixa dans cette dernière ville, et fut père de Guillaume Charency, qui fut pourvu d'un office de conseiller au parlement en 1587. Le 16 mai 1602, Gaspard Charency fit une cession de ses biens à Guillaume son fils, conseiller au parlement, en considération de son mariage avec Clémence, fille de Louis de Villeneuve, conseiller et médecin du roi à Grenoble. Guillaume, qui fut cause de l'ennoblissement de sa famille, eut pour fils Gaspard de Charency* (DE RIVOIRE DE LA BÂTIE, Armorial, p. 140).

Nous doint la paix ! Qu'en assurance
Dents nous mezons chescun logé,
De sa parolle jouyssance
Puissions avoyr par experiance,
Comm'aultres foys de bons pasteurs
Pour sa parolle nous aprandre,
Comme ces bons imitateurs.
            Finis coronat opus.

Huictain.

Prenés en gré, o bons soldarts de Dye,
Ceste chansson ; et si faulte y a
En son subgect, qu'aulcun de vous le dye :
De mem'istant corrigée sera.
Quelqu'un de vous possible en fera
Une myeulx faicte : or donques en besoingne
Que l'on se mostre, et qui mieulx la fera
Sera fet roy de Cartage et Cologne.
De la partie estoyt cil qui a fette
Ceste chansson, en ung si gailhard son,
Non pas en corps, més en fasson pourtrette ;
Son nom Thomas et Gay est son surnom.

L'an 1575 et le 21 de febvrier, dents le chasteau d'Espenel, avoyr ceu les nouvelles comme on nous avoyt pandus en effigie, et que ne s'estants contantés de sequestrer nous biens, commensoyt desja vandre quelques meubles et damprées, mon pere, a cause de ce, escrivist ceste letre a monsieur de Glandage, gouverneur de la ville, ainsin que s'enssuit :

« A Monsieur, Monsieur de Glandage, a Dye.
« Monsieur, sens vous discorir la fasson au long et la pro-
« cedure comme avons estés advertis qu'avons estés pandus en
« effigie, et que ne s'estants contantés de ce fere, on nous veult
« fere vandre de nous biens, je suis esbahy comme vous per-
« mettez qu'on fasse teles cedicions, et qu'on s'atacque aux
« biens. Vous savez que je n'ay jamés fet tort a nul de la vile,
« pas mesme la guerre, comme pourroys bien fere, si voloys.
« Je sey bien que pour le passé vostre seigneurye ne voloyt

« permettre qu'aulcun de la religion fust tiranizé en leurs
« biens. Je ne sey a quele fin vous le permetez maintenant.
« S'il est question de fere le fol a s'atacquer aulx biens, vous
« n'i gaignerez rien ; car vous en avez plus a perdre que moy,
« et ceux de la ville qui le font fere en seront de mesme fasson
« tretés en leurs biens, car nous avons aultant de privilege
« par les armes comme eux, et plus en la campagne. Més ceux
« qui font fere tele violance et desordre sont ung tas de revol-
» tés, larrons de ville, pilheurs de temples et de calices, que
« tant qu'ils en ont trouvé a pilher, se sont nommés de la
« religion, puis, le pilhage failhi, ont fet volte face, et ce sont
« revoltés, comme bestes et gents sens foy et sens loy. Vous
« devriez regeter arriere de vous tels tretres, car ils vous
« pouroint aussi bien trahir, comme ils ont trahy leur con-
« cience. Je vous prie, Monsieur, m'envoyer la responce pour
« savoyr vostre intancion, me recommandant a votre seigneu-
« rye.
  « De nostre garnison d'Espenel, ce 25 de decembre 1574.
  « Par ung qui ne dezire que vous fere plezir.
                « A. Gay. »

Monssieur de Glandage lui envoya la responce telle comme s'enssuit :

  « Au sire Anthoyne Gay, en Espenel.
« Syre Anthoyne, j'ay ressu vostre letre, et veu par icele
« que vous vous esbahissez de ce que je permets qu'on vande
« vous meubles. Je m'esbahis bien fort de ce que vous vous
« esbahissez, car, si estiés tel comme dites, vous croyriez que
« ce que je permets est suivent la volonté et intencion du Roy,
« et par l'aultorité de la justice. Et en ce que vous dites que
« n'avez fet tort a aulcuns de la ville, en cela vous direy je bien
« que si vous ne l'avez fet, au moings les vostres se sont aydés a
« brusler les molins de ce lieu. Et tant s'en fault que je face ou fa-
« ce fere ce dont m'escripvez, que sens vostre letre je n'en savoys
« rien, au moings concernant l'execucion. Quand a ce que m'es-
« crivez de tiranizer perssonne, vous savez assez que ne suis en
« coustume de le fere, ni moings de permetre que telles chozes
« se fassent, ni permetre aussy qu'on fasse la guerre, sinon a

« ceux qui portent les armes et non aulx biens. Et ceux qui
« font le contrere, sur lesquels j'ay puissance, je les chastye et
« ne veulx permetre teles chozes. Et quand a vos revanches
« sur mes biens, vous en ferez comme vous advizerés, més pour
« cela ne pancez pas que j'en rebate rien de fere ce que je
« doibs pour le service, de mon Roy, de ma patrie et la con-
« cervacion de ce lieu. Quand a ce que parlez des revoltés de
« ceste ville, je ne sey pour qui vous dites ces chozes la.
« Bien vous dys que je n'i en cognoys poynt d'aultres que de
« tres bons servitheurs de Dieu et du Roy, comme aussi vous
« le deussiez estre, et, si l'eussiez faict, ne seryez en la poyne
« ou vous estes. Priant Dieu, sire Anthoyne, qu'il vous
« doingt bonne vye et longue.

« De Dye, ce premier de janvier 1575.

« Vostre bien bon amy.

« Glandage. »

Or laisserons a parler de ces chozes, et reciterons de ce que les papistes fesoint debvent Livron, en ce 2ᵉ siege.

Siege de Livron [1].

Les Papistes, precés du froyt, gelée et humidité de l'hiver, regarderent voloyr forcer ceux dudit Livron, assiegés par tous

---

[1]. *Le siège de Livron est un des plus grands événements des guerres religieuses du Dauphiné ; comme on va pouvoir en juger, Thomas Gay s'étend avec complaisance sur les divers incidents de la défense de cette place, et parle avec enthousiasme de la vaillance de ses coreligionnaires. Nous croyons devoir compléter son récit, tout palpitant d'intérêt, par quelques citations empruntées aux chroniqueurs et aux historiens du temps, et qui permettront à nos lecteurs de suivre toutes les péripéties de ce véritable drame. Et d'abord, voici quels furent les préparatifs et le commencement de ce siège fameux, détails omis par Thomas Gay:* Le roy manda d'Avignon aux seigneurs de Bellegarde et de Gordes, *nous dit Eustache* Piedmont, de faire assembler les forces et dresser l'armée a Valence, pour aller assieger Lyvron, et qu'ils fissent approcher le regiment de Brissac, venu de Piedmont, qui estoit lors a Sᵗ-Antoine, ou il demoura dix jours environ six ou sept cents hommes, ledict regiment conduict par le sieur d'Hautefort ; le capitaine Camille en estoit sergent major. Il y avoit sept enseignes, qui se rendirent à Valence. Le vingtieme jour de decembre, l'armée qui estoit composée de 7 a 8000 hommes, tant de pié que de cheval, avec seize pieces de canon, alla pour

les moyens plus commodes a eux. Et pour ce fere, le 24 du dit moys, commencerent une batherye de 18 grosses piesses de canon, aultant furieuze ou plus que nul homme vivent aye ja-

la 2ᵉ foys assieger Lyvron. *Jean* DE SERRE *est de tous les historiens celui qui donne le plus de détails sur le siège de Livron; son récit, plein d'intérêt, complètera sur plusieurs points le journal de Thomas Gay. Nous le publions d'autant plus volontiers que la cinquième partie des Commentaires, à laquelle nous l'empruntons, est un volume excessivement rare* (Væ partis Commentariorum de statu religionis et reipublicæ in regno Galliæ libri tres, Henrico tertio rege; *Lugduni Batavorum, 1580, in-8°, 208 folios*). *Nous lisons au* f° *42* : Inter illos pacis sermones recreabat se regius exercitus ut ad Liberonis oppugnationem instructior alacriorque contenderet, a quo quotidiana incommoda sibi inferri aulici Avenionem commeantes et mercatores conquerebantur, ita obsessa a Liberonensibus via ut nemo posset tuto illac transire. Parantur undique omne genus commeatus et obsidetur ad xvii decembris...... Constabat exercitus xiv prætorianorum regiæ custodiæ signis; Helvetiorum legionibus duabus ad xi signa; Delphinatum signis xii instructissimis et ad eam militiam aptissimis; Pedemontanorum, et e veteranis quidem militibus signis viii; Metensium præsidiariorum signo uno. Omnia enim undique ad supplementa corradebantur. Equitum vero gravioris armaturæ vexillationes iv; Germanorum viii, Carolo Mansfeldio ductore.... Tormenta majora aderant xxii.

His viribus non oppugnatio institui credebatur, sed certæ victoriæ triumphus, ad miseros homines ridiculo funestæ cladis spectaculo traducendos, eamque pacificandi rationem expeditissimam esse dictitabat Regina, ut illi tandem exitio suo docerentur, qui Regis facilitate et temporum iniquitate improbe fuerant abusi, nec quisquam erat qui in locorum a victore exercitu desolatorum vicinia certam inesse non diceret Liberonensis calamitatis imaginem. Dici non potest quanta Bellegardii summi ductoris industria et diligentia, quanta militum obsidentium alacritate et pertinacia, quantoque conatu, quanta commeatus, temporis, loci, munitionum opportunitate sit a regiis dimicatum, ut omnia illis de animorum sententia aspirare viderentur, quæ tantum incommodabant religiosis, quantum hostibus favebant.

Itaque juvabit exigui quidem oppidi, at in quo Providentia Dei perspicue emicuerit, obsidionem accuratius commemorare, notatis his quæ singulis diebus acciderunt, quemadmodum a me in ipsis locis bona fide fuerunt descripta; istiusque veritatis testes appello ex utraque parte adhuc superstites......

Præerat Liberoni, religiosorum nomine, Roessius vir nobilis Delphinas, sicuti jam notavimus. Ubi regium exercitum ad se obsidendum accedere certo cognovit, præmittit equitum turmam, Pontezio ductore, qui regiorum numerum explorarent, et, si occasio daretur, venientes inturbarent. At conspecto hoste, ubi ad se regiæ aliquot turmæ pervolassent et velitaria

més ouy fere en ceste province de Daulphiné. C'estoyt a la veilhe de Noë. Le landemain, ils continuerent ceste batherye, dés le matin jusques sur le soyr, assez tárt. Le landemain,

pugna utrinque levi incommodo dimicatum ad aliquot horas esset, exercitu ipso interea subsistente, tandem paulatim cedunt, insequentibus illos regiis qui ad portas usque urbis eos sunt subsequuti. Designato ad castrametandum loco, regii ad castra redeunt. Id fuit xviii die decembris. Sub vesperam egrediuntur oppido tormentarii aliquot, Bouverio milit. trib. ductore, qui noctis silentio custodias inturbarent, et regiorum aliquot vulneratis, incolumes in urbem se recipiunt.

Postridie, qui dies fuit xix, castris circa urbem metatis, et Loriolo vicino oppido a Germanis equitibus munito, disponuntur tribus in locis majora illa tormenta, unde mœnia quati majori incommodo possent. Duobus ad planitiem locis: uno quidem e villa Sableriana, octo majoribus tormentis in turrim, quæ Fontana dicitur et muri angulum terminat, intonantibus; altero autem, octo quoque in turrim Genevensem, quæ illac quoque est. E colle, unde erat in oppidum prospectus, sex majora tormenta imminebant, quæ et mœnia adverso ictu fatigarent et ad ruinam defendendam accessuros magno cum incommodo impedirent.

Nihilo segnius rebus suis providebant oppidani. Roessius non uno cum hoste sibi dimicandum esse animadvertebat : præter hostilem exercitum, qui urbem primo impetu oppressurus videbatur, et urbis importuna custodia et suorum militum non ita explorata fides animum varie angebant. De oppidanis quidem nihil sinistri dubitabat, sed de peregrinis quibusdam tribunis nonnihil subverebatur, qui cohortibus suis freti maximas difficultates attulissent, si novi quidpiam fuissent moliti ; hanc quoque dubitationem oppidanorum quibus confidere poterat, animos male habere animadvertebat. E re consilium cepit. Tribunorum concilium indicit, primo ipso obsidionis die. Perspicuum omnibus esse ait quibus viribus oppugnentur, quas vires ipsi habeant ad obsistendum : mature igitur opus esse consulto. Si uno omnes sint animo ad vim hostium Dei et Ecclesiæ repellendam, se illis ducem sociumque ad ultimam sanguinis sui guttam minime defuturum : Deum certe, cujus agatur causa, minime denegaturum ipsis vires quibus ipsorum infirmitas e longe majoribus copiis certam victoriam reportet. Illum ipsum esse Deum, qui populum ipsum Israelem e numerosissimo validissimoque hoste olim sæpe vindicavit, qui his civilibus bellis tam sæpe opportunum auxilium suum ostenderit, et recenti memoria Rupellam e lupi faucibus singulari miraculo eripuerit..Apud Deum omnipotentem nihil interesse utrum cum pauco numerosove, firmo infirmove hoste decertetur ; non equo aut hominis brachio victorias reportari, sed Dei potentia. Itaque videant ipsi quid facto sit opus : si omnes eo sint quo ipse animo, minime dubitare se quin summo Dei beneficio irritus sit futurus hostium conatus. Sin nonnulli, incerti eventus consternatione, hæreant, sententiam suam libere dicant. Se idcirco indixisse cœtum ut

premier jour de Noë, ils continuerent ceste furieuze batherye, despuis huict heures du matin jusques a 4 heures du soyr; laquelle finye, gaignerent une tour par le bas crevée du canon. Més la nuit obscure ou venent, sur le jour failhy, les assiegés les en sortirent et leur firent quiter icele tour, et non sens grand bruict et chopeterye d'arquebuzades. Le 26 de decembre, dernier jour de chalandes, firent mesme batherye, presque d'un aulbe jusques a l'aultre, et donnerent ung assault general, si furieux et extreme, que pour la fureur de l'artilherye qui tiroyt tousjours, pluzieurs de nous gents furent tués en deffandant la bresche, laquelle avoyt plus de mille pas de long, et la fesans barry et rempart de chayr, estants acoraigez par l'invocation du nom de Dyeu, chantans en combatant cantiques a sa louange [1], repoulcerent leurs en-

suam unusquisque sententiam proferat et communi consensu ea constituantur quæ ad communem salutem videbuntur pertinere.

Tribuni illi quorum suspecta erat fides primi, ne rogati quidem a Roessio, sententiam dicunt : non deserendam urbem, sed eam viriliter defendendam ; se a Deo certum auxilium expectare ; sibi vero ratum fixumque esse ad urbis defensionem nihil facere reliqui, vitamque suam tam præclaræ rei æquissimo animo consecrare. Omnes ad eam certum urbis defendendæ consilium confirmati, parant se ad muniendam urbem.

Vix erant tota urbe quadringenti armis ferendis apti. Est ad urbis editiorem partem arx, loci natura et industria munita : ne ejus spe oppidani urbis mœnia cunctantius tutarentur, primum omnium constituit Roessius ejus munitiones plane evertere, ut omnis eo confugiendi spes præcideretur. Id consilium peropportune cessit. Neque enim fieri aliter poterat ut vasta oppidi infrequentis mœnia a tam paucis hominibus adversus tantam vim defendi possent. Partem itaque suorum Roessius ad arcis munimenta subruenda, partem ad ea loca adversus quæ parari videbatur tormentorum majorum tempestas, summa alacritate et fiducia conducit. Hæc ad XIX et XX diem utrinque geruntur.

XXI, incipiunt bellica tormenta effulminare, et, XXII, eadem tempestas sedecim majoribus tormentis in Fontanam et Genevensem turrim increbrescit, longe gravissimo incommodo. Ita nutantia tantis ictuum ponderibus mœnia ex editiore loco sex tormenta facile consternabant, soloque penitus æquabant.

1. *On a pu déjà remarquer, en lisant le journal de Thomas Gay, combien le peuple était encore profondément religieux ; beaucoup de personnes à cette époque, en prenant les armes pour les nouvelles opinions, croyaient sincèrement défendre la cause de Dieu. On peut voir, dans le Recueil des choses memorables passées et publiées pour le faict de la religion et estat de la France (Strasbourg, 1566, pet. in-8°, p. 632-8), la prière du matin et celle du soir que les soldats du prince de Condé récitaient tous les jours dans le camp.*

nemis, de sorte que le foussé fust presque tout couvert de morts, més eux mesmes, par la contrescarpe, tiroint leurs morts en arriere, tant pour les encepvelir que pour les hoster de veu aux assiegés, lesquels s'en moquoint et les abohoynt, cryans : « Venez ! quanailhe ; venez chanter de Noelz dedents Livron. Alez ! quanailhe, alez fere vous chalandes en Avignon, car ycy ne fet ja bon pour vous aultres ». Ceux du dehors ne disoynt rien en reculant, comme en venant a l'assault que cryoint « : Ho ! larrons huguenaulx, pancez a vous conciences, nous vous acoutrerons de sorte qu'il ne sera jamés memoyre de vous. Chantez le seaulme : « Donne secours, Seigneur, et en est heure », et plusieurs aultres paroles blasfematoyres contre Dyeu, menassant de violer femmes et filhes, et puis murtrir tout cors ayant ame, esprit et mouvement, jusques aux bestes de service domesticque. Més Dieu, qu'ils avoynt blasfemé, les garda de tel cas fere, et les fist torner arriere honteux, a la presance de ceux que desja pretandoint tenir soubs leurs pates furieuzes.

Morts de l'henemi.

Le sieur d'Autefort, principal chef des compaignies de Piesmont, fust blecé a la mort. Le fils de Monsieur de Dourna [1], de Valance, encegne du capitenne Orient, y fust tué. Francoys Chevalier, de Sailhants, fils de Mr Jacques Chevalier, nothere du dit Sailhants, y heust les deux cuisses percées d'une arquebuzade, dont quelques jours aprés morut dentz Crest. Le capitenne Castel, du regiment de feu Monsieur de Brissac [3]; le

---

1. *C'était probablement un fils de Jean de Dorne, régent de l'université de Valence. Celui-ci avait eu pour enfants : Jeanne de Dorne, épouse de Jean Reynard, seigneur de St-Auban, et Fortunat de Dorne, chanoine du Bourg, qui institua sa sœur héritière, en 1583. Cf.* Lacroix, *dans le* Bull. d'archéol. de la Drôme, *t. XV (1881), p. 333-41, et t. XVII (1883), p. 153-7 ; —* De Coston, hist. de Montélimar, *t. II, p. 220.*

2. *Jacques Chevalier, notaire à Saillans, avait épousé Jeanne de Vercors, fille de Jean de Vercors, de Saillans, et de Béatrix de Lhère.*

3. *Charles de Cossé, comte de Brissac, maréchal de France, lieutenant général des armées du roi en Piémont, mort à Paris, le 31 décembre 1563, à cinquante-sept ans.* Brantôme, Œuvres complètes *(édit. de la soc. de l'hist. de France), t. IV, p. 61-83.*

sieur de Conflans, de la Valoyre [1], y furent tués. Le sieur de Saint Aulban, gentilhomme de Dye, capitenne d'une compaignie d'infantherye, y fust tué [2]. Peu d'eures devent, come pre-

1. *Jean de Conflans, favori du dauphin (depuis Louis XI), était venu de la Saintonge s'établir en Dauphiné. Sa famille se divisa en plusieurs branches, dont la principale, représentée en 1499 par Antoine de Conflans, habitait Valence, et possédait des biens sur Beaumont-Monteux. Nous n'avons pas de renseignements sur les Conflans, de la Valoire.* (DE GALLIER, Essai hist. sur la baronnie de Clérieu, *p. 152-3).*

2. Saint-Auban. *Dans l'histoire des guerres religieuses de cette époque nous voyons figurer plusieurs personnages de ce nom : Gaspard Pape, sieur de St-Auban, tué à Montpellier en 1587 et dont* BRANTÔME (t. V, *p. 413-4) a fait l'éloge ; Noë Albert, sieur de St-Auban, qui s'empara de* VIVIERS *en 1568. Le St-Auban, dont il est parlé dans le journal de Thomas Gay, appartenait à une très ancienne famille de Die. Nous avons un rouleau de parchemin renfermant une série de reconnaissances féodales, passées en 1295 en faveur de Bontoux et de Roland Reynard frères : ce qui ajoute un intérêt à cette pièce, c'est qu'elle est rédigée en langue vulgaire.* CHORIER (Suppl. à l'Etat polit., *p. 183) rapporte que ce fut dans la maison d'Eynard Reynard, à Die, que le Dauphin Humbert I*er *fit un traité d'alliance avec Artaud de Roussillon en 1298. Aynard Reynard, courrier de l'évêque Jean de Poitiers, acquit en 1437 des terres nobles en Valdrôme, ce qui autorisa ses descendants à se qualifier co-seigneurs de Valdrôme. En 1451 les Reynard de Die étaient divisés en deux branches : l'une représentée par Aynard Reynard, seigneur de St-Didier,* Ipse Aynardus est nobilis ab antiquo.., consiliarius et magister hospicii domini nostri Dalphini, nobiliter vivens prout sui predecessores ab antiquo vixerunt ; *l'autre par Jean Reynard, pater ejus,* consobrinus bastardus nobilis Aynardi Reynardi... accedit ad mandatum domini cum ceteris nobilibus, licet ipse sit notarius et utatur arte notariatus. *Pierre de Reynard, seigneur de St-Auban, courrier de Die, vivait en 1502 ; il eut pour fils Dominique et Etienne Reynard, qui, en 1528, se qualifiaient de co-seigneurs de Valdrôme, et, le 13 septembre 1541, fournissant un dénombrement devant le vice-sénéchal de Crest, déclaraient tenir en fief du Dauphin le terroir de St-Auban, près de Die, confrontant les mandements de Quint et de Justin. Etienne, qui épousa Jeanne Chomat, est la tige des seigneurs de Serres, en Trièves. La branche aînée de la famille conserva le fief de St-Auban et demeura à Die ; Dominique eut de Françoise de Reynard, fille de Guillaume de Reynard, un de ses parents qui habitait également la ville de Die, Gaspard et Jean. Gaspard est sans doute ce sieur de St-Auban tué au siège de Livron, car on ne le retrouve aucune mention de lui après cette époque et on ne voit pas qu'il ait laissé de postérité. Jean, son frère, épousa Jeanne de Dorne, de Valence ; il était mort en 1587, car un acte de cette année nous apprend que sa veuve voulant convoler à de nouvelles noces, on réunit un conseil de famille à l'effet de nommer un tuteur à Fortunat et à Antoine de Reynard, ses enfants mineurs. Antoine eut de Marthe de Poligny*

sageant sa mort, mist tous ces deptes et aultres afferes en escript, dents ces tablettes, lesquelles on recovra despuis, nonostant que si tost qu'il fust mort, fust despoilhé tout nud par quelques soldarts des leurs, gents sens respect et discrecion des armes. Il fust blecé soubs son casque, a la teste, d'une arquebuzade, par ung des leurs mesmes, par sotize de ne savoyr tenir son arquebuze levée.

Durant celui siege, Monsieur de Chaudebone [1], party de Dye par le commandement de son pere, s'en ala au camp devent Livron, tant pour ce qu'il avoyt heu la compagnie du sieur d'Arzey de gents de pied, que pour obtenir du mareschal de Bellegarde et du sieur de Gordes, d'avoyr quelque trouppe de chevaux legiers pour mener a Dye, a l'occazion de ce deffandre de ceux de Pontaix, qui souvent aloint a Dye; més lui en print de mesme fasson comme au sieur de Vercors, quand aloyt querir le camp et l'artilherye pour assieger et batre Pontaix, car le dit sieur de Chaudebone, debvent Livron, passant d'une tranchée en aultre, fust ataint d'une arquebuzade a la teste, qui le tumba mort par terre, et n'avoyt guiere que le dit sieur avoyt laissé sa bourguignotte. Or ces chozes adviennent comme plet a Dieu.

> Pour le peché des peres, aulx enfans il advient
> Souvanteffois malheur et grand inconvenient;
> Ou pour trop se bander contre le Createur,
> Il en advient souvent quelque trés grand malheur.

Nous avons veu l'example du seigneur de Vercors,

Hercule de Reynard, juge mage de Die en 1661, dont la fille et unique héritière, Marthe, porta la seigneurie de St-Auban et les biens de sa famille dans la maison des Gallien de Chabons.

1. *C'était un fils du célèbre Glandage qui commandait alors à Die. Une partie du fief de Chaudebonne était entré dans la famille de Lhère de Glandage, par suite du mariage de Louise d'Agoult avec Claude de Lhère: ce dernier, au nom de sa femme, fit hommage à l'évêque de Die, le 14 juillet 1475, pour une partie de Chaudebonne, Moras, Lestelon et Guisans. Les du Pilhon possédaient en même temps une partie de Chaudebonne; voilà pourquo. nous avions indiqué par erreur Henri du Pilhon comme étant le sieur de Chaudebonne mentionné par Thomas Gay. Voir la note 2 de la p. 28.*

Estant deliberé de fere grands effortz ;
Nous avons veu l'exemple au sieur de Chaudebonne,
Qui n'avoyt pas le bruyt d'estre bonne perssonne,
Et a maintz aultres qui trop violants estoint,
Qui par leurs meschants faicts guieres ne prosperoint.
Quia violentum non durat perpetuum.

Non seulement les soldarts de la garnison de Livron firent bien leur debvoyr, més aussy ceux du lieu, et, non seulement les hommes, més les femmes, qu'avec pierres firent grande resistance contre les ennemis. Et pour le regard de leur fragile nature, m'est aussy seant et convenable de metre icy, dans mon livre, la prouesse des dites femmes de Livron, comme fist mestre Guilhaume Paradin, en son IIIe livre des guerres, en l'an 1535 [1], ou est notée la vailhance des femmes de Saint Riquier, mesme de deux dames de la ville, que osterent deux enseignes aulx mains de leurs ennemis, et les mirent dans la ville assiegée par les gents de l'Empereur. Les armes feminines de plusieurs exelantes femmes d'icelle ville de St Riquier estoyent d'eau bouillante, cendres chaudes et pierres, que de la murailhe getoint sur les ennemis, qui, confus et repoulcés, leverent le siege d'icele ville, aussi honteusement comme firent les Papistes de devent ceste povre ville de Livron, ainsin que verrez, cy lire volez entierement ce discours veritable ; et pour la preuve en est ou en sont tesmoins les soldarts de la garde du Roy avec leurs belles armes et morrions dhorés, lesquels ne s'en retornerent pas tous, més comme des suisses et aultres du pays en demeura beaucop sur la place, de fasson qu'on estime que en tout ce siege fust tué d'iceux bien mile ou douze cents perssonnes, sens ceux qui morurent de maladye dents les tantes, nonostant que l'hiver fust fort bon, et en tout le moys de janvier ne fist que beau temps, comme aussi en decembre. Je vous assure que les corbeaulx du Daulphiné et Vivarés eurent bien de mangeailhe des corps morts=standus entour Livron [2].

1. PARADIN, Histoire de nostre temps, *Lyon, 1558, in-16*.
2. *Nous reprenons le récit de Jean de Serres, au point où nous l'avions laissé; f°s 44 et suiv.*

Troys jours enssuivents dura la grosse batherye, de fasson qu'on fist 3 bresches, lesquelles furent puis mizes tout en une. Ceux dedents fesoint rempart de cher, pendant que l'assault se

xxiii et xxiiii dies istis fulminibus furiose occupantur. Ita mille octoginta ictibus tormentorum (tot sunt diserte numerati) ad sexcentos passus ruina consternitur.

Qui aditus cum non satis esse videretur Bellegardio, qui de urbe solo æquanda ex certo Regis mandato cogitabat et variis e locis una impetum dare instituebat, ut oppidanum quem norat esse infrequentiorem, numero et impetu superaret, xxv die ad portam Ampechianam tormenta transvectat, quem locum noluerat aggere communiri Roessius, ut per se satis, sicuti arbitrabatur, firmum, dum in magis necessariis muniendis suos occupat : qua tamen latam ruinam stravit tormentorum furor, ictibus mille quadringentis octogenta septem. Ita enim obfirmaverat se Bellegardius ut nullo intervallo, ut mos est, tormenta alternatim interquiescere sineret, at aceto copiose injecto ardorem refrigerabat, ut frequentius illis uti posset, quibus in operis incredibilis pulveris tormentarii copia consumebatur.

Ruina latissimo aditu longa serie patefacta, ut ad urbem incolumis erumperet miles et tutus esset a lapidum et tormentariorum ictuum grandine, quos ex editiore loco oppidanus esset ejaculaturus, Bellegardius variis gyris fossam commode profundam ad oppidum circumducit, qua ad ruinæ aditum nullo periculo iri poterat, æquato editioris colliculi accessu illa circumgyratione : frequentes autem vineæ et musculi omnem oppidani conatum a regii militis capite depellebant.

Adversus hos regiorum conatus Liberonensis preces et industriam tantum poterat opponere hac in re Rupellensi inferior, quod Rupellæ magna erat tormentorum copia, quibus in obsidentium castra obtonabant : Liberone unicum tantum erat tormentum minus (campestre vocant, globum ad instar ovi magnitudine deferens), quod modo huc modo illuc transvectabant oppidani, prout in regiis castris prospiciebant turmas ejaculatu opportunas. Multum tamen illo tormento allatum est in regiis castris incommodi. Primum quidem extra tormentuli periculum se esse rati, libere in planitie complures exspatiabantur ; at varia calamitate vix ac ne vix quidem comparebat e castris regiis quisquam.

Monbrunius, de sociis subsidio juvandis solicitus, centum milites legit, quos in auxilium obsessis submittat, eorumque deducendorum cura Sanmario et Villediæo data, at ex eo numero quatuordecim tantum Liberonem perveniunt, cæteri cum ductoribus ad Monbrunium redierunt, quum neque ad Liberonem propius quam duabus leucis accessissent. Recreati tamen paucorum illorum vivorum adventu Liberonenses intelligunt parari a Monbrunio magnum auxilium, ne animis despondeant intra paucos dies et militum et commeatus copiam ipsis submissurum iri.

Omnes ruinæ partes quanta maxima possunt contentione muniunt, ad easque operas non miles modo et oppidani laborum pares incumbunt, sed

donoyt, combatoint l'hennemi aux mains, de sorte que l'artil‑
herye, tirant toujours, en tua beaucop des nostres de dedents,
et mesme aulcuns des leurs, qui combatoint au pied de la

mulieres ipsæ incredibili strenuitate noctes atque dies ea in re elaborant;
aggeris vero ipsis magna erat copia propter oppidi amplitudinem et ædifi‑
ciorum infrequentiam, quod ipsis peroportune cessit.
    Constratis mœnibus patefactoque per ruinas aditu, hoc unum restabat,
ut Regius in urbem irrumperet. Utrinque igitur, Regii ad irruptionem,
Liberonenses ad defensionem se parant. Militari autem joco oppidani al‑
ligunt hastæ ex una quidem parte, soleam equinam ferream et pelliceam
chirothecam; ex alia felem, ut ita Bellegardio marescallo illuderent : est
enim proverbium gallicum de re quæ vel difficulter vel nullomodo fieri
potest : hic felis non capitur sine chirothecis. Soleæ autem equinæ imagine
Marescallum jocose appellabant : lingua enim gallica Marescallus, tum
regium illum ministrum notat, tum fabrum equestrem, qui ferreas soleas
equis cudit. Hanc exigui alioqui momenti circumstantiam placuit notare,
ut quomodo hic oppugnationis apparatus Liberonensium animos affecisset
perspiciatur.
    *Jean de Serres parle ensuite de la mort du cardinal de Lorraine, à Avignon,
et des évènements qui se passaient dans le midi ; puis revenant au siège de Li‑
vron, il achève sans interruption ce curieux récit ; f° 48-52 v°:*
    Redeo Liberonem. Patefacto ad mœnia plusquam sexcentos passus
aditu, vineisque opportune actis, primus oppugnationis impetus fit ad xxvi
diem, eo in loco quem impetitum iri haudquaquam suspicari fuissent op‑
pidani : in quo communiendo prout loci et temporis difficultas patiebatur,
quum toto antemeridiano tempore omnes certatim viri, mulieres, pueri,
summa contentione elaborassent, ecce, sub secundam promeridianam, ins‑
tructa acie, e tribus locis uno momento irruitur, dum Germani equites
fluvii Dromæ aditum, Galli planitiem instructa acie tutarentur a subitariis
Monbrunii excursionibus.
    Regius miles conatur in urbem irrumpere. Incredibili utriusque partes
ardore pugnatum est. Regius numero oppidanum longe superebat, neque
viribus modo et contentione, sed tormentorum fulguribus, quæ ex colliculo
sex majoribus tormentis detonabant. Oppidanus loci ingenio et animis
pugnabat tantum : qui certe occubuisset, nisi mirabilis quædam Dei pro‑
videntia infirmiori parti victorem exitum tribuere voluisset.
    Ruinam quæ erat ad portam Ampechianam, x signa e Prætorianis et
veteranis adoriuntur. Hanc tutabatur Roessius cohortibus aliquot comita‑
tus, in quibus nominati erant Fiancæus Liberone oriundus, Pontezius,
Bouverius, Codebecius, Brancio, Nantonerius, Petrius, Jeronymius, Sigalo,
Paulius, quorum sane nomina videntur, hostium etiam judicio, digna quæ
perpetuæ memoriæ consecrentur.
    Hic pugnæ æstus vehementius fervebat. Dici non potest quantum ab

bresche. Les assiegés, qui deffandoint la bresche, avoint a garder sinq pas chescun, et cela limité par aulcuns capitennes, guerriers et gents de prompte et bone experiance en l'art militere.

obsidentibus, quantum ab obsessis sit desudatum; quam obstinato animo hic irrumpere, ille irrumpere molientem arcere conaretur.

Inter vero militum pugnantium turmas incredibile est mulieres complures fuisse permixtas, quarum aliæ ruinam aggere munirent, aliæ lapidibus, aliæ hastis et contis bellicisque etiam tormentis feliciter pugnarent quantos aculeos tuendæ patriæ liberorumque charitas, quantos castitatis conservandæ, quam cum oppido expugnatum iri videbant, infigebat ad omnem vim adhibendam, animisque etiam et corporibus incredibiles vires infundebat. Digna hæc est in mulieribus virtus perpetua memoria.

Adolescentuli etiam, eodem matrum ardore delati, patribus se suis immiscere, vocibus patres ad se defendendos hortari, aggerem præter vires comportare, lapides fundis confertim ejaculari, hostem diris detestari : quam mulierum et puerorum incredibilem quasi alacritatem animos sibi perculisse Regii fatentur.

Sub ipsum pugnæ æstum Roessius tormentuli globo ad caput ictus cadit. Præsentissimum periculum erat, ne ducis ipsius casus oppidanorum animos penitus frangeret. Hic peropportune proximus miles Roessii palpitantis cadaver sago tegit, ut plerosque Roessii nex pugnantes latuerit. Ita pergunt oppidani Regios fortiter repellere.

Ad hanc quoque partem interjiciuntur Fiancæus et Bouverius, viri strenuissimi, et magna militum oppidanorum copia.

Ad ruinam turris Fontanæ eodem momento acriter pugnabatur. Eam oppugnabant VIII militum signa, veteranis et Metensibus. Tutabatur Sailletus Liberonensis vir militaris et industrius, Corberio cœterisque aliquot tribunis comitatus, cum cohorte una. Ibi quoque eodem contentione utrinque pugnabatur. Sailletus vulneratus est, complures e suis desiderati.

Alia quoque eodem momento oppidi pars oppugnabatur a Regiis, ea quam Dalphinius prima obsidione aperuerat : ruinam tamen munierant oppidani.

Illac scalis admotis irrumpere in urbem instituunt Regii, et eodem successu quo in cœteris duabus partibus repelluntur a Vinazio trib. et cohorte, cui illam urbis partem defendendam Roessius attribuerat. Ita tribus e locis oppugnatus oppidanus, totidem oppugnantem coercuit et mœnibus depulit.

Postquam in castra a Regiis reditum fuit, incipiunt majora tormenta in ruinam intonare, ut oppidani eam instaurantes impedirentur : ita nullum interspirandi spatium oppidano tribuebatur.

Tribuni, de Roessi morte valde soliciti, concilium habent, ut quid facto opus esset, communibus sententiis deliberarent. Ita ad ruinæ Ampechianæ aggerem secedunt, sub ipsum cadaveris conspectum. Deo primum

Le mareschal de Belegarde, penssent mieux exploiter besongne que le prince Daulfin, fist feré a la coustume des anciens Romains, qui pour estonner leurs enemis au combat croyoint

gratias agunt de felici primæ oppugnationis successu : eumdem eventum sibi in cœteris sperandum esse aiunt, neque hostem etiam posthac tam insolentem fore. De duce eligendo primam esse curam : tum maturando subsidio, quum dimidia pœne militum pars in illo conflictu occubuisset.

Aderat Roessii consobrinus, Hayus, juvenis viginti tres annos natus, rei militaris quidem non imperitus, quamvis militiæ tyrocinia vix fecisset, at ob singularem naturæ bonitatem militi pergratiosus. Illum absentem et gravi vulnere recumbentem eligunt communi consensu et munus detrectantem hortantur, ne in communi periculo patriam deserat. Il`o duce obsidionis exitus felix fuit, et oppidum ad pacis usque tempus administratum fuit.

Postridie integrantur bellica tonitrua e regiis castris, ad munitionum opus impediendum in quod oppidani singuli labore et pertinacia noctes atque dies incumbebant, Julierii architecti consilio et industria. Hostis tamen extimam collis partem in qua mœnia sita erant, occupat et stationem ibi locat, præsenti oppidi periculo, ad quod facilis patebat accessus, neque inde poterant deturbari.

xxviii quoque dies iisdem fulminibus deferendis occupatur.

Miserant Liberonenses ad Monbrunium qui subsidium maturarent. Grangevillio, Barrio, Balmio, Veronio et nonnullis quibusdam strenuissimis juvenibus curam dederat Monbrunius deducendi in subsidium CX expeditos milites, quibus singulis tornamentarius pulvis datur quantum ferre quisque posset ; eo enim laborabat Liberonensis. Trajiciencus erat Droma fluvius, qui ita intumuerat ut ex eo numero quinquaginta tantum trajecerint, cæteri ad Monbrunium redeunt. Recreati summopere subsidii illius adventu Liberonenses et nobilium maxime juvenum præsentia, ad secundam oppugnationem alacrius se parant.

Diebus insequentibus xxix, xxx et xxxi certatim ab utrisque desudatum est, munitionibus varie construendis et destruendis. Regii vineas agere instituunt, summo conatu et incredibili materiæ copia, quam vicinæ urbes sufficiebant, ut ad collis fastigium, in quo sita est Libero, tuto pervenire possent, et tam altam in collis dorsum fossam ducunt, tantam tabulatorum et pluteorum vim extruunt, ut ad summam ejus loci partem ubi extructa erant mœnia, miles illæsus pervadere posset.

Instaurabat interea ruinam intrepide oppidanus inter variam tormentorum bellicorum grandinem, quæ ex editiori proximi colliculi loco continue ad eam partem depluebant, non sine magna sua jactura, quæ Regiorum tamen crebris cædibus resarciebatur..................

Primo januarii die, quod novi anni primordium erat, tubis castra personant ; primum exercitus duces salutantur ; deinde, quum præco oppidanis significasset ut ei fas esset nullo suo periculo ad mœnia accedere, tubarum festivis sonitibus oppidani salutantur.

et menoynt grand bruict. Or donq, pour estonner les assiegés, le dit mareschal, volant doner l'assault general, fist metre toute sa cavalerie en batailhe, tant reistres, franssoys que aultres,

Ad septimum usque diem, dum pro more tormentis Regii indulgerent, agebantur cuniculi ad turrim Fontanam : quod ab hoste geri suspicati Liberonenses, cuniculorum exhalandorum viam ineunt, quæ ipsis peropportune cessit.

Tormenta ad Barrerianam portam (ad Dromam fluvium est) transvectantur octo, et quingentis ictibus quatitur. Ampechianæ portæ et turris Fontanæ ruina novis tormentorum fulminibus renovatur.

His ita procuratis, VIII die secundus oppugnationis fit impetus, ab undecima hora ad horam usque quintam. Majoribus quam priore impetu viribus tum dimicatum est, dum Regii prioris oppugnationis opprobrium eluere ; oppidani, illius prospero eventu animatiores novorumque sociorum et aliquot dierum spatio confirmatiores, omnibus et corporis et animi viribus urbem constanter defendere moliebantur. Helvetii præter gentis morem non assuetæ vadere ad illos oppugnationum impetus, postulant a Bellegardio ut sibi liceret quoque ad oppugnationem proficisci.

Tribus e partibus irruitur, Fontana, Ampechiana, Barreriana. Ignis in cuniculos injicitur, et licet minori incommodo, mœnium tamen reliquiæ ita fuerunt æquatæ ut illac expeditus hosti accessus pateret.

Fontanam invadunt VI peditum veteranorum signa, IV Pedemontanorum, ductore Altefortio summo tribuno. Tanto autem ab Regiis impetu procursum est ut ad munitionum fastigium perrumperent, et nisi Hayii præfecti præsentia et strenuitas obstitisset, qui eo continuo accurrit Corberium tribunum cum suis laborantem conspicatus, videbatur futurum ut illac oppidum expugnaretur. Hic incredibili pertinacia pugnatum est. Miles regius Leonis tribuni hastam manu prehendit, et utroque ultro citroque annitente, Leoni hasta permansit incolumis. Miles quidam in ipso munitionum fastigio capitur.

Prostabat turris Fontana ex ipso mœnium angulo avulsa, ita ut munitiones penitius fuerint instauratæ. Sub ipsam turrim Regii collocarant stationem, ut per fossæ gyrum tutius ad ipsas munitiones iri posset. In hanc turrim semirutam intrudit se rusticanus quidam homo Liberonensis, aggesta lapidum ingenti copia et accepto tormentulo cum pulvere tormentario, complures illac transeuntes seu lapidibus seu tormentariis ictibus necat. Idcirco majoris tormenti ictus aliquot in pugnæ æstu tumultuarie delati subrutumque est turris fastigium : ita tamen evenit ut inter tignorum et cæmenti rudera liber locus rusticano illi homini pateret, qui ad oppugnationis usque exitum ibi permansit illæsus, Regiorum complures illac necessario transeuntes vel vulnerans vel necans, non sine et funesto et ridiculo simul spectaculo.

Ampechianam ruinam adoriuntur signa VIII prætorianis et Delphinatibus permixta : magna vi pugnatum utrinque est. Miles Liberonensis ado-

au debvent de la ville, menents grand et enorme bruict ; car les trompetes sonoynt toutes de voix ardante, les tambours de l'infantherye, franssoys, suisses et aultres, batoint tous d'ung acord, puis avec ceste marciale armonie, ce qui fezoit la contrebasse estoyt le bruict et chopeterye des arquebuzades, avec le horrible et espouvantable bruict des canons : ce que sambloyt le dire d'Ovide en sa *Metamorfoʒe*, parlant du caos. c'est a dire du monde confus devent qu'estre creé de Dyeu en l'estat

lescens brachium tormenti ictu amiserat, quod ubi a chirurgo illigatum est, ad pugnam ferocior redit, altera manu lapides projiciens ad ultimum usque pugnæ exitum.

In Barreriana, longe maxima vi dimicatum est. Aderant e Regiis prætorianorum imperatorium signum, Delphinatum nobilium ingens numerus cum cohortibus delphinatibus, a quibus idcirco majori impetu pugnabatur, quod cum indigenis pugnantes adversus quos vehementius odium solet existere, de gloria contendebant in ipso Bellegardii et peregrini exercitus conspectu. Acerrime irrumpentes acerrime sustinuerunt Liberonenses magnaque jactura affectos repulerunt, licet Helvetii laborantibus suppetias ferrent, e quibus etiam complures fuerunt desiderati.

Huic munitioni tutandæ præerant Grangevillius, Barrius, Veronius, nobiles adolescentes singulari fortitudine, Codebeccius tribunus qui ex vulnere postea mortuus est. Germanorum et Gallorum equitum turmæ in planitie explicatæ conspiciebantur, Monbrunii excursionibus arcendis, qui illo ad oppidanorum defensionem venturus dicebatur.

Tribus e locis fœde repulsus fuit Regius, gravissima jactura ubique accepta. Vix autem credi possit quanta fortitudine a mulieribus sit eo die dimicatum, a quibus Regiorum complures et vulnerati et interfecti, et quum ipsarum quoque nonnullæ ad ruinam interficerentur, tamen nunquam pedem movebant loco, sed intrepido animo et ore una cum viris depugnabant. Postquam varie pugnatum esset Regiorumque turmæ pellerentur, Helvetii vero, sicuti diximus, labantibus succurrerent, tantum mulierum iracundia in Helvetios excanduit, ut sublatis clamoribus eos acerrime exciperent infinitaque eos lapidum, contorum ictuumque etiam tormentariorum grandine contusos terga vertere cogerent. Quædam tribus vulneribus saucia, non a ruina prius discessit donec receptus signum fuisset datum.

Hic fuit exitus secundæ oppugnationis, quæ obsidioni finem imposuit, Regi inhonestum et inutilem. ix et x diebus ab tormentis et pugna quies oppidanis fuit, qui indefatigabili tamen labore ad instaurandas munitiones interea incumbebant, licet superioris pugnæ laboribus delassi. Ad regii exercitus ludibrium, mulier editiori munitionum loco, cum colu sessitabat lanam nectens.

Sub xi diei noctem Blaconius, Vilarius, Villediæus et nonnulli noti tribuni LII milites subsidio in oppidum introduxerunt.

de nature, car du bruict de ces canons furieux heussiez dit que la terre avec le ciel estoint meslés par enssamble, ou bien que la terre ce deust ouvrir, come fist jadis du temps que Coré, Dathan et Abiron perirent, estans englotis de la terre.

A cest assault, eussiez veu venir d'ung pas fort superbe les capitenes de l'henemi, avec leurs tolaches d'acier et armes a preuve, et les soldarts d'eslite des mieux extimés, lesquels en y venent cryoint pour espouvanter ceux dedents, lesquels par le bon corage que Dieu leur donna, ne fezoint qu'en rire, et branloint a la bresche la picque d'une fasson gentile, dizants: « Aprochez vous, quanailhes, aprochez vous de nostre bresche». — Ceux de dehors, y venent, cryoint: « Sarre ! sarre ! sarre ! « tue ! tue ! tue ! sens rien espargner » ; més estants au combat heussiez veu tumber gents comme gresle, repoulcés a coups d'arquebuzades, a coups de picques, de pierres et aultres armes. Les soldats de dedents, entremeslés de femmes avec eux qui getoint pierres a grand abondance. Despuis midi jusques au soyr, dura cest assault, sens que le canon cessast nulement de tirer a cauze de effrayer les assiegés ; més par l'aide de Dieu qu'ils soustenoint, ils repoulcerent leurs ennemis d'une valeureuze constance.

La nuict venue, abatus comme pigeons trampés, mirent leurs gardes a la fasson acoustumée de leur camp.

Lors la, arrivent les sieurs de Belegarde et de Gordes, pour savoyr le nombre de leurs morts qui estoyt bien grand ; ceux qu'ils peurent avoyr les enterrerent la et les aultres laisserent. Les dits sieurs, cuidants avoyr la dyte vile par aultres moyens plus propres, se resolurent de torner batre Livron, pour mieux ruiner les murs d'icelui et quelques maizons qu'estoint a leur veue. Et en ces entre faictes, se trouva d'ingenieurs que leur firent acroyre qu'ils les metroynt dedents par mines et aultres fassons plus propres et moings dangereuses. Alors furent mis en besoingne pluziers pioniers pour caver leurs mines, a cele fin de fere ranvercer par poudre le rampart, més leur mine esvantée, a l'occazion d'ung puis, leur fust inrrutile, et a une aultre qu'ils firent, tumbant, tua pluziers pioniers dedents et aultres, qui conduizoint la besoingne.

2ᵉ Assault.

Tout ce moys la de dessambre passa, avec une par-ye de janvier, que ne fust faict chozes au dict siege forts memorables, si non que, le 12ᵉ jour de janvier 1575, aprés avoyr encor derrechef fort canoné et refreychy la bresche du molin, donerent ung assault extreme et furieux ; més encor mieulx furent repoulcés que de l'aultre, dont graces en soint randues a Dieu tout Puissant. Repoulcez de cest assault, firent saulter la mine du coin ; més se trouvant esvantée fust de nulle valeur, car les assiegés fezoint de contremines, pour esvanter leurs mines. Le mareschal de Belegarde, ne sachant plus de quel boys fere fleche, retorna prandre ces arres au canon, et comanssa fere une bathér e vers la barriere, ou ils presenterent quelque assault, més repoulcés comme les aultres foys, tant les suisses que franssoys et gents du peys reculerent, et non sens grand perte d'iceux.

Le roi Henry troyziesme de ce nom, non encor couroné, atandant en Avignon la prize de Livron, voyant ou oyant la perte de ces hommes sens rien fere, partist avec sa court d'Avignon, et ala a Boulene, puys de la vint puis au Monteilhimar. Du Monteilhimar vint au camp debvent Livron [1], ou estre arrivé, le sieur de Gordes et les capitennes de sa garde luy vindrent fere la reverance, més il en tint si peu de conte qu'il ne daigna bonement les regarder, de quoy se tindrent a grand dèspit. Pluzieurs se vindrent presenter au roy, mesmes les blecés, tant pour curiozité de le voyr que pour dezir d'avoyr quelque recompance. Toutesfoys recompance ne n'est aujourd'huy donné qu'aux italiens et aultres estrangiers, n'estants point les travaux des franssoys remunerés ni salaryés. Nous en avons

---

1. *Le 10 janvier, Henri III quitta Avignon, escorté par trois compagnies de chevau-légers du pape et 500 arquebusiers conduits par le seigneur d'Aubres, le capitaine Coumons et l'enseigne du comte de Villeclaire. Il coucha le soir même à Caderousse, le 11 à Pierrelate et le 12 à Montélimar, où il licencia les troupes du Comtat qui l'avaient accompagné. Le roi partit de Montélimar le 13, après dîner, et coucha à Valence. Le 14 il arrivait à Romans, pour y ouvrir les États généraux, le lundi 16 janvier. Cf. Mⁱˢ* d'Aubais, Pièces fugitives, *t. I, p. 171 ;* de Coston, Hist. de Montélimar, *t. II, p. 352.*

assez veu les exemples en toutes ces guerres civiles de ce royaulme, comanssées l'an dernier du regne de Franssoys second du nom, assavoyr l'an 1561, jusques aujourd'huy année 1575, premiere anée du regne de Henry troysieme du nom, sucedant a son frere Charles 9ᵉ du nom. Aulcuns volurent dire que le roy Henry 3ᵉ, voyant la povretté de ce camp, tant de murtris, tant de blecés, tant de malades et tant de desbandés, souspirant et quasy plorant, regardoyt Livron en disant : « Ho ! mal-
« heureuse ville, que tu m'as fet perdre icy de bons hommes et
« retardé de maints bons aultres affayres ! » et, fezant voltiger son cheval, dit assez hault a quelques soldarts qui la estoint et qui bien l'antandirent : « Haultons nous d'icy, compagnons ;
« alons, alons, alons en France, car il y a plus a gaigner que
« icy [1] ». — Et ayant apellé le mareschal de Bellegarde, luy comanda de descamper quelque jour assigné, et de fere tenir ses gents serrés, et prest et apareilhés pour descamper au premier mandement, que vint 5 ou 6 jours après. Le 18 du dit moys, le mareschal de Belegarde, scigneur natif de Gascoingne, fist fere crie et bandan general par toute son armée, que touts soldarts et aultres se heussent a tenir prest et apareilhés, a demain, pour donner ung assault general. Ce n'estoyt que pour garder d'aler corir les soldarts, et les fere relier et joindre, comme ils firent le landemain, pour descamper et s'en aler de debvent Livron. Or descamperent les papistes de debvent Livron, le 19 de janvier 1575, aprés avoyr demuré au debvent 35 jours. Pandant le temps que Livron fust tenu assiegé, Monsieur de Montbrun fist souvent dilligence d'y metre de secours de-

---

1. *Henri III ne fit que traverser le camp de Livron. Thomas Gay, dans son Journal, ne parle point des grossières injures que les assiégés firent entendre du haut de leurs murailles à l'adresse du monarque et des personnes de sa suite ; l'historien de Thou va suppléer à son silence :* « Assassins, s'écrioient-ils, que venez-vous chercher ici ? Est-ce encore pour nous surprendre dans nos lits, et nous égorger comme vous avez fait dernièrement l'Amiral ? Non, ce n'est point à des hommes sans défense, c'est à des gens armés que vous avez à faire, à des gens à qui vos perfidies passées ont appris à se tenir sur leurs gardes. Montrez-vous, jeunes mignons, venez éprouver à vos dépens s'il est aussi aisé que vous le pensez de faire tête seulement à nos femmes (DE THOU, *Hist. universelle, Londres, 1734, in-4°, t. VII, p. 246*).

dents, comme verrez tost aprés. Dents la ville en avoint bien besoin, car il n'estoyt pas dedents 400 hommes de guerre ; d'estrangiers ni avoyt guieres plus de 200 soldarts : car sachants y venir le siege, plusieurs s'en hosterent par crainte et peur. Or teles gents aussi demuroint mieulx dehors que dedents, leur abcence estant pour tel fet meilheure que leur presance ; car s'ils fussent dedents durant le siege, heussent fet possible perdre coraige aulx aultres. Devant que le siege fust venu a Livron, dents la ville avoyt bien de 7 a 800 hommes de guerre, qu'on y avoyt envoyé a troupeaulx, més c'estants desbandés, n'i en demura, sachant venir le siege, que la moytiée moins.

L'armée du mareschal de Bellegarde aussy y estant de frez venue estoyt de 7000 hommes de guerre, que quand vint sur la fin au descamper, n'estoyt pas 3000, coume verrez mesme par la letre que le capitenne Branche envoyet de Livron au camp, a monsieur de Glandage a Dye, laquelle, surprize et trouvée par aulcuns des soldarts de la garnison de Pontaix, fust envoyé a mon pere en Espenel, ou en prins le double, tel qu'ay inceré icy desoubs : d'Espenel fust envoyée a la Chaudiere, puys a Bordeaux, et de Bourdeaulx a Nyonz, ou lors estoyt Me de Montbrun.

« A monsieur monsieur de Glandage, chevalier de l'ordre du Roy, gouverneur pour sa magesté dents la vile de Dye.

« Monsieur, pour ce que m'avez escript qu'avez affayre a la
« court, n'ay volu failhir vous advertir de l'estat d'icelle, affin
« que doniez ordre de fayre negocyer vous afferes. Le Roy
« arriva à Romans vandredy dernier passé [1], et y est encores,
« logé vers monsieur Mulet [2], et dit on qu'il n'i fera grand

---

1. *Le 14 janvier 1575. Henri III présida les Etats généraux à Romans, le 16. On y arrêta que, pour continuer la guerre contre Montbrun, le Tiers-Etat de la province entretiendrait 2000 hommes de pied et la noblesse 50 hommes d'armes. Le roi partit le 17 pour St-Vallier, où il coucha ; le 18 il était à Vienne, et le 19 à Lyon. Les frais du séjour d'Henri III à Romans furent de 275 livres, 5 sols et 9 deniers* (Dr Chevalier, Annales de la ville de Romans pendant les guerres de religion, de 1549 à 1599, Valence, 1875, in-8°, p. 66 ; — Chorier, Hist. gén. de Dauphiné, t. II, p. 665).

2. Théodore Mulet, avocat. *Sa famille appartenait à l'ancienne bourgeoisie de Romans. Dans l'assemblée du parlement général du Serment de l'Em-*

« sejour. Sa court est petite. Aujord'huy, monseigneur le Roy
« de Navarre, messeigneurs les princes de Guize et d'Aumale,
« Le Guat [1] et aultres courtizans ordonés y sont. Les suisses

pire, tenue à Valence le 10 mai 1392, figurent les romanais Jean Forest, dit Coppe, Pierre Odoard, Antoine Mulet, et quelques autres. Comme plusieurs de leurs compatriotes, les membres de cette famille, grâce à leur fortune et aux alliances qu'ils surent contracter, parvinrent à la noblesse. Ennemond Mulet, docteur en droit, seigneur de St-Marcel, premier conseiller du roi en sa cour de Parlement de Dauphiné, fit son testament le 8 février 1564 : il veut que son corps soit enseveli dans la chapelle, laquelle il a de nouveau faict edifier joinct a l'esglise cathedrale de Grenoble, intitulée la chapelle de la Croix; *il nomme dans ce testament : son père* Antoine Mulet, en son vivant président de Provence; Antoine Coubon, son neveu; Laurent de Salvaing, fils de Guillaume de Salvaing, ecuyer, seigneur de Boissieu, et de feue dame Marguerite d'Arces, niece dudit testateur, femme en premieres noces de Guillaume de Salvaing et fille de feue demoiselle Anne Mulet, dame d'Arces, sœur dudit testateur ; Louise Mulet, sa sœur, religieuse du monastere de Salette, ordre des Chartreux; Théodore Mulet, son cousin ; *enfin il institue pour son héritière universelle Alix Barbier, sa femme.*

1. *Henri de Lorraine, duc de Guise, assassiné au château de Blois, le 23 décembre 1588.* — *Charles de Lorraine, duc d'Aumale, qui fut plus tard un des chefs de la Ligue, mort à Bruxelles en 1631.* — *Le Gua est Louis de Béranger du Gua, mestre de camp du régiment des Gardes, favori d'Henri III. Il était frère de Gaspard de Béranger, qui combattait dans les rangs des protestants, et de Claude de Béranger, qui épousa François de Bonne, duc de Lesdiguières, pair et connétable de France. Le Gua était l'ami intime de* Brantôme, *qui dans son* Discours sur les couronnels de l'infanterie de France, *en fait le plus magnifique éloge :* il n'avoit guière de pareilz en toutes sortes de vertus, de valeurs et perfections, ayant les armes et les lettres si communes ensemble avec luy, que tous deux a l'envy le rendoient admirable. Au reste c'étoit le plus splandide, le plus magnifique et le plus liberal qu'on eust sceu voir. La faveur qu'il avoit du Roy luy estoyt bien deue, car c'estoit par ses vertus; et n'en abusoit point, et estoit compaignon avec les compaignons.... (Œuvres, *t. V, p. 352-5). La faveur dont il jouissait auprès du monarque et la liberté avec laquelle il censurait parfois les vices de la cour lui attirèrent beaucoup d'ennemis, surtout parmi les femmes. Marguerite de Valois paraît tout particulièrement irritée contre lui et nous en a laissé dans ses Mémoires un portrait, où se peint la haine dont elle était animée à son endroit* (Michaud et Poujoulat, Nouv. coll. de Mémoires, *t. X, p. 405). Le Gua fut assassiné par Guillaume du Prat, baron de Vitteaux, le lundi 31 octobre 1575, à dix heures du soir, suivant le* Journal de l'Estoile (Michaud et Poujoulat, *t. XIV, p. 61). Les journaux du temps s'accordent à dire que le meurtre fut commis à l'instigation de Marguerite de Valois.* De Thou (Hist., *t. VII, p. 300-2) raconte longuement le fait.*

« de la garde du Roy, les compagnies de monseigneur le prince
« de Piesmond et monseigneur de Suze [1] l'accompaignent.

[1]. *François de La Baume de Suze, comte de Suze et de Rochefort, baron de l'Hers, seigneur d'Heyrieu et de Rochegude, un des principaux chefs des catholiques, mourut à Suze des suites d'une blessure qu'il avait reçue en assiégeant la tour Narbonne à Montélimar, le 22 août 1587. Voici une anecdote qui le concerne et que nous trouvons dans les* Mémoires du chanoine DE BAHNES, *dont le manuscrit est aux archives de l'évêché de Viviers. Nous reproduisons ce texte inédit, qui nous fera connaître les mœurs de cette époque. Le bon chanoine de Viviers raconte comment se fit l'élection de l'évêque Jean de Lhôtel, après la mort de Pierre d'Urre, en 1572. En sa jeunesse il (Jean de Lhôtel) fut précepteur des enfants de feu messire François, comte de Suze, chevalier des deux ordres du Roy, et de M*^{me}* Françoise de Lévy; lequel seigneur comte, après la mort du R. P. en Dieu Messire Pierre d'Urre, évêque de Viviers, fit courir l'évesché de Viviers, et l'obtint par brevet du Roy Charles neufviesme, Roy de France, pour en pourvoir un de ses fils. Alors ses enfants n'estoient pas en estat, a cause de leur jeunesse, de tenir ce bénéfice, ce qui l'occasionna de remplir le brevet du Roy du nom dud. seigneur Jean de Lhostel, lequel il fit évesque, envoyant au Saint Père à Rome pour le pourvoir dud. évesché, ce qu'il obtint fort facilement. Après qu'il luy eut fait avoir ce beau bénéfice, il l'entretenoit dans son château de Suze, de la sorte qu'il vouloit, mais la sortie de ladite maison luy estoit défendue, d'autant que ledit seigneur comte avoit intention que ledit seigneur évesque résignast l'évesché à son fils puîné, lorsqu'il seroit en eage de la pouvoir tenir. Durant ceste retention, ledit seigneur évesque s'adonoit à la dévotion et mortification, priant Dieu qu'il le deslivrast de l'estat auquel il se trouvoit réduit. Le seigneur comte fut commandé d'aller a la cour par le Roy, ou d'aller commander quelque armée, car il estoit un des vaillants seigneurs de son temps. A son despart, il recommanda le seigneur évesque à un gentilhomme auquel il avoit laissé le gouvernement de sa maison, et qu'il le traitast avec autant d'honneur et respect et bonne chière que luy mesme, que rien ne luy manquast, mais qu'il se prit garde qu'il ne s'évada. Je serois trop long de vouloir réciter tout ce que j'ay ouy dire, car je ne l'ay pas veu, n'estant pas né en ce temps-là ni de longtemps après. On dit que ledit gentilhomme le laissoit aller dire la messe a un ermitage qu'est dans le bois de Suze, et qu'un matin il prit ses provisions de l'évesché, ses bulles et autres titres, et en feignant d'aller à l'ermitage il se sauva et se rendit au Bourg Saint-Andéol, et du Bourg à Viviers, où il fut reçu par messieurs de son chapitre fort humaynement. Néanmoins la part qu'il prenoit sur les revenus de l'évesché estoit fort petite.* — Plus loin (p. 286) *le chanoine de Bannes ajoute ces lignes :* J'ai oublié ci dessus d'escrire comme ledit seigneur évesque, après estre sorti du chasteau de Suze, de là à quelques années pour tesmoigner qu'il n'estoit pas ingrat ni méconnaissant des biens que

« Voila tout ce que j'ay peu voyr. Ledit sieur de Suze est de-
« muré malade au Monteilhimar. Le Roy party après disner
« du Monteilhimar, ala d'une trete coucher a Valance, et,
« passant par son camp debvent Livron, n'y arresta rien.
« Monsieur de Guize s'en va a Livron, lequel dit que sy le lieu
« estoyt acoumodé de balouards et foussés a fonds de queve
« se randroit imprenable sinon par famine. Le compte Charles
« se plaignist au Roy de ce que les reistres n'ont bon trete-
« ment, car n'avoint foin ne avoyne, et que chescun leur fer-
« moyt les vivres. Monseigneur de Gordes ne les capitennes
« des gardes n'eurent guieres bon vizage de sa magesté. L'on
« dit que le camp est desbandé de plus de la moytié, et qu'il
« n'i a plus quatre cents soldarts franssoys. Toute l'artilherye
« est a prezant au camp des suisses. Et dit on qu'on fet char-
« ger les bales des piesses, ne soyt on encores pourquoy fayre.
« Vendredi au soyr, ceux de Livron la failhirent belle, car
« nous gents y entrerent jusques aux tranchées et, sens ung
« jeune guersson qui dona l'alarme, ils estoint perdus, et
« enfin les repoulcerent bien et en tuerent huict, entre les-
« quels avoyt un capitenne duquel ne sey le nom. D'aultant
« qu'estes desireulx de savoyr de nouvelles, je vous ay escrip
« au long, et prie Dieu, monseigneur, vous tenir en sa saincte
« garde, me recomandant bien humblement a la vostre.
 « D'Aleyssan, ce 16 de janvier 1575.
   « Par vostre tres humble a vous fere service,
         « De Bransse. »

Puys au dessoubs avoyt : « Sy m'escrivez rien, je vous prye
« prandre garde aux messagiers, car ont monstrés vous aultres
« letres, et les envyeulx comprenent mauvezes congectures,
« et sera meilheur dores en avand n'escrire rien. »

feu monsieur le comte de Suze luy avoit procurés et mis entre les mains,
il soumit son évesché a 4000 livres de pension, avec permission du Saint
Père, en faveur de monsieur le baron de Baume, lequel avoit esté destiné par ledit seigneur comte pour estre évesque de Viviers. Ledit seigneur de Baume se maria de là à quelque temps, lequel ayant eu des
enfants, ladite pension fut transférée, par permission de nostre Saint Père,
à l'un de ses fils qui en jouit encore.

Ce capitenne Bransse estoyt apelé a la troupe de monsieur de Viledieu Branche, d'aulcuns qui ne savoynt dire aultrement, més en son propre surnom estoyt Bransse. C'est ainsin comme du capitenne Branssion, ainsin nommé ; son surnom estoyt de plusieurs apelé capitenne Briansson. Ce capitenne Bransse est celui qui se revolta et s'en ala a Crest, comme naguieres avez peu voyr cy debvent.

Durant que le siege estoyt encor debvent Livron, monsieur de Montbrun, adverty des assiegés du peu de gents qu'avoyt dedents la ville, se mist en chemin pour y fere antrer de secours, et a ces fins vint a Bourdeaulx, puis tout de nuict a Sou, avec le sieur de Gouvernet et aultres, estants bonne troupe de cavalerye. Nostre randez vous fust a la Repara, soubs Horiple, a la metherye de Pierre Recluz, marchant de Crest. Le sieur Desdiguieres et sa trouppe despartirent d'Horel, où estoint logés, pour s'y trouver. Le sieur de Viledieu avec sa troupe despartit de Vercheyni pour s'y acheminer. Le capitenne Chabanas, avec 60 de ses soldarts, et moy, avec 16 soldarts de nostre garnizon d'Espenel, marchasmes tous enssamble a 3 heures du soyr, et tous enssamble arrivasmes a la Repara, un peu après la mie nuict, et monsieur de Montbrun aussy. Fesant la alte, il nous vint ung faulx messagier, envoyé de l'henemi, qui dit a monsieur de Montbrun que les capitennes et soldarts de Livron se recomandoint bien a luy, et qu'ils le prioint qu'il ne mist perssone pour secours dedents pour encore, et ce pour espargner les advivres de dedents, et que quand ils auroint besoing de gents qu'ils le lui envoyeroint. A cela dona foy monsieur de Montbrun, come en estant joyeulx, disant que aussi il avoyt grand regret des povres soldarts qui, lassés et tracassés (comme estoyt vray), estoyt a eux mal ayzé de passer la rivière de Droume, et ce disoyt il de l'infantherye, car ils avoint encore a fere 3 lieus de chemin et de plus la difficulté estoyt de gueer Droume, que puis fussions esté mal dispozés a combatre, s'il en fust eté de bezoin, et difficile fust esté a nous de passer leur camp sens combatre. Monsieur de Montbrun avoyt la a l'heure mile chevaliers ou de peu s'en falloyt ; d'infanterye nous n'estions que de Pontaix, Espenel,

Bourdeaulx et Dieulefit 7 ou 8 vingts arquebuziers, que sents ce messagier, a l'ayde de Dieu, fussions antrés dents Livron, car c'estoyt bien nostre dezir, sohet et volonté. Més le sieur de Montbrun, a cauze de ce maleureux messaige, nous congedya et nous enretornasmes chescun en ces cartiers, en partye joyeux a cauze qu'estions las, et en partye marrys a cauze que pretendions d'antrer dents Livron. Ce fust le 2 ou 3ᵉ jour de janvier 1575.

Le landemain, les papistes advertis du trin cryerent aulx assiegés : « Hola ! ou halez querir vostre secours ? Nous l'avons « desfet prés d'Oriple. Nous avons desfet et tué Montbrun, « Gouvernet et plusieurs aultres de leur trouppe. » Ceux de dedents, sens doner foy a leur dire, ce panssoyt mal, car ils atandoynt bien le secours cel nuict ou l'aultre aprés. Quatre jours aprés, monsieur de Montbrun, encor requis de donner secours aulx assiegés, cognoissant et en estant puis assuré que le message qu'il heust a la Repara estoyt envoyé de l'ennemi, commanda les sieurs de Sainte Marye, de Viledieu, des Esdiguieres, de Gouvernet et aultres de cavalerye pour metre dents Livron les companies des capitenes Champs et Payzan, et c'estants acheminés jusques prés de Lhoriol, en gueant Droume, descouvrirent quelques chevaliers de l'henemi. Le capitenne Champs et ces gents esfrayés, ce metant en fuite, s'en retornent, et ceux du capitenne Paizan de mesme. Nostre cavalerye les avoyt seulement laissés. L'esfroy fust bien si grand que aulcuns d'iceux geterent les armes par terre pour mieulx fouyr. Le capitenne (puzilianime de soy), au lieu d'acorager ces gents, les esfraya et incita metre en fuite, comensant le premier. Monsieur de Montbrun adverti puis aprés de cest affere le cassa, luy et sa compagnie, dizant qu'il ne meritoyt pas d'avoyr conduite d'une compagnie. Et voyla que le second secours envoyé, qui come le premier n'antra pas dents Livron. Les papistes, advertis de cela, crierent a ceux de la ville qu'ils avoint encore desfet un aultre secours, pour leur fere perdre coraige. Més, graces a Dieu, ils estoynt bien assurés, si est ce qu'ils se faschoint bien de n'avoyr aulcun secours et ranffort.

Pour la troyziesme foys, on y envoya quelque troupe d'arquebuziers, conduits par le capitenne Corssanges de Dye, ensseigne du capitene Baulx, lesquels passants du cousté de la Baulme alerent jusques au pied de la ville sents estre descouverts, més estants la prés d'antrer, ils prindrent esfroy (je ne sey a quele cauze), par lequel le capitenne Corssanges et le sergent Tardiou, avec 3 ou 4 aultres, s'en retornerent ; les aultres antrerent dedents.

Pour la quatriesme foys, notre cavalerye y ala du cousté de la Baulme. Tous s'en retornerent de la, sinon monssieur de Viledieu, lequel comandé passa oultre et antra dents Livron, avec deux cents hommes de cheval ou environ. Il y en laissa a moytié, puys avec l'aultre moytié s'en revint ung ou deux jours aprés a son cartier, qui estoyt a Vercheyni et Espenel et Sainte Croix.

Les papistes furent bien loing de compte avoyr levé le siege de Livron, car y ayans mis le siege, pour ce qu'il fezoyt ung fort beautemps selon la seyzon hyvernale, dizoint que Dieu n'estoyt plus huguenault comme au temps passé ; més Dieu, estant ainsin son nom profané, leur mostra que la fin en fust aussi conffuze comme en l'aultre siege, quand le prince Daulfin l'avoyt assiegé. Ils se vantoint de fere leurs chalandes dents Livron, pour a leur despart l'avoyr pilhé, le brusler et razer du tout, affin quil n'en fust jamés memoyre. Quelques papistes de Sailhants, le premier jour de Noë, envoyerent a leurs femmes a Sailhants qu'elles vinssent au camp avec de bestes qu'ils pretandoient charger du pilhage de Livron, assurants a leurs femmes qu'ils devoynt entrer dents Livron le second ou troyziesme jour de Noë ; més ils se treuverent bien camus et frustrés de leur opinion, et croy que de bon heure ils en peurent bien envoyer leurs bestes vuides. Ils se vantoynt d'aler puys fere caresmantrant dents la ville de Nismes, d'aler fere leurs Pasques dans la Rochelle, puis tout passifyé aler a Genesve et rascler toute la race de huguenaults et en voyr bien tost la fin ; car (dizoint ils) qui est ce qui pourra subsciter contre ung roy tel que le roy de France ? Ces huguenaulx qui ne tienent que bien peu de villes, desquelles ni en aura que pour ung disner, si le roy y mest tous ces esforts. Teles gents ne pencent qu'au monde, estants tumbés en ung atheysme, cuydants (si l'ozoint dire) qu'il n'i a nul Dieu, car il en y a plus en leurs trouppes de ceux la que d'aultres, estants piccuriens et atheystes, mesme les revoltés.

L'année passée 1574, ung peu de temps debvent que feu monsieur de Mirebel [1] (magnanime et exellent homme de

---

1. *Claude de Mirabel, fils de N.... de Mirabel et de Catherine de Genas, seigneur de Mirabel, près d'Aoste, en Diois, figure dans l'histoire des premières guerres religieuses parmi les plus vaillants capitaines protestants. Régnier de La Planche, Théodore de Bèze, La Popelinière, de Thou et autres nous le montrent dès l'année 1560 appuyant chaudement à Valence les nouvelles opinions; c'est à lui, en 1562, que La Motte Gondrin, au moment où il périt assassiné, aurait remis son épée. En 1568, il prenait part à la fameuse expédition de Guyenne, et ramenait, l'année suivante, quelques bandes dauphinoises, échappées aux désastres de Jarnac et de Montcontour; après une retraite mémorable à travers l'Auvergne et le Vivarais, il franchissait le Rhône au Pouzin, en mars 1570. Il prit de nouveau les armes en 1573 et s'empara de Saillans, de Pontaix et de Chabeuil. L'année suivante il se signala encore par la prise d'Allex, où ses soldats se conduisirent avec une sauvagerie révoltante. Lui-même, paraît-il, ne serait point sous ce rapport à l'abri de tout reproche; car voici ce que nous lisons dans un mémoire contemporain, publié dans l'Album du Dauphiné (t. II, p. 18):* Et apres avoir ledit seigneur de Mirabel demeuré dans ce lieu d'Allex, s'en alla demeurer a Livron, qui estoit desmantelé et fit accroistre les bresches, et ce fut la ou il mourut, en tombant d'un bastion. Auparavant il frappa une femme de Livron, appelée Joubernonne, qui luy dit qu'il se pourrait bien repentir de l'avoir frappée, et incontinent il tomba dudit bastion. Lequel seigneur de Mirabel la fit attraper aux soudards et la fit mettre au feu. Ne se pouvant brusler, ce que voyant alors il luy fit tirer des coups de pistolets contre et personne ne luy pouvant rien faire, il la fit tuer avec des pierres et un cep de vigne, et mourut. *Ce récit, que la tradition a sans doute embelli sur quelques points, n'est pas complètement d'accord avec les témoignages d'Eustache Piedmont et de Thomas Gay qui nous montrent Mirabel envoyé à Livron par Montbrun pour relever les fortifications de cette place et la mettre en état de résister aux attaques du Dauphin d'Auvergne; c'est durant le siège entrepris par le prince Dauphin le 12 juin, siège qui dura sept jours, que mourut Mirabel, profondément regretté de tous ses coreligionnaires. Avec lui s'éteignit une des plus anciennes et des plus nobles familles du Diois; il avait épousé Claude Chaberte, fille d'Aynard Chabert et de Charlotte de Blou, dont il n'eut qu'une fille, Françoise, qu'il avait mariée, vers 1560, avec Hector de Forest, seigneur de Blacons, près de la Roche-St-Secret. Françoise de Mirabel fit son testament, le 8 avril 1576, et institua pour son héritier universel noble Hector de Forest,*

monstrer trop souvent sur le rempart, fust ataint d'une arquebuzade a la teste, et estant tumbé mort fust soudain couvert d'ung manteau, affin que les soldarts et aultres de la ville ne se vinssent a flechir, en le voyant mort. La nuict venue, le corps du dit sieur fust mis et inhumé dents le rampart de la bresche. Ung capitenne franssoys, nommé Cobdebec, y fust tué aussi ; il estoyt de son vivent vaillant homme et de grand engin en la guerre. Le capitenne Bouvier, de Romans [1], y fust tué aussi d'une arquebuzade, lequel tenent une picque a la main s'estandit a terre, sens desampogner la picque, et levant les yeulx au ciel, après c'estre fet covrir d'ung manteau, dit a l'ouye de ceux qui estoyt prés de luy : « Mon Dieu ! je te recommande mon ame » ; puis tout soudain, sens dire aultre choze, rendit l'ame a Dieu. Le capitenne Bouvyer, de Nyons ou du Buys, y fust aussi tué d'une arquebuzade, comme aussi de mesme le capitenne Felix, en son vray surnom nommé Felip; le sergent Sailhet, dudit Livron. Le sieur de Valaurie, gentilhomme de Nions, vaillant

---

sa femme, et abandonnait à Aymar de Poitiers, comte de Valentinois, tous les droits qu'il avait à Suze (Archives de la Drôme, E, 1627). Pierre de Roysses était châtelain de Piégros, en 1410 (ibid., E, 2292). Guillaume de Roysses possédait des biens à Sauzet, en 1489. Nobles Philippe, Claude et Jean de Roysses habitaient le Puy-St-Martin en 1530. Philippe est le père du célèbre Philibert de Roysses, tué au siège de Livron ; son testament, qui est du 3 juillet 1559, nous fait connaître tous ses autres enfants : il a voulu et ordonné que advenant le cas que Claude de Roisses, son heritier universel, ensemble Philibert et Jehan de Roisses, ses autres fils, substitués a son heritier et que Ysabeau et Louise ses filles ... viendroient a deceder sans enfant male naturel et legitime, ... que sondit bien vienne au plus proche parent masle de sa sanguinité.... après le décés de Jeanne de La Chapelle, sa femme, a la charge touteffois que celuy appelé... a la substitution et le cas advenant sera tenu de porter le nom et les armes de Roisses. *Philippe était mort en 1578, car le 12 novembre de cette année nous trouvons un partage entre Louise du Puy, veuve de feu noble Philibert de Roisses, du Puy-St-Martin, d'une part, et damoyselle Jeanne de la Chapelle, veuve de feu Philippe de Roisses, et damoyselle Ysabeau de Roisses, femme de noble Olivier Arnaud, seigneur de Cobonne, son mari present, d'autre part, des biens qui furent de feu Philippe de Roisses, de Jean Claude de Roisses et de Catherine de Roisses, ses enfants.

1. *Eustache Piedmont l'appelle Bouvier l'aîné.*

soldart, y fust tué [1]. Le sieur Hector de Pontaix, dit de Marcel [2] en son vray surnom, y fust blecé, dont peu de jours aprés y morut, et fit la dedents aussi vailhement qu'on sauroyt dire, pour l'aage qu'il avoyt ; il trepassa aagé de 23 ou 24 ans. Le capitenne Hetonier y fust aussi tué, et le sieur de Fianssayes et pluzieurs aultres que je ne cognessoys. Des soldarts de ma conessance y furent tués : Bermond d'Aouste, Loys Cordeilh de Divajo, Claude Lougier de Livron, Charles Vyal de Dye, et Balthezar Noyer, dit la meilhiere de Dye, lequel y morut de maladye ; plusieurs aultres y furent tués, lesquels ne connessoys. On extime que nous y perdimes en ce siege prés de cent hommes de deffance, tant des estrangiers que de la ville, et quelques femmes que le canon tua, de la grand vehemence et affection que elles avoynt au combat, cela toutes foys contre leur naturel, més pour deffendre leurs vyes et honeurs aymoint mieux mourir que d'estre violés ou massacrés de mort violante et ignominieuze. Ung peu debvent que les assiegés de Livron eussent enduré les assaults furieux qu'ils endurerent, voyants si grand fraction de leurs murailhes, les bresches si espacieuzes et suffizantes aulx ennemis, aulcuns c'estonnerent et estoynt ja d'avis un cop de se randre a compozicion ; mesmes le feu sieur de Roësses en estoyt presque d'avis, més destourné de sa pancée par le capitenne Branssion (capitenne franssoys, vailhant et magnanime), en demanda pardon a Dieu, et, se repantant d'en avoyr parlé, fist remostrance et protestacion comme il aymoyt mieux morir que de ce randre, et deffendit que perssonne n'en parlast plus, més qu'on se heust a s'acorager les ungs les aultres, en priant Dieu, en travailhant aulx remparts, en dizant canticques et psalmes a l'oneur de Dieu, et qu'on n'eust entr'eux a tenir propos que

---

1. *La mention de la mort de ces deux derniers personnages est dans la marge du manuscrit.*

2. *Hector de Marcel, appelé de Pontaix à cause de certains droits féodaux qu'il avait dans cette localité, se signala parmi les plus ardents défenseurs du protestantisme. Dès l'année 1562 on le rencontre guerroyant dans la province. Il eut pour fils Jacques de Marcel, seigneur de Pontaix et coseigneur de Piégon, qui figure comme témoin dans le testament de Marguerite de Planchette, du 9 mars 1594.*

d'alegresse et joyeuzeté. Le capitenne Branssion se monstra aussi prudent et homme de bien en ce que le roy lui envoya une letre à luy et au capitenne Copdebec, pour les induire a ce randre, ou de trahir la ville, ou de se sauver d'icelle et de se venir randre au camp, qu'il leur feroyt et doneroyt grand recompance, s'ils pouvoint metre ceux de dehors dedents la vile par quelque lieu de leur cartyer. Le capitenne Branssion avoyr ressu cestre letre des mains de Bertin, secretement et seul a seul la leut ; icelle lue, ala trouver tous les aultres capitennes et la leur communicqua, fesant protestacion que pour le Roy, ne pour tout son royaulme, ne feroyt trahizon, ne acte de coardize, n'estant jamés trestre a la religion, laquelle il avoyt maintenue tout le temps de sa vye ou dés son jeune aage. Ce soldart nomé Bertin estoyt un franchiment, qui se revolta et retira au camp des papistes, avec le capitene Bransse, et puis fezant semblant se retirer dents Livron, leur fezant acroyre qu'il avoyt esté pris, se geta dents Livron pour finement bailher ceste letre.

Durant ledit siege de Livron, fust pendu au camp ung jeune reistre, qui fust prins en se volant geter dents Livron. On luy trouva quelques letres dents une boteilhe, qu'il portoyt de la part de monseigneur le prince de Condé a ceux de Livron, qui fust la cauze que les papistes le pandirent a ung arbre bien prés de la ville, tout embotté et esperoné ; més la nuict les favoriza a ce fere. Quand le jour fust venu, aulcuns reistres de l'henemi s'aprochoint pour le voyr, més les assiegés a coups d'arquebuzade les firent reculer.

Voila la fin du siege de Livron [1] et aussi de ce livre.

1. *L'insuccès de l'entreprise de Bellegarde contre Livron a été diversement jugé par les historiens contemporains.* BRANTÔME (t. V, p. 201) *en rejette la faute sur le mauvais vouloir de la cour* : Pour l'oster de la court, le roy luy donna la charge d'aller assieger Livron, en Dauphiné, car puisqu'il estoit faict M. le Mareschal, il falloit bien l'envoyer pour luy faciliter son passage d'Avignon ; charge certes qui fut fort fascheuse et ruineuse, dont il s'en fust bien passé, venant d'une fontaine claire de fortune, s'aller baigner dans un eau bourbeuse et toute gassouillée de disgrâce et deffaveur. Sept ou huict mois après pour se deffaire de cest homme qui pesoit fort sur les bras, comme un chascun voyoit, on luy donna la commission de s'en aller

En l'an septante quatre aprés mile sinq cents,
Furent ces actes faicts belliqueulx, exelants,
Aux moys de juin, juilhet, aoust aveque septembre,
Octobre et novambre, avec le froict decembre,
Avec une partye du premier moys de l'an,
Ou tu y as peu voyr maint grande peur et dan
Advenir a plusieurs par le destin de guerre,
Que leurs corps furent mis par mort dedants la terre.
Tu as veü en Daulphiné ung prince, puys ung Roy
Contre les huguenaulx fere assez grand desroy,
Sens les endomager par trop en leurs bicquoques.
O enemi de Dieu ! ne fault que tu t'en mocques.
Ils ont perdu de places, et tu as perdu de gents,
Des plus grands massacreurs par ton faict exelents,
Sans avoyr advancé par ton fet rien qui vailhe ;
Tu as layssé le grain pour amasser la pailhe,
Dont à Dieu je randz graces de ce qu'il a rompu
L'orgueilh de nous eyneux et leur forsse abathu,
En ceste povre ville de Livron extimée,
Qui pour sa rezistance doibt estre coronée
Du vert laurier, ainsi que les anciens fezoint,
Quand quelque grand victoyre obtenue avoint.
Les povres affligés de cestuy Daulfiné,
Qu'on nome huguenaulx, souvant Dieu ont prié
Pour te fere avoyr des deulx sieges victoyre
De deuls grandes armées. Qui ne le voudra croyre,
Le demande a ceulx qui avec ce prince estoynt,
Et ce grand mareschal, qui de Livron dizoint

en Pouloigne. *Le maréchal* DE TAVANNES *dit dans ses* Mémoires *qu'on lui fit faillir Livron par manquement d'argent pour le ruiner de réputation. Eustache* PIEDMONT *signale parmi les causes de l'insuccès la mésintelligence des chefs :* Toutesfois la division qui estoit a commander en lad. armée empescha que toutes les troupes ne donnerent pas ; led. seigneur de Bellegarde en vouloit l'honneur, M. de Gordes le vouloit comme commandant general pour le Roy en l'absence de mond. seigneur le Prince Daulphin. *Cff.* SECOUSSE, Mémoire historique et critique sur les principales circonstances de la vie de Roger de St-Lary de Bellegarde ; *Paris, 1764, in-8°, p. 56-7 ;* — ARNAUD, *p. 319.*

les restes de sa petite armée [1].

On apprit bientôt dans la province la situation critique du lieutenant général, que les huguenots tenaient étroitement bloqué dans Die. Des compagnies furent mandées en toute hâte de Grenoble et de Lyon [2]; le rendez-vous était fixé à Romans. Ourches reçut la périlleuse mission d'aller dégager son beau-père. Il se mit en route le 3 juillet, à la tête de 800 chevaux et de 900 hommes de pied, et se dirigea vers Crest [3].

Montbrun, qui s'était avancé jusqu'à Livron pour surveiller la marche de ses adversaires, retourne alors à Saillans. De part et d'autre on se prépare à une action décisive. Lesdiguières et plusieurs autres capitaines voulaient qu'on laissât les catholiques s'engager dans les gorges des montagnes, afin de pouvoir plus facilement les surprendre et les accabler; mais ce conseil, que dictait la prudence, ne pouvait convenir à la bouillante ardeur de Montbrun. Il ordonne à ses troupes de se porter en avant, et bientôt les deux armées se trouvent en présence, non loin de Mirabel, à l'entrée de la vallée qu'arrose la Gervanne. Obéissant à l'injonction formelle de son chef, Lesdiguières passe la rivière et attaque résolument les troupes catholiques. Celles-ci, déconcertées par cette agression aussi imprévue qu'audacieuse, reculent et se débandent. La victoire paraissait gagnée et déjà les protestants, rompant leurs lignes, se répandaient dans la vallée pour se livrer au pillage, lorsque les capitaines catholiques parviennent enfin à reformer leurs bataillons. Ils s'avancent en bon ordre pour se saisir du pont jeté sur la Gervanne et couper ainsi la retraite à l'ennemi. Du haut d'une colline Montbrun suivait attentivement la marche de ses adversaires. A la vue du danger qui menace les siens, il vole à la tête d'une poignée de braves, la fleur de la noblesse protestante, à la rencontre des catholiques. De la voix et du geste, il appelle les siens, les

---

1. (J. DE SERRES), Vae partis comment..., f° 106 v°; — VIDEL, Hist. de la vie du connestable de Lesdiguières, Paris, 1638, in-f°, p. 24-5; — CHORIER, p. 669; — DE THOU, t. VII, p. 268; — LONG, p. 141-5.

2. L'Inventaire des archives de la ville de Lyon (BB, 93) mentionne l'envoi d'une compagnie de cent hommes de pied au secours de Gordes.

3. Dr CHEVALIER, Annales de la ville de Romans pendant les guerres de religion, p. 66.

invite à le suivre. La mêlée est terrible, sanglante. Écrasés par le nombre, les huguenots succombent ou prennent la fuite. Après avoir combattu avec l'énergie du désespoir, Montbrun demeuré presque seul sur le champ de bataille, songe enfin à chercher son salut dans la fuite, mais le coursier qui l'emporte s'abat lourdement en franchissant un canal, et dans cette chute malheureuse l'infortuné capitaine se brise la cuisse. Il ne tarde pas à être entouré et, pour échapper à une mort certaine, il ne lui reste d'autre ressource que de se constituer prisonnier de guerre. C'est entre les mains de Rochefort, son parent, qu'il se livre, avec promesse qu'on respectera sa vie. Ourches arrive aussitôt ; il lui fait entendre de consolantes paroles et promet avec serment qu'il ne lui sera fait aucun mal. Cette célèbre bataille fut livrée le 9 juillet [1].

On connaît la fin tragique de Montbrun. *Transporté à Crest et de là à Grenoble, il fut aussitôt mis en jugement comme coupable de rébellion et du crime de lèse-majesté. Ni les menaces des protestants, ni leurs promesses ne purent arrêter le cours de la justice. Le roi ne voulut accorder aucune grâce. La cour de Grenoble rendit son jugement le 12 août 1575 :* Montbrun était condamné a estre conduict par l'executeur de la haulte justice despuis les prisons de la Gouvernerie jusques a la place du ban de malconseil (*actuellement place aux Herbes*), et illec avoyr la teste tranchée sur un eschafaut, lequel sera a ces fins dressé, et seront ses corps et teste pourtés au gibet du port de la Roche (*le rocher dit de la porte de France*), et mis au lieu le plus éminant d'icelluy. Tous ses biens féodaux mouvants de la couronne étaient confisqués, et ses enfants déclarés *innobles, roturiers et incapables de succession et de lever estats, offices et dignités au royaulme de France et en Daulphiné. Montbrun fut exécuté le lendemain, 13 août* [2].

1. (J. DE SERRES), Vae partis comment..., f° 111 ; — VIDEL, *p. 26* ; — ARABIN, Mémoires, *p. 83*.

2. *Archives de l'Isère*, B. 2035. — GARIEL, Documents officiels et inédits relatifs à la condamnation à mort de Ch. Dupuy de Montbrun, dans : Petite revue des bibliophiles Dauphinois, in-8° (1869), p. 10-1, 25-7, 70-1 et 86-99. — Discours en forme de cantique sur la vie et mort de Charles du Puy, seigneur de Montbrun et de Ferrassières (s. l.), 1576, in-8°. Cette rarissime plaquette, qui a été reproduite par M. LONG (p. 291-

Privés de leur intrépide capitaine, les huguenots dauphinois ne perdirent rien de leur audace. Ils vengèrent sa mort en pillant les environs de Grenoble. Un jeune gentilhomme, dont la fortune commençait à se dessiner, les encourageait à continuer la lutte. Lesdiguières avait alors 33 ans. Dans plusieurs circonstances déjà, ses incontestables talents militaires s'étaient révélés. On ne trouvait point en lui la fougue impétueuse de Montbrun, mais il en avait assurément le courage et savait avec une prudence consommée, presque toujours avec bonheur, préparer de ces coups qui dans la guerre ont des conséquences décisives.

Une trêve suspendit les hostilités depuis la fin d'août jusqu'au commencement d'octobre ; mais cette trêve expirée, elles furent aussitôt reprises et, pendant neuf mois, les deux partis se disputèrent avec des alternatives de succès et de revers la possession d'un grand nombre de petits châteaux, promenant la mort et la ruine au milieu de nos malheureuses campagnes. Pendant que Lesdiguières guerroyait dans le Gapençais, les protestants du Valentinois s'emparaient de Montléger, le 16 octobre. Gordes leur reprit bientôt cette place, et un de ses lieutenants réussit à reprendre Barbières. Dans le Royans, les huguenots conduits par le fameux capitaine Chabanas, de Die, se signalèrent par la prise d'Izeron [1].

Cependant les événements qui se passaient dans le nord de la France n'étaient point de nature à rassurer pleinement les catholiques. Le duc d'Alençon, frère unique du roi, s'était enfui de la cour pour aller rejoindre le prince de Condé, et, grâce à l'or d'Elisabeth, reine d'Angleterre, les protestants français appelaient à leur secours des troupes allemandes. Le duc de Guise réussit un instant à arrêter cette invasion étrangère (10 octobre) ; mais Henri III, dont le caractère s'avilissait de plus en plus dans de honteuses débauches, fut effrayé de la tournure que prenaient les affaires et se montra disposé aux plus grands sacrifices pour acheter la paix avec son frère. Catherine de Médicis fut chargée de négocier un accord, et après bien des pourparlers, elle n'obtint tout d'abord qu'une trêve de sept mois (21 novembre [2]).

302), faisait partie de la bibliothèque de M. Giraud, de Romars : elle est aujourd'hui à la bibliothèque nationale, fonds Paul-Emile Giraud.
1. Eustache PIÉMONT (édition publiée par M. Brun-Durand), p. 46. — CHORIER, p. 671-2. — 2. DANIEL, t. XI, p. 45-53.

Ces arrangements ne firent point mettre bas les armes aux protestants de nos contrées. Lesdiguières continuait ses courses dans le haut Dauphiné. Après avoir échoué sur le Bourg-d'Oisans, menacé Grenoble, il vint joindre ses troupes à celles de Gouvernet, qui s'était emparé de la Bâtie-Neuve, près de Gap, grâce à la connivence du gouverneur Poligny. La ville de Gap, où commandait Monestier, qui était secrètement favorable aux huguenots, demeura assiégée pendant une quinzaine de jours (mars 1576). L'évêque avait eu soin de quitter la ville, le jour même de la prise du château de la Bâtie-Neuve, qui lui appartenait, aymant mieux se mettre en danger d'estre prins des ennemis que de demeurer plus en la puyssance du sieur du Monestier, qui avoit ainsy oublié son honneur [1]. Pendant ce temps Cugy et les siens s'emparèrent d'Eurre, près de Crest, et 300 huguenots arrivant de la Savoie, sous la conduite du baron d'Aubonne et du sieur de la Robinière, surprirent le château de Morestel, près de Bourgoin. Gordes voulut reprendre cette dernière place. Il vint donc l'assiéger, avec sept compagnies de gens de pied et quatre compagnies de gendarmes. La ville ne tarda pas à être enlevée à l'ennemi, mais le château, dans lequel la Robinière s'était enfermé avec soixante hommes, opposa une énergique résistance. Afin de détourner le lieutenant général de la poursuite de ce siège, les protestants firent des courses dans les campagnes du Valentinois et portèrent la désolation jusque sous les murs de Romans. Quelques-uns d'entre eux, suivant la rive gauche de l'Isère, surprindrent de nuict le chasteau de la Jonchère, estant gardé par ung de Romans, qui se sauva en chemise; puis, continuant leur marche, ils s'emparèrent encore, deux jours après, du chasteau d'Hostun, qui estoit gardé par six ou sept païsans, qui n'eurent le cœur de se defendre et le rendirent. Neantmoins, de sang froid ils les tuerent par hayne que lorsque le jeune Glandaige l'avoit assailly, il avoit si bien esté defendu par le chastelain dud. lieu que les huguenots y perdirent 45 hommes sans le pouvoir prendre : cela fut cause que ceux-ci en furent vilainement tués. Ces déplorables évènements ne purent déterminer le baron de Gordes à abandonner son projet : le 6 avril,

---

1. GAUTHIER, V^e lettre sur l'hist. de Gap, *dans* Revue du Dauphiné, t. IV (1838), p. 129-32; — CHARRONNET, p. 96.

la grosse artillerie, que Mandelot lui avait envoyée de Lyon, ayant ouvert une brèche aux murailles du château, il commanda l'assaut et s'en rendit maître. La Robinière périt sur la brèche; les soixante hommes de la garnison furent passés au fil de l'épée [1].

Peu de temps après arrivait en Dauphiné la nouvelle que le roi venait de signer la paix le 6 mai, à Chastenay, avec le duc d'Alençon et les chefs protestants. L'édit qui fut ensuite donné et qu'on publia le 23 juin, à Grenoble, fit bientôt connaître les honteuses concessions, que le faible monarque avait accordées à ses sujets révoltés. Jamais les huguenots n'avaient obtenu de pareils avantages : libre et public exercice du nouveau culte dans toute la France, excepté à Paris et à la cour ; défense d'inquiéter désormais les prêtres et les religieux mariés, et légitimation de leurs enfants ; concession de huit places de sûreté ; création de chambres mi-parties dans chacun des huit parlements du royaume, pour juger les causes des protestants et des catholiques-unis ; désaveu de la Saint-Barthelemy ; annulation des sentences rendues contre Coligni, Mongommeri, Montbrun, etc., etc. Les chefs avaient soigneusement ménagé leurs propres intérêts, et recevaient des sommes d'argent, des principautés et le gouvernement de diverses provinces [2]. On le voit, la cour ne pouvait d'une façon plus humiliante s'avouer vaincue, et pour se procurer un repos éphémère, Henri III avait sacrifié du même coup l'unité du culte et l'unité du royaume. Tous les catholiques se sentaient frappés au cœur, et voyaient plus que jamais mises en péril ces deux grandes causes pour lesquelles ils avaient jusqu'alors sacrifié leur fortune et leur vie.

Cependant les huguenots, à la faveur de l'édit de pacification, s'appliquèrent à organiser en tous lieux leur culte. A Grenoble, à Romans, à Montélimar et dans les principales villes du Dauphiné, des ministres prêchèrent publiquement la Réforme [3]. De leur côté, les catholiques ne demeuraient point inactifs. De si-

---

1. Eustache PIEMONT, p. 42.
2. (Pierre de BELLOY), Recueil des édits de pacification ; Genève, 1626, in-12, p. 121-5 ; — DE THOU, t. VII, p. 416.
3. Eustache PIEMONT, p. 45. — DE COSTON, Hist. de Montélimar, t. II, p. 372.

nistres rumeurs annonçaient une guerre prochaine : on se préparait sourdement de part et d'autre à une levée de boucliers. Dans le Diois, par exemple, Glandage travaillait à conserver aux catholiques la ville de Die et à la mettre à l'abri d'un coup de main. C'est dans ce but qu'il faisait fortifier les châteaux de Marignac et de Ponet ; il était devenu depuis peu maître de cette dernière place, moyennant une somme d'argent, qu'il avait donnée au capitaine protestant qui en avait la garde. Les habitants de Die se plaignaient, il est vrai, des lourdes charges que faisait peser sur eux l'entretien de ces places, mais la crainte d'endurer de plus terribles malheurs les portait à prendre leur sort en patience [1]. Telle était à peu de chose près la situation respective des deux partis. La tranquillité n'était qu'apparente et la plus petite étincelle était capable d'allumer un vaste incendie.

Parmi les stipulations de la paix de Monsieur se trouvait l'engagement de réunir dans les six mois les Etats Généraux. Le roi les convoqua à Blois, et la séance d'ouverture eut lieu le 6 décembre 1576. Déjà la Ligue avait fait de tels progrès dans le royaume que la majorité des membres de l'assemblée appartenait à cette association et se montrait dévouée au duc de Guise. Tout le monde s'accorda sur la nécessité de rétablir en France l'unité religieuse ; le seul point sur lequel on se divisa fut de savoir si on arriverait à ce résultat par la guerre ou sans la guerre. Mais le mouvement des esprits était tel ; la foi catholique paraissait tellement menacée, que la politique de tolérance, de conciliation, inaugurée par le dernier édit, fut hautement condamnée : sept gouvernements contre cinq demandèrent la guerre. Le roi, également tenu pour suspect et par les catholiques et par les protestants, se voyait à la veille d'être abandonné de tous ses sujets ; il lui restait un moyen pour ressaisir l'autorité : il se déclara le chef de la Ligue. C'était assurément un acte d'habileté, mais pour persévérer avec succès dans cette voie, pour rallier à lui les forces vives de la nation, il lui aurait fallu plus de grandeur d'âme et de loyauté : sa politique ne fut toujours qu'une politique de fourberie et de guétapens.

1. *Archives municipales de Die.*

Les députés étaient encore réunis à Blois, que les protestants, instruits des mesures qu'on préparait contre eux, avaient déjà repris les armes. La guerre éclata sur tous les points à la fois et prit tout à coup un caractère de fureur, qui occasionna de ces désastres qu'on ne rencontre qu'aux plus mauvais jours de notre histoire. La tactique des protestants fut de se saisir d'un grand nombre de villages et de châteaux, afin de dominer plus facilement sur le pays.

Lesdiguières, que la noblesse du Gapençais, avait mis à sa tête, voulut ouvrir la campagne par un coup d'audace. Dans la nuit du 2 au 3 janvier 1577, il surprend la ville de Gap, et pénètre dans la place avec trois ou quatre cents hommes, troupe ramassée des lieux de Serre, Veyne, Chansaur, et aultres lieux par eux detenus, et armée de bastons à feu et aultres armes. L'évêque Paparin de Chaumont n'a que le temps de fuir et de se diriger à Jarjayes. Toutes les églises, notamment la cathédrale, édifice superbe, furent ruinées de fond en comble ; les maisons des chanoines et des principaux catholiques, pillées, et Lesdiguière trouva dans les revenus des bénéfices ecclésiastiques, dont la recette fut confiée à un trésorier, des ressources abondantes pour payer ses capitaines et ses soldats [1].

Dans le bas Dauphiné, les protestants ne déployaient pas moins d'activité : Le Puy-s^t-Martin, Châteauneuf-de-Mazenc, les Tourrettes, Clansayes, Rochebaudin et autres lieux tombèrent en leur pouvoir [2]. A Die, où ils étaient nombreux, ils s'emparèrent un jour des portes de la cité et parlèrent dès lors en maîtres. Le 4 janvier, lisons-nous dans les registres consulaires, le consul Barbier annonce au conseil, en présence des capitaines Vaulserre, Saint-Benoît, Saint-Auban et Boniot, tous gentilshommes protestants, comme le sieur de Blacons entend que les catholiques rendent les armes en quelque lieu asseuré. *Les représentants de la cité concluent*, pour le respect des armes des catholiques, qu'on suppliera le sieur de Blacons permettre que lesdites

---

[1]. Ces détails sont tirés de divers mémoires manuscrits, conservés dans les archives de Gap, et dont on retrouve de nombreux extraits dans : Revue du Dauphiné, t. IV, (1838), p. 138-46 ; CHARRONET, p. 112-26.
[2]. DE COSTON, Hist. de Montélimar, t. II, p. 373.

armes soient remises entre les mains de ceulx de la Religion qui n'en ont point, avec promesse qu'ils en seront, et pour le luy remontrer soient commis le sieur de Valserre, les deux consuls et le capitaine Appays, Achille David et Marcellin Ducros. Et la on ne le voldra, qu'on les mecte dans la maysom de la ville. *Les protestants avaient si bien établi leur autorité à Die et dans les environs, qu'ils choisirent cette ville pour y tenir une assemblée politique, où l'on discuterait la conduite à tenir en face des évènements graves qui se préparaient. Les gentilhommes protestants furent donc convoqués à Die pour le 20 janvier. Nous trouvons dans les registres les deux pièces suivantes, relatives à cette assemblée, dont aucun historien ne fait mention.*

S'ensuyt la teneur de la letre envoyée par monsieur de Cugie aux consuls, manants et habitants de Dye.

Messieurs, estant à la Voulte, j'ay treuvé le sieur Dupuys vostre deputé, quy estoyt la venu pour conferer de vostre part avec le seigneur dudict lieu sur l'estat des affaires de vostre ville, et d'aultant que pour les urgents affaires de ceste province, il a esté arresté de faire une assemblée de toute la noublesse en vostre dicte ville, j'ay esté d'advys de le vous renvoyer sans aultre response que de la presente, par laquelle je vous advertiz comme il seroit necessaire que vous advisasciez tous ensemble, en corps de ville, ce que vous avez a proposer en ladicte assemblée, qui se fera le vingtiesme de ce moys, et lors on y mettra tel ordre que vous aurez occasion de vous contenter. Cependant je vous prie et exhorte de vous contenir le plus doucement que faire se pourra a l'endroict des catholiques, et ce jusques à ce que les grands de nostre party se soyent ouvertement desclerés, qui pour certeynes considerations que il n'est expedient que chacun sache ne veulent encore se manifester, vous aseurans que ceux qui se seront comportés avecque toute moudestie seront tousjours advoués et les autres, qui auront passé les bornes et limites d'icele, seront enfin chastiés et punys selon leurs merites. J'ay charge de vous escripre ce que dessus de ceux qui ont puissance de vous commander, comme je vous ferey apparoistre en temps et lieu. Et vous prie que la presente soit leue en plain conseilh de vostre ville, ce que je vous escriptz comme celuy qui desire aultant que gentilhomme de ce partys au bien et advancement de vous affaires et au proffict et utilité de tous vous aultres, auxquels aprés avoyr presenté mes humbles recommandations affectionnées,

Je prie Dieu,

Messieurs, de vous donner accroissement de ses saintes graces.

De Urrè, ce 15ᵉ janvier 1577.

Le gentilhomme present pourteur vous dira la reste, auquel vous adjousterés creance.

Vostre bon voisin et entier amy a vous hobeir.
Cugie.

S'ensuyt la teneur de la susdite crié.

De part Nosseigneurs les princes et gentilhommes commandant sur ceulx de la Religion et catholiques de l'unyon pour l'observation et execution de la paix, l'on vous faict assavoir que nos dicts seigneurs ont prins en leur protection et sauvegarde les catholiques de la presente cité, de quelque qualité et condiction qu'ils soyent, faisant inhibition et deffense à tous cappitaines, soldatz et aultres manantz et habitants de ladicte cité, de ne troubler ne moulester lesdicts catholiques, ny aultres habitants en icelle, en leurs personnes et biens, soub peyne de la vie.

L'assemblée de Die se tint quelques jours après l'époque indiquée, et nos registres y mentionnent la présence de Lesdiguières.

Cependant les armes des religionnaires faisaient toujours des progrès. Donzère venait de tomber en leur pouvoir (1ᵉʳ février), et Gouvernet, qui commandait dans ces quartiers, après avoir essayé de surprendre par escalade la ville de Montélimar (23 février), avait réussi à s'établir solidement dans le bourg de Tulette (27 février). Malgré tous ces succès, il y avait pourtant au sein du parti un levain de discorde, qui ne devait point disparaître de si tôt : depuis la mort de Montbrun, on n'était point encore parvenu à s'entendre sur le choix d'un chef ; les opérations militaires manquaient de cet ensemble, que peut seule donner une autorité également reconnue de tous. Afin de mettre un terme à cet état de choses, Damville nomma Lesdiguières chef de toute la noblesse protestante en Dauphiné (5 avril) ; mais cette décision ne fût pas unanimement acceptée, et sous le nom de Désunis, il se forma un parti puissant, composé de presque tous les capitaines du Viennois et du Valentinois, qui mirent à leur tête Cugy, le plus important d'entre eux.

Nous ne signalerons durant le mois d'avril que la prise du château de Barbières par les protestants, qui ne réussirent point à le garder, car les catholiques de Romans, commandés par le capitaine Beauregard, le leur enlevèrent quelques jours après [1].

1. *Voici deux lettres inédites du baron de Gordes relatives à ces évènements; elles sont adressées aux consuls de Romans (Archives de la Drôme, E, 3669).*

Messieurs les consuls, j'ai receu vostre lettre et veu ce que m'escrivés de la surprise du chasteau de Barbieres, dont j'avois ja entendu quelque chose, mais je desire scavoir pour la faulte de qui cella est advenu, que je vous prie me fere entendre. L'abbé de Lyoncel m'avoit prié lui permettre de si rectirer, ce que je lui avois accordé et ne scay a quoy il a tenu qu'il ne l'a faict, le desirant scavoir. Je luy escry l'incluse, que vous luy ferés tenir affin qu'il advise de faire abbattre et demolir le fort qu'il a faict fere a sa maison de la Part Dieu, ou bien qu'il le fasse si bien garder a ses despances qu'il n'en advienne faulte. Au reste j'ay veu la requeste que m'a presenté, laquelle je vous renvoye signé et accordé, comme vous desirés. Vous ferés bien d'envoyer le capitaine Beauregard pour fere et ourdonner quelque course vers ledit chasteau de Barbieres pour rompre led. dessain de l'ennemi, et le tenir en crainte et tascher de le recouvrer s'il estoit possible. Me recommandant en cest endroit de fort bon cueur avec bonnes graces, priant Dieu, messieurs les consuls, vous donner trés bonne et longue vye.

De Grenoble, le xxvii° d'avril 1577.

Vostre certainement meilleur amy,

Gordes.

Messieurs les consuls, j'ay receu la vostre du jour d'hier et par icelle entendu la reprinse du chasteau de Barbieres soubs l'obeissance du Roy, de quoy j'ay esté trés aise. Ce vous est osté une espine du pied. Il fauldra regarder a contenter et a l'entretenement du capitaine de Margerie, comme j'escris au capitaine Beauregard, por lequel j'ay entendu comme le tout a passé a l'expedition dud. Barbieres. Et n'ayant a vous dire aultre chose a present je me recommanderay de bon cueur a vos bonnes graces priant Dieu, messieurs les consuls, qu'il soit garde de vous. De Grenoble ce premier de juing 1577.

J'escris une lettre a monsieur Bourgarel. Je vous prie la luy faire tenir a Valence, ou il m'escrit qu'il se trouvera.

Vostre entierement meilleur amy,

Gordes.

Gordes pendant ce temps se préparait à reprendre l'offensive. Comme les huguenots gagnaient du terrain dans les environs de Corps et de La Mure et pouvaient, d'un moment à l'autre, devenir un danger pour Grenoble, le lieutenant-général voulut les refouler au delà de ces places. Le capitaine Jules Centurione, genevois, marcha contre eux à la tête de 1000 arquebusiers et de 100 chevaux, et s'empara de Corps et d'Ambel (mai). Aussitôt Lesdiguières vole au secours des siens ; mais Gordes, qui campait à Varces [1], *s'avance de son côté par le Monestier-de-Clermont et St-Jean-d'Hérans, à la tête de près de 6000 combattants. Lesdiguières, qui ne voulait se mesurer avec des forces aussi considérables, opère sa retraite sur le château de Diguières, à travers les défilés des montagnes* [2]. *Gordes revint ensuite à Grenoble, où il ne fit pas un long séjour. Il se dirigea vers le Valentinois, où les garnisons protestantes de Livron, de Loriol et d'Eurre faisaient des courses incessantes et tenaient en échec les places de Crest et de Montélimar. Sur sa route, il reprit le château d'Ar-*

Les registres des délibérations consulaires de Romans donnent quelques détails sur ces évènements. (CHEVALIER, Annales, p. 70). CHORIER nous apprend p. 679-80) que Gordes confia la garde du château de Barbieres au capitaine Margerie et lui fit encore un présent de 300 livres qui lui furent payées par les communautés voisines.

1. La chronologie de ces différents évènements est assez embrouillée, les chroniqueurs fournissant des données contradictoires (Eust. PIÉMONT, p. 52; ARABIN, p. 84; PÉRUSSIS, p. 202; CHORIER, p. 797). Chorier, qui avait sous les yeux le journal de de Gordes est le mieux renseigné : la prise d'Allières eut lieu le 31 mai ; l'armée royale campa ensuite auprès de Varces, d'où elle partit au commencement de juillet pour aller délivrer la place d'Ambel. Voici une lettre inédite de de Gordes, adressée aux consuls de Romans, et qui justifie pleinement ces informations.

Messieurs les consuls, j'ay receu par ce porteur vostre lettre et veu les advis que me donnés qui se trouvent conformes a plusieurs aultres que j'ay d'ailleurs et vous en remercye bien fort, vous asseurant que nous sommes bien resolus et deliberés de les attendre et toute cette bonne et belle compagnie en bonne volonté de bien fere, Dieu aydant, lequel je prie en me recommandant de fort bon cueur a vos bonnes grâces vous donner Messieurs les consuls, en bonne santé longue vie.

Du camp a Varces, le XXIX juing 1577.

    Votre entierement meilleur amy, GORDES.

2. ARABIN, p. 84.

mieu. Il arrivait à Valence le 26 juillet. Il s'empressa d'envoyer Ourches, son gendre, avec quelques cavaliers délivrer le château de Crussol, que les huguenots tenaient assiégé [1].

L'expédition projetée dans le Valentinois fut un moment suspendue. Des troubles avaient éclaté dans les environs de Grenoble, et pendant que les huguenots menaçaient cette ville, les habitants ne savaient mettre un terme à de mesquines querelles et s'astreindre à une discipline sévère [2]. Gordes comprit que sa présence à Grenoble était utile. Après avoir quelque peu remédié à ce déplorable état de choses, il revint dans le Valentinois poursuivre les opérations militaires. Les débuts de la nouvelle campagne ne furent point heureux. Dans une rencontre près de Livron, Ourches reçut une grave blessure ; transporté à Montélimar, il y mourut quelques jours après, en héros chrétien, donnant à son lit de mort des marques de la délicatesse de sa conscience (30 août 1577) [3]. Il fut enterré dans l'église Sainte-Croix à côté de Gaspard de Simiane seigneur de Laval, son beau-frère. Le 31, Ventadour échouait dans une entreprise sur Livron. Gordes avec le gros de l'armée partit de Valence et se présenta le 2 septembre devant Loriol, dont les portes lui furent aussitôt ouvertes. Le lendemain il allait assiéger Urre, où Cugy s'était enfermé. Après un blocus de quatre jours, la place capitula [4]. Mais la joie de ce succès devait être de courte durée. Châteaudouble venait de tomber au pouvoir de l'ennemi, et le lieutenant-général se disposait déjà à reprendre cette place lorsqu'on lui annonça que Lesdiguières, à qui tout réussissait dans le haut Dauphiné et qui s'était rendu maître de Corps et d'Ambel, arrivait à marches forcées à travers les montagnes du Diois au secours de ses coreligionnaires de la plaine. Vivement affecté de la mort de son gendre et des fâcheuses nouvelles qui lui parvenaient de différents points de la province, Gordes abandonna ses projets sur Châteaudouble et revint à Grenoble, où le calme

1. La defaicte de certains huguenots qui tenoyent assiégé le chasteau de Crussol, faicte par Mr d'Orche, couronnel de l'infanterie du Dauphiné, accompagné de plusieurs gentilzhommes et de ceux de la ville de Valence ; à *Lyon*, 1577, in-8°, 7 p. Cf.-Eustache Piémond p. 67-8.
2. Eustache Piémond, p. 54.— 3. De Coston, Hist. de Montélimar, t. II, p. 380. — 4. Chorier, p. 682.

n'était pas encore rétabli. Quant à Lesdiguières, avant de reprendre la route de ses montagnes, il voulut tenter l'escalade contre Crest, mais il fut repoussé (13 octobre) [1].

Dans le reste de la France, les protestants n'obtenaient pas d'heureux succès, ce qui n'empêcha pas Henri III de signer avec eux le traité de Bergerac (17 septembre), sur des bases qui leur étaient avantageuses. Singulier résultat de ses récentes victoires, ce monarque redoutait, plus que tout, les triomphes de la Ligue, dont il s'était déclaré le protecteur ; il voyait en eux autant de coups portés à son autorité et à son indépendance. Aussi s'empressait-il d'offrir la paix à ses adversaires, au moment où divisés entre eux et presque complètement vaincus, ils avaient besoin d'une trêve pour se reconnaître et se réorganiser. L'édit de Poitiers (23 septembre) contenait en 63 articles une série de promesses et de concessions, qui n'étaient pas moindres au fond que toutes celles des édits précédents ; il fut accompagné de 47 autres articles, tenus secrets, pour ne pas effaroucher la conscience catholique, par lesquelles on reconnaissait aux protestants le droit de concourir au choix des juges dans les chambres nouvelles, on leur accordait la solde de huit cents hommes pour la garde des places de sûreté, l'état civil des prêtres et des religieux mariés et de leurs enfants, etc., etc. [2].

Solennellement enregistré et publié à Grenoble, l'édit de Poitiers demeura tout d'abord à l'état de lettre morte et n'apporta pas grand soulagement aux misères du peuple. Il en coûtait aux protestants de mettre bas les armes, dans un moment où ils triomphaient. Lesdiguières et Gouvernet se résignèrent enfin à accepter la paix, mais il fallut leur promettre qu'on laisserait à leur parti, outre les places de Serres et de Nyons, celles de Die, de la Mure et de Livron [3]. Cugy, qui commandait à Die, refusa de publier la paix. Il entretenait depuis quelque temps des intelligences avec les huguenots du Vivarais, et l'on s'était promis de part et d'autre de surprendre Valence, Etoile, Romans, à la faveur de certaines agitations populaires, qui régnaient dans ces quartiers [4].

1. Videl, p. 29. — 2. Dumont, Corps diplomatique, t. V, p. 336. — 3. Eustache Piémond (édit. de M. Brun-Durand), p. 55. — 4. Chorier, p. 683.

Cependant le maréchal de Bellegarde avait été nommé commissaire exécuteur de l'édit de Poitiers pour le Lyonnais, le Dauphiné et la Provence. Il avait eu l'intention de se rendre en personne dans le Valentinois pour imposer une fin au désordre, mais avant de se lancer dans une entreprise, dont le résultat n'était pas certain, il voulut en conférer avec Gordes, et il invita ce dernier à venir le joindre au Buis. Bien que malade, Gordes n'hésita pas à se mettre en route ; il partit de Grenoble le 12 février 1578. Arrivé à Montélimar le 20, il fut obligé de s'arrêter, et le mal fit tout à coup de si rapides progrès qu'il mourut le lendemain [1]. *Bertrand-Raimbaud de Simiane, baron de Gordes, fut pour ainsi dire une exception, au milieu de la dépravation générale de son siècle : également fidèle à son Dieu et à son roi, il sut par sa bravoure, par la droiture de ses intentions, par la noblesse de son caractère, conquérir l'estime, l'admiration des protestants eux-mêmes. Il savait distinguer dans les rangs de ses adversaires les gens honnêtes et de bonne foi des ambitieux et des intrigants* [2].

Laurent de Maugiron, que Gordes avait remplacé en 1564, fut réintégré dans la lieutenance générale de la province, par lettres du 4 mars 1578, enregistrées au parlement le 8 avril suivant. Il

1. DE COSTON, Hist. de Montélimar, t. *II*, p. *381.*
2. *Voici une lettre inédite de de Gordes, dans laquelle se révèle son esprit de justice et de modération. Elle est adressée aux consuls de Romans (Archives de la Drôme, E, 3669).*

Messieurs les consuls, j'ay receu vostre lettre et veu celle que vous escrit monsieur de Valence. J'ay aussi parlé avec ce porteur de la prinse de certains hommes qui ont esté amené en vostre ville par les soldats. Sur quoy je vous diray que l'intention de Sa Majesté n'a jamais esté qu'on aie usé d'aulcune violence a l'endroit de ses subjects, qui ne portent pas les armes contre luy, encore qu'ils ne soient catolicques, par quoy vous ne ferez faulte, avoir veu la presente, de les relascher et renvoier audict sieur de Valence, que je m'asseure ne vouldroit laisser les choses en ceste façon aiant les moiens si bons qu'il en a comme a semblable. Moy estant bien instruict de l'intention de sadicte majesté, je ne veulx souffrir qu'on y enfraigne aulcune nouvaulté, vous asseurant que s'il se faisoit, je ferois punir si exemplairement les contrevenans que beaucoup d'aultres n'auroient pas occasion de s'y jouir, et ne vous ayant faict ceste presente aultre, je me recommande de bon cueur a vos bonnes graces, priant Dieu, messieurs les consuls, vous avoir en sa garde. De Grenoble ce XXIX may 1577.

Vostre entierement meilleur amy. GORDES.

était loin d'avoir les qualités de son prédecesseur. La première année de son administration fut employée à poursuivre les négociations déjà entamées avec les protestants, relatives aux effets pratiques de l'édit de Poitiers, et à réprimer certains désordres isolés. Le 29 mai, il traversait Saint-Marcellin, et arrivait à Romans le 1er juin, où l'attendait une brillante réception [1]. Le 12 juin, il était à Jarrie, petit village près de Grenoble, et signait arec les représentants du parti huguenot, Innocent Gentillet, Cugy et Louis du Vache, seigneur d'Estables, des conventions provisoires, destinées à amener la pacification complète du pays. Les protestants s'engageaient à s'abstenir de toutes courses ; mais on leur laissait toutes les places dont ils étaient en possession et on leur accordait 6200 livres par mois pour l'entretien des garnisons. Les Etats du Dauphiné, assemblés à Grenoble, le 4 juillet, approuvèrent le traité de Jarrie : les députés protestants qui y assistaient et les représentants des trois ordres promirent d'y être fidèles jusqu'à l'entière exécution de l'édit [2].

Cependant le roi refusa de sanctionner l'accord qui venait d'être fait et écrivit à Maugiron pour lui témoigner son mécontentement. Celui-ci avait déjà engagé avec Lesdiguières de nouvelles négociations, pour arriver à fonder la paix sur des bases plus conformes aux désirs du monarque, quand on apprit que Catherine de Médicis, malgré son grand âge s'était mise en route pour le Languedoc, afin d'employer ses incontestables talents de diplomate à rétablir la concorde entre son gendre, le roi de Navarre, et Henri III. Les protestants du Dauphiné voulurent profiter du voisinage de la reine-mère et lui députèrent Soffrey de Calignon, dans le but de lui faire entendre leurs remontrances et pour lui présenter 37 articles, dans lesquels se résumaient toutes leurs demandes. Calignon était à Nérac au mois de décembre 1578. Il fut bien accueilli de la reine, qui attendait vainement depuis plusieurs jours que son gendre consentît à conférer avec elle ; tout fut bientôt réglé, et le 19 Catherine signait une convention, qui semblait devoir mettre un terme aux souffrances de nos populations. Sur

---

1. Eustache Piémont, p. 58 et 59.
2. Bulletin de l'académie Delphinale, t. I (1846), p. 558-61.

les 37 articles présentés par les huguenots, elle en rejetait quatre, en renvoyait six au bon plaisir du roi, et approuvait tous les autres. Les protestants dauphinois avaient demandé, outre les avantages, qui leur étaient reconnus par le dernier édit, le libre exercice de leur religion à Vienne, St-Marcellin, le Buis, le Grand-Villars, Varce, Sauzet, Crest et Grenoble ; l'organisation immédiate de la chambre de l'Edit, avec Gentillet pour président, et pour conseillers, Calignon, du Vache, de Marcel, et Frise ; les consuls choisis indifféremment dans les deux religions ; la permission d'ensevelir leurs morts dans les cimetières ordinaires jusqu'à ce qu'on leur en eût accordé de spéciaux ; l'autorisation de s'imposer pour entretenir leurs ministres, etc., etc. La sanction royale ne se fit pas attendre : le 20 janvier 1579, Henri III approuva le traité fait par sa mère et accorda de nouveau à Calignon des lettres de conseiller au parlement de Grenoble [1]. Quatre jours après, le roi écrivait à Maugiron pour lui annoncer que toutes les difficultés ayant été aplanies, rien ne s'opposait plus à l'entière exécution de l'édit de pacification ; il lui enjoignait entre autres choses, d'organiser dans le plus bref délai la chambre tri-partie [2].

On le sentait, le roi avait hâte d'en finir avec les protestants dauphinois, et il désirait la paix à tout prix. Il voyait tous les jours son autorité compromise par les progrès de la Ligue. D'autre part, les troubles sérieux, qui venaient de se produire dans certaines régions de la province, lui faisaient un devoir de concentrer ses forces pour lutter contre un ennemi d'un nouveau genre. Les effroyables malheurs auxquels étaient journellement exposées les populations des campagnes avaient fini par exaspérer le peuple et donner naissance à des soulèvements, dont on ne pouvait mesurer encore toutes les conséquences. D'après les récits qui précèdent, le lecteur a pu constater que la gloire de Dieu, la réforme de l'Eglise n'étaient chez un grand nombre de capitaines et de soldats que de faux prétextes, sous lesquels ils coloraient leur passion pour le meurtre et le brigandage. Ces aventuriers,

---

1. ROMAN, Catherine de Médicis en Dauphiné (1579), dans Bulletin de l'Académie Delphinale, 3ᵉ sér., t. XVII (1883), p. 318-20.
2. Bulletin de la société d'archéologie et de statistique de la Drôme, t. VIII (1873), p. 292-4.

à la faveur de la désorganisation générale, reprenaient les mœurs atroces des routiers et des grandes compagnies du XIVe siècle. Les contributions de guerre, qui pesaient si lourdement sur les campagnes et que les deux partis exigeaient des infortunés paysans avec une impitoyable rigueur 1, n'étaient rien en comparaison des maux, des désastres que leur causaient ces bandes de brigands, qui avaient arboré le drapeau de la réforme, et que les chefs protestants n'osaient désavouer qu'à demi. Des gens de cette espèce se souciaient fort peu des édits de pacification : la guerre était pour eux un métier plus profitable que celui qu'ils avaient pu antérieurement exercer. C'est ainsi que le capitaine Bouvier, de Romans, ayant appris que Lesdiguières négociait la paix avec Maugiron, s'empara du Pont-en-Royans et entreprit de s'y maintenir dans une certaine indépendance ; mais il en fut bientôt chassé et se réfugia dans le Vercors, n'osant aller à Romans, où

---

1. Les exacteurs des tailles ne gardaient aucun ménagement à l'égard des débiteurs en retard ; ils ne se contentaient pas de faire vendre leurs biens à vil prix, mais ils employaient encore la contrainte par corps et les enfermaient dans ce qu'on appelait alors une prison, mais qui était en réalité un lieu infect et étroit, où les victimes, privées d'air et de lumière, pourrissaient littéralement sur la paille humide (DE COSTON, Hist. de Montélimar, t. II, p. 399). Les gens de guerre avaient un moyen plus expéditif de se faire payer les contributions, qu'ils levaient le plus souvent selon leur caprice. Les archives de Valence renferment un certain nombre de lettres, dans lesquelles sont formulées les plus terribles menaces contre les communautés, qui se montraient quelque peu difficiles à répondre aux exigences des capitaines. Voici une de ces lettres, qui peut passer pour un modèle du genre ; elle était adressée de Pontevez le 7 septembre 1575, aux consuls de Donzère par Monier, notaire à Dieulefit, qui avait reçu de Montbrun la charge de lever une imposition.

J'ai découvert les menées et intelligences que vous avez avec quelques uns de ce quartier, par le moyen desquelles vous et vos circonvoysins vous retardez et faites le retif à payer. . . . Je vous advertis et exhorte pour la dernière fois que si promptement ne venez satisfere, j'employeroy tous les amis de Mr de Comps et les miens pour vous aller faire une execucion de laquelle maudirés ceulx qui vous ont empesché faire vostre debvoir, et vous jure par le Dieu qui me faict vivre que par despit je tueroy et feroy tuer tant de gens et de bestes que je trouveroy de vostre mandement et de ceulx qui font le retif a payer, et n'espargneroy maisons ne granges de qui que que ce soit que je ne face tout bruler, et oultre je feroy recepvoir une escorne a ces galands qui vous conseillent. . . (LACROIX, Arrondissement de Montélimar, t. III, p. 324-5).

ses compatriotes lui auraient infligé le juste châtiment de ses méfaits [1]. Parmi ces chefs de bandits, le plus fameux est un certain Félix Vallet, de Livron, connu dans les annales de la province sous le nom de capitaine Laprade. Il se rendit maître de Châteaudouble, et pendant plus d'une année fit de cette bourgade un véritable repaire de brigands [2].

Dans les derniers mois de l'année *1578*, nous voyons, en plusieurs endroits, les bourgeois et les paysans se coaliser et former entre eux des associations, dans le but de se protéger mutuellement contre les gens de guerre catholiques ou protestants. Comme signe distinctif d'affiliation, quelques-uns se coiffaient d'un chaperon sans cordon. On trouve la première trace de ces ligues, dites de l'Equité, qui ne devaient point tarder à prendre des proportions formidables, dans une lettre adressée, le *19* octobre *1578* par les consuls de Sauzet à ceux des communautés voisines [3]. Vers le même temps, les paysans de Marsas et de Chantemerle, dans la baronnie de Clérieux, se liguèrent et tinrent une assemblée en janvier *1579*. Ils se procurèrent des armes et leur premier exploit fut la victoire qu'ils remportèrent contre une compagnie qui traversait le pays, sous la conduite Jean de Bourellon, seigneur de Mures. Ce capitaine n'eut que le temps de fuir avec ses hommes, abandonnant entre les mains des paysans tous ses bagages. La ligue se fortifia bientôt par l'adhésion des bourgeois de Romans, et dans une assemblée, tenue le *9 février*, elle se donna pour chef un nommé Jean Serve, dit Le Pommier ou Le Paulmier, marchand drapier, originaire de Montmiral [4]. Cet homme, sans talent militaire, mais d'une grande énergie, sut imposer son autorité à tout le pays : un mot de lui suffisait pour entraîner les masses. Maugiron dut compter avec les habitants de Romans ; ceux-ci lui ayant écrit pour se plaindre des tailles et demander quelque soulagement, il leur répondait le *13 février*

---

1. Eustache Piémont, p. *58*.
2. Eustache Piémond, p. *60* ; — Actes et correspondance de Lesdiguières, n°ˢ 7, 8, et 9 ; — Archives de la Drôme, E, *4027*.
3. De Coston, Hist. de Montélimar, t. II, p. *392*.
4. J. Roman, La guerre des paysans en Dauphiné, (*1579-1580*). dans : Bulletin de la soc. arch... de la Drôme, t. XI (*1877*), p. *22-50 et 149-71*.

par une curieuse lettre où se peint son embarras [1]. A Valence, à
Montélimar et en d'autres lieux, les populations s'étaient chau-

[1]. Voici cette lettre, tirée des archives de la Drôme, E. 3744.
Messieurs, j'ay receu vostre lettre du douziesme de ce mois, et du
mesme jour, vous me priés de faire surçoir le paiement de la taille et imposition particuliere jusqu'à l'Estat prochain. Je vous diroy que pour satisfaire au peuple, que je cheris plus que ma vye, je m'achemine a Grenoble aussitost que j'ay receu vosdites lettres, et s'il vous plaict, vous ferez que dans lundy ou mardy il s'y trouve quelques uns deputés dud. peuple, pour avecque moy faire que la court de parlement et le pays, ayant ouy leurs doleances en ma presence, leur voulant servir de pere, comme j ay toujours faict et feray, je face qu'ils soient contents, et ce pendant je ne veulx que nullement il leur soit donné aulcun trouble ni levée de deniers, et quant a ma volonté chascun scaict qu'a mon advenement a ce gouvernement, je n'ay désiré sinon appaiser la guerre, ayant mis pour ceste occasion mon fils aisné au sacrifice en hostant pour led. peuple, affin que ostant la guerre et effectuer les edicts de paix je puisse faire tant que en faisant des armes ceulx de la Religion, par mesme moien je puisse casser les bandes et riceulier les gardes des villes, pour donner moien au peuple de faire ses affaires et n'estre plus a la misere et pouvreté, en quoy ils sont, de quoy je n'ay sceu faire tant que jusques a icy ceulx du party contrere ne se soient toujours maintenus en armes, oultre que La Prade n'ayant cessé ses voleries, bruslements et actes d'hostilité je n'ay ozé, plus pour son regard que de nul aultre, ne mainctenir les armes haultes, attendant un reglement general, lequel j'attends d'heure a aultre, et encores, Messieurs, que les deniers qui se levent a present n'est de mon ordonnance moings de mon temps, mais plustost du temps de feu monsieur de Gorde, et aussy qu'il y a la parcelle du pays, approuvée par le Roy, des deniers, choses ordinaires deues du tout temps aux Roys par ses subjects. J'ayme tant le peuple de ce païs, pour estre fils d'un pere qui les a regi quarante et tant d'années, pour estre de la patrie, aussy pour l'honneur qu'ils me portent de venir avecq reverance et le debvoir, qu'ils ont a moy pour tenir le lieu du Roy. Je suis resolu de les surçoyr jusques a ce qu'ils aient faict lesd. doleances, les priant ce pendant qu'ils se soulaigent en paix et facent leurs affaires, aiant foy en moy qu'ils seront mainctenus et soulaigés, tout ainsin que bons subjects du Roy et mes intimes amys doibvent estre. Donq allant a Grenoble pour cest effect, ils ne faudront me venir trouver ceulx auxquels ils se fient le plus, car je suis déterminé à leur plaire et a tout le peuple daulphinois et mourir plustot qu'ils ne soient contents, comme patriote et estant leur pere, attendu aussy que c'est la seule intention du Roy de les soulaiger. Cependant je prie Dieu vous donner, Messieurs, en santé heureuse et longue vye. D'Ampuy ce XIIIe jour de febvrier 1579.
Vostre frere et amy.
MAUGIRON.

dement prononcées pour les ligues. A Montélimar en particulier, l'agitation était grande. Jacques Colas, à la tête d'une bande, qui comptait plusieurs gentilhommes, vint mettre le siège devant Roussas, s'en empara et en massacra les brigands, qui y avaient trouvé un refuge [1]. Le Paulmier, imitant l'exemple de Colas, réunit à Romans près de 4000 ligueurs et marcha contre Châteaudouble, où Laprade continuait ses volleries et pilheries. Maugiron n'avait pas été consulté. Il accourt aussitôt, et ne pouvant calmer l'effervescence populaire, il prend lui-même le commandement et la conduite du siège, afin de prévenir les malheurs, que pouvait attirer, sur cette foule indisciplinée, l'inexpérience de ses chefs. Laprade abandonna Châteaudouble, le 5 mars. Nosdicts ligeux après cet exploict.. s'en revindrent aud. Romans, enflés de gloire, tellement que l'on ne les osoient regarder, ... menassant les gentilshommes, qui avoient des maisons un peu bonnes, de les renverser, s'ils ne faisoient leur volonté, ne recognoissant poinct le bien, qu'ils avoient receu par le moien de ladicte noblesse audict Chasteaudouble, et commencerent a se desborder tellement, tant a Romans que villaiges circonvoisins, qu'il n'y avoit si petit malotru, qui ne fist accroire qu'il estoit aussy grand seigneur que son seigneur mesme [2]. Maugiron n'était pas fâché de voir les excès, auxquels se laissaient entraîner les ligueurs, parce qu'ils étaient le prélude de la ruine de cette association.

Tous ces obstacles, que rencontrait l'exercice de l'autorité royale, ne pouvaient être que d'un grand profit à la cause des protestants. Dans une de leurs assemblées politiques, tenue à Die, le 19 février, sous prétexte de rechercher les meilleurs moyens d'établir une paix durable, Lesdiguières prit la parole, et fit comprendre qu'il fallait une paix armée [3]. Les faiblesses de la cour augmentaient l'audace des protestants. Le traité de Nérac, ayant été signé entre la reine-mère et le roi de Navarre, et les concessions de l'édit de Poitiers renouvellées, ils tinrent de nou-

1. Coston. Hist. de Montélimar, t. II, p. 393-5.
2. Bulletin de la soc. arch. de la Drôme, t. XI, p. 40.
3. Bulletin de l'Académie Delphinale, t. I, p. 655-61.— Actes et corresp. de Lesdiguières, t. I, p. 16, n°. XI.

velles réunions, notamment à *Serres (30 avril)*, où ils résolurent de profiter de la situation importante, que leur parti avait su acquérir. Aussi, dans la conférence, que leurs députés eurent avec ceux de Maugiron, le 20 mai, à La Mure, fut-il impossible de s'entendre, les députés catholiques ne pouvant se résoudre à souscrire aux exigences de leurs adversaires. Les huguenots demandaient en effet : 1° que l'exercice de la religion fût libre dans toute la province ; 2° que la chambre tri-partie de Grenoble fût installée, avec toutes les prérogatives, qui avaient été accordées à la chambre du Languedoc ; 3° que les réformés fussent admis aux charges provinciales et municipales, comme les catholiques ; 4° que les places occupées par eux leur fussent laissées, jusqu'à l'entière exécution de l'édit de Poitiers, par tout le royaume, et aux frais de la province [1].

Maugiron, qui ne parvenait pas à faire déposer les armes au parti protestant, se vit bientôt en face de nouvelles difficultés. Il lui fallut licencier à peu près toutes ses troupes, faute d'argent pour les payer. Ses caisses étaient complètement vides, et la province devait 50,000 écus aux Henry, banquiers de Lyon, à qui elle payait un intérêt de 14 % [2]. On ne pouvait songer à lever encore des tailles ; dans les derniers mois de l'année précédente, on avait exigé coup sur coup trois tailles de nos malheureuses populations [3]. Aussi le tiers avait-il manifesté son mécontentement, avec une extrême violence, aux Etats du mois d'avril 1579 [4]. Les Les communautés villageoises demandaient que les biens-fonds de la noblesse fussent cadastrées et payassent l'impôt ; que les deux ordres privilégiés contribuassent aux frais de la guerre ; que les offices créés depuis le règne de Louis XII fussent supprimés ; que les comptes des trésoriers fussent examinés avec soin ; que le procureur des Etats fût du tiers ; que les églises ruinées fussent réédifiées aux frais des ecclésiastiques ; que les châteaux, qu'on pouvait fortifier, fussent rasés ; que tout impôt extraordinaire fût aboli. Le tiers-état s'était imposé d'un écu par feu, pour poursuivre

---

1. Arnaud, p. 367. — 2. Bullet. de l'Acad. Delph., 3ᵉ série, t. XVII, p. 322.
3. De Coston. Hist. de Montélimar, t. II, p. 399.
4. Bulletin de l'Acad. Delph., t. I, p. 561-2.

l'exécution de ce programme, qui était, comme on le voit, celui d'une véritable révolution. Il ne devait pas tarder à donner naissance au fameux procès des tailles.

Enfin, comme si tous les malheurs s'étaient donné rendez-vous dans notre province, le maréchal de Bellegarde, qui avait la mission de faire respecter les édits, donna lui-même l'exemple de la révolte contre son souverain. Il fit alliance avec Lesdiguières et le duc de Savoie, pour chasser Charles Birague du gouvernement de Saluces et se créer une sorte de principauté indépendante. Il partit de Carmagnole le 10 juin, avec le régiment de Brissac et un corps de troupes, que lui avait cédé Lesdiguières [1]. En quelques jours il réussit à faire à son profit la conquête du marquisat [2].

Au milieu de cette perturbation générale, Henri III crut que l'habileté de sa mère pourrait seule pacifier les esprits et ramener à l'obéissance le vieux maréchal. En conséquence Catherine de Médicis, quittant le Languedoc, s'achemina vers le Dauphiné par le Comtat. Elle venait coucher à Montélimar le 16 juillet ; le lendemain elle dînait à Loriol et arrivait dans la soirée à Valence. Le lundi 18, elle faisait son entrée à Romans, et le soir du même jour, elle écrivait à son fils une longue lettre, remplie de détails du plus vif intérêt : elle traçait en quelques mots le portrait, les tendances des hommes importants qu'il lui avait été donné de voir sur sa route [3]. L'histoire n'a point à modifier le jugement qu'elle porte sur Colas, Blacons, l'évêque Monluc et le fameux Pommier. Le lundi 20, la reine s'éloigna de Romans et fut reçue à Saint-Marcellin. Le mardi, elle couchait à Moirans, et le mercredi, la ville de Grenoble lui faisait une réception des plus solennelles [4]. Catherine qui tenait surtout à conférer avec Lesdiguières, l'avait invité à venir en personne à Grenoble, lui offrant toutes les garanties pour sa propre sécurité. Mais celui que le duc de Savoie

---

1. VIDEL. p. *34.* — 2. M¹ˢ D'AUBAIN. Pièces fugitives, *t. I, p. 350, 351-2.*

3. On conserve à la bibliothèque impériale de S¹-Pétersbourg de nombreuses lettres de Catherine de Médicis. Pour l'année 1579, ces lettres sont très multipliées et pleines d'intérêts. Son voyage de Provence et de Dauphiné y est raconté presque jour par jour. C'est sa correspondance intime et confidentielle avec *Henri III.*

4. Bullet. de l'Acad. Delph., *t. I.* p. *662.*

appelait un fin renard, *ne se fiait nullement à toutes ces belles promesses, et malgré les instances réitérées de la reine, il allégua toujours de nouveaux prétextes pour se dispenser d'aller à Grenoble. Il n'était pas d'ailleurs désireux d'arrêter les bases d'une paix définitive. Son plan était de faire traîner le plus longtemps possible les négociations. Il réunit à la Mure les principaux chefs du parti, et fait rédiger plusieurs cahiers de demandes, qu'on soumet successivement à la reine. Les protestants, entre autres choses, veulent qu'on leur accorde sept villes de sûreté, outre celles que l'édit leur reconnaissait. Leurs députés eurent plusieurs conférences avec Catherine, qui comprit enfin qu'on voulait gagner du temps et qu'on avait probablement pris des engagements avec Bellegarde pour ne rien conclure les uns sans les autres* [1]. *Elle voulut donc voir le maréchal, et comme celui-ci refusait de venir à Grenoble, pour le même motif qui avait retenu Lesdiguières, elle se mit en route le 16 septembre pour Lyon, afin de gagner de là Montluel en Bresse, ville des états du duc de Savoie, où Bellegarde et les députés des Eglises protestantes avaient promis de la rejoindre. La conférence, si souvent promise et attendue vainement jusque-là, eut lieu en effet à Montluel les 18, 19 et 20 octobre 1579. Bellegarde fut maintenu dans le gouvernement de Saluces, mais aucune décision définitive ne fut prise relativement aux protestants dauphinois. On convint seulement que les hostilités seraient suspendues, que deux ou trois députés iraient trouver le roi pour connaître sa décision, et que Bellegarde serait délégué pour régler de concert avec Lesdiguières la situation respective des deux partis, en attendant qu'on connût les intentions de la cour* [2]. *Au mois de novembre, Bellegarde signait avec Lesdiguières, au Monestier-de-Clermont, un règlement de pacification, qui laissait à peu près tout en suspens* [3]. *Les huguenots avaient précisément obtenu ce qu'ils désiraient : ils conservaient leurs places de guerre et pouvaient se préparer à une nouvelle levée de boucliers.*

1. Bullet. de l'Acad. Delph., 3ᵉ série, t. XVII, p. 326-37; — Actes et corresp. de Lesdiguières, nᵒˢ 24 à 30.
2. Bullet. de l'Acad. Delph., t. II (1847), p. 137-9.
3. Reglement sur la pacification du Dauphiné, dans EUSTACHE PIÉMONT (édit. Rochas), p. 99. La Bibliothèque de Toulouse possède un grand nombre de pièces relatives à ces négociations. Ms. 612 et 613.

Au mois de février 1580, la ville de Romans devint le théâtre de graves désordres. Pommier et ses ligueurs étaient demeurés en lutte avec la noblesse et la bourgeoisie, depuis les affaires de Châteaudouble. Ils reprochaient aux bourgeois de s'être enrichis au dépens du pauvre peuple. Ces plaintes ne seraient-elles pas un écho des énergiques protestations qu'avait fait entendre le tiers aux États du mois d'avril 1579 ? Il est probable que Maugiron, suivant les instructions secrètes de la cour, fomentait ces divisions intestines qui devaient nécessairement entraîner la ruine de la ligue des paysans. Le roi en effet n'avait cessé de se montrer hostile à ces associations, qu'il considérait comme une atteinte à son autorité ! Quoiqu'il en soit, Pommier et quelques-uns des siens furent massacrés dans une émeute populaire, et les bourgeois de Romans, d'accord avec la noblesse, dans le but de réprimer par la terreur toute agitation populaire, firent des courses dans les campagnes, massacrant les paysans comme pourceaux, dit un chroniqueur contemporain. La justice s'empara bientôt de l'affaire. Une commission, nommée par le parlement, vint s'établir à Romans : on fit le procès à 89 personnes, qu'on accusait du crime de lèse-majesté ; 44 furent condamnés à être pendues. Ces malheureux, voués à toutes les sévérités de la justice royale, ne pouvaient être, comme on le pense bien, que des ligueurs [1].

---

[1]. *Archives de l'Isère*, B, 2039. — J. ROMAN. La guerre des paysans en Dauphiné, *dans Bullet. de la soc. d'arch... de la Drôme*, t. XI, p. 22-50, et 149-71 (c'est un récit, attribué à Ant. Guérin, juge de Romans, et dont le texte est conservé à la Bibliothèque nationale, Ms. F., 3319, p. 137 et suiv.) — Voir les notes ajoutées par M. Brun-Durand au texte d'EUSTACHE PIÉMONT, p. 88-99, et Dr CHEVALIER, Annales de la ville de Romans pendant les guerres religieuses, p. 72-86. — *Les registres de la ville de Romans renferment beaucoup de renseignements et de curieuses pièces sur cette guerre des paysans. Nous en avons transcrit la lettre suivante d'Henri III, adressée aux membres de la commission du parlement, chargée de sévir contre les auteurs des troubles.*

Copie de la lettre du roy a nos seigneurs de la court de parlement seant a Romans. De part le roy daulphin,

Nos amis et feaulx. Nostre intention et principal soing a toujours esté de contenir nos subjects dedans les bornes de l'hobeissance et subjection qu'ils nous doibvent plustost par doulceur, benignité et clemence que aultrement, comme chascuns d'eulx a peu cognoistre et esprouver par

Ces évènements produisirent dans la contrée une vive agitation. A la nouvelle que le peuple de Romans avait été massacré par les

nos actions, despuis nostre advenement a la couronne. Mais la condition de ce temps, plain de licence et de corruption, a permis que aulcuns d'eulx, au lieu de recognoistre nostre bonté, comme ils debvoient faire, ont esté sy temeraires que d'en abuser, et en oblyant la raison et leur debvoir, machiner contre nostre estat et service, ce qui a esté cause que nous nous sommes resoluz employer l'authorité de notre justice, et ne rien espargner des moyens, que Dieu nous a mis en main, pour nous faire obeyr et purger nos provinces des auctheurs de telles factions, vous ayant a ceste fin cy devant décerné nos lettres de commission, permis et commandé vous transporter en nostre ville de Romans pour punir les coulpables desdites esmotions. A quoy nous avons esté bien aizes d'entendre par vos lettres, escriptes le XVIIe de ce moys, que vous ayés sy dilligement procédé que deux d'iceulx ayent esté exccutés, et ayés descouvert le fond de leurs malheureuses conspirations, desquelles vous ne fauldrés a nous informer bien particullierement aussi tost que vous aurés receu la presente, vous priants ordonnants continuer a faire vostre debvoir en ceste poursuyte sans aulcune intermission, comme le plus agreable service que vous nous scauricz faire. Nous mandons aussy aux sieurs de Mandelot et de Maugiron vous donner toute assistance et main forte pour l'execution de vos decrets et jugement, et combien que nous leur ayons permis faire une assemblée des troys ordres du pays, pour adviser d'assoupir leurs differents et animosités, lesquelles ont servy de pretexte et fondement auxdites eslevations popullayres, touteffoys nous leur avons expressement mandé de n'en passer plus advant que au preallable le peuple n'eust posé les armes et representé a justice les autheurs de la sedition pour estre chastiés comme ilz ont merittê, ce que nous nous asseurons qu'ils auront suivy et observé : aussy est-il raisonnable estants nos subjects qu'ilz s'y presentent avec humilitté et submission qu'il convient, voulant que vous faciés entendre aux habitants de nostredite ville de Romans, lesquels ont avecques tant de vertu et fidellité prevenu les desseingts des factieux que nous n'oblyerons jamais le notable tesmoignage qu'ils nous ont en ceste occasion rendu de leur devotion, ains les recognoistrons, soit en general soit en particullier, en tout ce qui se presentera que nous ferons tres volontiers envers vous le debvoir que vous ferez en l'execution de nostre commission et voulonté. Donné a Paris le xxve jour de mars 1580.

HENRY.

DE NEUFVILLE.

Aux gents tenants la chambre de parlement de Grenoble ceante a Romans. *Et a la suscription* : A nos amés et feaulx les gents de nostre court de parlement de Grenoble seant de present en nostre ville de Romans.

Receu le VIIe avril 1580, a troys heures appres mydy.

bourgeois, les paysans de la Valloire prirent les armes. Les huguenots, toujours attentifs à ce qui pouvait servir au triomphe de leur propre cause, favorisèrent cette petite insurrection, et Innocent Gentillet fut chargé de faire espérer aux ligueurs l'appui de Lesdiguières. Des rassemblements de paysans se formèrent sur différents points, notamment à Roybon. Une bande d'environ 2000 de ces malheureux, qu'on trompait par de belles promesses, se mit en route dans la direction de Grenoble, sous les ordres du capitaine Lapierre. Elle s'empara sans peine du bourg de Moirans, où vinrent la rejoindre quelques huguenots, conduits par le fameux capitaine Bouvier. Celui-ci pourtant ne tarda pas à s'éloigner de Moirans, emmenant avec lui à Beauvoir environ 500 ligueurs des plus décidés ; il prévoyait bien le sort affreux qui attendait cette foule indisciplinée. Maugiron et Mandelot, réunissant leurs forces, marchaient sur Moirans. La place fut bientôt investie de toutes parts, emportée sans combat, et l'armée royale n'eut qu'à égorger (26 mars). Lesdiguières ne sut pas arriver à temps pour secourir ceux qu'il avait si imprudemment poussés au combat [1]. Ainsi fut étouffé dans le sang ce mouvement populaire, sur lequel nous n'avons que des relations empreintes d'une évidente partialité.

Cependant le moment était venu où, aux termes des conventions de Nérac, le roi de Navarre devait rendre les places de sûreté, qui lui avaient été accordées. Comme il ne pouvait le faire sans se perdre, il prit subitement les armes, et la septième guerre de religion commença (avril 1580). Beaucoup de protestants blâmèrent hautement cette résolution. En Dauphiné, les Désunis furent de ce nombre et refusèrent de s'associer au mouvement. Ils étaient d'ailleurs irrités contre Henri de Navarre, qui avait naguère désapprouvé la conduite de Cugy et reconnu pour chef de toute la noblesse protestante de nos pays son compétiteur Lesdiguières. Celui-ci entra immédiatement en campagne. Mandelot venait de retourner à Lyon, et Maugiron, abandonné à ses seules ressources, ne pouvait tenir tête aux protestants. Lesdiguières occupe Saint-Quentin, Tullins, Izeron, la Saône, et ne reprend le chemin de ses montagnes qu'après avoir promené la désolation dans le pays [2]. Il

---

1. Eustache Piémont, p. 100-2.
2. Eustache Piémont, p. 104. — De Thou, t. VIII, p. 384.

marche sur Briançon, que les consuls ont promis de lui livrer ; mais les catholiques découvrent ces menées secrètes et massacrent les consuls. Pensant être plus heureux sur un autre point, il vient mettre le siège devant Tallard (*18 avril*). La place demeura étroitement bloquée jusqu'au mois de septembre [1]. Dans le Valentinois, Blacons s'emparait de Châteaudouble et en relevait les murailles ; dans le Royans, Bouvier se signalait de nouveau par des actes de brigandage. Les affaires sont tout ce qu'il se peut altérées en Guyenne et en Dauffiné, *écrivait alors le duc de Guise* [2]. *La prise de St-Paul-Trois-Châteaux (23 juillet), par les protestants, jeta encore la consternation dans le midi de la province* [3].

Ce n'était pas seulement en Dauphiné que les huguenots gagnaient du terrain. Henri III ne pouvait demeurer plus longtemps inactif sans s'exposer à être abandonné des catholiques, les seuls de ses sujets qui lui demeurassent encore fidèles. Il se vit donc contraint, sous la pression des évènements, de faire la guerre malgré lui, et trois armées furent mises en campagne. L'une d'elles, placée sous les ordres de Charles de Lorraine, duc de Mayenne, gagna le Dauphiné, réputé alors comme le boulevard des huguenots de France. Ils y faisoient des leurs, *lisons-nous dans une lettre de l'époque*, et les catholiques avaient envoyé demander au Roy de leur donner le duc de Guise ou le duc de Mayenne pour les gouverner, ces deux seigneurs estant, disoient-ils, aussi loyaux vassaux de ceste couronne que zélés pour le service de Dieu [4].

Le prince lorrain arrivait à Valence vers la fin d'août 1580. Son armée campa près de Romans, où vinrent la rejoindre les contingents fournis par la province : elle comptait 9000 hommes de pied, 3000 Suisses, 2000 gendarmes, 1400 reîtres. De plus elle possédait 10 canons et une couleuvrine [5]. Guillaume de Saulx

---

1. Charronnet, p. 147-52.
2. R. de Bouillé. *Hist. des ducs de Guise*, t. III, p. 84.
3. Boyer de Sainte Marthe, Hist. de l'égl. cathédrale de S.-Paul-trois-châteaux, p. 236. — 4. De Bouillé, p. 85.
5. De Thou, t. VIII, p. 385-6. — Dr Chevalier, Annales, p. 87. — Arnaud, p. 383.

Tavanne fut détaché avec un corps de troupes pour marcher au secours de Tallard, que Lesdiguières tenait toujours assiégé [1]. Le 1ᵉʳ septembre, l'armée royale, ayant à sa tête le duc, franchit l'Isère et se disposait à prendre la direction de Châteaudouble, lorsqu'on apprit que Blacons, effrayé de l'approche de forces aussi considérables, s'était enfui abandonnant la place. Longeant ensuite la rive gauche de l'Isère, Mayenne arriva le lundi, 5 septembre, sous les murs de St-Nazaire. Le bourg avait été laissé sans habitants. Une quarantaine de huguenots qui s'étaient retirés dans la tour, ne tardèrent pas à capituler, mais ils ne réussirent point à sauver leur vie : on les passa impitoyablement au fil de l'épée, et la ville fut livrée aux flammes. Les catholiques s'emparent ensuite du Pont-en-Royans, à l'exception de la citadelle qu'occupe toujours la garnison protestante. Les places de Beauvoir (9 septembre) et d'Izeron (16 septembre) capitulent. Une des clauses de la capitulation d'Izeron était que les protestants remettraient aux mains du roi les châteaux de St-Quentin et du Pont. Saint-Quentin ouvrit ses portes ; mais la citadelle du Pont demeura au pouvoir de l'ennemi, qui la fortifia et s'y rendit redoutable [2].

Mayenne arrive enfin à Grenoble. Malgré les avis que lui donnent les personnages de sa suite, il se décide à porter le théâtre de la guerre dans le haut Dauphiné, où à la faveur de rochers abrupts, d'étroites et profondes vallées, les huguenots avaient pu jusqu'à ce jour braver impunément les efforts de Gordes et de Maugiron. Il fallait tout d'abord se rendre maître de La Mure, que Lesdiguières avait soigneusement fortifiée, et dont la citadelle était estimée des meilleures du monde. Le duc quitte Grenoble le 29 septembre, et le 1ᵉʳ octobre commence le siège de cette ville : durant trente-sept jours les assaillants et les assiégés rivalisent d'opiniâtreté et d'audace. Le 31 octobre, un large pan de muraille s'écroule par l'effet d'une mine, livrant aux troupes royales une entrée dans le bourg, mais les assiégés ont déjà élevé de nouveaux retranchements. Mayenne commençait à s'inquiéter de la longueur du siège, car ses ressources s'épuisaient : il voyait venir le moment où ne pouvant plus payer ses soldats, il serait impuissant à

1. GUILL. DE SAULX-TAVANNES, Mémoires (Coll. MICHAUD et POUJOULAT, t. VIII, p. 468). — 2. VIDEL, p. 41.

les retenir [1]. *Heureusement pour lui, la trahison de l'ingénieur de la place, le piémontais Hercules Negro, vint le tirer d'embarras. Ce dernier jeta le découragement parmi les protestants et fit savoir au duc les points faibles par lesquels il pourrait donner un assaut décisif. Les assiégés voient bientôt leurs maisons et les ouvrages de défense crouler sous les décharges de l'artillerie, et dans cette situation lamentable, effrayés d'un assaut prochain, ils se retirent en foule dans la citadelle, laissant les catholiques pénétrer dans le bourg. Au bout de six jours, ils furent réduits à la dernière extrémité, et pour ne pas mourir de faim dans la citadelle devenue une sorte de prison, ils demandèrent à parlementer. Mayenne observa avec tant de générosité et de scrupule tous les articles de la capitulation qu'il leur imposa, que ses adversaires eux-mêmes lui donnèrent le surnom de prince de la foi* [2].

1. Nous donnerons ici un extrait d'une lettre adressée de Lyon, le 3 octobre 1580, par l'archevêque de cette ville au cardinal de Come, à Rome, pour lui faire connaître l'état des affaires de France et solliciter des secours en argent. L'archevêque annonce que le duc de *Mayenne* a desja prins la ville de Royans, les forts de St-Quentin, Beauvoir, Chasteaudouble et aultres et est maintenant devant la ville de La Mure, qui est la place la plus importante qui soit en tout le Dauphiné, et avons bonne esperance que bientost nous aurons bonnes nouvelles de la reduction de ceste place, estans les ennemys qui sont dedans fort estonnés et effrayés. Vray est que nous craignons grandement que faulte de moyens ne lui facent desbander ses forces, qui seroyt un dommage inestimable pour la France et la chrestienté ; car si ceste armée peut poursuivre sa pointe, il y a grande esperance que bien tost le pays qui a esté de tout temps le plus infecté d'heresie que nul aultre de la France... pourra estre remis en devoir... Mais je vois les nécessités de cest estat telles que je n'estime pas que ceste armée puissé longtemps demeurer ensemble, n'ayant Sa Majesté aulcun moyen de la secourir d'argent ; car je vous asseure, Monseigneur, qu'ayant eu la charge de Sa Majesté de recouvrer soixante milz escus pour l'acheminement de ceste armée, nous avons eu une peine indicible a les recouvrer; et estant ce pays fort affligé et n'ayant non plus de moyen d'aider à ce prince que le Roy, je prevoys un grand desastre y debvoir bien tost advenir..... Theiner. Annales ecclesiastici, *t. III. p. 684-5.*

2. Le siege et prinse de la ville et citadelle de La Mure, en l'an 1580, selon qu'en a veu le sieur de Blanieu (*Guillaume du Rivail, seigneur de Blagnieu*), dans Bullet... Drôme, *t. II, p. 333-41 ; 422-34 ; t. III, p. 430-42 ; t. IV, p. 349-59.* — Ample discours du siege et prinse de la ville et citadelle de la Meure en Dauphiné. *Lyon, 1580, in-8°, publié dans* Bulle-

La prise de La Mure entraîna la soumission de beaucoup de protestants dauphinois ; mais ce qui contribua plus encore que la force des armes à les faire rentrer dans le devoir, ce fut la modération avec laquelle Mayenne usa de sa victoire. Dans les fêtes qui eurent lieu à Grenoble pour célébrer son triomphe, on le vit entouré d'une foule de gentilshommes huguenots, à qui il prodiguait les témoignages de sa bienveillance. Il n'est pas jusqu'à Lesdiguières qui ne se laissât persuader d'aller visiter le prince : on le reçut avec honneur, mais on ne put le décider à licencier ses troupes [1]. Le roi de Navarre avait en lui une grande confiance et lui avait donné le commandement des protestants dauphinois ; il venait d'être confirmé dans cette charge par le prince de Condé, qui revenant d'Allemagne par la Suisse était enfin arrivé à Gap, après avoir échappé à mille dangers (10 novembre) [2]. La division qui existait toujours parmi les huguenots compromettait leur cause ; Mayenne savait profiter de la situation peu favorable de ses adversaires. Aussi le prince de Condé, en regagnant le Languedoc, voulut passer à Die. Cette ville était demeurée pendant plusieurs années le boulevard des Désunis ; depuis le mois de mars, il est vrai, elle avait reconnu Lesdiguières, mais l'ambitieux Cugy y comptait de nombreux partisans, et faisait parfois des tentatives pour y rétablir son autorité.

Thomas Gay nous a laissé quelques curieux détails sur ces derniers évènements ; nous les avons trouvés égarés, au milieu de notes les plus diverses, dans un petit cahier, décrit plus haut, et qui porte au f° 3 ce titre : Memoyre des besongnes de la bouticque [3]. Le négociant devenait à ses heures chroniqueur. Voici,

---

tin... Drôme, t. V, p. 137-51. — DE BOUILLÉ, p. 86-8. — DE THOU, t. VIII, p. 386-7. — 1. DE THOU, p. 388.

2. D'AUMALE. Hist. des princes de Condé, t. II, p. 132. — Bullet... Drôme, t. IV, p. 358.

3. Au commencement de ce petit registre, on lit la note suivante : Le 8e jour de juilhet 1580, naquist nostre filhe, un jour de vandredy, a unze heure du matin ; un jeudi 9 d'aoust suivent fust baptizée dents le grand temple par Me Ennemond de la Combe. Son parrin fust mon beaufrere le sire Loys Appaix et sa marrine fust ma tante Clemence de Saulces, femme du sire Achilles David. Un jeudi entre micnuit et une heure du matin, un 22e jour de septembre, audit an, trespassa subitement par suffocation de flegme. Dieu soyt loué.

du reste les derniers fragments historiques, dus à la plume de Thomas Gay.

Au commenssement de mars 1580, se tint a Dye sincde provinssial et assamblée d'Estat, la convoqués par le Roy de Navarre, ou ung sien ministre et concelhier, noumé le sieur de Vaulx, assista avec le president de Gentilet [1] et aultres gents de marque. La cause de ceste assamblée fust a cause du chisme advenu entre les gentilshommes du Daulfiné de la Religion. Toutes les Eglizes refformées du Daulphiné advoèrent le sieur de Lesdiguieres pour general, ormis quatre Eglizes come Pontaix, Bordeaux et 2 aultres.

Le sieur de Cugie fust, par le susdit moyen, desarssoné du gouvernement de Dye par les habitants de la ville, et le capitenne Bouvier aussi avec sa compagnie. La ville de Dye obtint ces libertés anciennes. Leurs demandes furent acordées de n'avoyr point de gouverneur, d'establir ung conceill de peu de nombre, qui avec les consuls gouverneroit la ville et garnison d'icelle, soubs l'autorité du sieur de Lesdiguieres, apres l'autorité du Roy de Navarre ; que le capitenne seroit de la ville, a leur election, et aussi la moytié des soldarts seroint des enfents de la ville.

Après l'assemblée tenue, le sieur Desdiguières laisse monsieur le president de Gentillet pour estre superintendant sur la justice, et par ce moyen sustenir la justice et tenir la ville en police [2]. Ceste charge lui fust confirmée par le Roy de Navarre, par letres que ledit Roy envoya a Dye, accompagnées d'aultres pour afferes d'importance ainsi que ledit sieur fist assavoyr aux habitants de Dye, les ayant fet assambler a la grand sale.

Ung dimanche, 17 avril 1580, le sieur de Cugie arrivé de la court vint a Dye sur les 3 heures du soyr, pour se saisir de la

---

1. *Innocent Gentillet, jurisconsulte et théologien protestant, né à Vienne. Il avait été nommé le 20 janvier 1579 président de la chambre tri-partie de Grenoble ; n'ayant pas été tout d'abord agréé par le parlement, il fut chargé par Lesdiguières de présider le conseil de justice établi à Die. Cf.* Brun-Durand, *Essai sur la Chambre de l'Edit de Grenoble, p. 61-5.*

2. *Ce tribunal, chargé de rendre la justice, institué en 1579, réorganisé en 1580, subsista tant que la ville de Die demeura au pouvoir des huguenots.*

ville et se randre gouverneur par force. Les abitants de la vile esmus pour ne perdre leurs libertés, ne violer la promesse qu'ils avoint fete au sieur Desdiguières, se mirent en armes et firent sortir le sieur de Cugie de la ville et ceux qui l'avoint suivi, et aucuns de la ville qui tenoint son parti s'en alerent avec lui. Ce fut le mesme jour, sur les 11 heures ou près de la mienuict.

Peu de jours auparavant, furent eslus six capitennes de la ville, pour commander sur les habitants à la garde de la nuit, entrans en garde les ungs après les aultres, nuit après nuit, qui furent Guillaume Plante pour la grande rue, Loys Roudon pour Saint Marcel, Thomas Gay pour l'Armelerie, Claude Grimaud pour la Place, Pierre Bertrand pour une partie de Vileneufve, et Barletier pour l'aultre partie. Les cartiers (cas advenant d'alarme, assaut ou siege) furent donnés aux muralhes ainsi : a Guilhaume Plante, depuis la porte Saint Pierre jusques a la grand tour de Sainte Agate ; à Loys Roudon, depuis ladite tour de Sainte Agate jusques a la porte Saint Marcel ; a Thomas Gay, depuis ladite porte Saint Marcel jusques a la bresche joignant l'evesché ; a Claude Grimaud, depuis l'evesché jusques a la meson du sieur de Chabestain ; a Pierre Bertrand, depuis ladite meson de Chabestain jusques a la porte Saint Pierre ; a Barletier, la Place, pour estre là avec un gros d'aultres pour donner secours et ranfort a ung des aultres capitennes ou assault se adviendroit. Et oultre ces capitennes, estoit le sieur de Saint Aulban capitenne de la garnison soldoyée, et la Colombière [1], de Triesve, estoyt son lieutenant, et Balthezar Olier estoyt son enseigne.

1. *Guillaume Vulson, sieur de la Colombière, d'abord notaire à Vulson, hameau de la commune de St-Jean-d'Hérans, dans le Trièves. Il était fils de François Vulson et de Michel de Bonniot. Il fut le premier de sa famille à prendre le nom de la Colombière. Dévoué à la fortune de Lesdiguières, il devint successivement gouverneur de Die, du château de Morges et du fort de Coignet, où il mourut. Entre autres enfants, il laissa : Marc Vulson, seigneur du Collet, conseiller à la chambre de l'Édit, qui testa à Grenoble le 20 août 1638, et eut de Louise de Blanchon, Françoise Vulson, femme de Charles de Perrinet, seigneur de Ravel, conseiller au parlement ; Jean, pasteur à la Mure et à Montéliuar, marié à Madeleine Borel de Pontoviar, et père de*

Le 4 juin 1580, monsieur de la Combe [1], ministre, presta a l'Eglize de Dye huict escus pour fere fere une foulhe dents le grand temple pour y prescher les dimenches [2].

Le 28 juilhet 1580, jour de jeune pour toutes les Eglizes de ceste province, a cause de la guerre, de la peste et du chisme des gentilshommes du Valantinoys.

Le 2 d'aoust 1580, fust convoqué ung cinode provincial en ceste ville de Dye qui commenssa le 3ᵉ dudit moys et finit le 13 dudit. Et sur la fin d'icelui sinode, arriva ung pacquet du Roy de Navarre, lequel servist de reglement aux Eglises du Daulphiné sur le fet de la police militere, et par icelui fust le sieur de Lesdiguières confirmé a estre general de ladite province et les gentilshommes deshunis desavoez.

Le 29 d'aoust 1580, la ville de Dye falhit d'estre prinze, entre 9 ou 10 heures du matin, par les sieurs de Cugie, de Vachieres, de Comps, du Poet, de Laye, de Condorcet, etc. etc. et 29 complices de la ville, hors d'icelle fugitifs pour avoyr une aultre foys attanté contre icelle, le jour ou nuict qu'on sortist le sieur de Cugie que fust le 17 d'avril 1580.

Du cousté des assalhans furent tués Guilhaume Marie, orfevre de Dye, lieutenant du capitenne Chabanas, et le capitenne Conte, dit en ces letres Joachin Ralhon, lequel blecé à la mort se precipita des muralhes en bas dents le ravelin de la porte Saint Pierre. Ce fust après que le cledaz de fer fust avalé, la corde d'icelui ayant promptement esté coupée par ung cordonier de la ville miraculeuzement, nonobstant que le capitenne Abran Guilhet l'en voloit garder et en lui volant donner

---

Marc Vulson, né en 1607, l'héraldiste bien connu (Cf. Revue des sociétés savantes, 7ᵉ série, t. IV (1881), p. 118-21).

1. *Ennemond Lacombe, ancien carme, prêcha les doctrines calvinistes dans un grand nombre de villes du Dauphiné : on le trouve à Romans, dès l'année 1560, puis à Montélimar, à Orange, à St-Marcellin, à Die, à Segne. Il remplissait les fonctions de ministre dans cette dernière localité, activement secondé par un avocat de Digne, nommé Mense, qui était diacre de l'Eglise, lorsque cette ville fut assiégée et prise en 1586 par Epernon, qui les fit pendre l'un et l'autre (Cf. nos Mémoires du P. Archange de Clermont. p. 61-2).*

2. *Ce qui suit est vers le milieu du petit registre de Thomas Gay, mais séparé de ce qui précède.*

un cop d'espée, son espée dona contre la muralhe ou le plancher et tumba de ces mains voyre du tout en bas. Ledit Abran, voyant cela, se sauva de couvert en couvert, et devalant par l'evesché se sauva par la bresche au long d'une pane. Dong les assalhants s'en retornerent (graces a Dieu) confuz, ayant perdu deux capitennes et de leurs gents blessés, comme le capitenne Appays et certains aultres. De ceulx de la ville nul ni fust tué, loué soyt Dieu. Vray est que le sieur de Saint Aubban et le capitenne Balthezar Olier, son enseigne, s'estants trouvés là par azard, furent blessés de coups d'estoc par ledit Marie, Ralhon et aultres, qui avoint surpris la porte, desguisés et acoustrés en païsans. Toute leur troupe, qui estoint de plus de troys cents hommes de guerre, venoint de courir entre la terre de Chabestain et le couvent bas [1]. Vray est que quand ils ouirent tumber le cledaz ne furent pas pareceux de s'en retourner aussi vistement comme ils estoint venus. S'estoit le jour qu'on soloit fere feste par la decolation de Saint Jean Babtiste.

Troys miracles furent la veus. Le premier, la porte desgarnie de ces gardes, que la pluspart d'iceulx estoint alez disner, les aultres aux vignes pour manger des raisins, que fust cause que l'entrée, tant du ravelin que de la porte Saint Vincent, fust ayzement gagnée, tant pour cela que pour le susdit desguizement des premiers assalhans. Mes ung homme de la ville cria de la rue tant hautement qu'il peult : « tumbé le cladaz ». Les premiers ja entrés, oyants crier cela, s'espouvanterent et reculerent assez vistement. Voilà pour le premier.

Le second miracle fust que des premiers entrepreneurs et executeurs, le capitenne Marie ressut a la teste ung cop de pistole d'un sien plus feal compaignon (nomé Espagne, serrurier de la ville), qui voloit tuer ung soldart de Triesve entre eux deulx. Le coup les espouvanta bien fort, car le capitenne

---

1. *Le* couvent bas *désigne l'emplacement où les Franciscains avaient établi vers le milieu du XIII*[e] *siècle leur premier couvent ; il était hors de la ville, au-dessous de la porte St-Vincent, dans cette partie du territoire qui s'étend entre les remparts et la Drôme* (Cf. *notre* Essai historique sur la ville de Die, *t. II, p. 47.*

Marie se sentant blecé a la mort et bien proche d'icele, s'apuya contre le mur ou contre la canelure d'ou dessent le cladas de fer a main gauche en sortant de la porte, et ne se fust pas plus tost repozé là, que le dit cladas lui tumba dessus et l'amoncela.

Le tiers miracle fust ce que desja avons dit du comencement, quand Abram Guilhet voloint empescher tumber le cladas, que les armes lui tumberent des mains. Dieu se volut ayder là d'ung homme artizan (non des plus habiles, mais touttefoys courageux), pour delivrer la ville avec ung coteau du long du doigt, car le coteau duquel il coupa la corde du cladas estoit fort léger et mince. Voilà comment il ne se fault donq deffier de la puissance de Dieu, que quand il lui plaict, il fet plus d'ung seul coteau que ne sauroint fere plusieurs hommes avec plusieurs glayves, stocs et aultres armes.

Tant ceulx qui furent tués que 29 aultres de la ville des dits assalhants fugitifs furent condemnés, si ne se restiroint en peu de jours, a estre punis par justice. Monsieur le président de Gentillet, seant a la place de la ville, ou fust prononcé par sentance que les corps du capitenne Marye et du capitenne Conte, sest assavoyr de Guilhaume Marie, orfevre, et Joachin Ralhon, cordeur, seroint traynés du lieu ou ils avoint esté tués jusques au lieu ou l'ambusquade avoit esté fete, et ilec leurs corps getez dents une fosse, puis ung pillier seroit dressé sur icele contre lequel auroit en escript tels NN etc. traistres à leur patrie et religion.

Annotations de Septembre 1580.

Le duc Du Mayne arrive à St Marcellin avec 7000 et tant d'hommes de pied ou cheval avec 10 canons et une colovrine.

Le Pont de Royans assiégé, quitté ormis le chasteau, le Breuilh bruslé, le reste de la ville tenu, tant que le chasteau fust assiégé, et ne le pouvant avoyr, les catoliques bruslerent tout le reste de la ville [1].

---

1. *Pour des services rendus à cette occasion, le trésorier des Etats, Sébastien Lionne fut annobli par lettres du 10 décembre 1580, sur la demande du duc de Mayenne (Archives municipales de Grenoble, BB, 33). Sébastien*

La tour de St-Nazaire (tenu par ceulx de la religion), assiégée et prize, partie des soldarts se sauvent et partie sont murtriz. La ville fust aussi bruslée.

Le ciel fust veu rouge comme de feu au gros de la nuict, près de 3 heures et demie, quasi comme jour tant soudain, puis de mesme estant le temps, se randist mervelheuzement obscur jusqu'au matin.

Le fort de debvent Beauvoyr, trahi par Faraud, est randu ; Beauvoyr assiégé du duc du Mayne se rend à compozicion. M. D'alieres et ses gents sortent avec leurs armes et se retirent dents Dye.

Le chasteau de St Quentin, assiégé du dit Duc, se rand bagues sauves. Le capitenne Bouvier et ses soldarts se retirent dents Dye. Le capitenne Bouvier constitué prisonier a Dye, puis mené au sieur Desdiguières, puis relaché, retorne a Dye.

Saint Agreves, assiégée, canonée et prize d'assault par les catoliques en septembre 1580.

M. de Vaulseres se revolte, rand le chasteau de Beauffort aux catoliques [1].

Le 26 novembre 1580, le traité de Fleix, qui renouvellait quasi textuellement celui de Bergerac et les conventions de Nérac, était conclu entre la reine-mère et Henri de Navarre. Les protestants du Dauphiné obtenaient comme places de sûreté les villes de Serres et de Nyons. Toutefois Lesdiguières ne se montra pas disposé à mettre bas les armes. Condé lui avait promis un secours d'Allemagne, avec lequel il espérait prendre sa revanche de l'échec de Lamure ; d'autre part en prolongeant quelque temps encore les hostilités il comptait vendre sa soumission à un plus haut prix. Au mois de janvier 1581, ses troupes surprennent dans le haut Dauphiné les places de Sigoyer et de Ventavon ; en février, elles s'emparent de St-Crépin et poussent leurs ravages jusqu'aux portes d'Embrun. Obligé de quitter Grenoble (10 février) pour se rendre à la cour, Mayenne confia à Maugiron et au parlement le soin

---

Lionne fut l'aïeul de Hugues de Lionne, maistre et secrétaire d'Etat des affaires étrangères sous Louis XIV.

1. *Dans le manuscrit cette ligne a été effacée par un trait de plume.*

d'amener le rusé capitaine à accepter les conditions de la paix, qui venait d'être signée. Des pourparlers eurent lieu à Die, puis à Gap ; mais les protestants élevaient sans cesse de nouvelles difficultés ; mécontents des places que le traité leur accordait, ils réclamaient Gap et Livron. Sur la fin de mars, les Commis du pays envoyaient au roi les sieurs du Mottet et Felix Basset pour l'informer de l'état des négociations, et le monarque leur adressait de Blois, à la date du 3 avril, une lettre pour les féliciter de leur zèle. Lesdiguières était trop intéressé à garder ses troupes pour mettre de la sincérité dans toutes ces négociations : sa tactique était de gagner du temps et de lasser la patience des catholiques ; au mois de juin, il ne demandait plus Gap et Livron, mais bien Gap et Lamure. Du reste ce jeu fut bientôt saisi : on comprit, lisons-nous dans le registre des conclusions de la ville de Grenoble, que les paroles et menées des huguenots n'estoient que pures illusions, esloignées de tout ce qu'ils se faisoient ouyr de recepvoir la paix et lesdits edicts, pour imprimer a la populace opinion qu'il ne tenoyt a eulx que la paix ne fust effectuée et regecter la faulte sur messieurs de la cour ; mais Dieu, qui a assisté aux sainctes desliberations de nosdits seigneurs, n'a souffert que soubs les belles paroles des huguenots le parti catholique aye este deceu, car nosdits seigneurs leur ont faict responses qu'il n'y avoyt lieu de proceder a la publication de la paix, attendu qu'ils ne la vouloynt recepvoir purement et simplement [1].

Dans le Viennois et le Valentinois, les Désunis n'opposèrent pas autant de difficultés à l'acceptation du traité. Leur exemple et sans doute aussi leurs conseils déterminèrent chez quelques-uns des partisans jusqu'alors les plus fidèles de Lesdiguières une certaine hésitation à le suivre encore dans la lutte : on était las de tant de guerres. La ville de Die fut une des premières à se soustraire à l'influence du lieutenant du roi de Navarre. Depuis quelque temps le trouble règnait dans notre cité. Le ministre Ennemond Lacombe, carme défroqué, cherchait par des excès de zèle à faire oublier son ancienne profession. Cet apostat avait prêché avec éloquence les doctrines de la réforme dans plusieurs

---

1. *Archives municipales de Grenoble*, BB, 33.

*villes de la province ; mais la violence de son langage, son appel
à une propagande armée n'avaient fait que semer le désordre dans
tous les lieux où il était passé* [1]. *Il s'était rendu insupportable aux
habitants de Die. Leur mécontentement s'accrut bientôt à l'occasion
de certaines nouvelles, habilement exploitées par la faction ennemie
de Lesdiguières : on annonçait qu'il voulait démolir l'évêché et
renverser une partie des remparts de la ville. L'agitation était
grande au sein de la population dioise, qui n'avait eu bien des fois
que ses épaisses et fortes murailles pour la protéger contre les
bandes indisciplinées qui infestaient le pays. Pour calmer l'effervescence populaire et regagner l'amitié des Diois, Lesdiguières
leur écrivit la lettre suivante, qui mérite de trouver place
dans ce récit.*

Messieurs les consuls et conseilh de la ville de Dye.

Messieurs, j'ay sceu que mons. de Vercoiran vous a mis
entre les mains une commission du conseil, signée par moy et
contresignée par le secretaire d'icelluy, pour le demantellement
de l'evesché de vostre ville, et que la dessus on vous a faict
entendre quant traictant de ce faict au conseilh en ceste ville
j'avoy dict que sy jestoys aussy fort dedens Dye, comme je my
estoys veu par le passé, je feroys abattre cinq cens canes de
vos murailles. On vous a aussy rapporté que quant je receu la
lettre, que vous m'escrivites, pour ne convoquer l'assemblée
en vostre ville, que je dicts audict sieur de Vercoiran que vous
estiés des maraus qui me vouliés donner la loy. Je ne scay
sy le corps de vostre ville a adjousté foy a ce langaige, tant y a
quil a esté proposé en vostre conseil de ne me laisser entrer
dedens Dye, en cas que jy voulusse aller, ce qui me donne occasion de vous despecher le sieur cappitaine Rostain pour vous
dire en premier lieu que le conseilh des Esglises na poinct temerairement entreprins le demantellement ou demolition de
ladicte evesché, ains par le commandement du Roy de Navarre,
comme vous verrés par une lettre que le sieur de Sainct Ferréol ma appourté de la part de sa majesté, de laquelle ce pourteur vous communicquera l'original, vous asseurant que tant

1. Dr Chevalier. Annales de la ville de Romans.

s'en fault que jay poursuivy ny recherché ce commandement, ainsy que ledict sieur de Sainct-Ferréol pourra temoigner, qu'au contraire c'est chose a laquelle je n'avoy jamais pensé et fus tout estonné quand je vis le contenu de ladicte lettre. Il est vray que me resouvenant qu'autrefois vous memes aviés estés d'opinion de ladicte desmolition, je consentis facillement, voiant la volonté dudict sire Roy de Navarre, de faire despecher la commission que vous aves veu, laquelle touteffoys je laissoy en blanc expressement, affin que si ladicte desmolition vous estoit agreable vous remplissiés le blanc es noms de ceulx que bon vous sembleroit, et que si elle ne vous convenoit a gré, la chose fusse suspendue jusques a ce que vos raisons fussent ouyes, et telle fust mon opinion audict conseilh, auquel ceste resolution fut prinse unanimement par tous, comme lesdicts sieurs de Vercoiran et de sainct Ferréol vous pourront tesmoigner. Quant au langaige qu'on vous a rappourté de moy, que je regrettoys de n'estre le plus fort en vostre ville pour en faire abattre les murailhes, c'est une pure calumpnie, comme aussy d'avoyr tenu les propos injurieux susdicts sur le contenu de vostre lettre, et masseure que ceulx qui connoissent mon naturel nestimeront jamais que j'aye tenu un langaige si mal seant, bien vous diroy-je que je ne vous estimeroy jamais mes amis, sy vous ne noumés ceulx qui vous ont abreuvé de telles impostures, pour leur faire entendre qu'ils ont menty, comme ceux qui assisterent audict conseilh scavent tres-bien. Vray est que jay a me plaindre contre ceulx dentre vous qui ont esté sy crédulles a tels faus rapports, que d'avoir opiné (sans informer de la verité de ce faict) qu'il me falloit denier l'entrée de vostre ville. Sur quoy je vous diroy aussy, suys je résolu de ny aller nullement que je ny soys appelé par vous et par affaires bien urgens, ou que je soys commandé par le Roy de Navarre, ou monseigneur le prince de Condé, de ce faire. Cependant d'aultant que je me doubte que tels rapports ne sont qu'artifices, je vous exhorte et commande en vertu de l'autorité que joy dudict roy de Navarre de demeurer bien unis entre vous et a la generalité des esglises et vous bien garder, qui sera la chose la plus agreable que vous scauriés faire pour moy. Quant a la desmolition de la dicte evesché, vous y adviserés et vous garderés de meprendre, vous priant seullement de me faire un mot de response, affin de me servir de descharge envers ledict sire Roy de Navarre. Vous croirés aussy que je suis et seroy tousjours affectionné a vostre conservation de tous en general et en particulier, aultant et plus que jamais de mesme volonté, qu'après vous avoir salué de mes plus humbles et affectionnés recommandations je prie Dieu,

Messieurs, vous donner en parfaite santé heureuse et longue vye.

De Gap, ce XXIIIe apvril 1581.

Vostre bon voisin et meilheur amy a jamais.

DESDIGUIÈRES [1].

Cette lettre parvint-elle trop tard à sa destination, ou bien ne produisit-elle pas l'effet que son auteur s'en était promis? Ce qui est certain, c'est que les Diois chassèrent le ministre Lacombe, et désireux de la paix, acceptèrent avec bonheur le traité. Dans une assemblée générale, ils demandèrent au roi qu'il voulût bien leur donner pour gouverneur Claude de Lhère, seigneur de Glandage, qui déjà avait rempli au milieu d'eux le même emploi et dont le dévouement au parti catholique était connu. Le 28 avril les consuls de Grenoble, ayant appris ces heureuses nouvelles, écrivirent aux habitants de Die pour les féliciter d'avoir chassé les ministres et aultres sédicieux [2].

Cependant l'obstination de Lesdiguières détermina enfin le roi à une mesure énergique. Mayenne dut reprendre la route du Dauphiné, à la tête d'un corps de troupes, dont on voulait élever la force à dix mille hommes d'infanterie (six mille Français, quatre mille Suisses) et à douze cents chevaux. Comme cette expédition pouvait donner lieu à bien des commentaires, tant en France qu'à l'étranger, Henri III crut devoir publier de Saint-Maur-des-Fossés, le 21 juin 1581, au sujet de l'acheminement de monsieur le Duc du Mayne au pays du Dauphiné avec une bonne et forte armée, *une* Déclaration de son intention droite

1. *Archives de Mme de Félines, à Die.* — LONG, *p. 303-5.*
2. *Archives municipales de Grenoble*, BB, 33.

et sincère sur l'entretenement de l'edict de pacification, *et de sa volonté de maintenir de tout son pouvoir la tranquillité du royaume.* Tant s'en falloit que Lesdiguieres et ses adhérens eussent voulu acquiescer et obeir a l'edict, ayans continué journellement a parachever les fortifications de la citadelle de Gap et de la ville de Livron ; *cette opiniâtreté motivait la présence de Mayenne en Dauphiné,* avec charge expresse néantmoins, avant que d'employer ses forces, de convier, semondre et interpeller lesdits Lesdiguieres et ses adhérens de remettre lesdites villes en l'estat ordonné par l'édict, et, ce faisant, de la faire jouir du bénéfice d'iceluy [1].

Persévérant dans son système de modération et usant avec sagesse d'une influence déjà acquise, le duc de Mayenne parvint très promptement à rétablir le calme, sans avoir recours à la force. Aussi sur la proposition faicte, en l'assemblée du conseil tenu à Vyenne (*le 16 juillet 1581*), par le sieur de Cugie, tant en son nom que de pluziers gentilzhommes, communaultés et autres particuliers, a ce qu'ils feussent receus a jouir du benefice de l'edict, auquel ils offroient d'acquiescer et se distraire de tous autres, mesme de ceux de la nouvelle religion pretendue reformée, qui n'y voudroient obeir, le dit sieur duc les receut en la protection du Roy et sienne, declarant que sa majesté vouloit et entendoit qu'ils feussent conservés, sans qu'il leur feust aulcunement mesfait en leurs personnes et biens, pourvu qu'ils ne se despartissent et donassent ayde et faveur, directement ou indirectement, a ceulx du dit party, qui ne voudroient obeir et acquiescer a l'edict, et qu'ils feissent aussy pour le service du Roy, ce qu'estoient tenus et debvoient bons et loyaux subjectz. D'après cette réponse les gentilshommes et députés des eglises du bas Dauphiné, assemblés a Bourdeaux, *prirent, le 19 juillet, la resolution* de vivre sous l'obeissance du Roy [2].

Lesdiguières ne se dissimulait point qu'il ne pourrait longtemps,

1. De Bouillé, Hist. des ducs de Guise, *t. III*, p. *106*.
2. De Bouillé, *op. cit.* p. *107* ; — *Bibliothèque nationale, ms. de Baluze, vol. 238, f° 181, et vol. 208, f° 33.*

17

seul avec son parti, tenir tête aux troupes destinées à le combattre. D'autre part, le secours d'Allemagne, promis par Condé, n'arrivait point. Il fallut donc se soumettre. Calignon fut chargé de s'entendre avec Mayenne, et celui-ci, en échange de l'adhésion complète au traité, donnait, le 26 juillet, à tous les chefs protestants, qui le reconnaissaient par ses actions passées prince de foy et de vertu, *la promesse formelle d'exécuter l'édit de pacification* [1].

Mayenne, passant par Valence, se rendit ensuite à Livron, où il fit son entrée le 17 août. Cette place, dont le nom était devenu partout célèbre, fut ainsi remise sous l'obéissance royale. Pour prévenir toute révolte de la part de ses habitants, aussi bien que toute surprise du dehors, le duc en ordonna aussitôt le démantèlement. Trente deux autres places eurent le même sort et virent s'écrouler à cette époque une partie de leurs vieilles murailles ; nous citerons entre autres Saillans, Pontaix, les tours de Quint qui dominent le village de Sainte-Croix, le Puy-Saint-Martin, Ezahut, Châteaudouble, Loriol, Grane, Savasse, Saint-Paul-Trois-Châteaux, Saint-Restitut, Tullette, Vinsobres [2].

Le voyage de Mayenne à travers notre province fut une marche triomphale. Dans toutes les villes où il passait, il recevait les hommages des consuls, manans et habitants, dont les harangues et remonstrances *le qualifiaient de* prince genereux, magnanime, excellent, issu et extrait de sang illustrissime, descendu de ce grand roy et empereur Charlemagne, ayant triomphé par dessus tous ceux qui avoient eu telle et semblable charge de sa majesté : car non seulement avoit vaincu, mais gagné les cœurs des vaincus [3]. Le 28 août, les habitants de Grenoble, prévenus de sa prochaine arrivée, décident qu'on fera garnir de tapisseries trois chambres de la Trésorerie et qu'on se procurera des lits pour les dames de la suite de la duchesse. Les peintres Pierre Prévot et Jean Gilbert sont chargés de faire les escritaux, livrées,

---

1. La France protestante, t. III (1882), col. 484.
2. CHORIER, Hist., p. 707.— Archives de la Drôme, E, 6414. — Bulletin d'arch. Drôme, V, 455.
3. DE BOUILLÉ, op. cit., p. 108 ;— Bibl. nat.; ms. Bethune, vol. 8849, f° 103.

armoiries et arcs de triomphe. *Deux jours après, on organise une compagnie de trois à quatre cents hommes, pour aller, sous la conduite du sieur d'Uriage, à la rencontre du duc ; on décide que le parlement le recevra en robe rouge, etc.* [1]. *Les protestants n'étaient pas les moins empressés à manifester leur joie ; aussi le 7 septembre, Mayenne pouvait-il sans forfanterie écrire au duc de Nemours :* Ceulx de la religion ont eu tant de creance en moy qu'ils m'ont remis les principales villes qu'ils tenoient, et entre autres Livron et Gap, que je fais desmanteler si bien qu'il leur seroit tres difficile a l'advenir de s'y pouvoir ramager [2].

Après un court séjour dans la capitale de la province, Mayenne voulut visiter le haut Dauphiné. Vers le milieu de septembre, il arrivait à Gap, où il fit son entrée, ayant à sa droite l'évêque Pierre Paparin de Chaumont, et à sa gauche Lesdiguières. Le 21 septembre, il fut reçu solennellement à Tallard [3]. *De retour à Gap, il s'assure de la démolition de la citadelle de Puymore et fait, les 2 et 4 octobre, des règlements pour la complète exécution de l'édit* [4]. *A Embrun, le duc fut magnifiquement fêté : l'archevêque Guillaume d'Avançon avait lui-même tracé le cérémonial de la réception* [5]. *Mayenne rentra bientôt à Grenoble, résolu d'y prendre ses quartiers d'hiver. Le 21 octobre, il y fit solennellement publier l'édit de paix, et le 19 novembre suivant il licenciait ses troupes* [6]. *C'est ainsi que pour quelques années fut rétablie dans la province une paix, ou plutôt une sorte de trêve, sans sécurité et sans repos, durant laquelle les intérêts des divers partis, les haines toujours vivaces préparèrent de nouvelles et plus formidables tempêtes.*

La tâche qui s'imposait à Mayenne était difficile et délicate : il s'agissait de maintenir la paix, de prévenir par de sages me-

---

1. *Archives mun. de Grenoble*, BB, 33. — 2. De Bouillé, *op. cit.*, p. 108.
3. Harangue et remonstrances au duc de Mayenne à son entrée à Tallard, *21 septembre 1581*. Lyon. Benoist Rigaud, 1583.
4. P. Guillaume, *Le registre du baillage de Gap*, Gap, 1884, in-8°, p. 21. *Archives des Hautes-Alpes*, B, I, f° 148-51.
5. Charronnet, *Les guerres de religion... dans les Hautes-Alpes*, p. 162-4. — 6. *Archives mun. de Grenoble*, BB, 33.

sures le retour des malheurs qui avaient désolé la province, et enfin de travailler à relever partout le catholicisme. Les efforts du duc furent puissamment secondés par Maugiron et les membres du parlement.

On voulut tout d'abord s'assurer définitivement la possession de deux villes importantes, que les protestants pouvaient aisément surprendre. Valence se voyait exposée à un coup de main des protestants du Languedoc et du Vivarais; Die était sans cesse menacée par ceux du Gapençais, et cette dernière ville comptait dans son sein un bon nombre de huguenots, toujours prêts pour une levée de boucliers. Au mois d'octobre 1581, Aymar de Virieu, seigneur de Chaudebonne, chargé de faire un rapport sur l'état de la ville de Valence, concluait à la nécessité d'y bâtir une forteresse, pour la mettre à couvert contre les entreprises de quelques nouveaux Merle ou Prade ou aultres semblables garnimens. En conséquence, malgré les réclamations des habitants de la ville, on se hâta de jeter les fondements d'une citadelle. Aymar de Clermont de Chatte, seigneur de Geyssans, leur fut donné pour gouverneur le 25 octobre [1].

Notre ville de Die ne devait point tarder d'avoir également sa citadelle. Le 12 janvier 1582, le duc de Mayenne, après avoir rappelé qu'on a étudié en conseil le faict de la ville de Dye, pour la conserver soubs l'obeisance de sa Majesté, et qu'il avoit cy devant verballement donné charge au sieur de Cugy, procureur et agent de ceulx de la pretendue relligion reformée du Vallentinois et Dyois de s'y transporter pour adviser, avec ceulx de la dicte ville, aux moyens les plus propres a cest effect, ordonne que la maison du sieur de Chabestan, joignant aux murailhes de la dicte ville sera fortiffiée et mise en defense le plus promptement que faire se pourra, pour y establir et commectre le sieur de Glandage pour commander a ladicte place, avec tel nombre de soldats que conviendra, pour la garde et seureté d'icelle et pour conserver la dicte ville soubs l'obeisance du

---

[1]. *Archives municipales de Valence*, BB. II. — A. DE PONTBRIANT. Les guerres de religion ; le capitaine Merle, baron de Lagorce. *Paris, 1886, in-8º.* C'est un essai de réhabilitation de ce personnage. On ne voit pas pourquoi M. de P. s'est constitué l'avocat de ce bandit.

Roy et les habitants en toute paix et tranquillité... Et pour l'execution de tout ce que dessus, *ajoutait le duc,* nous avons requis et prié monsieur de Maugiron se transporter en la dicte ville de Dye [1].

Conformément à cet ordre, Maugiron vint à Die, où nous le trouvons le 16 janvier, investissant Glandage de la charge de gouverneur de la ville [2]. *Le lendemain, il donnait à Jean Robert, seigneur de Bouquéron, conseiller du roi, les instructions nécessaires pour* la démolition de quelques maisons joignant celle du sieur de Chabestan, *et confiait la direction des travaux à l'ingénieur Hercule Negro* [3]. *Il règle ensuite les appointements que la ville devra payer au gouverneur et à ses gens* [4]. *Maugiron voulut à son retour passer par Valence, afin de visiter les travaux de la citadelle qu'on y bâtissait ; il était rentré à Grenoble le 23 janvier, et ce même jour il écrivait au roi une curieuse relation de son voyage : nous avons sous les yeux le premier jet de ce rapport, qui ne dut être envoyé au monarque qu'après diverses corrections, ainsi qu'on en peut juger par les nombreuses ratures qui couvrent cette pièce. Nous reproduisons ce document, tel qu'il est sorti de la plume de Maugiron, persuadé que l'expression première de la pensée du lieutenant reflète avec plus de vivacité et d'exactitude l'état des choses à cette époque.*

Sur ce qu'il fut advisé par monsieur du Meyne et moy, en presence de ceulx qui nous assisterent, tant de vos president, advocat et procureur general, affin que (ceulx de) vostre ville de Dye se rangeassent d'eux mesmes en une bonne resolution,

---

1. *Bibliothèque de Grenoble, R, 80, n° 1217 (original).*
2. *Bibliothèque de Grenoble, R, 80, n° 1224 (original).*
3. *Bibliothèque de Grenoble, R, 80, n° 1218 (original).*
4. *Bibliothèque de Grenoble, R, 80, n° 1222 (original).* De l'apoinctement donné par chaque moys au sieur de Glandage, commandant en la maison du sieur de Chabestan, avec cinquante soldats, sans comprendre son lieutenant, sergent et troys capporaux, asavoir. Au sieur de Glandage, commandant et gouvernant en ladicte maison et ville de Dye, cent livres par moys. A son lieutenant, cinquante livres, comme dessus. Au sergent trente livres. Les troys capporaux, chascun dix huit livres. Les soixante soldats, a chascun dix livres. Somme que le dict entretenement cy dessus montera,

pour leur salut et les conserver a la paix et a vostre obeissance, que je me promets, Sire, que monsieur vostre premier president d'Aultefort peut avoir faict entendre a vostre majesté le chemin que j'ai poursuivi pour cest effect et sur l'escript que je vous envoie, Sire, les ayant menés doulcement et usé de voies a ce convenables que Dieu m'a inspirées, non sans grandes traverses et contrarietés, moy y estant. Neanmoins ils ont faict tout ce que j'ai voulu, et ayant prins la maison du sieur de Chabestan pour servir de citadelle, avec le sieur de Glandage qu'ils nous requirent estre leur gouverneur, lequel a faict le serment entre mes mains de mourir pour vostre service plust tost que de souffrir la perte de ceste ville, et estant pressé de monseigneur vostre frere pour l'aller trouver pour le servir en Flandres, je luy ai fet tout quicter, se determinant vous servir en la charge de la dicte ville de Dye, avec soixante hommes, n'y voulant demeurer a moings, et a la verité, Sire, c'est une belle place et n'y ayant jamais esté, j'ai cognu qu'elle est de grand prix pour estre au milieu de tout vostre estat, oultre qu'elle est forte, grande et riche et les deux tiers de la religion, et leur ayant dépeint vostre zèle a la paix, leverent tous les mains de mourir avec Glandage pour se garder contre toutes les aultres esglises, desclarant vouloir vivre soubs vos loix et obeissance, maudissant et Lesdiguieres et Cugy qu'ils faisoient plus de despences avec trente chevaux que moy avec cent que j'avois de ma compagnie, et ne savoient quelle chere me faire, criant vive le roy, se mettant tous a l'entour de moy, m'offrant leurs vyes et leurs biens, pour vostre seul service. En some, Sire, tout le Dyoes, est a present a vostre obeyssance, et me pardonnés si je vous importunoys de commander a monsieur du Meyne de ne nous laisser ceste espine au pied, car a la verité le Dyoes demeurant comme il faisoit, il leur restoit a leur porte plus d'un tiers de ce qu'ils avoient conquis sur vostre obeyssance. De la, Sire, je suis venu a Valence pour estre mandé par l'evesque du lieu en dilligence, estant la ville en grande esmotion et vostre peuple voulant requerir aux armes contre la garnison, et y estant arrivé m'enqueris que c'etoit le lieutenant d'Hercules ingenieur, nommé le cappitaine Manuel, qui avoit tué un bourgeois dans sa maison, accompagné de troys, et estant pris prisonnier par le capitaine de la citadelle qui fit sagement son debvoir le remettant a la justice de l'evesque, je le fis pendre tout sur le champ devant moy, par vostre prevost, que je meyne tousjours. Quant a moy, remostrant au peuple, sur le lieu mesme, que vostre majesté ne veult plus de leurs acoustumées fasons a se lever et mutiner come ils ont faict par le passé, et que leur ville avoit esté remarqué sédicieuse, la où un lieutenant general du Roy avoit esté tué et pendu, et despuis chef de ligues, que s'ils se joient plus de penser a aultre effect qu'a vous rendre la reverance qu'ils vous doibvent, je les mettroy sur les carreaux et les testes des plus huppés sur leurs portes, pour servir de troffée et d'exemple aux meschants. Ils vous begnirent et a joinctes mains crierent mercy de leurs foulies passées et me remercyant de ma bonne et brieve justice. L'on est apres vostre citadelle du dict lieu, laquelle ne sera achevée de deux mois, mais ayant acompagné monsieur du Meyne hors de ce gouvernement et luy avoir rendu l'hommage, que nous debvons a tous ceulx qui sont envoyés de vostre part, je m'en retourneroy au dict Valence, pour n'en bouger qu'elle ne soit achevée. Et cependant, Sire, je vous supplie tres humblement qu'il vous plaise de commender que vous voulés que la moytié de ma compagnie soit ordinairement prés de moy et vostre prevost payé, car c'est tout ce que j'ay pour vous faire obeyr, et a faire journellement des chevauchers dans cest estat, et que iceulx soient payés pour bien payer, ce seroist plustost me faire hayr que aimer si je ne fais tenir raysons, estant vostre païs tout ruyné par les longues guerres. Quant a mon particulier, je ne says pas que vostre majesté estime de moy, car despuis que je suis pensionnaire du feu Roy et vostre lieutenant tout m'est ce. Il y a deux ans que ma femme est a vos pieds pour me faire payer. Tout mon bien est engajé pour servyr les roys et semble qu'il n'y a que moy en vostre royaulme a qui la malediction soit pareille, car tous sont riches et moy belitre, qui n'eus onc ny benefice ny office, moings payement de mes gaiges, et si ne suis larron comme d'aultres, s'il lui plaict, je ne puis apprendre ce mistere. Monsieur vostre dict president est auprès de vostre majesté, faictes moy ce bien de vous faire enquerir sy je suis traictre ou poultron pour estre sy mal traicté que je suis. Le desespoir, ou je me treuve, de me voir destruict et chargé d'enfens me faict ainsy parler, et pour vous estre cy determiné serviteur que je vous suys. Donc, Sire, au nom de Dieu, vostre clemence ayt pitié et esgard de moy, et m'aymés tousjours [1].

Le sieur de Bouquéron et l'ingénieur Hercule Negro, chargés dans la ville de Die de convertir en une sorte de citadelle la maison de Chabestan, virent bientôt l'impossibilité de donner suite à ce projet: il aurait fallu démolir un certain nombre de maisons voisines, ce qui n'eût pas manqué de mécontenter bien des habitants, sans parler des dépenses considérables qu'eût entraîné cette mesure, dépenses, du reste, qui n'auraient été jamais qu'imparfaitement compensées par les services que pouvait rendre une citadelle, placée dans la partie inférieure de la ville. On résolut donc de chercher un autre emplacement; le choix s'imposait pour ainsi dire de lui-même, et l'on se mit aussitôt à l'œuvre pour construire, sur le point le plus élevé de la cité, près de la tour Sainte-Guille, une forteresse redoutable [2], *dont les Mé-*

---

1. *Bibliothèque de Grenoble, R. 80, n° 1225 (original).*
2. *Voici la lettre adressée par le sieur de Bouquéron au lieutenant général pour l'informer de ce qui venait d'être fait à Die; nous la publions d'après l'original conservé à la Bibliothèque de Grenoble, R, 80, n° 1223.*

Monseigneur, il y a huit jours que je suis ici de retour de Dye et pansois de vous advertir de jour en jour de ce qu'on y avoit faict, par le moien de monsieur le secretaire Charency dud. Dye, qui a assisté aux comptes du païs, lequel debvoit desja despartir mercredy passé, pour vous aller trouver, avec quelques autres delegués des sieurs commis du païs, mais leur voiage a esté despuis disferé. Monsieur Hercules arriva aud. Dye le dimenche, apres vostre despart, ou il alla droit d'ici et passa par le Monestier de Clermont, ou je passai aussi a mon retour, nestant le chemin guières moins beaut que de l'aultre costé, et est beaucoup plus court, car en ung jour et dymi je fus ici. Et fust le sieur Hercules un peu estonné, quand on l'advertit de la justice, que fitcs faire a Valence, disant que celuy qu'on avoit fait morir estoit son clerc, neantmoings il s'en resolut bientost, et ne laissa pour cela a faire sa charge. Il vit le mesme jour la maison de Chabestan, et y retorna le lendemain au matin, et la

moires de Gaspard Gay *nous raconteront plus loin la démolition.*
Sur la fin de janvier 1582, Mayenne avait quitté Grenoble,
pour se rendre à la cour. La province demeura tranquille. Mis en
face d'eux-mêmes, les deux partis protestants s'adressèrent de

visita tant dehors que dans la ville, puis alla visiter l'ault de Saincte Guille, et doubta au commencement de pouvoir fere chose qui fust asseuré aud. lieu de Chabestan, puis il prit opignion qu'est en abattant six maisons, qu'il me designa, et sur les remonstrances de monsieur de Glandage, il trova bon di joindre deux tours de la ville, au lieu que vostre seigneurie ne faisoit estat que de la plus prochaine. Le mard. au point du jour il trassa son œuvre, puis mit quelques hommes, que les consuls firent venir, en besogne du costé du jardin, et fit abattre la muraille d'iceluy, qu'estoit le long de la rue et aussi de l'allée, par ou on alloit de lad. rue en la salle basse de lad. maison de Chabestan, et faire un fossé a travers dud. jardin, depuis le coin de la ville, ou led. jardin commance a la flanquer du costé de l'evesché jusqu'à la porte de la rue qu'estoit entre lad. muraille du jardin et lad. maison, par ou l'on entroit en la susdite allée. Cependant je fis visiter lesd. maisons qu'il falloit desmolir, ensemble celle de Chabestan et tous les plassages d'icelles, et quelques jardins, qu'il falloit enclore dans le fort, pour les estimer. Le mercredi matin, ainsi que je voulois recepvoir le rapport des experts touchant lad. estimation, led. Hercules me dit qu'il falloit visiter encore quelques maisons, qu'il trouvoit debvoir estre aussi desmolie, et finalement voyant que les povres gens auxquels appartenoient les maisons, qu'on avoit a desmolir, se lamantoient grandement de ce que ils ne trouvoient point de maisons pour se y retirer, fut advis que on despendroit guieres plus a faire une forteresse a Sainte Guille que a fortifier lad. maison de Chabestan, puisqu'on vouloit recompenser les maistres desd. maisons et que la forteresse seroit plus asseurée que lad. maison, quoy qu'on y sceut faire, pour ce que plusieurs choses luy commandent, mesmement le clochier de la grande esglise et la tour du temple. Par quoy, et qu'on avoit encore si advancé l'euvre que pour peu de chose tout se repara, d'un commun advis dud. sieur de Glandage et dud. sieur Hercules et moy, on cessa de demolir davandage auprès de lad. maison de Chabestan, de quoy les povres proprietaires desd. maisons louarent grandement Dieu et demourarent fort satisfaits, encore qu'ils eussent desja sorti tous leurs meubles et osté les tuiles de dessus les couverts, et promptement on alla desseigner le fort qu'on avoit proposé fere a Sainte Guille. Et vostre seigneurie trouvoit bien le lieu plus propre, mais elle s'arresta sur faulte des deniers et de l'argent qu'il y conviendroit employer, neanmoins il n'y fauldra pas fere guieres plus de murailles, qu'on eust faict a Chabestan, et la tour de Sainte Guille pour peu de choses se reparera, aiant esté trouvé souffisante aux trois aultres tours plus proche, du costé de la

18

mutuels reproches sur leur conduite passée. Le roi de Navarre, qui sentait combien cette division était préjudiciable à sa cause, voulut y mettre un terme. Le 1 juillet 1582, de S¹-Jean d'Angély, il écrivit à Lesdiguières, pour le charger d'apporter au mal un

porte de la ville par où vous entrates aud. Dye, pour loger led. seigneur de Glandage et tous ses soldats par mode de donjon. Du mesme jour on mist en évidence le fossé des murailles, le lendemain qui fust le jeudi on fit venir davantage de gens avec des bestes, pour charrier du bois, de chau et de sable, et en faisant le fossé de la muraille, ils commencerent a fere par mesme moien le fossé de la forteresse, et crois que s'ils ont depuis continué a travailler, ainsi qu'ils avoient commencé a fere, que lad. forteresse est en defense, comme on escrivoit qu'elle seroit dans dix ou douze jours, vous asseurant, monseigneur, que le sieur de Glandage y tenoit fort la main, et pour movoir les gens a se y emploier avec plus grande diligence il y avoit desja establi sa garde. Nous fismes led. sieur de Glandage et moy un estat des vivres et munitions, qu'il falloit pour troys moys, sans y toucher, sinon en cas d'urgente necessité, suyvant la commission qu'il vous pleut m'en laisser, que nous aurions imposé sur les feux tant de la ville de Dye que de son ressort, et a ce qu'on m'a depuis dit, messieurs les commis ont promis de fournir le bled de celuy du magasin de Crest et les pouldres de celles du magasin de cette ville. Si vostre seigneurie n'avoit veu le lieu et recognu combien importe au service du roy et repos public la conservation de lad. ville de Dye, trop mieulx que je ne le saurois panser, je vous escrirois quelque chose de cella, mais passant oultre je ne puis moins faire que de vous advertir que pour bien conserver icelle ville, seroit bon, sellon le commun advis de ceulx du mestier, qu'on ne la boucla au moien des forts, qui sont aux environs, comme est le chasteau d'Aix, ou n'y a point de garde, Pontaix, les tours de Quint et Espenois, que sont mal desmantellés. Au reste, monseigneur, on a fait icy prisonnier despuys deux jovrs le fils donné de monsieur le conseiller Bally et ung nommé Garin de Saissin, chargé d'avoir volu entreprendre sur cette ville par le moien des trous qu'on avoit faict aux murailles d'icelle, a costé du misterium *(métier à faire du drap)*, qu'est au derrier des Cordelliers. La cour en a laissé la connaissance au prevot, on a recusé Bonner son lieutenant et quelques advocats et ont été nommés monsieur de Veurey, maistre Thomé et maistre d'Estables, conseiller en lad. cour, pour assister au jugement, lequel a mon advis sera bientot faict, suyvant l'instance que les consuls en font et plusieure personnes d'honneur. Sur ce, monseigneur, je vous baise les mains, avec mes tres humbles recommandations, priant Dieu, vous avoir en sa sainte garde. A Grenoble, ce IIIe jour de febvrier 1582.

Vostre tres humble serviteur,
J. ROBERT.

remède efficace [1]. *Quelque temps après, il lui donnait un pouvoir plus ample que le précédent.* Ce témoignage de haute confiance détermina les mécontents à se réconcilier franchement avec lui, et dès lors il fut reconnu par tous chef des religionnaires dauphinois [2].

Les catholiques faisaient partout les plus grands efforts pour reconquérir le terrain perdu et pour empêcher aux protestants l'exercice de leur culte, en dehors des limites assignées par les traités. C'est ainsi que vers le milieu de juillet le gouverneur de Valence formulait hautement ses plaintes contre les réformés, qui avaient tenu des assemblées à la Baume-Cornillane, et qui avaient transféré leur prêche de cette dernière localité à Châteaudouble [3]. Les prêtres rentraient dans les paroisses, d'où la tourmente les avait éloignés ; on relevait de toutes parts les églises en ruine ; bon nombre d'égarés revenaient à la vieille foi catholique. L'archevêque d'Embrun appela les jésuites dans son diocèse et leur confia la direction d'un collège dans sa ville métropolitaine. C'était pendant son séjour à Trente, à l'époque du concile, qu'il avait appris à estimer ces religieux [4]. Ils vinrent en cette même année prêcher à Nyons, avec autant d'éclat que de succès [5].

L'année 1583 s'ouvrit par la tenue des Etats à Grenoble. L'évêque de Nantes, les sieurs de la Roche-Pezay, d'Albin, Baillet et Le Comte, commissaires députés par la cour, y assistèrent. Ils étaient porteurs d'une lettre du roi, datée de Fontainebleau, le 6 août 1582, qui leur conférait la mission de voir et visiter la province de Daulphiné, scavoir et entendre comment les choses qui touchent le service de Dieu et les charges et dignités ecclésiastique sont faictes et exercées, quels sont les déportements de la noblesse, et comment (les) justices et finances sont administrées. *Ils demandèrent aux Etats un don de 26,000 livres, pour aider, disaient-ils, au rachat du domaine. L'assemblée décida qu'on exposerait au roi la grande misère du pays, qui avait sup-*

---

1. BERGER DE XIVREY. Recueil des lettres missives de Henri IV, *t. I.* (1843), p. 462. — 2. VIDEL. Hist... de Lesdiguières. p. 48.
3. Archives municipales de Valence, BB, 10.
4. (ALBERT.) Hist. du diocèse d'Embrun, *t. II (1783), p. 230.*
5. Annuæ litteræ Societatis Jesu anni 1582. Romæ, 1584, in-8°, p. 167.

porté vingt-deux ans de guerre civile, et les dettes qui pesaient lourdement sur les villes : Grenoble devait plus de 40,000 livres 1. Au mois d'août de cette même année 1583, l'édit du roi portant création des offices de receveurs des deniers communs, patrimoniaux ou d'octroi des villes souleva de nombreuses protestations. D'autre part le fameux procès des tailles, qui depuis longtemps déjà mettait en lutte le clergé et la noblesse réunis contre le tiers-état, reçut à Romans, cette même année, une de ces solutions moyennes, qui ne font d'ordinaire qu'augmenter le mécontentement des partis 2.

En l'année 1583, l'archevêque d'Embrun tint dans sa cathédrale un concile provincial pour étudier les moyens de faire refleurir la discipline ecclésiastique 3. Dans les villes où le peuple était libre de manifester ses vrais sentiments, on célébrait par des processions et d'imposantes cérémonies le rétablissement de l'ancien culte 4.

Le 2 août 1583, le parlement de Grenoble rendit un arrêt, basé sur la législation en vigueur, et qui nous révèle jusqu'à quel degré de servitude vis-à-vis du pouvoir civil étaient tombés le clergé séculier et les religieux. Nous tenons à reproduire ici ce curieux document, qui suggérera sans doute au lecteur bien des réflexions.

Sur la requeste presentée a la cour par le procureur general du Roy, tendant aux fins que les archevesques et evesques de ce ressort soyent exhortés de fere visitation generalle des eglises de leurs dioceses, et pourvoir sur le contenu en lad. requeste :

La cour, les deux chambres assemblées, veu la susdite requeste du mois de novembre 1581, et icelle inthérinant avec ses declarations et ampliations qui s'ensuyvent, exhorte les archevesques et evesques de ce ressort, ou desquels le diocese s'estant dans led. ressort, de fere visitation generalle des eglises de leurs dioceses, et icelle comencer dans le mois après la

---

1. *Archives municipales de Grenoble, BB, 35.*
2. Ch. Laurent. Le procès des tailles. *Grenoble, 1867, in-8°, p. 29.*
3. (Albert). Hist. du diocèse d'Embrun, *t. II, p. 230.*
4. *Voir notre brochure* : Manifestations religieuses à Montélimar, en 1583. *Montélimar, 1872, in-8°, 15 pages.*

publicquation du present arrest, a peyne de reduction de leur temporel, laquelle, dès a present est enjoinct aud. procureur general et ses substituts de fere executer led. mois passé, contre ceulx qui n'auront point comencé leurd. visitation ou icelle achevé et parfaicte dans la Toussaincts prochaine, et ce, par le premier des conseillers de lad. cour treuvé sur les lieux, ou par le plus prochain juge royal, quy sont a ces fins comis.

Et en ce faisant, pourvoir a ce que les chanoynes, clercs, et aultres ecclesiastiques satisfacent a ce quy est porté par les saincts decrets, constitutions canonicques et ordonnances royaulx, tant pour leur residence que promention aux ordres ;

Ausquels archevesques et evesqves faisant leursd. visitations, est enjoinct a tous abbé et abbesses, prieurs, prieures, non estants chefs d'ordre, ensemble tous chanoynes et chappitres, tant seculliers que regulliers, et des eglizes cathedralles et collegiales, d'obeyr, sans que par iceulx abbés, prieurs et aultres susdits, puisse estre opposé d'aulcun privilege d'exemption, pour le regard de la correction des crimes et aultres choses dependant d'icelle visitation, nonobstant lesquelles oppositions et appellations quelconques, et sans prejudice d'icelles ne de leur droict d'exemption et aultres choses, sera passé oultre par lesd. prelats, sans prejudice aussy de la visitation et correction apartenant aux abbés et abbesses, prieurs, prieures sur leurs religieux, religieuses, a faulte d'observance de leurs regles, a la forme du droict et ordonnence d'Orleans, art XI, auxquels abbés, abbesses, prieurs, prieures, est enjoinct de proceder ausd. visitations et corrections dans le mesme dellay et sous les peynes que dessus.

Sera par mesme moien pourveu, en faisant lesd. visitations, a ce que les prebendes theologalles et preceptorialles, introduictes par le droict canon et confirmés par les ordonnances, soyent conferées a personnes cappables et souffisants et avec les qualités et conditions, portées par l'ordonnance de Loys XII, en l'an 1499, art. I, VIII, et IX article d'Orleans ....

Sera aussy, en faisant lesd. visitations, dilligement informé contre les lays usurpateurs des benefices, maisons, justices, censes, terres, dismes et aultres revenus ecclesiasticues, pour en apprès estre procedé contre eux, a la forme de l'article 47 de Blois, la publication duquel sera faicte de rechief, avec celle du premier arrest, tant en ceste cour que aux sieges royaulx et aultres accoustumés de ce ressort ; et neanmoins pour plus grande asseurance a l'advenir des droicts de l'eglise, lesd. visiteurs feront fere registre et procés verbal des titres, appartenants ausd. esglises, pour estre despuis un extraict d'iceulx procés verbaux remis en la chambre des comptes de ce pays et y avoir recours en temps et lieu, s'il y eschoit.

Et pour ce que le bon exemple des prélats de l'esglise sur toutes choses peult mouvoir les ministres inferieurs d'icelle a fere leur debvoir es choses concernant l'estat ecclesiasticque, lesd. archevesques et evesques sont encores exhortés de continuer a resider a leurs archeveschés et eveschés, a adcister au divin service, mesmement le jour de dimenche et aultres chomables, et festes comandés par l'esglise, pour pouvoir plus librement reprendre les faultes desd. ministres inferieurs, suivant les edicts de Villers Costerès du premier may 1547, de Fontainebleau du 1ᵉʳ avril 1560, Vᵉ art. d'Orleans et 14ᵉ de Blois.

Et d'aultant que les cures sont a present pour la pluspart destituées de recteurs, et consequement les saincts sacrements n'y sont administrés ausy dignement qu'il appartient, dont procedde de grands maux et inconvenients, au peril des ames des pauvres paroyssiens, est ordonné que lesd. cures seront confiées a personnes capables, et pour ce que le service d'icelles est négligé, pour n'y avoir revenus souffisents pour la norriture et entretiennement des recteurs d'icelles, lesd. archevesques et evesques porvoyront par union de beneffices, distribution de dismes, selon qu'il sera advisé estre le plus utile et comode par lesd. prélats, adsistés desd. conseillers comissaires pour le susd. entretiennement, et a ce que le chascung d'iceulx curés aye au moings de revenu annuel franc et acquité de toutes charges, la somme de trente trois escus sols tiers, sursoyant cependant, pour bonnes causes, toutes executions et contrainctes, pour raison des decimes, contre iceulx curés quy n'auront en revenu annuel plus que de lad. somme de trente-trois escus et tiers, et pour le regard de ceulx quy en auront davantaige sont pareillement sursoyés jusques a lad. somme, et ce pour le temps et terme de trois mois, dans lequel est enjoinct au procureur general du Roy et procureur du pays de rapporter declaration du bon plaisir de sa majesté sur ce faict.

Sera aussy pourveu par lesd. archevesques et evesques a ce que les aulmosnes, qu'on avoit accoutumé fere aux esglises et monasteres, soient continuées en memes espèces, cuallité et quantité, dont ils feront aussy fere sommaire enprize, sans y comectre abus, a ce que lesd. eclesiasticques y puissent plus comodement satisfere, leurs dismes et aultres droits leur seront payés, suivant les edicts et ordonnences du Roy, et mesme de l'edict publié ceans au mois de novembre 1578.

Provoyront aussy les susd. prélats et comissaires a la repparation et reddiffication des esglises parrochielles, quy se treuveront ruynées ou desmolies, contregnant et faisant contraindre toutes personnes ecclesiasticques et lais d'y contribuer, sellon la coustume des lieux, y employant par un prealable les deniers quy se treuveront estre affectés a cet effect, sy aulcuns en y a, et ou il n'y auroit contenus certains, seront contraints les paroyssiens de fere rebastir la nef d'icelles esglises, leur permectant et enjoignant a ces fins d'imposer sur eulx les deniers necessaires, en observant les arrests et reglements de la cour, le chœur et presbytere demeurants a la charge d'iceulx ecclesiasticques titullerés et prenantz dismes ausdites paroysses, ainsy que chascun d'eux concerne, quy seront tenus les fere rebastir et reparer ; et pour le regard des aultres esglises que les cures, sera employé pour lesd. reparations et reddification le quart du revenu d'icelles esglises, sinon que lesd. prelats et comissaires cogneussent que pour bonne cause il falloit croistre ou amoindrir la coste du revenu, quy y debvra estre employé. Seront aussy employé aux susd. constructions et reparations les fonds et revenus des benefices non desservis et pour les temps que les beneficiers auroient absenté, sans congé de leur superieur, octroyé pour cause legitime. Sont aussy exhorté iceulx prelats et aultres superieurs des monastères pourvoyr a la reformation desd. monastères tant d'hommes que de femmes, a ce qu'ils soyent contraincts de vivre en commung et sellon leur regle, institution et fondation, et que les couvents soyent remplis de nombre souffisant de religieux et religieuses, sellon le revenu d'iceulx, et finalement a ce que la closture desd. religieuses soit remise et entretenue, ainsy qu'il appartient, sans qu'il leur soit permis de sortir de leurs monastères, ne a personne de quelque qualité, sexe ou eage que ce soit, d'y entrer, sy ce n'est avec licence du superieur, fondée sur cause legitime. suyvant le 30 et 31 articles de Blois, declarations de la cour sur iceulx, et arrest d'icelle du XXVIII novembre 1549.

Finalement sera pourveu par lesd. prelats et comissaires faisant leurs visitations a ce que les chapelles ne soyent destituées de recteurs et que le service divin y soit faict, suivant les fondations d'icelles ; et sur aultres requisitions quy seront faictes a la part du procureur general ou ses substituts, les ordonnences et reglements desquels prelats et comisaires seront executoires par provision, nonobstant opposition ou appellations quel conques et sans préjudice d'icelles... Faict a Grenoble en parlement, le deuxiesme jour du mois d'aoust l'an mil cinq cents qautre vingts et trois [1].

L'évêque de Valence et de Die ne se montrait guère empressé à venir visiter ses diocèses: il se nommait Charles-Jacques de Gélas de Leberon et avait succédé à son oncle, le fameux Jean de Monluc, mort à Toulouse, le 12 avril 1579 [2]. *Ce prélat, que la faveur*

---

[1]. *Archives dép. de la Drôme.* Fonds de l'évêché de Die. Registre appelé Livre blanc, in-f°, f° 175-8. — Cf. Bulletin de l'Académie delphinale, t. II (1847), p. 151-5.

[2]. *Jean de Monluc avait été nommé aux évêchés de Valence et de Die par bulles du 9 octobre 1553. Il en prit possession l'année suivante par Salignon, son procureur. Cet évêque fut, comme on le sait, mêlé aux plus grands événements de son temps. Il ne fit que de rares apparitions dans ses diocèses, se préoccupant fort peu des progrès de l'hérésie : il écrivait un jour aux catholiques de Die pour leur faire connaître qu'il voulait qu'une religion aimât l'autre. Ses rapports avec les hérétiques, ses paroles et ses écrits alarmèrent quelques-uns de ses diocésains : Félix Vermond, doyen de Valence, ancien curé de Menglon, eut le courage de dénoncer son évêque comme hérétique.*

royale avait placé à la tête de nos Eglises, n'était pas homme à réparer les maux, que la coupable indifférence de son prédécesseur avait laissé se développer. Ce n'est point qu'il manquât de bonnes qualités : il était recommandable par sa piété et sa droiture ; il était surtout d'une douceur sans égale, mais elle n'était pas accompagnée de toute la fermeté nécessaire à un évêque dans des temps difficiles et orageux [1]. *Après le traité de Fleix et le rétablissement de la paix publique, il avait eu la pensée de se rendre au milieu de son troupeau, et à cet effet il avait eu soin de se munir d'une série de lettres de recommandation pour les représentants de l'autorité royale dans le pays : ces lettres, toutes datées de Paris, du mois de mai 1582, étaient écrites par le roi, la reine-mère, le duc de Mayenne, et Glandage le père* [2]. Ce ne fut pourtant que deux ans plus tard que nous le voyons faire son entrée à Valence et à Die. Le 27 juillet 1584 les habitants de Valence sont informés de la prochaine arrivée de l'évêque, et, comme heureuse nouvelle, on leur annonce que le prélat veut bien décharger la ville de la dépense d'une entrée solennelle, et qu'il ne demande pour don de joyeux avènement qu'un bon chien de chasse. Le conseil,

mais le prélat était trop bien en cour pour essuyer une condamnation ; le doyen de Valence fut obligé, par arrêt du grand conseil, rendu le 14 octobre 1560, à demander en public, agenouillé et tête nue, pardon à l'évêque. La Sorbonne ne se laissa point intimider et censura le 5 août 1561 plusieurs livres de Jean de Montluc. Le pape lui interdit l'accès du concile de Trente. Monluc mourut à Toulouse, assisté dans ses derniers moments par des pères jésuites ; il fut enseveli dans l'église métropolitaine et son neveu fit placer cette épitaphe sur son tombeau : Illustrissimus vir Joannes de Monluc, episcopus comes Valentinensis et Diensis, qui suis temporibus non parum opera, consilio, et virtute res gallicas juvit, obiit anno Domini MDLXXIX, pridie idus aprilis. Tanti autem viri reliquias jacentes sub rudi lapide honore debito carere diutius non tulit pietas illustrissimi Caroli Jacobi de Leberon Valentinensis quoque et Diensis episcopi et comitis, ex sorore abnepotis, æternæque illi memoriæ erigendum hoc monumentum curavit. R. I. P. Anno Domini M. DC. XXXVII. *Cf. notre Essai hist. sur Die, t. III.*
1. *Mémoire pour M. Daniel Joseph de Cosnac, ... contre M. Joseph de Gallien de Chabons, seigneur de St-Auban et du Passage. (Grenoble, s. d.) André Faure, in-f°, 72 pages, p. 42-3.*
2. *Archives de Mme de Félines, à Die.*

plein de reconnaissance, décide qu'on achètera pour le prix de 25 écus le chien de Gaspard de Saillans, premier consul, et qu'on l'offrira à l'évêque [1]. *A Die, les catholiques eurent l'occasion de constater la faiblesse, ou plutôt le manque d'énergie de leur premier pasteur.* Il n'eut pas le crédit de se faire restituer le palais épiscopal, dont les huguenots s'étaient emparés. Il n'osa pas, étant à Die, faire dresser un autel dans l'intérieur de la maison où il était logé, pour faire administrer les sacrements à un de ses domestiques qui se mourait [2].

La mort du duc d'Anjou, frère unique du roi et héritier présomptif de la couronne, fut un événement gros de conséquences. La France, profondément divisée, sentait à sa tête un roi perdu de débauches, maladif et désormais sans espoir de postérité: la politique tortueuse de cet indigne monarque avait soulevé contre lui le mépris et la haine de tous ses sujets. Pour recueillir l'héritage des Valois, on allait voir bientôt se présenter le roi de Navarre, hérétique et relaps. D'un bout de la France à l'autre, tous les cœurs catholiques furent saisis d'un indicible sentiment d'angoisse et de terreur. La Ligue, organisée pour défendre avant tout les intérêts de la foi, apparut alors comme l'unique moyen de préserver la France des malheurs d'une apostasie. Ses cadres se développèrent rapidement; un grand nombre de villes du royaume donnèrent leur adhésion à ses statuts, et les hommes les plus recommandables devinrent ses partisans dévoués. L'histoire de la Ligue est encore à écrire. Ce mouvement populaire, parti des entrailles même de la nation, n'était pas une révolte contre l'autorité royale; c'était le cri de la conscience catholique sommant le roi de demeurer fidèle à ses serments, de maintenir l'unité de la foi, et le menaçant d'agir sans lui, s'il refusait de continuer les glorieuses traditions de ses ancêtres. Le droit naturel et les enseignements de la tradition catholique s'accordent à reconnaître la légitimité du principe, qui donna naissance à la Ligue. Malheureusement ! et quelles sont les institutions humaines absolument pures de toute tache ! l'ambition de quelques hommes entraîna à des excès, et la

---

1. *Archives municipales de Valence*, BB, II.
2. Mémoire pour M⁰ Daniel Joseph de Cosnac, p. 43.

politique égoïste de Philippe II tenta d'exploiter au profit de l'Espagne les malheurs de notre patrie ; mais, quoiqu'on en dise, la Ligue, comme corps, n'a commis aucun excès, et ce qui demeurera toujours à son éternel honneur, c'est qu'elle a réveillé la conscience catholique, forcé le roi de Navarre à capituler ; en un mot elle a conservé la foi à la France et la France à l'Eglise.

Henri III eut bien vite compris le péril auquel il était exposé : il se voyait abandonné et devinait les manœuvres de l'ambition espagnole. Le roi ne manquait pas d'intelligence ; mais il était sans énergie, sans dévouement, et sa politique ne s'inspirait jamais que du vil intérêt. Il résolut d'user les partis catholiques et protestants, qu'il considérait également comme ses ennemis, en les tenant armés les uns contre les autres, jusqu'à ce que les circonstances lui permissent de rétablir sur leurs ruines son autorité.

Cependant les protestants avaient beau s'appeler Royalistes et qualifier leurs adversaires de Guisards, pour donner le change à l'opinion publique, les ligueurs devenaient de jour en jour plus nombreux. Le roi ne dissimulait point son dépit des progrès de l'association, et ses sentiments à cet égard se manifestèrent clairement dans une lettre à Maugiron, datée de Paris, le 20 mars 1585 : il le charge d'avertir messieurs de la noblesse de ne pas se laisser entraîner dans le parti des agitateurs et de faire entendre a tous sujets de sa Majesté le bon vouloyr et soulagement que sa Majesté s'est efforcé et désire de faire pour eux [1].

L'ébranlement était général. Catholiques et protestants se préparaient à la guerre. Le manifeste du cardinal de Bourbon (31 mars) fut suivi d'un nouveau déluge de publications, de pamphlets, qui ne firent qu'augmenter le trouble et le désordre.

A cette époque, la Ligue dominait à Grenoble, à Valence, à Embrun, à Die, à Briançon, à Montélimar, à Romans et dans presque toutes les localités importantes de la province. Glandage, gouverneur de Die, en était un des plus ardents promoteurs. Sur ces entrefaites, le capitaine Vachères étant de passage à Die, il crut que les protestants de la ville tramaient une conspiration ;

---

1. *Archives municipales de Grenoble*, BB. 37.

aussi en fit-il arrêter un certain nombre en même temps que ce capitaine, qui se rendait à Gap, auprès de Lesdiguières. Le roi blâma cet excès de zèle dans une lettre adressée à Maugiron le 15 avril : à chaque ligne, on y sent l'inquiétude que lui donnaient les ligueurs.

Monsieur de Maugiron, les lettres que je vous ai escriptes du 10ᵉ et 26ᵉ (mars) serviront de responce au premier poinct des vostres du 8ᵉ de ce mois, et seront suffisantes pour demantir les impostures de ceux qui publient ma mort advant ma maladie, me treuvant, Dieu mercy, en parfaicte santé, et de bonne volonté et deliberation de dresser bien tost une puissante et forte armée, pour repousser l'effort de ceux qui ont essayé d'alterer le repos de mon estat, volant esperer que le bon droict, qui est de mon costé, et les lettres que je vous ai cy devant renvoyées en blanc pour quelques gentilshommes de mon pays de Daulphiné, et cappitaines des places fortes d'iceluy produiront quelque bon effaict a l'avantage de mon service, pour despartir de toutes associations et pratiques contre ceulx qui s'y auroient legierement desvoyés..... L'on cognoistra par l'effaict en leurs entreprinses que belles et pernissieuses colleurs qu'ils donnent, leurs dites entreprinses tandent plus tot a la ruyne et dissipation de mon Estat, que a la conservation d'iceluy, car sur ce qu'ils se veullent servir du pretexte de la religion pour auctoriser leurs affaires, vous saurés que j'ay assés souvent exposé ma propre vye et que cela est assez suffisant pour persuader a mes subjects que j'ay la pitié et l'honneur de Dieu aultant precieux dedans le cœur.. .. et mes actions publiques et privées en randent evident temoignage, tellement que justement ils ne pourroyent imputer le blasme, non que de prendre subject de dire, pour avoyr faict la paix j'ai donné trop de pied en mon reaulme a la religion pretendue reformée, estant assés notoyre a tout le monde que la suyte de la guerre tiroyt avec soy la ruyne de cest Estat. Ne pouvés treuver que très mauvais que Glandage se soyt, sans commandement mien, saysi de ceux de la religion pretendue reformée de ma ville de Dye, au moyen de quoy je vous prie de lui escrire de ma part, et conviendra se despartir de semblables voyes.... [1].

Au mois de mai, l'agitation était grande dans le Diois. Des bandes protestantes parcouraient les campagnes, et chaque jour elles se fortifiaient par l'arrivée de nouveaux contingents. Un certain nombre de huguenots de la Valloire, conduits par Claude Odde de Triors et par Gabriel Forest de la Jonchère, franchirent l'Isère et se réunirent à leurs coreligionnaires du Royans. Ces rassemblements de troupes causèrent à Grenoble quelque émoi. Le 24 mai, le bruit courait dans cette ville que M. de Veynes, à la tête de 2000 hommes de pied et de 600 chevaux, s'apprêtait à rejoindre les réformés du Diois. Pour empêcher cette jonction, Maugiron ordonne de fermer les ports de Jarrie, de placer à Vizille et à Moirans les régiments de Mrs de Montlaur, du Passage et de la Roche ; le président d'Illins invite les consuls à faire bonne garde, à expulser les soldats étrangers et suspects qui sont récemment venus de la Savoie [2]. *Quelques jours après, Lesdiguières entrait en campagne. Il partit de St-Bonnet-en-Champsaur, à la tête de 200 hommes de pied et d'une centaine de chevaux, et après avoir vainement tenté de s'emparer de la ville d'Embrun, il réussit à prendre la place de Chorges (23 juin).*

Henri III, ayant échoué dans ses tentatives pour ramener le roi de Navarre dans le giron de l'Eglise et comprenant son impuissance à s'opposer au flot montant de la Ligue, se résigna enfin à signer le traité de Nemours (7 juillet), qui mettait entre les mains de l'association catholique toutes les ressources et toutes les forces de la monarchie. Il s'engageait de plus à rendre un édit perpétuel et irrévocable pour interdire absolument l'exercice de la nouvelle religion. Henri de Navarre et le prince de Condé protestèrent contre cet acte royal. Bien d'autres protestations se firent entendre [3] *et ne tardèrent pas à être appuyées par les armes. Le*

---

1. *Archives de Mr de la Baume, à Montélimar.* — DE COSTON, Hist. de Montélimar, t. II, p. 425.— 2. *Archives municipales de Grenoble, BB, 37.*

3. *Nous citerons entre autres :* Missive à la reine mère sur le fait de l'édict du Roy, fait en juillet 1585, pour réunir tous ses sujets à la religion romaine. *Embrun, 1586, 100 pages (haut 150 mm.). Ce travail, fait par un ministre protestant, est daté de Bâle ce 15 d'august 1585. Il n'a été cité, croyons-nous, par aucun bibliographe.*

fléau de la guerre civile était de nouveau déchaîné, plus terrible et plus désastreux.

Pendant que du Poët et Gouvernet se rendent maîtres de Die (20 août), Lesdiguières marche sur Montélimar. Le 25 août, il pénètre dans la place par la porte St-Martin. La garnison catholique, forte de 800 hommes n'a que le temps de se retirer dans le château, où elle se voit étroitement bloquée. Maugiron, le colonel corse Alphonse d'Ornano, le baron de la Roche accoururent au secours des catholiques de Montélimar, mais Lesdiguières qui avait prévu leur arrivée, déjoua tous leurs efforts, et les assiégés, réduits bientôt à la dernière extrémité, capitulèrent le 11 septembre. Le culte catholique fut interdit dans la ville, et les biens de 281 citoyens fugitifs furent vendus. Maugiron, qui tenait la campagne, cherchait à assiéger les protestants dans la cité qu'ils avaient conquise : le 14 octobre, il défendait aux habitants des villages voisins de leur porter des vivres [1]. Mais ce blocus ne fut pas tellement étroit, que les huguenots ne trouvassent encore le moyen de faire quelques courses : dans une de leurs excursions, ils surprirent par escalade le prieuré de St-Marcel-lès-Sauzet.

Au fléau de la guerre, vinrent encore s'ajouter les horreurs de la famine. Le 30 août le procureur des Etats présentait une requête au parlement à l'effet qu'on défendît aux habitants de faire des amas de grains au-delà de leurs provisions nécessaires, et par une ordonnance, datée du même jour, la chambre des vacations, faisant droit à cette requête, défendait à toutes personnes, de quelque qualité et condition qu'elles soient, de fere amas de grains, oultre leur provision, iceulx retirer, receler, ny transmarcher, soit par eaux ou par terre, hors la province dudit Dauphiné, pour quelque occasion que ce soit, moings donner aide et faveur sans expresse comission, le tout sur la peine de la vie [2]. Malgré toutes ces précautions, le peuple fut dans l'impuissance de se procurer du blé et des aliments. Le blé étant devenu sans prix, les gens des campagnes furent obligés de se nourrir de glands de chênes, de racines sauvages, de fougères,

---

1. Lacroix, L'arrondissement de Montélimar, t. II, p. 152.
2. Bulletin de l'Académie delphinale, t. II, p. 308-10.

du marc et des pépins de raisins séchés au four, qu'ils faisaient moudre pour en faire du pain [1].

Lesdiguières paraît avoir séjourné quelque temps à Montélimar, où il organisa l'administration protestante. Le 22 octobre, il chargeait Jacques de Ségur du séquestre des biens d'église, dans les juridictions de Montélimar, St-Paul, Grignan, Valence et Crest, avec ordre de les affermer et d'en percevoir les revenus, moyennant un sol par livre. [2]

Cet acte nous révèle les rapides progrès de l'armée protestante. Lesdiguières reprit ensuite le chemin du Gapençais par le Diois, infligeant des pertes sensibles aux troupes de la Ligue, qui occupaient Aix, Montlaur et Châtillon. Rencontrant sur sa route cinq cents arquebusiers qui allaient d'Embrun à Gap, il leur fit essuyer une sanglante défaite, entre Savines et Chorges. Enfin le 19 novembre, la prise d'Embrun jetait la consternation dans toute la province. L'historien de cette ville raconte les atrocités commises dans cette malheureuse journée. Un prêtre, qui voulut célébrer la sainte messe dans la métropole, fut tué dans le temps qu'il étoit à genoux pour faire son action de grâces. Noble Honoré Gautier de Lange, après avoir été meurtri de coups de pied, fut chassé de la salle d'audience et obligé de se retirer en exil, pour avoir soutenu la foi catholique qu'il avoit promis de n'abandonner jamais ; il mourut dans le lieu de son exil et avait mérité d'être joint à ces martyrs, dont le martyrologe romain celebre la mémoire le 24 juin, pour avoir été exilés et être morts dans leur exil. Noble Albert de Chancela éprouva le même sort et fut exilé avec menace qu'on brûlerait sa mai-

---

1. Mémoires d'Achille Gamon, dans : MICHAUD ET POUJOLAT, t. VII, p. 622. — Les Mémoires de F. Joubert et de S. de Mérez, publiés par M. Ed. Maignien (Grenoble, in-18, 1886), p. 57, signalent pendant l'automne de 1585, l'apparition de nombreuses chenilles, ce qui était, au dire des vieillards, un présage de peste. Le sieur vicaire général fit assembler le conseil de Monsieur de Vallence, et furent assemblés extraordinairement deux docteurs en theologie, deux jurisconsultes et plusieurs autres personnes, par lesquels fut conclud qu'on ne procéderoit point par excommunication et malediction, mais seulement par adjuration, eau bénite et prières comme le récite le sieur Giraudi en son répertoire escript à la main.
2. Actes et correspondance du connétable de Lesdiguières, t. I, p. 61.

son et tous ses titres, à moins qu'il ne payât une certaine somme d'argent. Noble de Levesi, procureur du roi, reçut ordre dans le temps qu'il étoit à dîner de subir la peine de l'exil, à moins qu'il n'aimât mieux embrasser la religion dominante, et on ne lui donna que le temps de prendre ses bottes et de sortir aussitôt avec sa famille. Ses effets furent sur le champ donnés au pillage, sans qu'il eût la liberté de rien emporter avec lui. P. Léat, fameux médecin et très estimé dans Embrun, fut attaché à l'exemple de s^t Hippolyte à la queue des chevaux et traîné de la sorte par les rues de la ville, et il auroit expiré dans ces tourments, si les cris et les pleurs de sa femme n'avoient engagé Lesdiguiéres à lui accorder sa délivrance. L'église métropolitaine d'Embrun devint le temple des huguenots [1]. *Toutes les églises de la ville furent saccagées. L'archevêque s'enfuit et parvint à gagner l'Italie, à travers les plus grands dangers.* Tous les prêtres de son église furent également obligés de prendre la fuite. On voit par les informations, que le vibailly d'Embrun prit le 14 octobre 1588, que tous les ecclésiastiques, tant de la ville d'Embrun que d'une partie du diocèse, furent chassés et obligés d'aller loin et d'errer çà et là, en mendiant leur pain ; les titres des bénéfices, pris et emportés, dont on brûla ceux que l'on croyoit les plus nécessaires, réservant seulement les moins utiles pour en tirer de l'argent en les revendant aux prêtres [2]. *Les protestants complétèrent leur conquête, par la prise de Châteauvieux, de St-Clément, de Guillestre, de Réotier et d'autres places. Les religieux de Boscodon furent chassés de leur monastère* [3]. *Pendant ce temps les ligueurs perdaient dans le Diois les châteaux d'Aix et de Glandage.*

1. (ALBERT.) Hist. géog., naturelle, eccl. et civile du diocèse d'Embrun, *t. I, p. 232.*
2. (ALBERT.) Hist. eccl. du diocèse d'Embrun, *t. II, p. 232.*
3. *Archives de l'Isère, B, 2576. Registre du conseil de justice de Die, f° 32. Un fait, qui peint les mœurs de l'époque, est ici consigné. Ces religieux de Boscodon, chassés de leur couvent, assignèrent le 13 novembre 1590 leur cellerier Jean Gras devant le conseil de justice protestant de Die, pour le contraindre à leur fournir des vivres et autres choses nécessaires à la vie. Celui-ci déclare ne pouvoir satisfaire, les biens du couvent ayant été pillés.*

De diverses parties du royaume arrivaient à la cour les plus déplorables nouvelles. Henri III voyait avec une secrète satisfaction l'embarras où se trouvait la Ligue, et il était bien résolu d'affaiblir, autant qu'il en aurait la faculté, des serviteurs qui le subjuguaient. Il fut toutefois contraint d'agir, pour ne point encourir plus longtemps le reproche de favoriser les hérétiques. On forma donc quatre corps d'armée ; d'Epernon et son frère La Valette reçurent le commandement de celui qui devait gagner la Provence et le Dauphiné. La Valette était à Lyon, dans les premiers jours de décembre ; il se rendit de là à Grenoble pour conférer avec les principaux ligueurs et prendre ses mesures en vue de la prochaine campagne. On ne soupçonnait pas dans la province, que l'envoyé du monarque avait la mission de travailler par dessous main contre la Ligue, de ruiner son influence et de bien se garder d'obtenir un triomphe décisif sur les protestants.

Ces derniers pressentirent de quel côté allait se porter l'effort des troupes catholiques ; ils prirent de bonne heure leur position aux environs de Crest, de manière à couvrir la route du Diois. Dès le milieu de décembre, Cugy, du Poët, Blacons occupaient le village d'Eurre. Peu de jours après, les consuls d'Etoile recevaient un avis ainsi formulé :

Messieurs les consuls d'Estoille, je viens de recepvoyr tout presentement advis comme tous ceulx de la religion sont en campagne, avec toutes leurs troupes et pétards, aiant a cest effect faict sortir leurs garnisons dehors, et passent ceste nuict la rivière de Droume, se joignant avec le sieur des Diguieres a Saillans ceste nuict. Aiant faict bruict de donner sur quelque lieu de Vallence, et d'aultant que suis infiniment mary de vostre mal, je vous fais ce mot pour vous adviser de faire bonne garde, et ne mesprisés cest advertissement, car il est certain. Me recommandant a vous. A Crest ce dernier decembre 1585. Vostre plus affectionné serviteur. BARNAUD, vice sénéchal [1].

La Valette et Maugiron arrivèrent à Valence le 7 janvier 1586, et marchèrent aussitôt dans la direction de Crest, à la tête de 3,000 fantassins, et de 500 cavaliers. Des bandes suisses ne tar-

---

1. *Archives de la Drôme, E, 3871.*

dèrent pas à venir les rejoindre [1]. Ils s'emparèrent le 26 du même mois, de Mirabel-en-Diois et de Vachères. La Valette, après ce succès, se rendit à Grenoble pour assister aux Etats de la province ; puis revenant en toute hâte, il reprit les opérations de la campagne. Le 11 février les hôpitaux de Valence et de Romans recevaient des malades et des blessés ; le 26, Valence était invitée à fournir au camp 6,000 pains de 12 onces [2]. Pendant ce temps l'armée royale assiège Eurre et s'en empare le 20 février ; elle prend ensuite Allex, Saillans et le village de Saou, qui devient la proie des flammes. Après ces succès, qui sont la ruine du pays, elle s'établit à Loriol et à Livron, où elle demeure dans l'inaction jusqu'au 15 mars [3].

Lesdiguières, qui un instant avait redouté une attaque sur Montélimar, voyant qu'on le laissait en repos, traversa les montagnes du Diois et vint tout à coup jeter l'épouvante jusqu'aux portes de Grenoble. Le 14 mars, le conseil de la ville prenait des mesures pour mettre à l'abri d'un coup de main les faubourgs de St-Laurent et de la Perrière [4]. Ce fut alors que La Valette, ramenant ses troupes vers la capitale de la province, résolut d'aller attaquer les protestants dans les montagnes du Trièves, où Lesdiguières semblait vouloir concentrer ses forces. Un emprunt de 100,000 livres, contracté sous la caution de toutes les villes du Dauphiné, fournit la somme nécessaire pour l'expédition. Le 29 mai, La Valette écrivait de Vif aux consuls de Grenoble pour leur enjoindre de payer à Jacques Point, marchand de Romans, les sommes qui lui étaient dues pour avoir, quinze jours auparavant, fourni un bâteau et dix ou douze manœuvres pour faire passer le Drac à l'artillerie et aux gendarmes de son camp, qui se trouvaient alors au port de Claix [5]. Quelques jours après, les catholiques rencontraient au Monestier de Clermont les soldats de Lesdiguières, accourus pour leur barrer le passage. Après un vif engagement, les protestants, laissant sur la place environ 80 morts, se replièrent sur le pont de

---

1. Archives municipales de Valence, BB, 11.
2. Archives municipales de Valence, BB, 11.
3. Mémoires d'Eustache Piémond, p. 185.
4. Archives municipales de Grenoble, BB, 38.
5. Archives municipales de Grenoble, BB, 38.

Brion, une des portes du Trièves, et le défendirent avec tant de courage, que La Valette dut renoncer à s'en rendre maître [1]. Le baron des Adrets avait voulu se joindre à l'armée royale. On entendit souvent ce vieillard, plus qu'octogénaire et qui se rappelait ses anciennes victoires, dire qu'il avoit fait les huguenots, mais qu'il vouloit les défaire [2]. Les succès de La Valette n'eurent pas de résultat sérieux. Il revint à Grenoble, d'où il ne tarda pas à s'enfuir [3], à l'approche d'un ennemi, qui devait achever la ruine de notre malheureuse contrée et faire en quelques mois plus de victimes que toutes les guerres religieuses, dont nous retraçons à grands traits l'histoire lamentable ; nous voulons parler de l'effroyable peste de 1586.

On ne saurait se faire une idée de l'intensité avec laquelle sévit le fléau en Dauphiné et dans les pays voisins. Gaspard Gay nous donnera bientôt des détails que le lecteur aura peine à croire : quatre à cinq mille personnes moururent cette année-là dans notre ville de Die. Grenoble [4], Valence [5] perdirent la moitié de leurs habitants ; Romans [6], Tournon, St-Antoine, Châteauneuf-de-Mazenc, les trois quarts.

1. VIDEL, p. 62. — Le 6 juin, La Valette écrit du Monestier de Clermont aux consuls de Grenoble que l'on fasse conduire à St-Robert tous les Suisses blessés qui viendront de son camp.
2. (BRISARD.) Hist. généal. de la maison de Beaumont, t. I, v. 332.
3. Mémoires d'Eustache Piémond, p. 192.
4. Le registre des délibérations consulaires de Grenoble a une lacune du 14 juillet au 22 décembre, temps où l'épidémie faisait le plus de victimes. Le 27 février 1587, le conseil accordait un salaire de 12 sols par jour à deux gallopins entretenus en l'Isle pour enterrer les morts.
5. Le 13 juin 1586, le conseil de Valence décide qu'on sonnera les cloches à 5 heures du matin et à 4 heures du soir pour inviter les habitants à mettre les genoils en terre en priant Dieu pour le retablissement de la santé en quelque lieu et place qu'ils se treuvent. Le 30 juin, on constate la nécessité d'avoir 100 hommes de plus, convenablement payés, à cause des grandes maladies et mortalité qui règnent, exposant la ville à être surprise. Enfin le 8 août, on convient de nommer un controleur des unguents, à cause de la grande dépense que les chirurgiens en font. Les pauvres étaient ensevelis au cimetière St-George, près la porte Saunière.
6. Les archives de la Drôme (E, 3804) renferment un Rolle des decedés de contagion habitants en la ville de Romans despuis le premier jour du mois de septembre 1585 fins au dernier jour du mois de novembre 1586

La fin de cette année marquée par une épidémie si terrible, fut féconde en désastres de toute espèce. Des bandes de pillards parcouraient les campagnes, pénétraient dans les villes demeurées presque désertes et rançonnaient impitoyablement les quelques malheureux que la mort avait épargnés. Le Pont-en-Royans, où commandait Cugy, était devenu une sorte de repaire de brigands : de cette forteresse, les huguenots se répandaient dans les vallées du Royans et poussaient leurs excursions jusque sur les rives droites de l'Isère. Eustache Piémond a raconté les exploits de ces bandits à Saint-Antoine et à Saint-Paul, près de Romans [1].

Le seul évènement militaire digne de remarque à cette époque fut la prise de Chorges par les troupes de La Valette, réunies à celles d'Epernon. Le siège de cette place mérite de figurer dans l'histoire à côté de ceux de Livron et de La Mure. Le 4 décembre, les assiégés obtinrent une capitulation honorable, après avoir tenu en échec l'armée royale pendant tout un mois [2].

Durant l'année 1587, La Valette continuera de son mieux à remplir la mission que le roi lui a confiée : ses opérations militaires, ses succès demeureront sans résultat sérieux, et nous le verrons lasser la patience des populations par des demandes de subsides, sans cesse réitérées. Cette perfide conduite, qui tendait

inclusivement, suivant la suicte et description qui en a esté faicte par moy Ennemond Chorin d'icelle, commis par M. Messire Anthoyne Guérin, escuyer et juge royal dud. Romans et par M⁽ˢ⁾ les consuls.
Au cartier de Chapelier fins au ruisseau de la Presle :
La femme de Anthoyne de la Croix avec troys enfans masles et une filhe.
Ennemond Blanchard, sa femme et troys enfants.
François Genissieu, dit Blanchon et deux enfans.
Le dénombrement des morts se poursuit ainsi quartier par quartier sur 38 feuillets (76 pages) petit in-f⁰ et se termine par ces mots : Plus sont décédés au couvent S⁽ᵗ⁾-François le gardien et six religieux, qui sont sept personnes, et despuis decedé sur la fin de janvier 1587 le mary de la jardinière de contagion verifié et visité. Nombre de tous les decedés de contagion habitans de la presente ville inscripts dans le present rolle, suivant la suicte et verification faicte par moy Ennemond Chorin, commis susdit a ce fere par les sieurs juge et consuls, en nombre de quatre mil deux cents cinquante sept personnes. En foi de quoy me suis soubsigné.
CHORIN.

1. EUSTACHE PIÉMOND, *p. 195-8.* — 2. CHARRONNET, *p. 185.*

à faire prendre la Ligue en horreur, réussit bientôt à créer une sorte de parti intermédiaire, composé naturellement de tous ces gens amis de la paix, honnêtes selon le monde, et qui sont disposés à faire les plus grandes concessions en matière religieuse pour sauvegarder leurs intérêts matériels ; leur nombre ne devait point tarder à grandir. Parmi les ligueurs, il y en avait d'intelligents et d'ambitieux, qui commençaient à ne plus se faire illusion sur l'issue de la guerre engagée ; Henri de Navarre leur apparaissait déjà dans un avenir plus ou moins éloigné comme le futur roi de France ; en se rapprochant de lui, en ne s'opposant plus à son triomphe, ou même en y travaillant avec zèle, ils songèrent à ménager leur situation ou à jeter la base de leur future grandeur. C'est ainsi que Balthazard de Flotte, baron de la Roche et de Montmaur, conclut le 3 février 1587 un traité secret avec Lesdiguières, par lequel il s'engagea à seconder dans le Valentinois les projets du lieutenant du roi de Navarre [1].

Après la prise de Chorges, La Valette était venu à Romans. Il y présida le 21 janvier les Etats de la province, et demanda pour ravitailler son armée, qui avait éprouvé des pertes considérables, une nouvelle taille de six écus par feu. Vu la pauvreté du pays, on ne lui accorda que l'entretien de 2,000 hommes de pied et de 200 chevaux, et encore les députés ne lui épargnèrent pas les reproches de ce que depuis deux ans son armée n'avait rien fait qui vaille [2]. Pour masquer son jeu, on le vit alors témoigner d'un grand zèle contre les protestants. Le 18 mars, il écrit de Valence aux consuls de Grenoble pour demander qu'on lui envoie les noms, surnoms et qualités des huguenots de cette ville et des villages circonvoisins, portant les armes ou non [3]. Quelques jours après, le 29, ayant appris que son lieutenant Claude de Lattier, seigneur de Charpey, avait dans les environs de Montélimar tué une soixantaine de protestants, sortis pour piller, il répandit un peu partout cette heureuse nouvelle.

1. Journal des opérations militaires de Lesdiguières, *publié par* M\ ROCHAS, Biogr. du Dauphiné, *t. II, p.* 60. *Le ms. est à la Bibl. nat. : Ms. français, n°* 4111.
2. D\ CHEVALIER, Annales, p. 95.
3. Archives municip. de Grenoble, BB, 39.

De telles manœuvres tournaient au profit de la cause des hérétiques. Au commencement d'avril Lesdiguières se rendit maître du château de Champs, qui protégeait Grenoble du côté du Trièves. Il s'y fortifia de manière à ne pouvoir en être délogé, et ses soldats, qui tenaient la campagne, portaient tous les jours la désolation jusque sous les murs de la capitale du Dauphiné. La situation devint bientôt intolérable. Le 2 juin, les habitants de la ville adressent une requête au gouverneur et au lieutenant général, leur exposant que le pauvre peuple ne peut plus supporter la guerre, que personne n'ose s'aventurer hors de la ville et qu'il est temps de faire une paix durable ou tout au moins une trève [1]. *Mais La Valette s'oppose à tout et pousse à la guerre à outrance : le 16, il expose au conseil de Grenoble que pour délivrer la ville, qui est cernée par les huguenots, il a l'intention d'aller assiéger le château de Champs ; en conséquence il demande des munitions et une somme de 8,000 écus. Le conseil ne peut résister à ce beau zèle et décide qu'on empruntera la somme demandée* [2]. *La Valette connaissait bien les intentions de la cour ; il montra bientôt après une lettre du 21 juin, par laquelle le roi déclarait s'opposer formellement à la conclusion d'uue trève avec les protestants.* Monsieur de la Valette, *écrivait le monarque*, ce seroit bien le plus grand déservice que me pourroient fere mes subjects du Dauphiné que d'accorder maintenant une trieve aveccque les huguenots, voiant qu'ils sont apprès a fere entrer en mon royaume ung tres grand nombre d'estrangiers, car ce seroit leur ouvrir le chemin et facilliter l'entrée d'icelluy, au detriment du public et à la ruyne totalle de mes subjects.... ; j'adviserey a les secourir et assister le mieulx qu'il me sera possible, affin qu'ils puissent fere la recolte, qu'est ce à quoy il fault tandre et travailher, vous priant de me faire scavoir au plustost ce qu'ils ont faict et arresté en l'assemblée des Etats, afin que je me resolve de ce que j'auroys a fere pour eulx, et, n'est besoin qu'ils desputent ou envoyent par dès ça de gens exprès en grand nombre, comme ils ont faict quelquefois pour me fere

---

1. *Archives municip. de Grenoble*, BB. 39.
2. *Archives municip. de Grenoble*, BB. 39.

leurs remonstrances, d'aultant que ce seroit aultant de frais pour le pays dont jà n'ha besoing.... Je suis adverti que lesdits estrangiers doibvent estre a le frontiere de mon royaulme dedans la commencement d'aoust, et j'ay desliberé d'aller en personne au devant d'eulx... 1.

En effet, les princes protestants d'Allemagne échauffés par le vieux Bèze, et de leur côté les cantons suisses venaient de mettre sur pied des troupes, qui se disposaient à marcher au secours de leurs coreligionnaires de France. Les Suisses devaient traverser la Savoie et le Dauphiné pour se rendre dans le Languedoc et la Guyenne. D'un jour à l'autre on s'attendait à les voir paraître. Cependant Lesdiguières ne perdait pas un moment et, déployant une activité prodigieuse, faisait sans cesse de nouvelles conquêtes. Au mois de juin diverses places tombent entre ses mains : Mérindol, Pierrelongue, Eygaliers, Poët-Laval. Le 27, il taille en pièces à la Bâtie-Rolland un corps de troupes commandé par Ramefort et Charpey 2. *Vers la fin de juillet, on le trouve à Aouste, près de Crest, ordonnant de fortifier cette bourgade. Le 31, il venait camper à Derbières, et le lendemain, 1 août, il y recevait Châtillon, le fils de l'amiral Coligny, qui marchait avec seize cents arquebusiers et quelques gendarmes à la rencontre des compagnies suisses, dont la prochaine arrivée était annoncée* 3. *Réunissant leurs forces, Châtillon et Lesdiguières passèrent à La Vache, Montléger, Beaumont, Barbières, Samson, Hostun, et gagnèrent la rive gauche de l'Isère, qu'ils suivirent en allant vers Grenoble. La Valette et Ornano observaient de la rive opposée la marche des huguenots. Les deux armées séparées par la rivière, s'avancèrent ainsi parallèlement jusqu'à la hauteur de Sassenage.*

*Les protestants vinrent camper à Vif, et c'est là qu'ils apprirent que Pracomtal et S*t*-Ferréol, à la tête d'une petite troupe de ligueurs, étaient entrés dans Montélimar, le 16 août, et qu'ils assiégeaient le château* 4. *D'autre part, les Suisses approchaient de Vizille. La Valette conçut le projet de les attaquer brusquement,*

1. Bullet. de l'Acad. delphinale, t. II, p. 319-20.
2. DE THOU, t. X, p. 68.
3. Journal de Lesdiguières, dans ROCHAS, t. II, p. 66.— DE THOU, loc. cit.
4. DE THOU, loc. cit.

pour les empêcher de rejoindre leurs coreligionnaires. Il fit sur le champ partir M. Alphonse d'Ornano, colonel général des Corses, avec un détachement composé de sa compagnie, de celle de M. des Crottes, faisant en tout 160 hommes de cavalerie et 500 fantassins, commandés par M. d'Esgaravaques. M. de la Valette avec le reste de ses troupes se mit en bataille sur les bords de la Romanche pour contenir l'armée de Châtillon et l'empêcher de passer cette rivière...

Lorsque les Suisses furent parvenus assez près du lieu où ils pouvoient passer la Romanche, marchant au long du penchant d'une colline tournée du costé de cette rivière, M. d'Ornano prit le parti de les charger avec sa petite troupe. Le combat commença le 19 août... à 10 heures. M. d'Ornano attaqua en même temps les Suisses en tête, à la queue et aux flancs. Ces braves gens, se tenant serrés, restent inébranlables sans reculer. Il paraissoit impossible de les rompre, car ils combattoient ainsi pressés et ils demeurèrent inebranlables jusqu'à 5 heures après midi. On en fit un carnage affreux. Ils se laissoient egorger sans quitter leurs rangs. Mais, M. d'Ornano avec une audace et une valeur incroyables, ayant pénétré jusqu'à leurs drapeaux, alors les Suisses devinrent furieux ; ils s'élancèrent sur nos troupes et elles furent ébranlées. Au cri qu'elles firent, M. de la Valette accourut avec un corps de cavalerie toute fraîche. Il ne leur laissa pas le temps de respirer ; il rétablit le combat et retourna après au bord de la rivière. Les Suisses combattirent pendant environ une heure. Se voyant enfin sans ressource, épuisés et enfoncés de tous côtés, ils demandèrent quartier et posèrent les armes. Ils laissèrent sur le champ de bataille 1200 morts en une même place et 500 un peu plus loin. Tout le reste fut fait prisonnier [1]. *Eustache Piémond dit qu*'il ne s'en saulva de 4000 pas 500 [2].

---

1. Mauroy, Mémoires pour la vie de Bernard de Nogaret, seigneur de la Valette. *Metz, 1624, in-4°, p. 217-22.* — Discours de la defaicte des Suisses en Dauphiné, *publié dans la Revue du Dauphiné, t. IV (1838), p. 251-4.* — Eust. Piémond, p. 205-6. — De Thou. *ibid., p. 72.* — *Voir une note d'Expilly sur cette bataille, publiée dans le* Bullet. d'arch. de la Drôme, *t. XII (1878), p. 373.*

2. Eust. Piémond, *p. 205.*

La joie, que ressentit l'armée catholique pour ce brillant fait d'armes, fut bientôt assombrie par la triste nouvelle du désastre de Montélimar. Le 22 août, du Poët, envoyé au secours des protestants assiégés dans le château, avait réussi à expulser de la ville les catholiques, qui perdirent dans cette affaire plus de 1,000 hommes, entre autres le célèbre comte de Suze [1].

Après avoir accompagné Châtillon jusqu'aux frontières de la Savoie, Lesdiguières reprit le chemin de ses montagnes. Les hostilités continuèrent; tous les jours de nouveaux combats étaient livrés entre les différentes garnisons, protestantes et catholiques.

Vers la fin d'août, le fils aîné du comte de Grignan, qui s'était déclaré huguenot, s'emparait de Clansayes et de Montségur; Blacons tentait de surprendre le château de Suze. Le 1 septembre, Lesdiguières assiégea Guillestre, et la place ayant essuyé deux cents coups de canon, finit par capituler : cinq hommes de la garnison, connus pour leurs brigandages, furent pendus. Le 10 octobre, Château-Queyras, assiégé depuis le 25 septembre, tomba aux mains du redoutable capitaine [2].

Souvent déjà dans le récit abrégé de ces guerres fratricides, nous avons eu l'occasion de signaler le malheureux sort des paysans, sans cesse exposés aux déprédations, que commettaient les soldats des deux partis [3]. *Le mal paraissait avoir atteint le degré*

---

1. Alexandre de Pontaymeri, La cité du Montélimar, ou les trois prinses d'icelle, composées et rédigées en sept livres. (S. n. de l. ni d'imp.) M. D. XCI, in-4°, 252 pp. Mr de la Boissière a fait faire une réimpression lithographique (S. n. de l., 1845) de ce poème historique fort rare. Mr de Coston en a donné dans son histoire de Montélimar (t. II, p. 429, 464 et suiv.) de longs extraits qui reproduisent toute la partie intéressante de l'œuvre. — Jacques PAPE DE ST-AUBAN, Mémoires, dans : Mémoires de la Ligue, Amsterdam, 1758, t. II. p. 206-8.

2. Jacques PAPE DE ST-AUBAN, Mémoires, ibid., p. 204.

3. *Les contributions de guerre pesaient tout entières sur les paysans et les gens du tiers, le clergé et la noblesse mettant sans cesse en avant leurs privilèges pour se dispenser de payer. On peut joindre aux documents que nous avons publiés déjà pour faire connaître le misérable état de nos campagnes à cette époque une requête adressée vers 1580 par les habitants de Chamaret au lieutenant de Mayenne, Antoine de Clermont-Montoison....* Lesd. povres suppliants sont esté travailhés en leurs personnes et biens, tellement que par le moyen des courses, ravaiges et autres samblables actes qu'ils ont soufferts

suprême. On soupirait après la fin d'une guerre, qui était la ruine des campagnes. Dès le mois d'avril, les catholiques avaient bien tenté de négocier une suspension d'armes; les négociations échouaient toujours devant le mauvais vouloir des confidents du monarque. Sous la pression des calamités publiques, les habitants de Grenoble firent entendre des plaintes, et le 8 septembre adressèrent une requête à La Valette. Ils lui exposent que depuis plusieurs années les blés sont très rares, à raison des taxes excessives, levées par les catholiques et par les réformés sur les laboureurs, qui sont contraints de laisser leurs champs en friche, leurs bœufs et instruments aratoires étant saisis par les collecteurs des tailles. On le prie en conséquence de provoquer avec les réformés une transaction, portant que les bêtes de somme et les instruments aratoires ne pourront être saisis en aucun cas 1. *Le mois suivant, des conférences eurent lieu à Eybens pour la conclusion d'une trêve. Le 25 octobre, les représentants des deux partis arrêtaient un projet de traité. Les protestants demandaient que l'on reconnût les droits du roi de Navarre à la succession éventuelle à la couronne, que l'on proclamât la liberté de conscience et que chaque parti, en attendant la paix générale, gardât les places qu'il possédait* 2. *Maugiron voulut consulter le roi. Les victoires de Vimory et d'Auneau, remportées par Henri de Guise sur les reîtres allemands, servirent de prétexte à Henri III pour repousser tout projet de traité avec Lesdiguières. Il écrivit à Maugiron le 15 décembre* : Je ne veulx en sorte quelconque que l'on preste l'oreille au traité que recherche Lesdiguières artificieusement. J'ay moien encore de proteger et defendre mes subjects d'injure, sans luy et ses inventions. Je n'y veulx rien epargner et veulx mesme avoir soin

---

par le moyen du sieur Brottin, tout leur betail tant gros que menu a esté prins, amené et perdu, et lesd. povres suppliants reduicts en si grande povreté qu'ils n'ont soullament pour subvenir auxd. empromptz, mais encore a leur nourriture et de leurs enfants, chose plus que deplorable, car la pluspart desd. habitants, les ungs ayant chargé leurs petits enfants sur le col ou amené avec eux leurs femmes pour mandier leur vie, les autres se sont jettés et abandonnés à la guerre, contre leur naturel...
Lacroix, L'arrondissement de Montélimar, t. I, (1868), p. 371.

1. *Archives municip. de Grenoble*, BB, 39.
2. Jacques Pape de St-Auban, *ibid.*, p. 205.

plus que jamais de mon pays de Daulphiné, parce que c'est la partie de corps de mon royaulme qui est plus mallade et qui a par ceste occasion plus grand besoin de secours.... 1. Ce n'étaient là comme toujours que de belles promesses.

Il fallut donc combattre encore, et l'année 1588 ne différera guère de la précédente.

Dans la nuit du 10 au 11 janvier, Lesdiguières s'approcha de Grenoble, dans le dessein de tenter une escalade; son entreprise ne réussit point, mais en se retirant, il força et brûla le château de Gières, défendu par 50 hommes. Cette audacieuse expédition jeta l'épouvante parmi les Grenoblois, qui se demandaient si les huguenots n'entretenaient pas des intelligences dans leur ville pour la surprendre. Le 15, les consuls font une proclamation, exhortant tous ceulx qui scauront et vouldront révéler l'entreprinse, intelligence et trahison que l'ennemi veut faire sur cette ville, à venir faire leur déclaration : une prime de 1,000 écus est promise au dénonciateur; s'il est du complot, il obtiendra son pardon, et s'il est roturier, il sera exempt de tailles sa vie durant 2.

Vers la fin de janvier, les chefs du parti protestant tenaient une assemblée politique à Die, pour aviser aux moyens de continuer la guerre. On le voit, ils n'étaient pas sur le point de mettre bas les armes; du reste les succès nombreux et réels, qu'ils avaient obtenus, les dédommageaient de quelques échecs insignifiants. On voulut encore à cette occasion parler de la trève; mais ces nouvelles démarches furent sans résultat.

A Grenoble l'inquiétude gagnait de plus en plus les esprits. Il n'était bruit que d'une conspiration, ourdie dans le dessein de livrer la ville aux ennemis. Le conseil s'assemble le 15 février, et les consuls déclarent ne savoir de quel côté se retourner, s'attendant à toute heure a estre envays et esgorgés et réduicts à une extrême misère, volleryes et pauvreté 3. On investit les consuls de pouvoirs extraordinaires; ils peuvent chasser de la ville

1. Bullet. de l'académie delph., t. II, p. 323.
2. Archives municipales de Grenoble, BB. 40.
3. Archives municipales de Grenoble, BB. 40.

tous les citoyens qui leur paraissent suspects. Les craintes n'étaient que trop fondées. Après une tentative infructueuse sur Tallard (9 mars), Lesdiguières revenant sur ses pas, marcha rapidement vers Vizille, et continuant sa route, parut tout à coup sous les murs de Grenoble, le 20 mars ; ses soldats pillèrent le faubourg Très-Cloître.

Détruire ses ennemis les uns par les autres, c'était le rêve favori de Henri III. Au commencement de décembre 1587, le conseil des Seize à Paris avait éventé le double jeu du roi, et la Sorbonne consultée avait répondu qu'on pouvait ôter le gouvernement aux princes qu'on ne trouvait pas tels qu'il fallait, comme l'administration au tuteur qu'on avait pour suspect. En Dauphiné divers indices avaient déjà jeté quelque inquiétude dans les esprits et fait soupçonner que les représentants du roi ne travaillaient pas sincèrement au triomphe des intérêts catholiques. On s'était demandé pourquoi La Valette avait enlevé le gouvernement de Valence au brave Geyssans, pour y mettre à sa place un ambitieux et un intrigant, le sieur du Passage (fin juillet 1586) [1]. Au mois de novembre 1587, La Valette imposait aux habitants de Romans comme gouverneur, ce baron de la Roche, qui s'était lié avec Lesdiguières par un traité secret, et qui plus tard, trahissant sa patrie, tentera de livrer au duc de Savoie, la ville placée sous son commandement [2]. Mais ce qui rendit l'envoyé de la cour désormais odieux à tous les vrais ligueurs, ce fut son attitude équivoque à l'endroit de Lesdiguières, au mois d'avril 1588. Dans le dessein de contenir la garnison de Gap et de s'emparer bientôt de cette ville, le chef des huguenots venait de relever en dix jours, à l'aide de ses soldats transformés en travailleurs, la citadelle de Puymore, qui avait été démantelée à la suite du traité de Fleix. Saint-Jullien, gouverneur de Gap, accouru au secours des siens, se fit battre à Curban près de Tallard ; il parvint néanmoins à pénétrer dans la place, grâce à une sortie de la garnison. Maugiron guerroyait pendant ce temps sur les rives gauches de l'Isère, où les huguenots s'étaient emparés de St-Nazaire-en-Royans ; ils assiégèrent ensuite

---

1. Eustache Piémond, p. 195.
2. D' Chevalier, Annales, p. 95 ; — Eustache Piémond, p. 212.

St-Jean à deux reprises différentes. La Valette réunit une forte armée et prit la route de Gap ; il arriva bientôt auprès de cette ville. Son biographe raconte qu'il observa le fort de Puymore pendant deux ou trois jours et qu'il se retira sans rien faire (20 avril), suivi par les troupes de Lesdiguières qui surveillèrent sa marche jusqu'à Ventavon et semblaient lui faire une escorte d'honneur [1]. Cette promenade militaire dans le Gapençais indigna les catholiques et fit accuser hautement La Valette de connivence avec l'ennemi.

Les mauvaises nouvelles se succédaient avec rapidité. Le mécontentement, la défiance, l'inquiétude ne firent qu'augmenter. Maugiron échoua dans ses tentatives pour reprendre St-Nazaire [2]. Une compagnie de gendarmes, envoyée dans le Trièves pour inquiéter Lesdiguières et lui faire abandonner le siège de Gap, fut mise en déroute près de Vif (25 avril). On apprit bientôt dans la province ce qui venait de se passer à Paris. Le roi écrivait lui-même de Chartres le 17 mai, annonçant qu'il avait été contraint de quitter la capitale à la suite d'une émeute ; il protestait de ses sentiments catholiques et contre l'intention qu'on lui prêtait d'avoir voulu faire rentrer à Paris des compagnies étrangères. Le 28, on donnait lecture au conseil de Grenoble d'une lettre des habitants de Gap, qui réclamaient un prompt et énergique secours, leur ville étant rigoureusement bloquée et éprouvant déjà les horreurs de la famine [3]. Enfin le 30 mai, l'importante place d'Etoile, au midi de Valence, tombait entre les mains des capitaines du Poët, Morges et Vachères ; la garnison catholique réfugiée dans le château ne tarda pas à y être assiégée par Lesdiguières. Heureusement, l'approche de Mandelot, gouverneur de Lyon, qui arrivait à marches forcées au secours de la place, décida les huguenots à se retirer [4].

1. Charronnet, p. 194. — 2. Eustache Piémond, p. 217.
3. Archives municipales de Grenoble, BB, 40.
4. Archives dép. de la Drôme E, 3970. Dans une requête des consuls d'Etoile au parlement nous trouvons les détails suivants : Au mois de máy 1588 ceulx de la prethendue religion refformée prindrent par surprinse et intelligence le lieu d'Estoile, où ils demeurarent huit jours au siège du chasteau, qu'ils ne peurent prendre pendant lesquels ils pilharent entie-

La voix publique désignait La Valette comme la cause de tous les malheurs. Les députés des villes étaient sous cette impression quand ils se réunirent à Grenoble, le 22 juin, pour la tenue des Etats. Sur ces entrefaites on apprit que les habitants de Gap et de Tallard, n'ayant pu endurer plus longtemps les rigueurs du siège, venaient de conclure avec les protestants une trêve de six mois (14 juillet) [1]. *Les Etats entamèrent alors de nouvelles négociations avec Lesdiguières, en vue d'obtenir une trêve générale, en attendant que la paix fût définitivement rendue à la France ; ces négociations, commencées à Grenoble, poursuivies à Puymore, ne devaient pas avoir plus de succès que les précédentes.*

Du reste, les deux partis comprenaient qu'on était à la veille des plus graves évènements. Le roi, profondément irrité contre les Guise, depuis la fameuse journée des Barricades, *dissimulait son chagrin. La puissance des Ligueurs paraissait plus redoutable que jamais. Sous une forme respectueuse, mais énergique, les chefs de la grande association avaient nettement formulé leurs griefs contre la politique de la cour et les indignes manœuvres des représentants du prince dans le pays* [2]. *Henri III, ne pouvant*

rement de toutes choses les povres suppliants, et entre aultres choses la maison commune, ou estoient les munitions, armes, pappiers, doccuments et privillieges, fut entierement pilhée et saccagée et la pluspart des pappiers bruslés avec partie de lad. maison, ou le feu fut mis et le reste prins et emporté en'divers lieux. — Eustache Piémond, p. 220. — De Thou, t. X, p. 339. — 1. Actes et correspondance de Lesdiguières, t. I, p. 76-9.

2. Requeste presentée au Roy par messieurs les cardinaux, princes, seigneurs et deputés de la ville de Paris et autres villes catholiques associés et unis pour la defense de la religion catholique apostolique et romaine. *Paris, 1588, in-12, 26 pages. Les auteurs de cet écrit se plaignent des agissements de d'Epernon et du sieur de La Valette* recognus non seulement par la France mais generalement par toute la chretienté pour principaux fauteurs et supports des heretiques ; *ils reprochent en particulier à La Valette* la prinse de Valence, Tallard, Guillestre et autres places qu'il a osté aux catholiques du Dauphiné, la connivencé dont il a usé pour y advencer le pouvoir des hérétiques ; *enfin ils annoncent au roi que, s'il n'y prend garde, d'Epernon et La Valette se jetteront entre les bras des heretiques.* — Plaintes et remonstrances faictes au Roy et à la Reyne mere par messieurs les princes et seigneurs catholiques, *1588, in-8°, 16 pages. Curieuse brochure, dans laquelle les catholiques se plaignent qu'on*

triompher de cette opposition, prit le parti de s'incliner encore devant la Ligue : il signa donc le traité du 15 juillet, suivi quatre jours après de l'édit de Rouen. Le roi, renouvelant le serment de son sacre, jurait d'employer toutes ses forces et sa vie même à la destruction des hérésies condamnées par les saints conciles. Des articles tenus secrets et complétant la déclaration, stipulaient que deux grandes armées seraient prochainement mises sur pied et que l'une d'elles prendrait la route du Dauphiné, sous la conduite de Mayenne ; Valence serait replacée sous la domination de la Ligue et le commandament de la place rendue à Geyssans, etc. [1]. C'était bien là une défaite complète que venait de subir le monarque ; il se reconnaissait vaincu et paraissait se livrer aux mains des Ligueurs. Ceux-ci firent trop de bruit de leur victoire. Sixte V en félicita hautement les Guise, les comparant aux Macchabées de l'ancienne loi. Henri III, le cœur ulcéré, n'attendait qu'une occasion favorable pour se défaire de ses rivaux.

Cependant l'édit de Rouen, apporté en Dauphiné, fut le signal de changements profonds dans les esprits et dans les affaires. Le baron de la Roche, qui commandait l'importante place de Romans, fut le premier à jeter le masque : il introduisit dans la ville six compagnies du régiment de Champagne, que lui avait envoyées le sieur du Passage et se rendit absolument indépendant de la Ligue ; mais comme l'audace ne suffisait pas pour se maintenir dans cette position, il fit bâtir, au couchant de la ville, sur le côteau de Saint-Romain, une citadelle redoutable. Maugiron était dans

---

permet aux hérétiques de vendre publiquement leurs livres ; on y raconte comment les huguenots ont surpris la ville de Die (p. 10), et celle de Valence (p. 13). — Advis a messieurs des Estats sur la reformation et le retranchement des abus et criminels de l'Estat. 1588, in-8°, 30 pages. Pièce remplie de détails intéressants. Les gentilhommes ne pourront plus esperer de voir leurs enfants pourveus aux charges ecclesiastiques et par ceste voye descharger leurs familles, conservant la masse de leur succession entière aux aisnés, commodité de tout temps pratiquée en France et qui a maintenu la pluspart des bonnes maisons de ce royaume. On voit par là quelle était la grosse préoccupation de quelques conservateurs de l'époque.

1. Mémoires de la Ligue, t. II. p. 368. — DANIEL. Hist. de France, t. XI, p. 318.

l'impuissance de s'opposer aux entreprises du gouverneur de Romans. Le capitaine Cadet, en vertu d'une commission du roi, datée du 5 août, vint trouver le baron pour lui enjoindre de renoncer à construire une citadelle, à entretenir une garnison aussi nombreuse, et à exiger des Romanais tant d'impôts et de corvées. La Roche protesta de sa parfaite soumission aux ordres du monarque et déclara qu'il allait envoyer à la cour un gentilhomme pour expliquer sa conduite. Ce fut là tout ce qu'on en put obtenir [1]. Cet épisode de nos guerres religieuses se rattachait, comme on le sut bientôt, à un plan de campagne contre la Ligue, préparé par La Valette, et auquel le roi lui-même n'était pas étranger.

Inquiets de ce qui venait de se passer, les habitants de Grenoble ne voulurent pas garder plus longtemps pour gouverneur le commandeur de la Roche, qu'il soupçonnait d'être de connivence avec son neveu, le baron de la Roche; dès le 30 juillet, ils avaient exigé sa démission et lui avaient donné momentanément pour successeur le président d'Illins. Le conseil réclama la présence à Grenoble du corps de cavalerie de d'Albigny, le fils du célèbre baron de Gordes dont le souvenir était encore cher aux populations [2]. Peu de temps après, cet officier, d'un grand mérite et absolument dévoué aux intérêts de la Ligue, était investi par Mayenne du gouvernement de Grenoble.

Un document, daté du 6 août 1588, nous donne le fidèle tableau du parti protestant en Dauphiné: c'est un rapport adressé par Lesdiguières à Soffrey de Calignon, chancelier du roi de Navarre. Après avoir parlé des efforts qui ont été faits pour obtenir une trêve générale, efforts demeurés sans résultats, le chef des huguenots exprime ses craintes de la prochaine arrivée du duc de Mayenne; il se prépare toutefois à lui opposer une énergique résistance; les détails qui suivent permettront d'en juger. Ambrun va bien, Puymore s'accomode bien aussi, c'est avec une difficulté et depense incroyable, car il ne s'est trouvé personne qui veuille faire une canne de muraille à moins de quinze escus,

---

[1]. J. Roman. Le comte de la Roche. 1554-1614, dans: Bullet. d'arch. de la Drôme, t. XVI (1882) p. 390-41, et t. XVII (1883) p. 93-103.
[2]. Archives municipales de Grenoble, BB, 40.

toutefois on n'y espargne rien. A corp on y travaille et le met on en estat, Dieu aidant, que l'ennemi n'avancera rien de ce costé. Pour (le) Trièves, je suis sur le point de bastir un fort au chasteau de Clermont, ou plus bas, pour garder l'entrée du Trièves. A Serres, l'on y travaille toujours par les dessins du capitenne Jean. A Nions, on acheve a revestir de murailles la citadelle. A Die, ne s'y faict rien pour encore. A Oste, rien. A Montellimar, monsieur du Poët a faict dessyner la fortiffication du coteau du chasteau, laquelle se monte huict mille escus, se resout de le faire, est tousiours sur les demandes, n'a jamais rien, se plaignant tousjours, de l'humeur que vous le cognoissés. Je l'assiste de ce que je puis, mais je pese le temps et en suis en peine, car sur cette occurence je crains qu'il ne se laisse persuader a ses grands amis, comme Montezon et Marsanne et autres ; je l'assisterai de tout ce que je pourrai.... *Tout en songeant à la défense, Lesdiguières déclare qu'il ne néglige rien de ce qui peut faire avancer la cause, et sous ce rapport il a quelques bonnes nouvelles à donner.* Vous verrés, *dit-il,* par le traicté faict avec ceux de Gap et Tallard, a quoy ils sont reduicts ; je pense qu'ilz se rendront par force observateurs de leurs promesses. Mueillon a faict de mesme et encore plus, car ils promettent de se garder sans garnisons, et de tout avons bonnes asseurances. Le Buis et Mollans demandent a traicter a mesmes conditions, mais elles seront un peu plus dures si nous pouvons. Nous scavons aussy qu'a cest exemple il y a plusieurs villes qui desirent le semblable. Nous poussons tousiours a la roue tant que nous pouvons, pour le service du maistre et bien du party, et cella nous donnera plus de moien de faire nostre guerre della l'Izère, jusques aux portes de Lyon... *Enfin un peu plus bas il ajoute :* Le sieur du Buisson doit venir au premier jour avec tout pouvoir. Il asseure que Valence et Romans sont bien asseurés, et de faict il ÿ a pourveu ces jours passés en argent et hommes, car les ennemis sous umbre du secours de Gap et de Loudun *(Embrun ?),* conduicts par Alfonce et le |comte de Maugiron, avoient desseing de se saisir de Vallence et Romans: pour Vallence, le Passaige en a permis l'entrée ; pour Romans, le baron de la Roche y a prouveu, car un matin il y a faict entrer quatre ou cinq compagnies et les a faict loger en paiant et aussitot commencé une bonne cidatelle, laquelle il faict faire en toute dilligence. Vous pouvés penser comme le pays est en allarme et nottament la ville de Grenoble, et de faict ils ont chassé le commandeur de la Roche, leur gouverneur, chassé sa compagnie, et en sa place establyAlbigny pour gouverneur, avecque sa compagnie de gens de cheval, qui est belle, et Pasquiers avec une compagnie de gens de pied. Brief ils sont bien bigarrés dans la ville ; ils ont d'ailleurs la peste qui les travaille fort. On nous promet aussy de nous donner moiens d'emporter toutes les bicoques qui sont autour du Montellimar pour les faire razer, ce seroit commencer a recevoir quelque fruict de ceste negociation . . . . Nous fallimes le premier de ce moys d'emporter le chasteau de Briançon, ou nous fismes tirer trois coups de petardz contre les portes ; mais le malheur voulut qu'elles se trouvèrent barriquées de boys pour bruler, et ce qui nous nuisyt davantaige ce fut que la peste estant dans le corps du logis du chasteau, les soldats s'en estoient retyrés et les trouvames logés sur la porte et sur les bastions, de façon qu'ils nous jettèrent force pierres et abbatirent le dernier petard qui tira contre nos gens [1] . . .

Quelques jours après, un évènement que les esprits éclairés pouvaient prévoir, vint jeter la consternation parmi les ligueurs, en même temps qu'il augmentait l'audace des huguenots : le lieutenant du roi, La Valette, ayant appris l'arrivée prochaine de Mayenne, et sachant bien que la Ligue ne le considérait plus que comme un ennemi et un traître, confirma par sa conduite tous les soupçons qui planaient sur lui ; il se rapprocha ouvertement de Lesdiguières et, le 14 août, conclut avec le lieutenant du roi de Navarre une alliance offensive et défensive contre tous ceux qui entreraient en armes en Dauphiné [2]. Le duc d'Epernon, que menaçaient des complots meurtriers, faussement attri-

---

1. Actes et correspondance de Lesdiguières, *t. I, p. 79-83.*
2. Actes et correspondance de Lesdiguières, *t. I, p. 84-6.* — Daniel, *t. XI, p. 324.* — Videl, *p. 85.*

bues à la Ligue, entra dans l'alliance faite par son frère [1]. Ce traité était pour Lesdiguières d'une importance capitale. Aussi n'ayant plus rien à redouter du côté de la Provence, reprit-il avec une nouvelle vigueur ses projets contre Grenoble : le 19 août, il présida lui-même aux premiers travaux de la construction d'une petite citadelle au port de Claix, destinée à tenir la ville dans de perpétuelles alarmes ; elle fut appelée Bosancieu et devint bientôt pour les Grenoblois une source d'ennuis. Il fortifia le Bourg-d'Oisans, pendant que Corbières, obéissant aux ordres du roi de Navarre relevait les murs de Livron [2]. Dans le Valentinois, les protestants, maîtres des principales villes, redoublaient d'audace. Le 20 août 1588, les huguenots attroupés vinrent dans le mandement d'Alixan. Comme le chef-lieu est fermé et qu'il se trouvoit hors d'attaque, ils dirigèrent leur marche à l'église de Coussaud, dans laquelle s'étoient retirés les habitants voisins, comme dans un asile assuré ; les fanatiques les forcèrent dans cette église, y tuèrent Jean Jossaud et Saint-Amour et emmenèrent des prisonniers. A la profanation les hérétiques ajoutèrent le carnage et l'effusion de sang, ce qui rendit cette eglise irrégulière ; elle resta en cet état jusqu'au 18 août 1596, qu'elle fut reconciliée par Charles de Leberon, évêque de Valence [3].

Cependant les Etats du Dauphiné et le parlement avaient envoyé au roi le sieur du Mottet, pour lui représenter les progrès des huguenots et le déplorable état de la province. Le 5 septembre, le député de retour à Grenoble, rend compte de sa mission : Sa Majesté l'a bien accueilli et lui a dit qu'elle avait envoyé le duc de Mayenne en Dauphiné, avec de l'argent et des soldats, pour rétablir l'ordre. Le 7, on fait lecture au parlement des lettres royales investissant Mayenne de son commandement, et le lendemain les deux consuls partent pour Lyon, afin d'y saluer le duc et le prier de venir sans retard au secours des catholiques [4]. Mayenne

---

1. Mémoires d'Etat de VILLEROY, dans : MICHAUD ET POUJOULAT, t. XI, p. 124.
2. CHORIER, p. 726. — 3. Archives dép. de la Drôme, E, 3495.
4. Archives munic. de Grenoble, BB, 40.

était en effet arrivé à Lyon au commencement de septembre ; il se préparait à entrer en Dauphiné, et le 15, les commis du pays avaient sur ses instances emprunté une somme de 200,000 livres pour couvrir les premiers frais de la future campagne [1]. Mais de graves préoccupations assiégeaient alors le duc et ne lui laissaient point sa liberté d'action : il sentait que la partie était fortement engagée entre le roi et la Ligue, personnifiée dans les princes de sa famille, et qu'aux Etats généraux, qui devaient s'ouvrir le mois suivant, la grande cause pour laquelle il combattait allait peut-être entrer dans une phase nouvelle ; il s'agissait tout à la fois des intérêts du catholicisme et des siens, et l'on avait tout à craindre de la politique de Henri III, faible et parjure à tous ses serments. On comprend dès lors qu'il ne fût point trop pressé de s'éloigner d'une ville, d'où il pouvait suivre la marche des évènements. Le double assassinat de Blois ne justifia que trop les sombres prévisions de Mayenne, sa conduite sage et prudente.

Parti de Blois le 23 décembre, le jour même de l'assassinat de Henri de Guise, Alphonse d'Ornano arrivait à Lyon, le 26, quelques heures seulement après le départ de Mayenne, qui se retirait en Bourgogne, où la Ligue comptait de nombreux et chauds partisans. Le colonel corse était un de ces hommes à tout faire et qui ne se sentent nullement gênés par des convictions religieuses ; digne instrument de la politique fourbe du maître, il lui avait prêté son concours dans la criminelle exécution de Blois. Henri III l'envoyait en Dauphiné, avec la mission de combattre la Ligue, ce qui ne l'empêchait pas d'écrire, le 24 décembre, aux habitants de Grenoble qu'il était disposé plus que jamais à consacrer tous ses efforts à la défense de la foi et à l'extermination des hérétiques : c'est encore dans cette lettre que, sentant le besoin d'atténuer le coup produit sur les masses par le crime commis, il cherchait à expliquer comment il avait été contraint de châtier l'insolence de Henri de Guise, qui prétendait lui ôter la couronne et la vie. [2]. Ornano séjourna quelque temps à Lyon. Confident des pensées du monarque, il était bien

1. Archives munic. de Grenoble, BB, 40.
2. Archives municipales de Grenoble, BB, 41.

éloigné de vouloir continuer la guerre ; il s'occupa presque aussitôt de négocier une trêve générale avec Lesdiguières, et dès le 16 janvier 1589, il écrivit une lettre aux habitants de Grenoble, dans laquelle après quelques paroles de félicitation sur leur attachement au roi, il leur fit connaître ses projets d'accommodement avec les ennemis. Le 25, le conseil entendit la lecture de cette missive et souscrivit aux projets d'Ornano [1]. Du reste, dans les conditions où se trouvait alors la province, la continuation de la guerre ne pouvait plus être qu'une suite de calamités pour les deux partis.

Les opérations militaires, depuis le mois de septembre, avaient été dans leur ensemble favorables à la cause des hérétiques. Avec quelques troupes fournies par Mayenne, Maugiron avait bien réussi à surprendre Saint-Egrève et à forcer le Bourg-d'Oisans à capituler (9 octobre) ; mais Lesdiguières avait pris sa revanche en détruisant le fort d'Ancône, près de Montélimar : Pracomtal, seigneur du lieu, y fut tué avec tous ses soldats, et les protestants admirant sa bravoure l'ensevelirent dans les ruines de son manoir (28 décembre) [2]. En ce même temps, Marsanne était vigoureusement assiégée par une bande de huguenots, qui ne purent néanmoins triompher de l'opiniâtre résistance du brave Noël de Monteil de Coursas [3]. Au commencement de janvier Lesdiguières échoua devant Saint-Marcellin, après avoir inutilement tenté par deux fois d'appliquer le pétard aux portes de la ville. Sur d'autres points ses troupes avaient été plus heureuses, notamment à Saou et à Donzère. Mais ce qui contribuait encore en ce moment à jeter le trouble et l'inquiétude dans la population, c'est que le Dauphiné, en proie aux horreurs d'une guerre civile, voyait ses frontières menacées par les entreprises du duc de Savoie, qui voulait mettre à profit les malheurs de la France pour agrandir ses états. Son ambition ne s'arrêtait même pas là : comme il était par sa mère petit-fils de François Ier, il rêvait, après la mort de Henri III, le trône de France. Il était parvenu, malgré divers échecs, à se

---

1. *Archives municipales de Grenoble*, BB, 41.
2. De Thou, t. X, p. 342. — Chorier, p. 727.
3. Lacroix, *Arrondissement de Montélimar*, t. VI, p. 191.

rendre maître de Château-Dauphin, et au mois d'octobre il avait fait en quelques jours la conquête du marquisat de Saluces. Au commencement de janvier, nous voyons les habitants de Grenoble faire des préparatifs de défense pour éviter toute surprise des huguenots et du duc de Savoie, dont l'armée était proche [1].

Cependant l'inaction calculée d'Ornano exaspérait les plus ardents ligueurs, qui auraient voulu d'une guerre sans paix ni trève avec les hérétiques. Ses demandes réitérées de subsides pour l'entretien d'une armée, devenue pour ainsi dire inutile, mécontentaient tout le monde. L'état des esprits se manifesta bientôt au dehors par des contestations assez vives entre ses soldats et les habitants de Grenoble. Laurent de Maugiron, lieutenant général du roi, étant mort sur ces entrefaites, le 5 février, ce fut Ornano qui le remplaça dans cette charge, bien que les commis des Etats et le Parlement eussent demandé Timoléon de Maugiron, le fils du défunt. Ornano était tenu pour suspect, et le choix dont il venait d'être l'objet ne contribua pas peu à soulever contre lui l'opinion. Le séjour à Grenoble lui devint bientôt impossible.

Dès le 9 mars, Lesdiguières était venu s'établir à Bosancieu, afin de suivre de plus près les négociations entamées pour la trève. Après de nombreux pourparlers le lieutenant général et le capitaine huguenot finirent par s'entendre, et le 28 mars, dans une maison du faubourg St-Jacques, appelée depuis la maison de la Trève, ils signèrent une suspension d'armes pour le temps et terme de vingt et un mois, à commencer depuis le premier d'avril, année présente, jusqu'au dernier de décembre 1590. Rien n'était décidé touchant le rétablissement du culte catholique dans les lieux occupés par les protestants : Lesdiguières ne s'engageait qu'à rapporter sur ce l'intention dudit roi de Navarre, qui sera supplié de consentir audit rétablissement et confirmer icèluy. Le document entre dans une foule de détails, que nous ne saurions rapporter ici ; nous ne relèverons que les suivants : le fort de Bosancieu, ceux de Flandaine et de St-Nazaire dans le Royans, le château de Savasses devaient être démolis. Le roc de Saou demeurera en l'etat qu'il est, sous la promesse faite par les

---

1. *Archives municipales de Grenoble, BB, 41.*

catholiques qu'il ne fera jamais la guerre contre led. sieur roy de Navarre 1.

Ce traité, qui fut approuvé par les conseillers de la ville de Grenoble le 7 avril, devint un grief de plus contre Ornano. Les plus ardents ligueurs, qui avaient à leur tête Albigny, accusèrent hautement le lieutenant général de trahir les intérêts catholiques, en faisant alliance avec les hérétiques, et en proclamant avec eux le principe de la liberté de conscience ; ils ne virent plus en lui que l'ennemi de la Ligue et du catholicisme. A Grenoble, l'opposition devint de jour en jour plus vive. Le 22 avril, le conseil s'oppose au départ des Suisses, qu'Ornano voulait remplacer par une compagnie de bourgeois de la ville. Bientôt après, le lieutenant du roi fait entrer dans la ville quelques corses pour la garde de sa personne ; cette mesure porte ombrage aux bourgeois et le conseil, réuni le 2 mai, déclare qu'il ignore absolument pour quel motif on agit de la sorte. Le lendemain, le président d'Illins, qui appartenait au parti des politiques et qui trouvait que les ligueurs déployaient un zèle compromettant, vient au conseil et prend la défense d'Ornano : il fait observer que si le lieutenant du roi s'est entouré d'une garde corse, ce n'est point par méfiance contre les habitants de la ville ou contre le colonel d'Albigny, avec lequel il entend vivre en parfaite union, mais a raison de quelque adviz qu'il a receu de plusieurs endroicts du dehors. D'Herculais, lieutenant de la compagnie de chevau-légers du sieur d'Albigny, prend alors la parole et dit que ce dernier ayant appris que M. d'Ornano est entré en quelque ombrage contre luy et sa compagnie, demande l'autorisation de quitter la ville 2.

Ces discours prononcés dans le conseil ont bientôt de l'écho dans le public. Le peuple prend fait et cause pour Albigny, dont les sentiments catholiques sont bien connus. Sa colère contre Ornano ne connaît plus de borne et éclate en une véritable insurrection. Ornano est investi dans sa demeure, et pour échapper à la fureur populaire, il se voit contraint de fuir par une porte dérobée et de

1. Actes et correspondance de Lesdiguières, t. I, p. 87-95. — Mémoires de la Ligue, t. III, p. 287-96.
2. Archives municipales de Grenoble, BB, 41. — CHORIER, P. 729.

chercher un asile dans le château de la Plaine, qui appartient à l'évêque (5 mai) ¹.

Le parlement qui mesurait toutes les conséquences de cette grave affaire, s'empressa d'envoyer au fugitif quelques-uns de ses membres pour le prier de rentrer dans la ville. Celui-ci voulait mettre à son retour certaines conditions et le président d'Illins se chargea encore de les faire connaître au conseil. Le 7 mai, après avoir raconté la démarche faite au nom du parlement, il exposait donc aux bourgeois de Grenoble qu'Ornano était prêt à rentrer dans la ville, à condition que sa compagnie de 50 corses l'y accompagnât, promettant toute oubliance de ce qui s'est passé et de nous embrasser comme ses enfants. Et après, causant quelque esmeute survenue audit conseil, par certains des habitants de la ville estants audict conseil, l'on n'a passé plus oultre, ains se sont tous retirés sans opiner, ne conclure aultre chose. Comme on le voit, il ne fut pas possible de s'entendre. Ornano se rendit à Saint-Marcellin, où ne tardèrent pas à le rejoindre les présidents d'Illins et de Saint-André, ainsi que plusieurs membres du parlement. Des négociations en vue d'amener un accord entre la ville et le lieutenant général recommencèrent et se poursuivirent jusqu'au 15 juin, où dans une assemblée, tenue à Saint-Marcellin, au logis d'Ornano, les députés du parlement, de la chambre des comptes et des Etats, quelques gentilshommes et l'avocat Finé représentants les citoyens de Grenoble, parvinrent à arrêter les bases d'une réconciliaton : Ornano oublie tout ce qui s'est fait depuis le 5 mai ; il accorde à d'Albigny la compagnie de cent hommes d'armes qu'il avait levée ; il s'entendra avec Lesdiguières pour faire rétablir le service divin dans les villes occupées par les réformés ; il retirera du château de Voiron les troupes qu'il y a mises, à condition qu'on rendra le château de la Plaine aux trois personnes qu'il y avait laissées pour le garder. Le conseil approuva ces articles dans sa séance du 21 juin et ce premier dissentiment fut ainsi apaisé ².

Pendant que ces querelles, ces discussions passionnées jetaient

---

1. *Archives municipales de Grenoble, BB, 41.*
2. *Archives municipales de Grenoble, BB, 41.*

le trouble et la défiance dans les rangs du parti catholique, d'ardents ligueurs échauffaient encore les esprits, au moyen de mémoires et de pamphlets d'une extrême violence. Au mérite de la rareté, ces brochures joignent encore celui, bien autrement important, de nous faire pénétrer plus avant dans la connaissance des idées et des mœurs de cette malheureuse époque. Nous ne pouvons nous dispenser de mentionner ici la Remonstrance d'un gentilhomme du Dauphiné à Henry de Valois, pour le soulagement du pauvre peuple de ce païs [1], *qui renferme sous une forme peu respectueuse de si amers reproches contre le monarque: il avait donné la lieutenance de la province à Alphonse Corse et lui avait enjoint de faire une trêve avec les hérétiques; ceux-ci avaient bien accepté l'argent, mais n'en continuaient pas moins à ruiner le pays; les sieurs du Passage et de la Roche avaient des lettres écrites et signées de la main du roi, par lesquelles il leur mandait de ne pas accepter les conditions du duc de Mayenne quelles qu'elles fussent, et de ne pas se rendre, leur montrât-t-il même des lettres venant de lui. On y lit encore que le roi s'était prêté aux meurtres et aux pillages commis à Embrun par Lesdiguières en 1586, ainsi qu'à ses rançonnements impitoyables. Sur la fin de la même année, les pauvres religieux de Saint-Antoine eurent à subir de la part de Frize, un des plus grands fripons qu'il y eût en Dauphiné, des vexations atroces et furent obligés d'engager, pour leur rançon, tout ce qu'ils avaient. On dit encore au roi:* Nierez-vous que vous n'ayez favorisé le sieur de Lesdiguières, Gouvernet et Cugie, ennemis conjurés de la religion catholique? Ce qui a tant avancé leurs affaires qu'ils se trouvent aujourd'hui les plus forts, joint l'aide qu'ils reçoivent de Romans et de Valence, qui ont fait banqueroute de la religion pour, avec les hérétiques, faire des courses pour ruiner par impositions les pauvres catholiques leurs voisins... Veuillez avoir égard aux pilleries et concussions, que nous a faites La Valette, l'un de vos mignons, qui nous a, en 18 mois, dérobé 800,000 écus, somme assez suffisante pour nous décharger et pour nous secourir en ce temps si misérable.

1. Signé: I. D. R. (s. l. d'imp.) 1589, in-8°, 24 pages.

Dans les autres provinces de France, et surtout à Paris, la surexcitation des esprits était aussi grande, et la colère du peuple, entretenue tous les jours par des prédicateurs qui n'avaient sur les lèvres que des paroles de malédiction contre le roi, préparait un de ces abominables crimes, qui sont l'éternelle honte d'une nation civiisée. L'assassinat de Henri III, triste vengeance du massacre du duc de Guise et du Cardinal, plongea la France dans le chaos. Cet horrible attentat fut en même temps un coup mortel porté à la Ligue. Henri IV, reconnu aussitôt par un grand nombre de villes, se mit en devoir, plus encore par une politique habile que par la force des armes, de conquérir le reste de son royaume. Dès les premiers jours, il voulut accorder aux catholiques une certaine satisfaction, en leur promettant de réunir le plus tôt possible un concile national et de s'instruire de la vraie religion.

En Dauphiné toutes les villes qui étaient aux mains des proestants s'étaient empressées de proclamer Henri IV. Lesdiguières e fit reconnaître bientôt à Gap et à Tallard (24 et 25 août), ce qui mit fin à la guerre dans cette partie de la province. Les ligueurs devaient se maintenir plus longtemps à Grenoble et à Vienne. Dans la capitale du Dauphiné, ils se groupèrent autour d'Albigny, qui fut à leurs yeux le représentant du duc de Mayenne. Quant au colonel Ornano, bien loin de répondre aux avances qui lui furent faites par le duc de Savoie, il se rapprochait ouvertement de Lesdiguières et promettait de mettre son épée au service du nouveau roi. Ses rapports avec les habitants de Grenoble étaient toujours très tendus. Le 8 septembre, on donnait lecture au conseil d'une lettre, par laquelle il se plaignait de certains travaux de fortification, que le sieur d'Oriac avait fait élever à Moirans ; il priait ensuite messieurs de la Cour de ne point lui envoyer de délégation, promettant de se rendre à Grenoble, où on pourrait facilement conférer avec lui, attendu qu'est une espérance de quelque nouveau remuement, au désavantage du repos public. Le conseil proteste de son désir de maintenir l'union entre les habitants de la ville et s'en remet pleinement aux décisions de la cour [1]. Cinq jours après, Lesdiguières et Ornano signaient un

1. Archives municip. de Grenoble, BB, 41.

traité d'alliance offensive et défensive, se promettant une etroitte et fraternelle intelligence pour s'opposer ensemble, directement ou indirectement, aux ennemis publics et conserver cette province à son naturel seigneur Henri IIII° du nom [1]. *Ce traité conclu entre les deux capitaines atteignait surtout les Grenoblois, que Mayenne, par une lettre datée de Paris, le 8 août, avait chaudement félicités d'être demeurés fidèles à l'Eglise catholique, offrant* de les assister de tous ses moyens [2]. *Ils ne se laissèrent point ébranler. Le 19 septembre, ils se réunissent en assemblée générale. Le conseil décide qu'il s'opposera de tout son pouvoir* à tous les desseins et mauvaizes entreprises *de messieurs d'Ornano et de Lesdiguières, et que la ville entend rester* soubs l'obéissance du roy catholicque, qui sera sacré et eslu par les princes catholicques et Estats généraux de France. *Non content d'avoir pris cette grave décision, le conseil arrête encore quelques jours après qu'on priera le parlement d'établir un conseil d'Etat, composés de membres choisis dans son sein, d'ecclésiastiques, de gentilshommes et de notables bourgeois, pour la faire observer* [3].

Cependant Ornano et Lesdiguières, réunissant leurs forces, s'attachaient à réduire les diverses places, qui appartenaient encore à la Ligue. La ville de Crest, où commandait Montoison, se rendit à Ornano le 20 septembre ; les ligueurs essayèrent bien de la reprendre et de s'y maintenir, mais le 27 ils en furent définitivement expulsés [4]. *Les deux capitaines formèrent alors le dessein de resserrer de plus en plus la capitale de la province, qui était en même temps le boulevard de la Ligue. Dans ce but, ils vinrent le 1 octobre attaquer Moirans. Cette petite ville, vaillamment défendue par Foncière, succomba après 10 jours de siège. Elle fut prise par escalade, après avoir essuyé vingt-cinq coups de canon. Foncière, Spinton, et tous les autres y furent tuez, excepté deux ou trois, entre lesquels étoient la Balme et Sautereau, et il y eut soixante morts, dit le* Journal de Lesdiguières. *Videl ajoute que Foncière blessé fut achevé dans son lit, par ordre*

---

1. VIDEL, *p. 93.* — Actes et corresp. de Lesdiguières, *t. I, p. 102.*
2. *Archives municip. de Grenoble, BB, 41.*
3. *Archives municip. de Grenoble, BB, 41.*
4. EUSTACHE PIÉMOND, *p. 247.*

d'Ornano. C'était là une vengeance corse : Fonclère avait naguère chassé de Grenoble le lieutenant du roi. Poursuivant leur marche, les troupes alliées délogent les ligueurs de Cornillon et de Saint-Robert; le 15 octobre, elles arrivent sous les murs de Grenoble, en la place des gibets, près la tour des Rabot. Cette ville étant trop bien défendue pour qu'il pût espérer s'en rendre maître, Lesdiguières passa l'Isère à Sassenage, évita ainsi Grenoble, et franchissant de nouveau la rivière à Gière, mit le siège devant Montbonnot, qui se rendit après quatre jours de résistance 1. Il fortifia cette place, pensant bien qu'Albigny et le duc de Savoie ne tarderaient pas à venir l'attaquer. Lesdiguières et Ornano se virent contraints de quitter les environs de Grenoble, où tout leur réussissait, pour voler au secours de Maugiron, étroitement assiégé dans le fort Pipet, à Vienne, que les ligueurs maîtres de la ville, voulaient avoir à tout prix 2. Les grenoblois étaient à peine remis de leur frayeur, que survint pour eux une nouvelle cause de trouble et d'ennui. Par lettres patentes, données à Laval, le 15 février, Henri IV avait transféré à Romans la cour du parlement, avec la chambre des comptes, le bureau des finances, le baillage du Graisivaudan et la Monnaie. La publication de ces lettres causa dans la cité une émotion profonde. Plusieurs conseillers et magistrats, qui avaient hésité jusqu'alors à quitter la ville, comprirent que la situation devenait pour eux périlleuse et se hâtèrent d'aller rejoindre ceux de leurs collègues, qui depuis déjà plusieurs mois étaient établis à Romans 3.

Le pape Sixte V, suivait avec inquiétude la marche des affaires de France, et depuis l'assassinat de Henri III paraissait plus fermement résolu à protéger la Ligue, comme soutien de la religion catholique. C'était dans ce but qu'il envoyait alors en France le cardinal Caetani. Au commencement de novembre, le légat arrivait à Montmeillan. L'archevêque d'Embrun, lui ayant présenté les députés des Etats du Dauphiné, l'un d'eux, au nom de

---

1. EUSTACHE PIÉMONT, p. 248-9.
2. Bulletin de l'Acad. delph., t. I, p. 214. — Actes et corresp. de Lesdiguières, t. I, p. 104.
3. Dr CHEVALIER, Annales de la ville de Romans, p. 101.

tous, lui demanda dans un long et élégant discours latin son appui, pour faire entrer dans la province les troupes du duc de Savoie, seules capables de les défendre contre les protestants. Le légat répondit qu'il ne lui paraissait pas à propos de faire venir les étrangers sans nécessité, que l'ordre du saint-père était de les exclure et de conserver intégralement le royaume. Caetani éluda également une demande d'argent soulevée par les députés : le salut dépend uniquement du choix d'un roi catholique, dit-il ; Sa Sainteté poursuit ce but et pour l'atteindre Elle n'épargnera rien 1. Le légat fit ensuite porter à Grenoble un bref du pape adressé aux habitants de cette ville. Le 8 novembre, il en était donné lecture au conseil. Sixte V protestait de son désir de rétablir la paix en France ; il avait envoyé en France, lisons-nous dans le registre des conclusions, le cardinal son légat pour conforter les villes catholicques, aussy pour rappeler et rectirer, s'il est possible, tous les catholiques qui se sont joincts avec les hérétiques 2.

Arrivé à Lyon le 9 novembre, Caetani s'occupa presque aussitôt des affaires du Dauphiné ; l'archevêque d'Avignon fut chargé d'aller demander à Alphonse d'Ornano et à Lesdiguières la cessation de leurs hostilités contre les catholiques. Vienne était alors serrée de très près par les troupes de ces deux lieutenants de Henri IV, et une députation de la ville s'était rendue à Lyon, pour implorer le secours du légat. « Comme un légat du pape devait avoir sa bourse bien garnie, les députés le prièrent de leur donner dix mille écus. Caetani eut grand peine à échapper à leurs instances, et cet honnête homme un peu surpris écrivit à Rome : Je vois qu'on a seulement en vue cet argent. Comment donc faut-il agir ? faut-il nourrir ces gens seulement d'espérance, ou leur accorder quelque chose ? Il attendit la réponse, mais commença à apprécier par lui-même le réel état des choses 3. » Il écrivait le

1. HENRI DE L'EPINOIS, La Ligue et les papes, Paris, 1886, in-8°, p. 360.
2. Archives municipales de Grenoble, BB, 41.
3. HENRI DE L'EPINOIS, op. cit., p. 362. — Dans une lettre du 16 décembre 1589, concernant les affaires de Vienne, Mathieu Balbiani, de Lyon, disait au comte d'Olivarès, ambassadeur d'Espagne : Sa Sainteté peut être sûre que les Français, les gentilshommes surtout, pensent à conserver leur vie et leurs biens plus que la religion. Si Sa Sainteté donne

16 novembre : Par ce que j'ai pu voir jusqu'ici, je juge le royaume en très-mauvais état. *Il trouve à ce mal trois causes : la première, c'est que beaucoup de villes, même catholiques, renferment des partisans du roi de Navarre ; la seconde, c'est que dans les villes du parti de la Ligue, l'autorité est en réalité aux mains des échevins, la plupart artisans, ce qui irrite la noblesse et la pousse vers le roi de Navarre ; la troisième, c'est l'aversion de la noblesse pour le nom de la Ligue, car elle est persuadée que son chef, prenant la religion pour prétexte, veut s'emparer du royaume. Quant au clergé, il paraissait dévoué à la Ligue ; il constatait toutefois que l'évêque de Valence et celui d'Apt étaient engagés dans le parti de Navarre* [1].

Les démarches dictées par la prudence de Caetani pour sauver Vienne et Grenoble et exécutées avec habileté par l'archevêque d'Avignon, amenèrent un traité, conclu à Vienne le 9 décembre entre les chefs de la Ligue et les représentants du roi : le gouvernement et la garde de Vienne demeureraient aux mains des consuls de cette ville ; les Etats de la province seraient prochainement convoqués pour s'occuper d'arrêter les bases d'une paix générale ; en attendant, toutes les hostilités devaient être suspendues [2].

Aussitôt après la signature du traité, Ornano s'achemina vers la Provence pour seconder les efforts de Damville, qui cherchait à s'emparer de Tarascon. En passant sous les murs de Châteauneuf-de-Mazenc, où commandait pour la Ligue Alain de St-Ferréol, surnommé la Grande-Barbe, il résolut de tenter sa fidélité et lui fit proposer d'embrasser la cause royale : celui-ci se laissa gagner et, moyennant une somme de 2,500 écus, promit de livrer la place dont il avait la garde ; mais pour sauvegarder au moins les apparences, il demanda qu'on fît un simulacre de siège, et le 13 décembre il fut censé capituler [3]. Quatre jours

---

beaucoup d'argent, on peut très vite voir les affaires changer de face. Voici cinquante ans que je suis en France, je puis juger les choses.

1. Quelques jours plus tard, il citait encore les évêques de Pau et de Cahors, comme très dévoués au roi. M. Poirson a dit que cent évêques sur cent dix-huit avaient dès la fin de 1589 embrassé la cause de Henri IV.
2. MERMET, Hist. de Vienne, t. III, p. 366-9. — E. PIÉMONT, p. 253-4.
3. LACROIX, L'arrondissement de Montélimar, t. II, p. 157, et t. V, p. 39.

après, Ornano adressait au châtelain et aux habitants de la Garde-Adhémar une singulière lettre pour justifier à leurs yeux une demande de subsides.

Dieu seul tesmoignera, s'il lui plaist, le desplaisir que nous recevons en l'oppression du peuple, surchargé de diverses levées, que le restablissement de l'authorité royale nous contrainct faire sur le plebée, laquelle la desobeissance a tasché d'aneantir et enterrer. S'estans partie des subjects rebellés et ouvertement recherché, au péril de leur franchise, l'estrangier ancien ennemy de la France pour fortifier leurs dessaings, sans avoir voulu gouster la douceur de nos admonitions, ains ont par dissimulation poussé les temps et abusé de la longueur de nostre patience, de laquelle nous avons voulu user, estimant qu'elle radouciroit leur inobedience, leur ameneroit ung repentir dans la circonspection de l'eminent naufrage de lestat de ceste desolée province, sapée et minée puis 27 ans par lorage de nos guerres civilles, le venin desquelles nous jugeons provenir de leur meritoire chastiment, puisque le respect, la reverence de nostre religion catholique, aposlolique et romaine et le debvoir qu'ils debvroient avoir envers leur roy, ne peult empescher le meurtre, le parricide, ni la prodiction que les particulières passions produisent dans une epineuse vengeance, laquelle nous avons autant qu'il nous a eté possible evité, d'où nos desportements a la reduction de la ville de Vienne, Cornilhon et Chasteauneuf de Mazenc feront tousjours preuve contre les imposteurs et voir au travers de nostre clemence, laquelle y a supplanté le sac et le sang des catholiques qui estoient dedans ; toutefois cela n'ayant peu encor amollir leur cœur, nous sommes forcés de tenir sur pied les gens de guerre qui etoient au devant et dans les garnisons des autres villes et chasteaux de cedit pays, pour nous opposer a leurs factieuses entreprises, remettre a S. M. certaines places qu'il leur reste encor entre les mains, qui ne se peut sans pourvoir a l'entretenement desdits gens de guerre, tant d'une que d'aultre religion pour troys moys, et satisfaire à une partie des 2500 escus que nous avons accordé au cappitaine Sainct-Ferréol pour la restitution dudit Chasteauneufs et rembourcement de quelques fortifications qu'il y avoit faictes contre le service de sadicte Majesté, estant moins domageable audict pays le payement de ladicte somme que de souffrir la despence du siège pour forcer lad. place, lequel oultre la perte des hommes ameneroit beaucoup plus de foulle que ladicte partie ne monte 1.

D'après le traité de Vienne, les Etats de la province devaient être convoqués avant les fêtes de Noël à Saint-Marcellin ou à la Côte-Saint-André ; dans les premiers jours de janvier on en était encore à s'occuper des préparatifs de cette assemblée. Le 12, les députés des trois ordres eurent une réunion à Grenoble, pour discuter les mesures qu'il conviendrait de proposer aux Etats 2. Le conseil de la ville, qui entretenait avec Mayenne une correspondance suivie et qui subissait l'influence d'Albigny, demeuré jusqu'à la fin ardent ligueur, ne se montrait guère animé de dispositions pacifiques. Dans sa séance du 13 janvier, il décide sur la proposition du sieur de Meuillon, délégué par les catholiques provençaux que l'on poursuivra l'union avec la Provence le Lyonnois, le Forets, le Beaujolois et le duc de Savoye, et que Mr d'Albigny, gouverneur de Grenoble, sera prié de compléter l'effectif de sa compagnie et de mettre la ville en état de défense 3. Tout en gardant les uns vis-à-vis des autres une attitude hostile, les deux partis continuèrent néanmoins à négocier les conditions d'une paix générale. Lesdiguières, qui était demeuré dans les montagnes depuis le milieu de décembre, quitta Embrun, vers le 27 janvier, et vint s'établir à Montbonnot, aux portes de Grenoble, pour suivre de plus près les négociations engagées. Bien qu'il n'eût pas été compris dans la trêve de Vienne, il s'était personnellement engagé à ne point porter les armes contre Grenoble avant le 15 janvier 4. Le délai étant expiré, il faisait quelques courses dans les campagnes, pendant que ses délégués traitaient avec les grenoblois des conditions d'une paix future. Ses troupes occupèrent Montfleury et Bouquéron ; de leur côté les

---

1. Archives de la Garde-Adhémar, CC, 23. — Lacroix, loc. cit.
2. Archives municip. de Grenoble, BB, 42.
3. Archives municip. de Grenoble, BB, 42.
4. Actes et corresp. de Lesdiguières, t. I, p. 118.

ligueurs se rendirent maîtres de la Tour-du-Pin [1]. Le 30 janvier, de la Baulme et Boffin font connaître au conseil de la ville les conditions imposées par Lesdiguières pour l'établissement d'une paix définitive : le parlement, Albigny et la ville de Grenoble reconnaîtront le roi de Navarre pour roi de France ; l'exercice de la religion catholique sera libre dans toute la province, les cours judiciaires seront réinstallées à Grenoble ; Albigny demeurera gouverneur de la cité, etc. . . [2]. Tout le mois de février devait encore s'écouler en négociations inutiles ; Albigny et l'archevêque d'Embrun, qui se sentaient soutenus par le duc de Savoie, faisaient tous leurs efforts pour empêcher qu'elles n'eussent quelque résultat [3]. Pendant ce temps la guerre continuait, et Grenoble se voyait chaque jour investie de plus près par l'armée royale. Mais bientôt les graves évènements, qui s'accomplissaient dans le Briançonnais et la Provence, contraignirent Lesdiguières à s'éloigner du Graisivaudan, pour se porter en toute hâte sur les points menacés par le duc de Savoie, et retardèrent ainsi de quelques mois la chute de Grenoble.

Profitant de l'absence du redouté capitaine, Albigny vint au commencement d'avril mettre le siège devant Montbonnot. Il avait avec lui un millier de grenoblois. Sonnas lui amena de la Savoie un secours de 4,000 hommes de pied, de 600 chevaux et de 6 canons. La place se rendit, et Sonnas, voulant assurer à son maître la possession d'une forteresse, qui pouvait favoriser ses projets ambitieux, y mit une garnison savoisienne. Albigny rentra à Grenoble après s'être encore emparé du fort de Gières [4]. La présence des étrangers aux portes de la ville provoqua des murmures : peut-être savait-on déjà que le duc rêvait pour le moins la conquête du Dauphiné [5]. Quoiqu'il en soit, le 16 mai, Basset se fit au conseil l'écho des plaintes des citoyens et dit qu'il serait

1. EUSTACHE PIÉMONT, p. 258-9.
2. Archives municip. de Grenoble, BB, 42. — Actes et corresp. de Lesdiguières, p. 111.
3. Les Actes et corr. de Lesdiguières, p. 110-23, renferment 14 pièces relatives à ces négociations.
4. CHORIER, t. II, p. 739.
5. Depuis longtemps le duc de Savoie rêvait la conquête du Dauphiné ; un

utile de démolir entièrement le fort de Montbonnot. L'évêque de Grenoble fut chargé de transmettre au duc la demande des grenoblois, et celui-ci, qui tenait avant tout à ne pas s'en faire des ennnemis, leur fit répondre par le capitaine Jacob, qu'il venait d'ordonner la démolition du fort, qui leur portait ombrage (22 juin) [1].

Dans le Viennois les ligueurs relevaient la tête : au mois de mars *1590*, Saint-Jullien s'était rendu maître de Morestel. Mais ce qui leur fit concevoir les plus belles espérances, ce fut l'échec essuyé par Ornano, le *19* avril : étant sorti de Vienne pour charger les troupes de Saint-Sorlin, gouverneur de Lyon, il fut battu et tomba entre les mains d'un gentilhomme bourguignon, nommé La Barre, qui l'emmena à Givors et le remit le *23* avril au sieur de Senecey, pour être conduit en Bourgogne. Les Lyonnais furent si contents de cette capture qu'à la demande de Saint-Sorlin, ils donnèrent à La Barre un cheval de *130* écus [2].

---

moment, il avait espéré gagner Lesdiguières à sa cause. En *1578*, ce prince le favorisait dans sa lutte contre les catholiques : 'Vous devés scavoir, écrivait à cette époque le capitaine huguenot au fameux Laprade, vous devés scavoir assés les commodittés que nous recepvons des terres de ce prince, qui nous doibt occasionner de conserver son amitié en toutes choses (Actes et corresp. de Lesd., p. *14*). Quelque temps après le duc Charles-Emmanuel donnait à un de ses envoyés les instructions suivantes : Vous lui représenterez donc (à Lesdiguières), avec la dexterité de langage qui vous est familière, les pretentions que nous avons sur le Dauphiné que nous nous efforçons, avec son aide, de pouvoir nous appropier, si toutefois il veut bien user envers nous de la bonne volonté dont il a toujours fait preuve à l'endroit du duc notre père, que Dieu veuille mettre au rang des bienheureux. Notre désir est de lui tenir compte de ces bonnes dispositions, non par des témoignages ordinaires d'intérêt, mais en nouant avec lui les liens plus etroits de la parenté, en mariant sa fille (pourvu qu'elle se fasse catholique) avec don Amédée notre frère naturel, avec cette clause qu'après la mort de ladite fille sans enfant, si le cas se présente, que la dot qu'il nous aura donnée à l'occasion de cette alliance lui fera retour, pourvu qu'il nous reconnaisse comme son seigneur suzerain, vu que notre prétention comprend la possession intégrale du Dauphiné... (Jules BAUX, Mémoires hist. de la ville de Bourg, *t. II*, p. *212*. Cf. Actes et corr. de Lesd., p. *139*.)

1. Archives municipales de Grenoble, BB, *42*.
2. La deffaitte des compagnies d'Alphonse de Corse, près de la ville de

Cependant ces succès partiels ne produisaient l'illusion qu'auprès d'un petit groupe de ligueurs bien résolus à ne jamais reconnaître Henri de Navarre. Quant au peuple, il était las de verser son sang et de dépenser son argent pour essayer d'atteindre, à travers des difficultés sans cesse grandissantes, un résultat mal défini, encore fort éloigné et fort incertain. D'autre part les défections nombreuses, signalées dans les rangs de la Ligue, les conquêtes de Lesdiguières, la perspective du triomphe de Henri de Navarre qui devenait de jour en jour plus probable ; toutes ces causes réunies ajoutaient encore au sentiment de lassitude générale, celui d'une secrète terreur, et les armes tombaient des mains d'un bon nombre de catholiques sincèrement attachés à l'antique foi. Dans les mois de juin et de juillet, cet état des esprits se manifeste ouvertement à Grenoble, où le gouverneur, l'intrépide Albigny, s'efforçait pourtant de communiquer à tous l'ardeur de son zèle. Le duc de Mayenne avait écrit de Soissons, le 21 avril, pour dire aux grenoblois qu'il avait toujours l'intention de réunir les Etats généraux du royaume, mais qu'en présence des difficultés du moment, il fallait attendre [1] *; il priait toutefois les évêques, les gouverneurs et les lieutenants généraux de conférer avec les membres les plus zélés des trois ordres et d'élire quelques personnes notables, qui l'iront trouver là où il sera, à la fin de mai. Ce fut le 4 juin que le conseil prit connaissance de cette lettre : il décida qu'on élirait une personne notable qui serait chargée d'aller auprès de Mayenne, recevoir ses commandements et lui exposer l'extrême misère du pays. Quelques jours après, le 22, on décide qu'on n'enverra point de député à M^r le duc de Mayenne et qu'on se bornera à lui écrire, pour le remercier du souvenir qu'il a gardé de la ville. Enfin le 5 juillet, Basset, premier consul, expose au conseil que les Etats de la province ont délégué le sieur de la Rivière au duc de*

Lyon et comment il a esté prins prisonnier. *Paris, 1590, in-8, 16 pages.* — EUST. PIÉMOND, p. 205. — *D'Ornano, ayant été fait prisonnier, la noblesse catholique du Dauphiné, qui reconnaissait Henri IV, se réunit à Vienne le 24 avril, et désigna pour le remplacer comme lieutenant général le président de Saint-André.*

1. Voir sur les diverses tentatives de Mayenne pour réunir les Etats généraux : Henri de l'EPINOIS, La Ligue et les Papes, p. 579.

Mayenne avecq mémoires et instructions ; *il demande si on ne lui remettra pas quelque mémoire particulier pour la ville, outre la lettre que doit porter au duc le sieur de Royssieu,* qui vient d'ambassade de vers le roy d'Espagne, pour la part de messieurs les princes. *Le conseil estime que les mémoires, remis par les Etats au sieur de la Rivière, sont suffisants ; toutefois on lui remettra une nouvelle lettre pour Mayenne* [1]. On sent le trouble et l'inquiétude auxquels étaient alors en proie les habitants de Grenoble. Bientôt des bruits de trahison circulèrent ; quelques citoyens furent arrêtés comme suspects, et, l'un d'entre eux étant parvenu à s'échapper, le geôlier de la prison, nommé Simon, fut accusé d'être de connivence et mis à la question. A peine rétabli de sa douloureuse épreuve, cet homme quitte clandestinement la ville et va aussitôt, la vengeance dans le cœur, faire à Lesdiguières le récit de ce qui se passe à Grenoble, en même temps qu'il lui révèle un moyen pour se rendre maître de la place [2].

En s'éloignant de cette ville, vers le commencement de mars, Lesdiguières avait regagné les montagnes et se préparait à faire quelque entreprise du côté du Briançonnais. Georges de Ferrus, connu sous le nom de La Cazette, était l'âme de la Ligue dans ce pays ; pour se maintenir, il avait appelé à son secours le duc de Savoie, qui était alors considéré par les ligueurs du Dauphiné comme le protecteur des intérêts catholiques. Pour le moment, le lieutenant du roi ne put rien faire de considérable ; au mois de mai, il se vit dans la nécessité de passer en Provence, pour y rejoindre La Valette et tâcher, en combinant ses forces avec celles de ce capitaine, d'arrêter la marche d'une puissante armée, que le duc de Savoie y commandait en personne. En moins de six semaines, *disait Lesdiguières dans un rapport à Henri IV*, nous avyons reprins sur les ligueurs Pertuys, Puymichel, Vallensolles, Molliers, Pignans, Lorgues et Fontaignac, pendant lequel temps l'ennemy n'osa paroistre, bien que nous observissions tous moyens pour le faire venir au combat, ce que a mon advis il devoit faire, estant egal a nous, voire supérieur en

1. *Archives municip. de Grenoble*, BB, 42.
2. CHORIER, *t. II, p.* 741.

forces [1]. *Laissant La Valette tenir tête aux Savoyards, Lesdiguières donne l'ordre à Gouvernet, le 18 juillet, de mettre le siège devant Mévouillon* [2]; *quant à lui, il se porte rapidement sur les frontières du Piémont et du Dauphiné, dans le Briançonnais. Il commence par se défaire de La Cazette par un honteux assassinat* [3], *pensant bien que la mort de ce vaillant homme, qui avait l'estime et la confiance de tous les catholiques, entraînerait la ruine de la Ligue dans cette partie de la province. Il ne se trompait pas, Briançon capitula le 6 août* [4]. *Il marchait du côté du mont Genèvre, dans l'espérance de s'emparer avec le même bonheur du fort d'Exilles, lorsque La Valette le rappela en Provence pour secourir Saint-Maximin, assiégé alors par Martinengue, qui commandait en chef les troupes du duc de Savoie. Le marche du lieutenant de Henri IV fut marquée par de brillants exploits; Martinengue n'attendit pas son arrivée et leva le siège de la place. Lesdiguières alla investir le château de Barles qui se rendit à discrétion le 31 août, après huit jours de siège* [5]. *Ce fut alors qu'on vint lui dire que le fort de Saint-Paul, qu'il avait naguère enlevé au duc de Savoie, dans le voisinage d'Embrun, était attaqué par l'ennemi. Il vole au secours des siens. Le 14 septembre, se trouvant à Oulx, il écrivait au roi et lui rendait compte en ces termes de son expédition et de l'état de son armée :* Le duc de Savoie me sachant loing vient en personne à St-Pol avec cinq cents chevaux, deux mil cinq cents fantassins et six canons; adverty de cela je fais diligence de l'aller trouver, ce que je ne peuz si tost faire que le fort ne se fust rendu à composition honorable un jour avant mon arrivée. De laquelle le duc ayant avis retire son canon, part de nuict aux flambeaux, pour s'en aller a Cony, et le lendemain son armée le suit, et moy l'espace de troys lieues, sans pouvoir faire aultre chose que tuer quelques soldatz, prendre armes, chevaulx et

---

1. Actes et corresp. de Lesdiguières, *t. I, p. 138.*
2. Actes et corresp. de Lesdiguières, *t. I, p. 130, 133.*
3. DE THOU (*t. XI, p. 217*) raconte la mort de La Cazette *de manière à ne pas en jeter l'odieux sur Lesdiguières.*
4. Actes et corresp. de Lesdiguières, *t. I, p. 135.*
5. DE THOU, *t. XI, p. 218.*

prisonniers. A l'instant je faiz attaquer ledit fort et en six heures battu, assaillys, forcé et deux cens des meilleurs soldatz de l'ennemy qui estoient dedans mis en pièces. Ce faict j'ay donné ordre à faire raser ledit fort, qu'il ne nous amuse plus. Comme j'estois empesché a cest effect, les forces dud. duc, qui estoient en Savoye, sont montés et s'efforcent d'entrer dedans lesdites vallées de Sezannes, frontières de Piedmont, pour essayer de renouer leurs intelligences. Je leur suis maintenant en tête, logé à une canonade de leur armée, qui est de quatre cens chevaulx et deux mil cinq cens harquebuziers. Le duc y doibt venir en personne et y amène tout le reste de ses forces. De mon costé j'assemble tout ce que je puis et ne crois point que nous nous perdions de vue, sans qu'il se fasse quelque chose de bon pour vostre service [1]. *Les Savoyards n'osèrent se risquer au péril d'une bataille. Le duc se retira à Nice, et Sonnas, qui commandait l'armée ennemie, se repliait vers Suze lorsqu'il se vit poursuivi et attaqué par Lesdiguières ; ses troupes furent mises en déroute, et laissèrent sur la place plus de trois cents morts. Quelques jours après, du Poët et Blacons ayant amené à Lesdiguières un détachement de deux cents gendarmes et de trois cents arquebusiers, il vint mettre le siège devant Exilles, qui se rendit le dernier jour de septembre* [2].

La prise d'Exilles, c'était la fin de la guerre et le triomphe assuré de la cause de Henri IV dans le haut Dauphiné. Libre de ce côté, Lesdiguières va se porter sur d'autres points pour refouler les armées du duc de Savoie, mais il veut avant tout reprendre ses projets contre Grenoble. Le 29 octobre 1590, il écrivait au roi : Mainctenant, sire, je fais estat de donner sur la Savoye et entreprendre du costé de Chambéry, Montmelian, la Rochette, Morienne, le Mont Cenis et Suze, à mesmes temps que Monsieur de Gaitry donnera sur les autres endroits. Mais avant tout autre, je me résouds, soubs vostre bon plaisir, d'assiéger et emporter Grenoble, comme chose dont le succès peult rapporter plus d'utilité au bien de vostre service que desseing que

---

1. Actes et corresp. de Lesdiguières, *t. I, p. 140.*
2. DE THOU, *t. IX, p. 220.*

l'on scauroit faire ¹. *Toutes les mesures ayant été prises. Lesdiguières se rendit à Voiron, sous le prétexte d'assister à une assemblée des représentants des dix villes de la province, qui eut lieu dans cette localité le 21 novembre* ². *Ce fut dans la nuit du 23 au 24 novembre que, grâce à la connivence d'un ami du geôlier mentionné plus haut, 1200 soldats environ parvinrent à pénétrer dans le faubourg la Perrière, sur la rive droite de l'Isère, en escaladant une de ces maisons, dont les murailles continues formaient alors de ce côté l'unique rempart de la ville* ³. *La garnison catholique et les habitants, surpris ainsi au milieu de la nuit, ne purent se défendre et s'enfuirent précipitamment vers le pont qui conduisait à la cité. Les soldats de Lesdiguières voulaient les suivre et déjà même un pétard avaient enfoncé la porte placée à l'entrée du pont, mais le* cladas de fer *ayant été promptement abaissé, il leur fut impossible d'aller plus loin. La nouvelle du succès de l'armée royale se répandit bien vite ; à Lyon notamment elle causa une émotion profonde* ⁴. *Grenoble fut étroitement assiégée. Le 30 novembre, on exposait au conseil la déplorable situation des habitants des faubourgs de Saint-Laurent et de la Perrière, dont les maisons avaient été pillées : quelques-uns d'entre eux s'étaient retirés dans le centre de la ville, mais se voyaient réduit à la plus extrême misère ; le sieur Jacques Trollieur, quatrième consul, avait été blessé à mort. Les assiégés abandonnés à eux-mêmes, étaient incapables de tenir longtemps. On ne tarda pas en effet à songer à obtenir des conditions, qui permissent à la ville de se rendre honorablement au vainqueur. Le 15 décembre, Charles du Bonnet-Finé, avocat, était nommé pour représenter la ville dans le conseil chargé de traiter avec Lesdiguières. Le 17, le chef de l'armée royale faisait proposer aux grenoblois*, par le sieur de Saint-André, président de la cour de parlement et les sieurs comte de Viriville, de Blanieu et Calignon, *de reconnaître Henri IV, pour leur souverain seigneur, et de remettre la ville souz l'obeis-*

---

1. Actes et corresp. de Lesdiguières, *t. I, p. 142.*
2. Eustache Piémond, *p. 274.*
3. Chorier, *t. II, p. 741.*
4. Eustache Piémond, *p. 274-5.*

sance de sa Majesté et au pouvoir dud. sieur des Diguières, souz les conditions convenues pour cest effect, ladite reddition au préalable acceptée. *Dès le lendemain, les commissaires, députés par le parlement de Grenoble et par les habitants, adressaient aux fondés de pouvoirs de Lesdiguières la déclaration suivante :* Ceux de Grenoble déclareront qu'il recognoissent le roy pour légitime successeur de la couronne de France, offrant lui rendre toute fidélité et obeissance, lors et quand il sera catholique, et répondent vouloir demeurer soubz l'estat royal de couronne de France, sans jamais s'assubjectir à aultre prince et seigneurie, recognoissant nos seigneurs de la cour de parlement et leur obéissant comme ils ont toujours faict. *Le mercredi 19, Lesdiguières, nullement satisfait de cette déclaration et exigeant de la ville la reconnaissance pure et simple de Henri IV, signait une ordonnance accordant une suspension d'armes d'un jour, afin de permettre aux habitants* de s'assembler pour déliberer sur l'obéissance que l'on désire estre rendue au Roy. *Le jeudi, 20 novembre, les quarante notables du conseil de la ville, les Etats du pays et les membres du parlement demeurés à Grenoble tinrent des réunions distinctes pour délibérer sur la grave affaire qui leur était proposée.* Au conseil, on conclud que soubz le bon plaisir de nosdits sieurs de la court et sieur d'Albigny, que le conseil est d'advis que pour obvier a plus grand mal, lesdicts sieurs deputés accordent la recognoyssance requise du roy de Navarre, moyennant que le seul exercice de la religion catholicque, apostholicque et romayne et nul aultre soyt receu dans ladicte ville et son terroyr, et que pareillement ledict sieur Albigny demeure commandant dans lad. ville, s'il lui plaict, avecq telle garnison catholicque qu'il sera admis, et a la charge qu'il sera permis a quiconque se vouldra retirer dans lad. ville, soyt dans le royaulme ou dehors de la province, faire librement et en toute asseurance. *Le parlement approuva cette délibération. Mais Albigny, bien résolu à ne reconnaître qu'un roi catholique, s'opposa à tout accord. Le lendemain, 21, la cour,* ayant égard a l'extrême nécessité en laquelle est réduite lad. ville, enjoinct aud. seigneur d'Albigny, commandant en icelle, soubz l'auctorité de lad. cour, de choysir la voie amiable et se conformer auxdictes conclusions, ou bien de se retirer où bon lui semblera, sur les asseurances que nécessayres il verra estre. *Le 22 novembre Lesdiguières, Saint-André, Gouvernet, Briquemaud, Blanieu, Montlor, Morges, Calignon, du Poët, Saint-Sauveur, a Laupie, La Frette et Viriville pour les assiégeants, Chastelard, Boczozel, Buffevent, Moydieu, Mures, du Bonnet-Finé, Vellier, Barbeyron, Lyonne, Crucilieu et du Mottet, au nom des assiégés, signèrent une capitulation, dont nous ne signalerons que les principaux articles. On convint que la religion catholique s'exercerait librement, tant dans la ville que dans les faubourgs ; que les ecclésiastiques seraient rétablis dans tous leurs droits ; que les protestants ne pourraient tenir leurs assemblées que dans le faubourg Trescloître ; que tous les habitants prêteraient serment de fidélité à Henri IV, entre les mains de Calignon ; que ceux qui refuseraient de se soumettre à ce serment auraient la liberté de se retirer ; que le roi donnerait le gouvernement de la ville à qui bon lui semblerait ; que cependant on accorderait un délai de trois mois à d'Albigny et que si dans ce terme il s'accommodait avec le roi et lui prêtait serment de fidélité, il serait confirmé dans ce poste par sa majesté ; qu'en attendant de la Rochegiron commanderait dans la place ; que le roi accorderait une amnistie générale ; que pour travailler plus efficacement à l'union, les membres du parlement qui pendant la guerre s'étaient retirés à Romans ou ailleurs reviendraient incessamment à Grenoble, afin d'y exercer leurs charges de concert avec leurs collègues ; qu'enfin, avec l'agrément du roi, on assemblerait les Etats pour mettre ordre aux affaires de la province* 1.

Plutôt que de se soumettre aux conditions de ce traité et de prêter serment à un roi hérétique, Albigny préféra quitter la ville et se retira auprès du duc de Savoie. Le 24 décembre, la veille de Noël, Lesdiguières fit son entrée dans Grenoble. Le 2 janvier *1591*, d'Allières, premier consul, prêta serment de fidélité au roi Henri IV. Le *10*, le conseil décide qu'on adressera une lettre *la plus doulce que faire se pourra a Messieurs du Parlement et des Comptes qui sont à Romans, pour les prier de revenir à Gre-*

---

1. *Archives municip. de Grenoble*, BB, 43. — Actes et corresp. de Lesdiguières, p. *143-54*. — De Thou, t. XI, p. 223.

noble 1. Le *15*, on faisait meubler le logis du président de Saint-Julien pour y installer Monseigneur de Lesdiguières. Le 22 on apprend que Messieurs de la cour de Romans consentent à revenir à Grenoble, mais quelques jours après, le 3o, ils écrivent pour protester contre les délais apportés par le conseil à l'exécution de l'arrêt ordonnant le biffement de la délibération consulaire du *19 septembre 1589*. Enfin le *19 avril*, le conseil entendait la lecture d'une lettre missive du roi Henri IV, datée de Senlis, le *3o janvier*, dans laquelle sa majesté exprimait le grand ayse, plaisir et contentement, qu'il avait éprouvé, en apprenant que la ville de Grenoble s'était rendue à son obéissance. Il désigna le sieur de Morges pour gouverneur. Le *12 mars* suivant, Henri IV adressait de Chartres une nouvelle lettre aux grenoblois, pour leur ordonner de recevoir avec honneur Alphonse d'Ornano. La ville avait conservé de la rancune contre ce personnage, en qui elle voyait l'ennemi acharné du parti catholique, la principale cause de ses malheurs. Lorsqu'au mois d'avril on annonça son arrivée, le mécontentement de la population se manifesta par le refus absolu que firent les bourgeois de prêter des meubles pour les appartements qu'on lui destinait. Grenoble se décida pourtant à lui faire les honneurs d'une entrée solennelle, lorsqu'il vint le mois suivant assister à la réunion des Etats, et de son côté, le lieutenant du roi, désireux de gagner les bonnes grâces des habitants, fit mettre sur la parcelle du pays les *8000* écus que ceux-ci s'étaient engagés de payer à Lesdiguières pour la démolition du fort de Bosancieu, somme qui n'avait point encore été comptée 2.

Avec la prise de Grenoble, on peut considérer comme terminées les guerres religieuses, qui, pendant plus de trente ans avaient couvert de sang et de ruines notre malheureuse province. L'année suivante, il est vrai, le duc de Savoie fit envahir le Graisivaudan par une puissante armée et tenta de se rendre maître de Grenoble;

1. *Le 15 novembre 1590, le conseil de la ville de Grenoble avait décidé qu'une requête serait présentée aux membres de la cour siégeant dans la ville, pour qu'ils invitassent tous leurs collègues qui était à Romans à venir se joindre à eux et qu'en cas de refus ils prissent un arrêt contre eux.*
2. *Archives municipales de Grenoble, BB, 43.*

mais c'était l'ambition, plus encore que le désir de procurer le triomphe de la cause catholique qui présidait à cette entreprise: les Dauphinois, conduits par Lesdiguières, arrêtèrent l'invasion, et la célèbre bataille de Pontcharra, livrée le 19 septembre 1591, dans la plaine de Villard-Noir, coûta à l'ennemi près de 3,000 morts, mille prisonniers et trente-cinq étendards [1]. Dans le Viennois, il y eut bien encore quelques mouvements, mais sans conséquences sérieuses pour les affaires générales du pays. En juillet 1592, au mépris d'une trêve conclue deux mois auparavant, le duc de Nemours s'empara de Vienne, de St-Marcellin et de diverses places; sa cavalerie ravagea les campagnes [2]. La présence de Lesdiguières suffit pour lui faire perdre la plupart de ses conquêtes. Il parvint à se maintenir à Vienne, et cette place fut la dernière que les ligueurs conservèrent en Dauphiné. Elle ne devait leur être enlevée que le 24 avril 1595, jour où le connétable de Montmorency y fit son entrée solennelle [3]. César Martin de Disimieu, qui en était gouverneur pour la Ligue, avait laissé surprendre sa fidélité pour une somme de 25,000 écus [4]. Ce capitaine ne faisait du reste que suivre les honteux exemples donnés alors par la plupart des derniers chefs de la Ligue, qui s'efforçaient à l'envi de vendre au plus haut prix leur soumission au roi. Après avoir traversé durant ces guerres les plus rudes épreuves, le peuple dut encore être mis à contribution, et ce fut lui qui paya le prix convenu dans ces divers marchés. Pour se procurer les 25,000 écus destinés à Disimieu, le connétable de Montmorency établit

---

1. Le 20 septembre, le premier consul annonce aux conseillers de la ville de Grenoble que le parlement et les commis du pays ont nommé des délégués pour féliciter Lesdiguières de la victoire qu'il vient de remporter contre les Napolitains et autres étrangers: le premier consul et le sieur Chaboud sont adjoints à la députation. On offrira deux charges de vin à Lesdiguières; une à Mr de Morges. Les chapitres seront invités à faire des processions générales pour remercier Dieu. (Arch. municip. de Gren. BB, 43).

2. Manifeste des consulz, eschevins, bourgeois et habitants de la ville de Lyon, sur le faict de la prise de Vienne. Lyon, Pillehotte, 1592, in-8°, 36 pages.

3. MATHIEU, Hist. des derniers troubles de France. Paris, 1606, t. II, f. 54 v°- 56. — DE THOU, t. XII, p. 455-7. — CHORIER, t. II, p. 757-60.

4. Bulletin de la société d'archéologie de la Drôme, t. V (1870), p. 173.

le 6 mai 1595 un droit de douane sur toutes les marchandises qui passeraient à Vienne ou à Sainte-Colombe et trois jours après arrêta à cet effet un tarif, qui fut confirmé par lettres patentes du 19 juillet. Suivant les termes de l'ordonnance d'établissement, cette douane ne devait subsister que le temps nécessaire pour obtenir les 25,000 écus; elle n'en persista pas moins longtemps après. Ces détails confirment la judicieuse remarque de Pasquier : Durant ces guerres, *dit-il*, qui semblaient ne tendre qu'à la ruine de l'autorité royale, elle a toujours gagné et les peuples toujours perdu.

HISTOIRE GÉNÉALOGIQUE

DE LA FAMILLE GAY

PAR LES FRÈRES GASPARD ET ANTOINE GAY

N. Pour éviter toute confusion, nous avons mis entre crochets la partie de cette histoire généalogique, due à la plume d'Antoine Gay.

Nostre commancement soyt au non de Dieu, quy a fayct le ciel et la tere, ainsin soyt yl.

Cet le livre de memoyre de la maizon des Gays en cette vile | de Die coumancé par moy Gaspard Gay, filz de Anthoyne | bourgeoys d'icele, en l'année mil cinq cents nonante sinq, et de mon | eage la trante quatryesme, an ce ou est contenu la premiere origine | et tige de nostre mayzon, et suyvant apprès des ungs aulz aultres | avecque le memoryal des contratz pacez en leur fabveur et pluzieurs | aultres memoyres tres neseseres auz suseseurs d'icelle, lequel | je desire etre poursuyvy de pere en fils et supplye, au | non de Dyeu, nosdicts suseseurs de le continuer | ainsin qu'il est coumancé, lequel je prye | nous fere la grace d'y multyplyer | a sa gloyre, jusques a ce qu'yl | luy plara nous apeler | au repos eternel | lequel nous | prions de | nous y | voloyr | con|du|ir|e, | et jusquez a ce nous acompagner et nous conduyre en toutes | nous actyons au nom de son filz byen ayme. Aynsin soyt il. |

1595

La devize de la maizon des Gays est :
en Dieu suis gay.

(Au revers du fº.) ; [C'est le livre, auquel est contenu toutes les
[memoires de la maison des Gays, dans la ville de Dye, depuis
[Catherin Gay premier venu en icelle habiter, en l'annee mil
[quatre cents soixante, icelluy estant natif de la ville d'Orgellet
[en la Franche Comté de Bourgonne, et ses successeurs y ont
[laissé memoires de tous les contrats faicts en leur faveur, avec
[les descendants de pere en fils depuis ledict Catherin jusques
[a Gaspard fils d'Anthoine foisant la quatriesme generation, et
[par moy Anthoyne fils du susdict Anthoyne et frere dudict
[Gaspard ay poursuyvi ce livre, en ce qui est durant ma vie,
[après la mort d'icelluy. Je prye celuy de mes enfans qui aura
[cedit livre de le poursuyvre].

Premiere generation de la maizon des Gays en cette vile de Dye.

Le premier de la maizon des Gays en cete vylle de Dye fut Katherin Gay, quy cy vint habyter, etant natif de la vyle d'Orgellet [1], en la Franche Compté de Bourgougne, au desus de Lyon dix lyeues, en l'année mil quatre cents soysante huyt, estant de sa profection notere. En ladite année, ung septyeme du moys de julhet, il espouza Margueryte Crestyn, fylhe de Jaques, marchant de Dye, de laquelle heut ces enfants, savoyr et : Petrony et Barthelemy, Thomas, Gabryel, Estyenne et deùs filles, l'une noumée Glaude quy fut maryée a Louys Vergeyer de cete ville, l'autre Marguerite qui fut femme de Vidal Durant, de la Mote Chalancon. Voyla les enfants de la premiere generasion, despuys qu'yls hont eté transportés de Bourgougne a Dye, par la venue dudyt Katheryn, quy y a vescu fort honorablement durant sa vye, exersant l'estat de notere et reseu de fortz beaus conptrats en son temps et fet de tres beaus regestres, lequel estant parvenu en vyelhesse, ayant ataint l'eage de septante huyt ans et veu a byeu et honneur ses enffens, aqvys une boune et belle reputation d'home

---

1. *Orgelet, ch.-l. de canton du dép. du Jura, à 20 kil. S. de Lons-le-Saunier.*

d'houneur, et decedé a la tour de Saincte Agathe, luy apartennent et y fayzant sa quarantayne de la peste, en l'année mil cynq cents dix et sept, qu'on dizoit l'année de la mourtauda, [1] et le dernyer jour de sa quarantayne, et fut enteré au temple de Ste Agate [2]. Ledict Katheryn estoyt home de belle estature et grande blonde de chevelure luy traynant jusques sur les espaulles, car alors on la pourtoyt fort grande, aveques des bounets a la coucarde d'escarlate. Sa premyere mayzon fut en la grand rue, au devant de la fontayne de St Piere, puys en achepta une en Vylle Neufve, que confrontoyt mayzon des Davyds et la mayzon des Malsangs, que Anthoine Gay mon pere a du despuys achepté et y fyt quelques aquyzisions, desquels ay mys la memoyre cy desoubs, de celles que j'ay peu recouvrer, et en suytte la dessandance et estat auquel sont parvenus ses enfentz, coume sera cy apres veu.

Memoyre des contratz
fetz en la fabveur de Katherin Gay a Dye.

Mariage de Katherin Gay, notere de cete vyle de Dye, passé avecq Margueryte Crestin, filhe de Jaques, marchant dudict Dye, en l'année myl quatre cents soysante huyct et le septyeme de julhet, resseu par Me Guylhaumé Blayn, notere en icelle: 1468.

Dounassion de Margueryte Crestin, veufve de feu Katerin Gay, ressue par Me Guylhaume Marye ou Anthoynne Charency, noteres de cete vylle, laquele et en leur lyvre Q, au feulh 194.

Eschanges fets entre Katerin Gay et Yves Culheyron, de Dye, de leurs maysons, baylhant ledit Gay la syenne, assize en la grand rue, au ledit Culheyron, et ledit Culheyron la sienne

---

1. *Sur la peste de 1517 en Dauphiné*, voir : de Coston, Hist. de Montélimar, *t. II, p. 135.*
2. *L'église du prieuré de Sainte-Agathe du Chastel, dépendance du prieuré de Sainte-Croix de Quint, était située dans la partie élevée de la ville de Die, près de la Tour Sainte Agathe. Voir notre* Essai hist. sur la ville de Die, *t. I, p. 446.*

asize en Vileneufve, juste la mayzon de Jaques Davyd et son estable au viol des Roubers, comprins aveq ladite mayzon ; apert contrat reseu par Michel du Puy, notere, en l'an 1469, en son lyvre E, folyo...

Instrument de Katerin Gay, resseu par ledit Marye ou Charensy en leur papyer : G, folyo 217.

Achept dudit Katerin, reseu par ledit Marye ou Charensy et eschanges en leur lyvre B, a feulh 177.

Quytance ou espulsion de deux flourins pansion, fete par ledit Caterin, reseu par lesdyts Marye ou Charensy noteres de cete vyle de Dye et couchée en leur lyvre ou coutet : A, au feulh 127.

CE SONT LES ENFENS DE LA PREMYERE GENERASION YSUS DE KATERIN GAY ET MARGUERYTE CRESTIN MARYÉS DES L'ANÉE 1468 FINS EN L'ANNÉE 1517.

PETRONY.

Petrony Gay fut le fils aysné de Katerin Gay, lequel fut prestre en l'esglice Notre Dame de Dye, auquel temple il fit beaucop de chozes remarcables, car il estoyt home d'espryt, fort subtyl. Entre aultres, il transcryvyt de sa main tout le Vyeulx et Nouveau Testement en parchemin, lequel estoyt histoyryé et figuré en or, azur et aultres beles et esquizes paintures enlumynées, et fit des heures de Nostre Dame, coume on dizoyt, dans lesquelles il se paygnyt et figura luy mesme, pourtant une robe de couleur de poulpre, aveque ung bouquet des œuylhets et aultres fleurs, lesqueles yl aymoyt fort. Yl savoyt mervelheuzement byen escripre et payndre. Il mourut a my eage, s'estant aquys et conservé en une tres boune reputation, et fut encepvely aveque sa robe de pourpre, qu'yl avoyt apourtée de Roume, laquelle en son vivant ne pourtoyt que les dymanches et festes solennelles. Voylla en soume ce que j'ay peu reculhir de la vye dudit Petrony.

BARTHELEMY.

Barthélemy Gay, segond fils de Katerin, fut notere coume son pere, et de luy et sortye la segonde generasion. Il fit en

son temps des beaus lyvres de notere, car yl escrivoyt byen, [1]
et estoyt bon grammeryen. Il quyta quelque temps de devant
sa mort son estat, a l'ocazion des abus qu'on i coumetoyt, et
defandyt a ses enfens de ne le fere point. Il estoyt de moyenne
taylhe et heut a femme Philipe Poudrel de cete vyle, de
laquelle il heut sinq enfents, savoyr : Pierre, Anthoyne, et
Estyene, Catheryne et Jeannete, et vequyt envyron l'eage de
quatre vingts ans, ayant dyspozé de ses byen en fabveur de
Piere et Anthoyne Gay, ses enfents. Voyla en soume ce que
j'ay peu reculhir de ce quy a esté de luy.

Thomas

Thoumas, troyzieme enfent de Katerin Gay, fut moynne, sacrestain et chamaryer [2] de l'abaye de S¹ Marsel les Dye [3], de l'ordre
de Cluny et pryeur de Rouzans [4]. Ce fut ung home fort preudhomal et amateur des pouvres, espesialement de ceuls de son
sang, desquels en dota et vercheyra troys ou quatre. Il s'aquyt
et conserva une boune reputation e estoyt fort pecunyeus. Il
fist bastyr une mayzon de playzir a l'Oumet, et y aquyt des
teres et byen, qu'yl ne pouvoyt aqueryr que au proffit du
couvent : il le fit tumber, par subtyl moyen, entre les mayns
de Anthoynne Gay, son nepveu, auquel le luy donna. Il fit aussy
bastir a ces despans deus chambres dans le cloytre dudit couvent, dans lesqueles il habitoyt. Vequyt envyron quatre vingts
sinq ans, et fut empoysonné pour avoyr les offices. Voyla en
soume ce que j'ay peu reculhir de la vye dudit Thomas.

Gabryel

Gabryel Gay, quatryesme enfent de Katerin Gay, fut notere

---

1. *Il existe, dans les archives de M*ᵐᵉ *de Félines, un terrier de la famille
Reynard, merveilleusement écrit, sur un rouleau de parchemin, par Barthélemy
Gay, notaire.* 2. *Le chamarier était l'économe du monastère.*
3. *Saint-Marcel de Die, important prieuré dépendant de Cluny. Il était
situé à l'Est de la ville, dans ce qu'on appelle aujourd'hui le clos Vallentin :
l'abside de l'ancienne église est en partie conservée. Voir notre* Essai hist.
sur la ville de Die, *t. I, p. 96, 226 et 437.*
4. *Rosans, ch.-l. de canton du dép. des Hautes-Alpes.*

et coherytier des byens de son pere aveq Barthelemy Gay son frere. Il se fit appres chanoyne de l'esglize catedralle Notre Dame de Dye, coume par force. Pour ce que on (ne) le voloyt estre reseu, il playdoya contre les chanoynnes et fit deux voyages a Roume, d'ou il apourta sa reception [1]. Il fit ausy le voyage de Nostre Dame de Laurette, et en rapourta en se pays le modelle diceluy temple, et en fit fere a ces despans ung de mesme fason, dans les cloytres de la grand esglize de Dye, tout paint de rouge au dedens et le dehors eveque de lignes blanches aveq une grosse croys de pierre blanche enlevée a persounages, laquele sortoyt aultant dehors le couvert dudit temple coume elle estoyt dedens, prennant son fondement dans tere. Il fit fere deux puyts vers la tour Saincte Agathe aveque des vouttes soubs tere de la longueur de cent pas pour avoyr une fontayne, de laquelle il fit ung beau peschier audit Ste-Agathe, avec une garenne de lapins et un beau pigeonyer [2]. Il fit entourner de muralhes une vigne de trante homes qu'yl y avoyt, aveq pluziers aultres singularytés, car il estoyt home

---

1. *En 1433 les chanoines de Die, d'accord avec leur évêque Louis de Poitiers, avaient fait un règlement pour déterminer les conditions que devaient remplir les nouveaux chanoines ; ce règlement fut approuvé par Eugène IV en 1435. Ils avaient décidé que pour entrer dans le chapitre de leur cathédrale, il fallait être noble, docteur en théologie ou au moins bachelier, et de plus citoyen de Die. Les bourgeois de la ville, enrichis par le commerce, protestèrent contre cette exclusion et il en résulta une sorte de procès qui n'était point encore terminé à l'époque où Gabriel Gay sollicita son entrée dans le chapitre.*

2. *Une transaction passée le 10 juin 1547 entre Gabriel Gay, chanoine et Pierre Gay, prêtre, son neveu, nous fait connaitre la nature des propriétés du chanoine Gabriel Gay ; nous y lisons* : Gabryel Gay, debiteur, oblige et yppotheque .. aud. messire Pierre Gay .. tous et chascung ses biens meubles et immeubles ... specialement et expressement un sien, dud. messire Gabriel Gay debiteur, tenement, maison, tour, colombier, vinhe, et jardin, ensemble assis dans la presente cité de Dye, lieu dit en Sainte-Agathe, confrontant juxte les barris de lad. cité, juxte le cimetière et terre de Sainte-Agathe, juxte la vinhe de Jean Engilboud marchand, juxte la terre de Pierre Tier laboureur, appelé le champ de la foere, et aussy sa maison qu'il tient en lad. cité assize au marché de la Pierre, confrontant juxte la rue de la Pierre, du devant, juxte la maison de messires Sebastien et Gabriel Gresse ...

d'esprit fort subtyl. Il parloyt et escripvoyt du tout byen, estant home de belle prezance et grand' estature. Voylla en soume ce que j'ay peu reculhir de sa vye.

Estiene

Estyenne Gay, sinquyesme fils de Katerin, fut de sa profession de l'ordre des Jacoupins de Dye. Il fut fort savant home e docteur en teologie, et prescha la croyzade [1] par pays, mesme a Lyon et Avignon, et en beaucop d'aultres lyeus, ou il avoyt presché aussi le caresme. Il fit bastyr un beau cors de lougis a ces despans, dans ledit couvent. Il fit fere aussy les muralhes qui envyronoynt tous les edifices, teres, vignes et jardins desdit Jacopins a ces despans. Il se mesloyt de fere l'alquemye, car il estoyt d'espryt fort subtyl. Il fut home grand et de tres belle corpulance et byen morigyné. Il morut en l'année myle cinq cents sinquante huyt, eagé d'envyron cent ans. Voyla en soume ce que j'ay peu reculhir de sa vye.

Glaude

Glaude Gay, filhe de Kateryn, fut maryée à Loys Vergeyer surnoumé le Digne de cete vylle. De elle heut deux filhes.

Marguerite

Marguerite Gay, segonde filhe et septyeme enfant de Katerin, fut femme de Vydal Durant de la Mote Chalanquon, duquel elle heut deux fils, desquels l'un fut apotiquere e l'autre home d'esglize.

Ce sont les enfens de la segonde generasion isus de Barthelemy Gay et Philipe Poudrelle, de cete vyle de Dye, sa femme.

Katerine

Kateryne Gay fut le premyer des enfens de Barthelemy. Elle fut femme de Jean Roux, duquel le pere estoyt natif de la vallée d'Uyzant [2] en Dauphiné. Elle estoyt de moyenne taylhe,

---

1. Il s'agit de la croisade, projetée au concile de Latran en *1517* et proclamée par Léon X le *13 mars 1518*. RAYNALDI. Annales ad an. *1517*, n° 2-5.

2. La vallée de l'Oisans. Les paroisses de Clavaus et de Misoëns furent les

femme fort vertueuze et religieuze et boune conversasion. Elle heut dudit Rous quatre enfents, savoyr : Pyere, Loudys, Madelaynne, et Philipe. Elle mourut eagée d'envyron soysante six ans.

PIERE

Pyerre Gay fut le segond enfend de Barthelemy et le premyer des fils. Yl fut prestre habytué en l'esglize catedralle Nostre Dame de Dye. Il fut des premyers de la religion reformée en cete vylle et fit ung voyage a Paris, au retour duquel yl apourta des lyvres touchant les prinsipauls points de ladite religion, d'ou l'ofcyal de monsegneur l'evesque estant averty le fyt constituer prizonnyer coume luteryen, et eut hon beaucop de peynne de le sourtyr, car de ce temps la on brusloyt et martirizoynt fort lesdit de la religion [1]. Il estoyt d'un natu-

premières de ce petit pays à embrasser le Calvinisme. B. Ponnat écrivait de Grenoble, le 12 mars 1562, à Calvin pour le prier de leur envoyer des ministres.

1. *L'évêché de Meaux, où l'évêque Guillaume Briçonnet avait groupé autour de lui un certain nombre de lettrés imbus des doctrines de Luther, peut être considéré comme le premier foyer du protestantisme français. En 1525, pendant la captivité de François Ier, la réaction catholique contre les progrès de l'hérésie occasionna le supplice de plusieurs protestants ; quelques années après, en 1528, François Ier, jusque-là protecteur des hérétiques, entra dans le mouvement de réaction, et, chose étrange, pendant qu'il s'alliait au-dehors avec les protestants d'Allemagne et les Turcs, il affectait au dedans un grand zèle pour défendre la foi : on le vit poursuivre les hérétiques de ses Etats avec une rigueur impitoyable. Comme on le sait, ce fut Calvin qui donna au protestantisme français sa forme définitive. Il publia en 1536 à Bâle son Christianæ religionis institutio (in-8°, 514 pp.) et en 1537 son Instruction et confession de foy dont on use en Leglise de Genève (Sans nom de l., ni d'imp., et sans date ; in-12, 48 feuillets chiffrés). L'apparition de ces deux ouvrages marque le début d'une nouvelle époque dans l'histoire de la secte. Pierre Gay apporta sans doute de Paris ce dernier ouvrage, plus connu sous le nom de Catéchisme de Calvin. Quoiqu'il en soit ce petit ouvrage se répandit promptement en Dauphiné. En 1547, Henri II, après quelques hésitations, redoubla de rigueur contre les protestants. Le parlement de Grenoble nomma des commissaires pour parcourir la province et faire leur procès aux ennemis de la foi. C'est à cet état de choses que fait allusion notre manuscrit quand il dit que de ce temps-là on brusloyt et martirizoynt fort lesdit de la religion. Les archives de la Drôme (E, 3795) renferment les expéditions originales de quatre arrêts du parlement de Grenoble, rendus à la suite de la*

rel fort subtyl a enter et ediffier arbres, grand mesnager, n'estant aulcunement entaché de mondanyté ou ambysion, aultre qu'a byen fere a ces parans. Son pere le fit heritier par moytyé aveq Anthoynne son frere, par ung codicylle : lequel du despuys fit heritier sondyt frere, tant des byens qu'yl avoyt heu de son perre, que de beaucop d'aultres, qu'yl avoyt a luy

mission de Jean Baronat, commissaire délégué par lettres du 24 août 1549. Ces documents ont une réelle importance pour l'histoire des premiers temps de la Réforme en Dauphiné. Le 3 décembre 1549, la cour de Grenoble jugeant Françoise Colombier, dite Brusla, examinées les missives envoyées par ladite Colombier a Jayme Chappuys, son mary, demeurant a Romans, escriptes de Geneve du 17 de septembre an dessus, et autres missives du 18 de septembre 1549 contenant plusieurs propos seditieux et scandaleux, la condamne par contumace à être brûlée vive et en effigie en attendant. Benoît Poignard est condamné, le 16 décembre 1549, à faire amende honorable et à être fouetté pour blasphèmes proférés à Romans et à la Roche-de-Glun. Dans un autre arrêt, nous lisons que Jehan Baronnat, conseiller du roy . . commissère député . . par commission a luy donnée par lad. chambre du 24ᵉ jour d'aoust d'icy passé, par laquelle estoit commis pour es villes de Romans et du Monthelimar et leurs environs informer secrettement contre les sectateurs et suspects contre les erreurs de la saincte foy catholicque et la doctrine de nostre mère saincte Esglise et pour se saisir des personnes qu'il trouveroit chargées desdits cas, instruyre et faire leurs procès jusqu'a sentence diffinitive . . , ayant informé . . (il) auroit faict saisir au corps Jehan de Comier. dit Charmes, musnier demeurant aud. Romans, chargé dud. crime d'hérésie, a la requeste des consuls, manants et habitants dud. Romans, qui se seroient rendus parties, joinct à eux le procureur general du Roy . . . ., la cour pour la reparation desdits crimes a condempné et condempne led. Jean de Comiers dit Charmes, a suyvre la procession qui sera faicte un jour dé dimanche de l'esglise Saint-Barnard jusques au lieu du Mont-Calvaire et ce teste et pieds nus, portant une torche de cire de deux livres ardente, et au retour de lad. procession, devant la grand'porte de lad. Eglise, demander a haulte voix pardon a Dieu, au Roy et a justice de ce qu'il auroit follement, temerairement et indiscretement parlé des ymages faictes pour la representation des saincts et sainctes du paradis . . . Donné a Grenoble, en parlement le seizième jour de decembre l'an mil cinq quarante neuf. — Enfin, dans un quatrième arrêt, après avoir rappelé que Jean Baronnat auroit faict saisir et prendre an corps Antoine Tavernol et Jehanne Mailhette mariez, demeurant aud. Romans, trouvés chargés dud. crime d'hérésie . . . , la cour, pour avoir heu par lad. Mailhette en sa maison d'habitation et devers elle le livre intitulé : La forme des prières ecclésiastiques, avec la manière d'administrer les sacrements et célébrer le

aquys 1. Il estoyt de forme grand, de corps maygre et vizage fort blonde et de fort bon et gracyeus rencontre. Il mourut en l'année myl cinq cents sinquante quatre, eagé de quarante sinq ou six ans, de maladye. Voyla en soume ce que j'ay peu reculhir de sa vye.

Anthoyne

Anthoynne Gay fut le troyziemme enffent de Barthelemy et le segond fils. Il fut bourgeoys, ne fayzant aulcun trafiq, mes vyvoyt de son byen. Il se maria en l'eage de vingt ans a damoyzelle Jeanne Brunele, filhe de noble Vinsent Brunel, segneur de St Maurisse en Triesves, de laquelle heut troys enfents, savoyr Thomas, Claude et Glaude. Il aryva en troys ans de suyte audit Anthoynne troys ynconvenyens, savoyr : le premyer, la mort de Piere Gay son frere, la cheute de sa mayzon, et la mort de sadite femme. Il fit rebatir sa mayzon, myeulx qu'elle n'etoyt auparavant, y fayzant fere des belles

mariage et la visitation des malades, et le livre dict *Le catechisme de Genesve, faict par Jehan Calvin*, qui sont reprouvés comme contenant propositions heretiques, a condempné et condempne lad. Mailhette a suyvre pieds nuds et tenant une torche ardente du poids de trois livres la procession ordonnée a faire par arrest par lad. cour, donné entre lesd. consuls de Romans, joinct a eux le procureur general du Roy demandeurs en correction de crimes et excès d'une part contre Loyse Arnaulde, dite Garanette, de l'esglise de St Barnard de Romans jusques au Mont-Calvaire, estant hors de lad.-ville et a assister a la messe qui la se dira et a l'amende honorable de lad. Garanette, et lad. amende honorable faicte aud. Mont-Calvaire mettre le feu en un fagot de boys qui sera la mis a ces fins, et sur iceluy fagot bruslés entierement lesdits livres defendus, de quoy elle demande pardon a Dieu, au Roy et a justice, et luy a lad. cour deffendu de dorenavant tenir semblables livres ou aultres, et d'enseigner aulcunes filhes en sa maison ou ailheurs, le tout sur peine de la harder, et quant aud. Tavernol, la cour l'a condempné et condempne d'assister esdites processions et amende honorable, teste nue, et en dix livres d'amende envers le Roy, et en oultre a condempné lesd. Tavernol et Mailhette es dépens... Donné a Grenoble, en parlement le seiziesme jour de decembre mil cinq cens quarante neuf.

1. *Les registres du notaire Charrenci, que nous avons entre les mains, renferment un bon nombre d'actes faits en faveur de Pierre Gay. C'était un homme avant tout pratique : les controverses doctrinales ne l'absorbaient pas au point de lui faire perdre de vue ses intérêts temporels.*

voultes et ung avyer de piere de taylhe. L'ocazion de la cheutte de ladite mayzon avynt pour la faulte des massons, lesquels batisant n'avoynt byen retenu ung soyr, de laquelle hon sourtit pour la crainte de se quy aryva, et fit en cette nuyct ung tel orage de vents et mesme ung sy horible tonnere qu'esbranlant les ponchers, desquels hon avoyt retenu, la myt par tere. En cete mesme nuyt le pont de St Marsel tumba, quy du despuys fut rediffié par ung mason, qu'on apeloyt l'Alement, quy estoyt ung tres eselent ouvrier, et se maria en ceste vyle [1]. Ledit Anthoynne fit rebatir fort dilygement sa mayzon paternelle, quy est en la rue Vyleneufve, aveq celle qu'yl avoyt aquys des hoyrs de Martyn Malsang [2], que confinne des deux coutés les mayzons des Davyds [3] et des Bertrands, et du du devant ladite rue, du dernyer le vyol des Cordelliers, ou il fit fere des salles, chambres, cabynets, le tout byen proprement,

---

1. *Le 21 juin 1553, les consuls entretinrent le conseil de la ville de la chûte du pont Saint-Marcel.*

2. *La famille Malsang était une bonne famille de marchands. Antoine Malsang, marchand de Die acheta, le 26 nov. 1541, de Sibile du Perrier, femme de Charles Masse, un pré sur les bords de la Drôme, voisin de celui de Christophe du Perrier, écuyer. Il avait épousé Marguerite Masse, sœur de Charles, et en eut : Jean, Jourdan et Marguerite Malsang. Cette derniere, après la mort de son père, épousa le 6 sept. 1545, Pierre Clerc, marchand de Die ; devenue veuve, elle se remaria, le 5 novembre 1555 (n. s.) à Antoine fils de feu Louis Roy, marchand de Die : Antoine était le neveu de Jacques Roy doyen de Die et de Claude Roy, chanoine. Ce dernier ayant pour agréable ce mariage, assura à son neveu la propriété de sa maison, située au mandement de la Pierre, près de celle de Gaspard Faure de Vercors. Jourdan Malsang entra chez les Dominicains de Die et fut un des huit religieux de cet ordre qui apostasièrent à Die en 1562.*

3. *Antoine David, chanoine de Die, testa le 11 juillet 1478 : il choisit pour le lieu de sa sépulture la chapelle de Sainte-Marthe dans la cathédrale, où reposaient ses ancêtres, et fit plusieurs fondations pieuses en faveur des communautés religieuses de la ville ; nous citerons entre autres la suivante :* Item do et lego conventui supra dictorum Fratrum Predicatorum unum prandium, anno quolibet dicto conventui fiendum, die festi beati Thome de Aquino, religiosis viris dicti conventus honorifice per heredes meos infrascriptos et in dicto prandio eisdem religiosis providere de pane, vino et edilio bene et decenter, perpetuis temporibus. *Il institua pour héritier universel Jacques David, son neveu, bachelier en droit.*

selon sa qualyté. Il se fit ausi bastir deux estableryes pour le bestaylh, l'une en l'Aulmet, l'autre au Martouret, ausquelles granges il fit pluzieurs aquyzisions, et notament il s'aquyt un deveys en St-Cor, vers la roche de Romeyer, aveq son frère Piere Gay, duquel heurent beaucop de poyne de conserver, pour ce qu'en cete anée les habitans desfricherent et ruynarent tous les aultres boys et deveys du teroyr de Dye, coume on voloyt aussy fere de celuy-la, mes il playdoyerent fort et ferme et furent condamnés les poursuivans, car il fut prouvé qu'yl avoyt plus de deux cents ans, par en queste quy en fut fete, que s'etoyt ung deveys et n'en a point d'aultre au teroyr de Dye [1]. Sa premyere femme estant morte par le moyen d'une saignyé, que Caterin Segond sirurgien de cette vylle luy fit mal a propos, une anée apres se remarya a damoyselle Jeane Faure, filhe de noble Jourdan Faure [2], consegneur de Vercors, de

---

1. *Un devès est un pâturage réservé et défendu.*
2. *La famille Faure de Vercors est une ancienne et noble famille du Diois, qui a joué un rôle considérable dans notre ville de Die, au XVe et au XVIe siècle. Le 24 septembre 1360 Guillaume F. fondait une chapellenie dans l'église de Luc. En 1433 Nicolas F. était recteur de plusieurs chapellenies et en 1445 Hugues F., sacristain de Die, recevait diverses reconnaissances. Dans une révision des feux de la ville de Die, ordonnée en 1450 par l'év. Louis de Poitiers, on voit que la famille Faure était alors divisée en plusieurs branches ; l'une avait pour chef Guigues F. : Guigo Fabri .. de nobili progenie et est notarius ; l'autre était représentée par deux frères Aynard et Marcel F. : nobiles et nobiliter viventes et accedunt ad mandatum domini (episcopi) in armis. Dans une pièce de 1452, ces derniers sont qualifiés de neveux de Guigues F., notaire ; ce sont probablement les fils d'un Guillaume F., notaire à Die en 1427. Le 19 mai 1453, Guillaume F., docteur ès lois, épousait dans l'église des Frères Prêcheurs, devant l'autel de St-Sébastien, noble Claude Perdrix, fille de Pierre, seigneur de la Beaume-des-Arnauds, qui avait une dot de 800 florins. A ce mariage furent présents Jean, évêque de Laon et abbé de Valcroissant, Bertrand d'Urre, doyen du chapitre, Jean Roux, prieur de St-Marcel, Girard Lautier, gardien des Frères mineurs, Guigues Faure de Vercors, notaire. — Le 28 avril 1451, Guigues Faure de Vercors, citoyen de Die, passait procuration à ses fils Guillaume, Jean, et Chabert, pour réclamer les biens laissés par feu Barthélemy, leur frère, chanoine de Die, qui venait de mourir à Toulouse, durant le cours de ses études. — Le 16 novembre 1454, Jean Roux, prieur de St-Marcel, diminuait le cens que payait au prieuré noble Jean Raynard. Dans ce document*

cete vylle, et de damoyselle Daufine de Prelles, filhe de noble Joachin de Prelles, segneur de Montgros et des Peschiers en Vyvares, de laquele heut d'enfens, savoyr au bout de neuf

figure *Jordan Faure de Vercors*, camerarius dicti prioratus et prior de Petra, Vapincensis dioecesis. — *Par acte passé devant Jean de Poncia, notaire, le 25 octobre 1464, Jourdain F., coseigneur de Ravel et de Rousset, aux montagnes du Vercors, habitant de Die, épousait n. Philippa Chabert, fille de n. Jean Chabert, de Curson; l'épouse avait pour sœurs Jannette Chabert, mariée à noble Antoine d'Arces, de Curson, et Fleurie Chabert, mariée à Antoine Richarme de Vassieux, au mandement de Morestel. En 1506, Jourdain F., qualifié le Vieux, n'avait point encore retiré toute la dot de sa femme Philippa Chabert ; il chargea son fils Antoine de terminer cette affaire. En garantie de la somme de 248 florins qui était due à ses parents, celui-ci se saisit d'une maison, située à Romans, rue Pailleret. Enfin le 1 février 1508 (n. s.), pour mettre un terme à un état de choses qui occasionnait beaucoup de frais, Jeannette et Fleurie Chabert, avec le consentement d'Antoine Faure, eur neveu, vendirent cette maison de Romans à Guillaume Forest, marchand de cette ville, pour le prix de 400 florins. C'est ainsi que les Faure purent entrer en possession des sommes qui leur étaient dues.* (ESCOFFIER, *not. à Romans.*) — *En 1489, Lanthelme F., protonotaire apostolique, chancine de Die, de concert avec Jean F., son frère, demande grâce pour leur neveu Jourdain, qui avait outragé les consuls de Die. Ce Jourdain est qualifié le jeune.* — *Guillaume F. de V. achète en 1536 des terres à Souchet et Lacondamine.* — *Dénombrement fourni le 12 août 1540 devant le vice-sénéchal de Crest, par noble Antoine F., coseigneur de Vercors, habitant de Die, qui déclare posséder ez mandement de Quint et Pontaix, et Sainte-Croix des censes directes, en grains, poules et argent, valant environ 25 florins de revenu, mouvantes du fief et hommage du roi Dauphin ; plus au mandement de Vercors, des cens en grains, poules et argent, indivises avec n. Jourdan F., son cousin, valant compris la juridiction et hommes justiciables qu'ils avaient aud. lieu pour sa part environ 80 florins de revenu, qu'il tenait en fief de l'évêque de Valence.* (Inv. *de la chambre des Comptes de Grenoble.*) — *Antoine Faure, coseigneur de Vercors, fit son testament à Die le 2 janvier 1552 (n. s.). Il choisit sa sépulture dans le cymetiere de l'eglise cathedrale Nostre Dame de Dye, en la chappelle de Saint Maurice, ou gisent et reposent ses parents trepassés, soubs la lampe d'icelle chappelle. Ses œuvres pies sont fort nombreuses et offrent beaucoup d'intérêt :* il *veut à sa sépulture treize pauvres, dont huyt porteront huyt brandons cere pesant chescung dymie lyvre, et l'ung d'iceulx pauvres portera treze antorches pesant chascune deux livres cere, lesquelles seront distribuées comme s'ensuit : premierement deux aux freres prescheurs, deux aux freres cordeliers, une a St-Pierre et une a Saint-Marcel, lesquelles seront alumées incontinent faisant l'office de sadicte sepulture, lesquelles seront em-*

moys qu'elle fut maryée: Gaspar et puys Danyel, Jean, Marye, et Anthoyne, Ester et Marte ; laquele yl espouza en l'anée myl cinq cents sinquante neuf. Ledit Anthoyne fut eleu capitenne

ploiées pour alumer le precieux corps nostre seigneur et en seront alumées deux devent corpus domini, aultre deux devent l'ymage de nostre dame incontinent estre arrivé et porté son corps dans l'eglise et ce pendant qu'on fera l'office de sa sepulture. Plus sera balhé une desdites antorches au prebstre qui gouverne la chapelle de St Maurice, laquelle servira pour allumer le precieux corps nostre Seigneur, quand on levera a la messe led. precieux corps de n. s., et les aultres deux antorches ordonnées estre balhées au procureur de la confrerie de Corpus Domini pour porter au devent de Corpus Domini quant on portera es malades. Et en oultre donne a la confrerie de la saincte Trinité de lad. eglise de Dye une livre cere pour la luminere de la messe de lad. confrerie pour une fois. Item veult et ordonne que desdits treze pauvres, qui seront choysis des plus pauvres que l'on porra trover en la ville par son heritier et exequteur, quatre porteront sondict corps a la ecclesiastique sepulture et feront la fosse de sa cepulture et a chescung desd. treze pauvres sera balhé et expédié de ses biens une robe de drapt de pays, jusques a deux aulnes et dymie, faictes, et oultre ce donne et legue aux dits quatre pauvres, qui le porteront, un florin et leur disner ou soper, ordonnant en oultre que sond. corps soit gardé après son dessès vingt quatre heures en sa maison, sans qu'il soyt ensepvelli. Item veult et ordonne que bientost apres sond. dessès soyt dict le psaultier par quatre prebstres lesquels trestous diront devotement, comme il apartient, en remission de ses péchés, de ses parents dessedés, et sera livré a chascung desd. prebstres six sols pour une foys. Item .. deffend que il ne soyt faictes ne portées sur sond. corps ne es antorches aultres armes que le nom de Jehsu Maria. Il veut qu'on convoque à ses funérailles tous les prêtres séculiers et réguliers de la ville, qu'on fasse aux pauvres des aumônes en miches et en argent. Il veult que il soyt dite perpetuellement une messe, tous les vendredis de la sepmène,.. des cinq playes de N. S. Jhesu Christ en l'autel de St Nycolas en la chapelle de St Maurice de lad. église de Dye, pour laquelle payer a ordonné balher .. six florins monnaie courante de pension annuelle que faict Estienne Collin de Dye aud. testateur. *Après avoir réglé les messes et les prières qui devront être dites immédiatement après son décès et lors de son anniversaire, il fait un legs de trois florins de pension annuelle à l'hôpital de la Croix et d'un florin de pension* a chescung des hospitaulx de porte Engiene et de Sainct Marcel de lad. ville, .. et ce pour acheter du boys es pauvres desd. hospitaulx pour se chauffer. Item et en remission desd. pechés de sesd. parents trepassés veult et ordonne estre dicts deux trantenaires gregoriaulx par venerable frère Eynard Malsanc religieux du couvent des frères mineurs et messire Pierre Durin prebstre curé de

des esleus, que le Dioys mandoyt en Piemond pour le servyce du Roy, lesquels y conduyzant tumba malade a Brianson et luy falut retourner. Il heut en son temps de très belles charges et

l'eglise cathedrale n. D. de Dye, dans l'an de sond. dessès et a chescung desd. religieux et curé sera offert... cinq florins monnaie courante. *Il prescrit ensuite certaines distributions à faire aux pauvres dans les paroisses de St Jullien, St-Martin, la Chapelle et St-Agnan de Vercors, et dans celle de Menglon. Il lègue cinquante florins à Bonne Vergère,* sa chambrière, *10 autres florins à Philippe Vergère, son autre* chambrière, *sœur de la précédente, et 10 autres florins à Madeleine Blayn fille de Gaspard Blayn, afin d'aider ces trois pauvres filles à se marier,* porveu que icelles filhes soyent sages et vivantes en filhes de bien. *Il lègue* a chescune des malaptières de Die, pour une foys, ung florin. payables icontinent après son dessès, chargeant iceulx pauvres des malaptières prier Dieu pour son ame. *Il donne à demoiselle* Jehanne Chastilhone, femme a Claude Chypre, scuyer de Chastilhon, filhe a feu damoizelle Magdaleine Faure, fille dud. testateur, cent florins monnaie courante, a Jehan Chypre escuyer et Claude, fils et filhe de feu demoizelle Charlote filhe en son vivant de la d. demoizelle Magdaleine Faure de Vercors filhe dud. testateur, a chescung d'eux la somme de cinquante florins... *Il donne et lègue à demoizelle* Loyse de Beauchastel sa femme, vivant viduelement, .. douze sestiers froment mesure de Dye payables tous les ans a chescune feste de St Laurens, plus six charges de bon vin, du vin du creu de ses vinhes bon et recepvable, deux charges du premier venant de ses tines payables tous les ans a sad femme en temps de vinéson ...; en oultre tous les ans troys bannastés noys, une charge pomes, une charge poires, quant en aura a son vergier pres la porte St Marcel et un fays de femme raysins pour prendre tous les ans... *Il assigne à sa femme,* pour son habitation, et sad. vie durant, viduelement comme dict est vivant, tout le ault de la mayson, que fut de feu messire Gaspard Faure son frere, avec la botique d'icelle, assize en la presente cité de Dye, au mandement de la Pierre, jonhant a la rue publicque du devant, la mayson de messire Claude Roy, chanoine, la mayson de Jordan et Jehan Malsanc, avec son entrée et sortie que poura faire sad. femme par la grand'porte. *Enfin, il institue pour son héritier universel* Gaspard Faure de Vercors, écuyer, *son fils naturel et légitime, auquel il substitue, en cas de mort sans postérité,* Jacques Chypre, fils de Claude Chypre scuyer et de damoizelle Jehanne Castilhonne, sa mere, filhe a feu Magdeleine Faure, filhe en son vivant dud. testateur, et sera tenu led. s. Jacques Chypre substitué, le cas advenant, venir habiter a Dye, en la mayson dud. testateur et porter les surnoms et armes dud. de Vercors, aultrement la substitution n'aura point de lieu, et si led. Jacques Chypre substitué descede .. sans enfants masles legitime et de legitime menage procréés, substitue l'aultre enfant masle qui sortira desd. Claude Chypre

ofices, notament il fut coryer sinq anées de Monsieur de Valance en cete vyle, sergent majour six années en deux foys, gouverneur deux anées a Espenel, soubs l'autorité de monse-

scuyer et Jehanne sa femme, plus vieulx ; et si led. enfant plus vieulx desd. Chypre et Jehanne sa femme meurt sans enfant masle legitime . . . substitue le survivant enfant masle desd. Claude Chypre et Jehanne Chastilhone sa femme, et cas advenant que iceulx Claude et lad. Jehanne ne heussent aucuns enfant masle, substitue en tous sesd. biens Jehan Chypre fils de Frances Chypre scuyer et de Charlote Chastilhonne son aultre niepce descedée avec les conditions susdites . . *Il désigne pour ses exécuteurs testamentaires Jean de Beauchastel, chanoine, et Jordan Faure de Vercors écuyer, coseigneur et parier du Vercors, son cousin.* (CHARENCY, not. f° 95 v°-102. Archives de M. de Félines, à Die). Gaspard Faure de V. mourut sans enfant ; c'est lui sans doute qui fut tué le 4 novembre 1574, près de Saillans (Voir plus haut, p. 57). — *Jourdain Faure de V.*, cousin d'Antoine, dont nous venons de donner le testament, avait épousé Eléonore Blayn. Le 14 mars 1553 (n. s.), il transigeait, au sujet des biens de sa famille, avec son frère Jean, qui s'était fixé à Tarascon. Antoine F. de V., fils de Jourdain, était consul de Die en 1571, avec Jean de la Morte ; nous avons un registre de reconnaissances passées en sa faveur, en 1574. Il paraît être mort avant l'année 1594. De sa femme Philippe de Sauvain du Cheylard, il laissa Lucrèce, épouse de Gaspard de Reynier, et Jean Faure de V., qui épousa, le 17 septembre 1601, Melchionne de Reynier, fille de David, sieur de Charens. Jean F. de V., mourut vers 1650, laissant : 1° Gaspard, sieur de St-Agnan ; 2° Jean; 3° Louis-Antoine qui épousa Françoise Hugon ; 4° Daniel, sieur de la Chapelle ; 5° Alexandre, qui suit ; 6° Hortense, qui épousa vers 1660, Jean de Reynard, sieur de St-Auban. Alexandre F. de V. épousa vers 1675 Hélène de Roxet, de Genève, et en eut trois fils, morts sans postérité, et une fille, Marthe-Sara, qui hérita de ses frères : celle-ci épousa César de Jouven, sieur de la Blachette, et fut mère de Claude-Alexandre de Jouven, chevalier, capitaine au régiment de Tallard, vers 1750. (Archives de la Drôme, B, 1043, 1118, 1127, 1129, 1149 ; E, 787, 2646, etc. Cf. FILLET. Essai hist. sur le Vercors, dans Bullet. de la soc. arch. de la Drôme, t. XX (1856), p. 56-60 ; 180-4.) — Jourdain F. de V., époux de Dauphine de Presle, fut père de : 1° Gaspard F. de V., qui épousa Claude de la Tourrette ; il transigea le 3 août 1552 avec Bonaventure Clotereau, Jean et Gaspard Guillet, meunier, au sujet des moulins qui étaient sous les murs de la ville de Die ; — 2° Jeanne F. de V., épouse d'Antoine Gay ; 3° Louise, qui épousa Claude Cati, avocat, fut mère d'Anastase Cati, chanoine de Die, de Pierre Cati, avocat, époux de Blanche d'Arces et de Louise Cati, épouse de David Roy ; - 4° Madeleine, épousa André Frayse, eut une fille Jeanne Frayse, épouse de Louis Escoffier, not. à Die. — La famille Faure de Vercors avait, paraît-il, quelques branches fixées dans le Vivarais ; elles venaient peut-être

gneur le Prince de Condé, procteteur des esglizes reformées de la France, et monsieur de Montbrun general d'icelles en Daufiné. Il fit le voyage de Guyenne en l'armée des princes

de ce Jean F. de V., que nous avons vu établi à Tarascon, vers le milieu du XVIe siècle. Quoiqu'il en soit, le 31 mai 1805, nous trouvons un arrêté de compte entre Pierre-Etienne-Armand Faure d'Esparre, ancien militaire, demeurant à la Palud, et Louis-Justin Faure de Vercors, son frère, demeurant à Pierrelatte, en présence d'Etienne Faure leur oncle, demeurant à Bollène ; ils étaient fils de Louis Faure, juge royal à Pierrelatte, en 1785. Louis Justin F. de V., époux de Marie Boschier, avait à Pierrelatte un domaine de 85 hectares, appelé le grand Freycinet, qu'il vendit en 1823, cent trente et un mille francs, en grande partie délégués à ses créanciers. Son fils, Etienne-Gustave F. de V. avait épousé à Lyon, en 1825, N. Mistral. Un nommé Faure de Vercors, qui habitait Saint-Montant, est mort vers 1880, laissant un fils, né vers 1848, employé dans les chemins de fer. Enfin une branche des F. de V., celle des marquis de Satilieu et de St-Sylvestre était fixée en Vivarais. (Cf. DE LA ROQUE. 1er suppl., p. 25.) — Cette note sur les Faure de Vercors, déjà trop longue, demeurerait néanmoins fort incomplète, si nous ne disions quelques mots d'un personnage de cette famille, qui jouit un moment d'une triste célébrité ; nous voulons parler de Jean Faure de Vercors, de Die, religieux de l'ordre de St Benoît, abbé de St-Jean d'Angély, qui fut accusé d'avoir empoisonné Charles de Guyenne, frère du roi Louis XI : on sait que ce jeune prince mourut à la fin de mai 1472, d'un mal que les médecins du temps ne connurent point. Dans ce temps là, dit M. de Barante (Hist. des ducs de Bourgogne, t. VI, p. 276), il était rare losqu'un prince mourait, qu'on crût que c'était de mort naturelle : ils avaient une telle haine les uns pour les autres, si peu de foi, des serviteurs si corrompus et si déloyaux, une volonté si absolue, une dévotion si idolâtre, qu'on pouvait sans leur faire un grand tort leur attribuer les plus méchantes actions. Le roi Louis XI ne fit peut-être pas mourir son frère, mais personne ne pensa qu'il en fût incapable. Se faisant l'écho des rumeurs publiques, les chroniqueurs racontent que Louis XI, pour commetttre ce fratricide se servit de l'abbé de St-Jean-d'Angély et d'un certain Henri de la Roche. Thomas Basin (Historiarum Ludovici XI liber tertius. Edit. de la soc. de l'hist. de France, p. 286) s'exprime en ces termes : Volens fratri sui obsstere conatibus eumdemque impiis nimium atque sceleratis actibus præevenire, de extinguendo eumdem dominum Carolum veneficio cogitavit. Corrupit enim duos de ejusdem fratris sui domesticis qui pro ceteris omnibus ei familiares erant et de quibus plurimum confidebat. Quorum alter appellabatur Jordanus Faure, dictus Vercors, monachus ordinis sancti Benedicti, oriundas de civitate Dyœ in Delphinatu, cui idem dominus suus obtinere solemnem eam abbatiam Sancti Joannis Angeliaci et eleemosinarium suum eum fecerat, cum quo etiam quotidie horas canonicas le-

volonterement, ou il demeura deux ans. Il souffryt beaucop de travauls et despances pour la guere et a vescu tousjours preudhomalement et sens reprehension, s'et fet une belle

gebat ; alteri nomen erat Henricus de la Roche, qui scutifer erat coquinæ ejusdem Domini. Hos quippe duos, velut idoneos tam nefando operi ministros, promissis atque muneribus rex pellexit ut benignissimum dominum suum, adhibitis quibusdam sortilegiis et maleficiis artibus, veneno extinguerent : quemadmodum et fecerunt. *Dans un manifeste daté du camp devant Beauvais, le 16 juillet 1472, Charles le Téméraire n'hésitait pas à rendre Louis XI responsable de la mort de son frère ; nous y lisons :* Notre dit frère de Bretagne et autres nous ont signifié . . . mondit sieur de Guyenne n'avoir pas seulement été destitué de sa duché de Guyenne, mais aussi de sa vie piteusement, par poison, malefices, sortilèges et invocations diaboliques, ainsi que frère Jourdan Faure, dit de Vercors, religieux de l'ordre de St-Benoît, natif de Dye au païs de Daulphiné, conseiller et aumosnier de feu mondit sieur de Guyenne et Henry de la Roche, écuyer de cuisine d'iceluy feu seigneur, l'ont en jugement connu et confessé au lieu de Bordeaux par devant l'archevesque dud. lieu, frère Roland le Croisic, inquisiteur de la foi. . . . *Brantôme et une foule d'écrivains ont reproduit ces récits, en y ajoutant mille détails plus invraisemblables les uns que les autres ; du reste ils se contredisent en bien des points. L'un raconte que l'abbé de St-Jean-d'Angély se servit d'une pêche empoisonnée ; comme elle était plus empoisonnée d'un côté que de l'autre, c'est pour cela, dit-il, que Colette de Chambes, la maîtresse de Charles de Guyenne, qui en mangea avec son amant, mourut la première, et celui-ci cinq mois après, L'autre narre deux empoisonnements successifs, celui de Colette, et quelque temps après, celui du prince. D'après celui-ci la scène se serait passée à Saint-Jean ; d'après celui-là à St-Sever. Ce qui est certain, c'est que les deux incriminés furent arrêtés, interrogés à Bordeaux, et, lors de l'occupation de la Guyenne par le roi, transférés à Nantes, où le duc de Bretagne fit continuer leur procès. L'instruction n'amena aucune découverte, Jourdain Faure mourut en prison ; le sort de Henri de la Roche est resté inconnu. D'Argentré dans son* Histoire de Bretagne, *et Bouchet, dans ses* Annales d'Aquitaine, *disent que l'abbé de St-Jean-d'Angély fut enfermé dans là grosse tour de Nantes et que le geôlier donna avis que depuis que cet abbé était dans cette tour, on y entendait toutes les nuits des bruits horribles. . . Ces deux auteurs ajoutent qu'une nuit le tonnerre étant tombé sur la tour, l'abbé fut trouvé mort le lendemain, étendu dans la place où il couchait, la tête et le visage enflés, noir comme un charbon et la langue hors de la bouche d'un demi pied de long. Cela veut dire qu'il fut étranglé. Aujourd'hui tout concourt à établir que l'infortuné Jourdain Faure de Vercors n'est qu'une victime, parmi tant d'autres, de l'ignorance et de la perfidie de son siècle. L'accusation a retenti longtemps dans l'histoire, dit M. Dareste (*Hist. de France, *III*, 225*). Elle a

generasion et aquys des byens pour vivre honestement. Iceluy fut de riche taylhe, nerveus, maygre, fort blonde en sa cheveleure et barbe, de complesion for colerique et de naturel robuste et grand travaylh. Il se trouva aus batavlhes de Vovrias et Montcontour, Jarnaq et en pluzieurs aultres factions de guere. Il naquyt en l'anée myl cinq cents treze, coume il m'a aseuré, et est decedé le jeudy xi du moys de mars en l'an myl cinq cents nonante neuf, ayant ataint l'eage de quatre

été adoptée et propagée par des écrivains légers, comme Brantôme, qui y a trouvé matière à plaisanter sur ce qu'il appelle la gentille industrie de Louis XI. Au fond elle est discréditée par sa propre invraisemblance ; le manifeste, publié par le duc de Bourgogne, était une machine de guerre et l'opinion ne paraît pas s'en être émue, au moins sur les terres du roi. *Colette de Chambes ne se crut pas elle même empoisonnée, et surtout par Jourdain Faure, puisqu'elle le nomma un de ses exécuteurs testamentaires. Ce ne fut qu'après la mort du duc de Guyenne que l'auteur du prétendu crime fut poursuivi. Enfin dans le* Bulletin *de la société des archives hist. de la Saintonge et de l'Aunis (t. IV, 1883, p. 171), nous lisons un curieux et savant article du Dr E. Turner qui réhabilite la mémoire de Jourdain Faure ; il se termine par une note sur la nature du mal, dont se trouvait atteint Charles de Guyenne. Voici cette note* : Mon ami le Dr E. Brissaud, dans une note fort bien faite de la Gazette hebdomadaire de médecine et de chirurgie, (1882, p. 199,) est porté à supposer que cette maladie de langueur n'était autre que la vérole, et que Mad. de Thouars *(Colette de Chambes)* aurait bien pu avoir le même mal. Il cite d'une part ce passage de la relation de l'entrevue de Charles duc de Bourgogne avec l'empereur Frédéric III à Trèves, en 1473, par Arnold de Lalaing (Germanicarum rerum scriptores *de* Marquardus Freherus, Argentorati, 1717, t. II, p. 305), qui est reproduit dans le t. III, p. 261 des Mémoires de Philippe de Commines (1747, in-4°) : « Ipse frater *(Ludovici XI)* proximis annis miseranda peste consumptus mortem obiit. Ægrotabat graviter et morbi ignoto genere ; decidere ungues, capillique defluere . . » ; et d'autre part cette phrase d'un rapport transmis au roi et contenu dans la collection de Béthune, sur ce qui se passait dans la maison du duc de Guyenne, au commencement d'octobre 1471 : « L'un des serviteurs de mond. seigneur dit que tous les huit jours il convient de saigner la dame de Thouars du dedans des banlyevres (basses lèvres) et que son sang est le plus mauvais du monde. » Cette maladie d'un genre inconnu à cette époque et qui avait pour symptômes apparents la chute des ongles et des cheveux était bien probablement une des manifestations isolées du fléau, qui devait vingt-cinq ans plus tard exercer ses ravages à la fois sur l'Allemagne, la France, l'Espagne et l'Italie.

vingts six ans, et damoyzelle Jeanne Faure sa femme et ma mere deseda le mardy auparavant ix dudit moys de mars et audit an 1599, ayant ataint l'eage de soixante troys ans et les ay fet inumer au simentere S¹-Piere, hors la vylle, l'un jougnant l'autre. Dyeu leur aye fet paix.

Estyene

Estyenne Gay fut le quatryesme enfent et le troyziesme des fils. Il fut fet moynne et du despuys sacristain et chamarier de l'abaye de S¹ Marcel les Dye, de l'ordre de S¹ Benoyt de Cluny. Après avoyr poursuyvy le cours de ces estudes au colege de S¹ Martyal en Avignon, ala paser ses ordres a l'abaye de Clugny, d'ou leur ordre et resortisant, fut du despuys prieur de Rouzans. Il estoyt home de petite stature, barbe chastagnée, et le poyl de la teste noyr, maigre et composé d'un bon et subtyl espryt, bon grandmayryen, s'aymant fort a l'agriculture, etant fort entendu a planter et enter arbres de pluzieurs fasons. Le plus grand playzir qu'on luy pouvoyt fere, s'etoyt de l'employer a quelque choze et notament a enter, ou il s'apliquoyt d'un bon cœur. Il estoyt de complesion fort melancolique, home payzible, debonnere, de bon rancontre, parlhant peu, pasiant, soy prizant peu, tousjours vetu fort honestemeut selon son ordre, prizant sa vocation, menant vye austere, sans delesser. Il mourut en l'année myl cinq cents huytante six, au moys d'aoust, d'une peste quy fut en cette vylle et generalle au Daufiné, de laquele mourut la moytyé du peuple et en cete vylle byen de quatre a sinq mylle personnes, et oultre ce la guere et famyne, quy estoyt par tout le rouyaume, ayant ataint l'eage de soysante sept ans, et vescu sans reprehension tout le temps de sa vye, s'en ala a Dyeu. Voyla ce que j'ay peu reculhir de sa vye.

Jeanete.

Jeanete Gay fut le sinquyesme enfent et la segonda filhe de Barthelemy Gay. Ele fut belle, de fase blonde et de moyenne grandeur. Elle fut maryée a Jame de Coursanges[18], blanchier

---

18. *Le 30 octobre 1546, Gabriel Gay, chanoine de l'égl. cathéd. N.-D. de*

de sa profesion en cete ville, de laquelle il heut troys enfens, savoyr : Julye, Jean-Anthoyne, et Jaques. Elle vesquyt en son vevage fort honestement, ayant atteynt l'eage de sinquante six ans mourut de maladye, en sa mayzon, en la rue de l'Armelerye.

MARGUERITE

Marguerite Gay fut le sixieme enfent de Barthelemy Gay et troyzieme filhe, laquelle fut maryée a la Mote Chalancon, ou elle mourut de la peste, aveq son mary et tous ces enfents, sans qu'yl demeura aulcun de leur generasion.

MEMOYRE DES CONTRATS FETS EN LA FABVEUR DE BARTHELEMY GAY A DYE.

Mariage de M° Barthelemy Gay et Phelipe Poudrel [1], de Dye, resseu par M° Anthoynne Charensi ou Guylhaume Marye noteres de cette vylle en l'année   et couché au lyvre D, a feulh 44.

Dounasion de M° Barthelemy Gay resseue par M° Anthoynne Charensy ou Guylhaume Marye au lyvre Q, folio 187.

Instrument en la fabyeur dudit Gay, resseu par les cuy desus en leur lyvre Q, folyo 82.

Quytance ex expulsion de sinq flourins pansion, fete par Gabryel Gay, frere dudit Barthelemy, au chapitre Nostre Dame de Dye, expulsée par ledit Barthelemy, causion dudit Gabryel, de la tour et vigne de Ste Agathe, resseue par M° Anthoyne Charensy, en l'an 1545, f° 224, l. M.

Die, reconnait estre tenu de payer a discret homme Jame Corsanges, mercier habitant a Dye . . . la somme de cinquante cinq florins, monnaye petite courante d'onze sols pour florin et quatre liards pour sols comptés. Il consent à ce que cette somme soit hypothéquée sur son tenement, colombier, tour, vinhe et jardin jonhant ensamble, assis dans les muralhes dud. Dye, lieu dit en Saincte Agathe, confinant juxte lesd. muralhes de lad. ville de Dye, juxte l'eglise et cymetiere et terre dud. prioré de Saincte Agathe, juxte le champ de la foere, juxte les vinhes de Jean Engilboud. CHARRENCY, *not.* Louis Coursanges fut un des dominicains de Die, qui en 1562 abandonnèrent leur ordre et passèrent au calvinisme.

1. *La famille Poudrel fut une des premières à embrasser la Réforme. Elle avait pour chef en 1509 Antoine Poudrel, et a fourni un siècle plus tard un professeur à l'université protestante de Die.*

Codicylle dudit Mᵉ Barthelemy Gay, fayt en la fabveur de Piere Gay, son fils, reseu par Mᵉ Guylhaume Marye du 4ᵉ jour du moys de septambre, anée 1537.

Tranzation et acort, fet et pasé entre Barthelemy, Petrony et Gabryel Gays, freres, des byens et heritage de feu Katerin leur pere, resue par Mᵉ Gaspard Reymond notere de cete vylle de Dye, le 22 de mars, anée 1509

Achept d'une terre, aquyze par Mᵉ Barthelemy Gay notere, située au Martoret, aquyze de Jean et Anthoynne Fournier freres, qu'et leur tenement audit Martouret, consistant en teres, prés, boys, vignes et hermes, situés au Martouret ou la Gelyne, resseu par Mᵉ Humbert Morel, notere de Dye, du 23ᵉ de aoust 1536.

Testement de Mᵉ Barthelemy Gay, notere en son vyvant de cette vylle, resseu par Mᵉ Guylhaume Marye, du 3ᵉ jour du moys de septambre 1537.

Instrument de fundassion de mese, fayt par dom venerable Thomas Gay, sacrestain et chamarier du prioré St-Marcel les Dye, au profit des religieus nous servent a l'ocazion du tenement du grangeage de l'Aulmet, reseu par Mᵉ Anthoynne Charensy, notere de cete vylle, le 8ᵉ nouvambre 1541.

Achept de Mᵉ Barthelemy Gay d'une vigne en Beqausel ou Larenyer, dela le pont Sᵗ Vynsant, aquyze de feu Cateryne Masse, femme de Fransoys Grossy, confrontée en l'instrument resu par Mᵉ Balthezar Grymaud, notere de cete vylle de Dye, du 12ᵉ jour du moys de janvyer, 1530.

CE SONT LES ENFENS DE LA TROYZIEME GENERASSION ISUS DE ANTOYNNE GAY ET JEANNE BRUNEL AU PREMYER LYT ET DE JEANNE FAURE AU SEGOND LYT SES FEMMES ET EXPOUZES

THOMAS.

Thomas Gay fut le premyer des enfents de Anthoynne Gay, de la troyzieme generasion, et naquyt en le monde le 28ᵉ de may 1547. Il fut batizé au comansement de juin. Son paryn fut domp Thomas Gay, sacrestain et chamaryer du pryeuré Sᵗ Marcel les Dye ; sa marynne fut dame Margueryte Bruyere, femme du sire Fransoys Bertrand. Il heut pour presepteurs en son temps M⁺ Pancrasy Almeras de Rouzans, M⁺ Jean Baron, de Gascongne, et M⁺ Ervens, fransoys de natyon 1, et se randyt

1. Dans le registre des conclusions de la ville, nous voyons sous la date du 12 juillet 1557, qu'on prit pour maître d'école Jehan Baron, d'Avignonet, près de Tholose, aux gages de cent florins. Il paraît que celui-ci était déjà imbu des nouvelles doctrines. Au mois d'août 1558, le vicaire général de l'évêque s'émut de certaines réunions tenues à l'école. Dans le registre cité, nous lisons au 28 août : Ont dit comme messieurs des écoles huy fesoient une lecture a l'escolle ou il y avoit plusieurs gens, et avoir dict monsieur le vicaire l'a envoyé quérir, et il luy a dict qu'il avoit preschë l'epistre : sur quoy (le consul) a dict avoir faict appeler le conseilh pour scavoir quel ordre on y doibt donner. (Le conseilh) arrete que led. recteur des escolles lise a ses escolliers come bon luy semblera et qu'il ne permecte qu'aultres y alhent, et que l'on le luy dye, et en prendre acte pour eulx servir come de raison. Nous avons déjà fait remarquer le rôle des maîtres d'école dans la révolution religieuse du XVIᵉ siècle. Au mois d'octobre, le différend entre le vicaire général et le maître d'école n'était point apaisé ; celui-ci, fort de l'appui du conseil devenait de plus en plus audacieux : le conseil intervint de nouveau. Le 21 octobre : ont parlé des propos tenus entre M. de Pennes (vic. gén.) et le maistre des escolles et quel ordre on pourrait donner pour les appoincter… (Le conseil) conclud d'eux prendre garde du maistre des escolles, et s'il ne faict ce qu'il doibt d'en faire prendre informations et que M. de Pennes se doibt contenter de ce qu'il dit ne l'avoir desmenti. Cette solution n'était pas de nature à contenter le vicaire général. L'année suivante, le 28 avril, les écoles de Die furent confiées à Andréas Pomet, aux gages de cent florins ; le conseil décida qu'il aurait un second, que ceulx de la ville ne payeroient rien et que les étrangers payeroient deux sols par mois. Les écoles à Die, comme dans plusieurs autres villes de la province, continuèrent à être le foyer des nouvelles doctrines. En 1560, le 6 avril, le conseil se réunit : aussy a esté proposé par messieurs les consuls des assemblées qu'on faict a Valence, a Crest et aultres lieux, et qu'ils ont somé le maistre d'école de ne récepvoir aulcungs estrangiers ne ceulx de la ville, ormis les escolliers, et hier avoir somé monsieur le juge et luy presenter toute ayde et fabveur au nom de la ville et de luy reveler toutes assemblées. Et luy le sieur juge leur a parlé du maistre des escolles de luy balher congé. Les conseillers ont dict ne scavoir aulcunes choses pour estre contre led. maistre d'escolles et que M⁺ le juge, s'il verse mal, qu'il le fasse connaistre, come de raison. Jean Baron, que nous avons vu priver de son emploi de maître d'école, en 1558, n'avait point quitté la ville, où il faisait une active propagande en faveur des nouvelles doctrines ; le 11 février 1561, le conseil décide de l'expulser de la ville : ont parlé de se prendre garde qu'on ne fasse point d'assemblées illicites de nuyt, ne de jour, et comis a messieurs les consuls de parler aud. Baron et au beaufils

aveq eus bon grameryen. Il fut mys chés le sire Anthoynne de la Baulme.¹ et sire Jean Martignaq, en l'eage de seze ou dix

de Dorier de leur enjoindre de vuider la ville en brief. *Les conseillers se décidaient enfin à cette mesure, dans la crainte de recevoir la visite de La Mothe-Gondrin. Ces curieux détails, que nous pourrions multiplier, suffiront pour nous faire entrevoir comment le calvinisme s'est infiltré dans notre ville.*

1. *Un curieux travail serait de dresser la liste des marchands dauphinois du XVIe siècle, qui, parvenus à la fortune, ont fait souches de gentilshommes. Antoine de la Baume, marchand de Crest, avait épousé Jeanne de Broë; il laissa : 1° Pierre de la B., reçu conseiller au parlement de Grenoble le 1er juillet 1594, qui eut pour fils autre Pierre, reçu conseiller au même parlement le 30 décembre 1629. 2° Gabriel qui suit. 3° Bon de la B., baptisé le 12 novembre 1583, dont le parrain fut Bon de Broë, conseiller du roi, président aux enquêtes du parlement de Paris, et la marraine, Anne Coste, femme de Pons Bruyère, autre marchand de Crest, dont les descendants furent anoblis. Il fut juge royal et épiscopal de Grenoble, et reçut en janvier 1615 des lettres portant concession de noblesse en sa faveur. D'Isabeau Basset, sa femme, il laissa : Alphonse, conseiller au parlement ; Ignace, qui testa en 1688 ; Pierre chanoine de Die, et Françoise, épouse d'Antoine de Dorne. 4° Marguerite, baptisée le 26 décembre 1584. — Gabriel de la B. épousa le 4 avril 1604 Catherine de Pluvinel, fille unique de Jean de Pluvinel et nièce du célèbre Antoine de Pluvinel* (ROCHAS, *t. I, p. 255-7). Il fut maître ordinaire en la chambre des comptes et mourut le 22 octobre 1641, père de : 1° Antoine, qui suit ; — 2° Louis, prêtre, avocat en la cour, conseiller-clerc au parlement de Grenoble (lettres de Meaux 1633), prévôt de la collégiale de Crest, abbé de Valcroissant, prieur de St-Vallier, doyen de l'égl. cath. de Die (1644). Il testa le 12 octobre, mourut le 27 septembre 1676, à Grenoble ; et fut enseveli à Saint-Sauveur de Crest. Il avait voulu assurer la fondation d'un séminaire pour les jeunes clercs du diocèse de Die : le 21 septembre 1676, il avait passé à cet effet, devant Mᵉ Lavorel, not. à Grenoble, des conventions avec les pères de l'Oratoire. Voici la partie saillante de ce document :* Comme ainsy soyt que messire Loys de la Baulme Pluvinel, prestre, doyen de l'esglise cathédrale N. D. de Dye et conseiller du Roy au parlement de Daulphiné, aye resolu de faire une fondation pour l'instruction des ecclesiastiques du diocese de Dye, du peuple et de ceux qui font profession de la Religion P. R. dans led. diocese, et ayant jeté les yeux sur les reverends peres de l'Oratoire de Jesus, comme des personnes tres capables pour l'execution de son dessein et pour procurer l'advancement de la gloire de Dieu dans led. diocese, il en auroit communiqué avec le R. P. Jean-Louis de la Mirande, supérieur de l'Oratoire et du seminaire de Grenoble, lequel sous le bon plaisir du général de lad. congregation et de son conseil, auroit accepté ses bonnes intentions... Mᵉ Loys de la Baulme... donne a lad. congregation la maison qu'il a dans la ville de

sept ans, a Crest, pour aprandre l'estat de marchand de drabs de soye, ou ayant demuré deux ans survint la segorde guere cyvylle en France, en laquelle il print les armes, en la compagnye de noble Joachin Faure de Vercors et se trouva asiegé aveq les troupes de la religion refourmée dans la Cotte St André, ou ils endurerent deux asaults, batue de six canons, puys quiterent la vyle. Puys fit le voyage en Guyenne aveq Anthoÿnne Gay, son pere, en la troyziemme guere cyvylle, ou il se trouva a la bataylhe de Montcontour, ou il fut prizonnyer, puys ce sauva, et en pluzieurs aultres factions de guere. Il compoza ung lyvre de ce quy c'etoyt passé audit voyage, aveq la figure des vylles, quy furent asiegés et prinzes audit voyage, pourta ausy les armes a la quatryeme guere, après les masacres quy furent fets a Parys en l'année 1572 en cete prou-

Crest, balcon et chapelle en dependants, confrontant la maison et jardin de Mr Pourroy, ci-devant vice-senechal dud. Crest, du levant maison du sieur Jean Cresal chirurgien, la riviere de Droume du vent et la grande rue de bize . . . , lad. maison acquise par le donateur des hoirs du sieur Loys Roche, procureur au siege de Crest . . . Lesd. R. Pères sont tenus instruire les ecclesiastiques du diocèse de Die, catechizer le peuple, procurer, autant que leur sera possible, la conversion de ceulx de la R. P. R., à l'effet de quoy lad. congregation sera tenue d'entretenir trois ou quatre prestres d'icelle, residant dans lad. ville de Crest . . . sans que neanmoins lesd. prestres de l'Oratoire de Jesus soient tenus de nourrir, ne loger, les ecclesiastiques du diocese de Dye, ny autres, qu'en payant ce qui sera jugé raisonnable. Fait à Grenoble en l'habitation du conseiller de Pluvinel, quartier Trois Cloistres, en presence de Me Pierre de Vignon de Tarnesieu, chanoine et sacristain de lad. cathédrale de Dye. *(Archives de Mme de Félines, à Die).* 3° *Gabriel, trésorier des finances du Dauphiné.* — *Antoine de la B.* prit, ainsi que ses frères, le nom de Pluvinel pour obéir à une clause du testament de Jean de Pluvinel son aïeul maternel. Il se qualifiait seigneur de la Vallée de Quint, Pontaix, Egluy, la Rochette et autres places, gouverneur pour le roi de la ville et château de Crest. I. épousa, le 23 février 1649, Lucrèce-Alexandrine de Raffelis, fille de Jean de Raffelis de Tertulle, marquis de la Roque, et de Lucrèce-Dupuy-Montbrun ; il en eut : *Joseph de la B.* en faveur de qui Louis XIV érigea la terre d'Egluy et ses dépendances en marquisat sous le nom de Pluvinel, par lettres données au camp de la Capelle d'Herlaimont, juin 1693. C'est de ce dernier que descend Charles-Alexandre-Séraphin-Victor, marquis de la Baume-Pluvinel, né à Paris le 31 mars 1817, chef actuel de la famille.

vince du Daulphinné. Leva aprés boutique de son estat et s'aquyt une boune reputation au coumansement, laquelle il se conserva jusques a la fin.

Il estoyt home de moyenne taylhe, blonde de barbe et cheveulx, maygre, debonnere et playn d'un fort subtyl et bon espryt. Il compoza ung lyvre de la quatrieme guere fette en Daulphiné. Il fut conselhier en la mayzon de vylle et du consistoyre. Il espouza en l'an 1579 Madelenne Valensan, filhe de Jean Valensan [1], de cete vylle, de laquele il heut : Jeanne, Elizabet, et Auguste.

Il est mort en l'eage de quarante-troys ans, au moys d'aoust myl cinq cents quatrevingts et six, de la peste quy fut generalle en cette prouvince du Daulphiné et fort grande, de laquele morut la moytyé du peuple et plus, ct en cette vylle de quatre et sinq mylle personnes. La myzere i fut si grande, qu'on vit en cette année les homes par cette contagion forcennés et beaucop desexperés et hors de sens. Il se trouva jour etre mort cent ou six vingts personnes, et ne savoyt hon plus que fere pour les enterer, car tous les galoupins [2] mouroyt. Se mal estoyt cy contagieus, que d'ausy tot qu'une personne en estoyt surprys il mouroyt, et s'et veu des homes crainte de n'estre incepvelis, coume une infinyté quy mouroyt et demeuroyt sans sepulture par le teroyr, fayzoyt leurs fosses et ce metoyt dedens. Je l'ay ouy dire a pluziers et notament a ung, c'on noumoyt Jean Chapaiisfrut, quy me dyt avoyr fet la sienne rezolu a la mort, et demeura dedens atandant la myzericorde de Dyeu, ayant la peste neuf jours, de laquelle il gueryt. Aultre forcené de mal ce metre nu dans un monceau de chau furée et mouryr la. Pire, sa femme estant morte luy ayant layssé ung enfent, le geter de forcenerye dans le tumbeau vyvant sur les aultres cors morts. Ung autre fere sa fosse, envoyer apeller son frere, luy dyt : « Frere, j'ay fet ma

---

1. *Jean Vallensan était marchand et habitait dans la grande rue. Il fut trésorier de la ville en 1577.*

2. *On désignait sous ce nom les employés à gages, qui avaient pour mission d'enterrer les morts.*

« fose, craygnand de demeurer a ensevellyr, j'ay mon argent
« caché en une telle part, lequel pourés prandre et venyr de-
« main icy, ou vous me trouverés mort, aveq une corde au
« pied, en laquelle aura au bout une gance, en laquelle pourés
« paser ung croq de boys et me tyrer dans ma dyte fose ou
« vous me couvrirés. » Se quy se trouva du lendemain tout
ainsin qu'yl luy avoyt dyt. Aultres de furye se presepiter des
fenestres en bas. Aultres couryr par le teroyr tous nuds, de-
zesperés de mal. Aultre, qu'etoyt metre Piere Telmas, taintu-
ryer de draps de cete vylle, que lors quy se sentyt feru d u
mal desendyt au bas de ses degrés, rezolu a la mort, pour ne
donner poyne aus galoupins le jeter mort des fenestres en bas
ou l'on le trouva a genous les mains jointes, coume s'il heut
dourmyt, mort en pryant Dyeu. Voylla ce que j'ay peu remarquer de plus signalé en cete contagion [1].

Je vous dyrey coume ledit Thomas mourut, en la grange de
Laumet de Antoyne Gay son pere, et i fut ensevelly Il fit une
du tout belle et patyente mort, car ung peu avant qu'yl mourut, il apella Glaude Gay, sa seur, et Madelenne Vaulensan, sa
femme, Jean Brun et sa femme quy estoint retirés dans ladite
grange, separés de luy, pour leur remonstrer coume il estoyt
mort et qu'yl n'y avoyt plus d'esperance de vye en luy, qu'yl
les avoyt envoyés suplier de venyr la pour leur dire adyeu et
aveqs eulx prier Dyeu. Ce que s'etant mys en debvoyr de
fere et mys a genous, il fit une trés belle priere a Dyeu, e
estant au mylieu de sa croyance luy randyt l'ame, laysant pour
son suseseur Auguste Gay, son fils naturel et legityme, Elizabet
et Jeanne Gay estant cy devant decedées. Il fut home de subtyl
espryt, fort religieus et se mesloyt pour playzir de la painture,
et n'et mys pour pere en la quatriesme generasion, pour ce
que il s'esmancypa de la puysance paternelle et ne suceda en
l'eritage, s'estant contanté d'un legat. Voylla en soume tout ce
que j'ay peu reculhir de sa vye. Dyeu luy aye fet payx et myzericorde, au non de son fils Jezus Crist.

1. M. de Coston a, dans son Hist. de Montélimar, t. II, p. 450-5, accu-
mulé de fort curieux détails concernant cette peste de 1586, qui fut générale
en Dauphiné. Voir plus haut, p. 211.

Claude

Claude Gay naquyt aprés ledit Thoumas et tot aprés mourut au berseau. Je n'ay peu savoyr l'an ny le jour qu'yl naquyt, ne son trespas, ne basteme, qu'et l'ocazion que je pase soumerement le discours de ce quy a esté de luy.

Glaude

Glaude Gay, filhe et troyzieme enfent dudit Anthoynne, naquyt au moys d'avryl en l'année myl cinq cents cinquante. Son parin fut dom Estyenne Gay, son honcle, sacrestain du prieuré St Marcel les Dye, et sa marynne damoyzelle Glaude de la Tourette, femme de noble Gaspar Faure, consegneur de Vercors. Elle fut maryée en l'année myl cinq cents soysante quatre a honorable cappitaine Louys Apays [1], bourgeoys de cette vylle,

---

1. La famille Appais était une des meilleures familles bourgeoises de la ville. Vers la fin du XVe siècle, Jean Appais était dominicain ; il publia en 1515 les ouvrages de son oncle maternel Jean Reynard, également dominicain et vicaire général de l'évêque de Die, Gaspard de Tournon. Raymond Appais fut consul de Die en 1557 ; il habitait le quartier de Ville-Neuve. Il fut un des premiers à embrasser la Réforme. Pierre Appais fit ses études théologiques à Genève, où il est inscrit comme étudiant en 1596 ; il fut successivement pasteur de Quint vers 1600, de Die 1601-8, de Chastillon 1609-26, de Pontaix 1630-4. Sur les plaintes de l'évêque de Die et à la suite de violences commises par les protestants, lorsqu'en 1627 on rétablit le culte catholique à Pontaix, comme aussi pour avoir prêché hors du lieu de sa résidence, il fut arrêté, mais bientôt après mis en liberté. Lorsqu'en 1603 on fonda l'académie protestante de Die, Pierre Appais en fut nommé recteur. Le 29 juin 1622, il assista en qualité de député de l'église de Die au synode de Pont-en-Royans, où fut prise entre autres la résolution suivante : Quelques colloques de ceste province n'ayant point faict nomination de ceux qui recueilleroient les memoires des eglises, touchant les faicts mémorables arrivés en icelles depuis la Réformation, selon ce qui en avoit été ordonné par le synode précédent, a été dict que chaque colloque nommera le sien et a cest effect ont été eslus et choisis le sieur Felix pour le colloque du Viennois, le sieur Murat pour le Valentinois, le sieur de la Croze pour les Baronnies, le sieur Conel pour l'Embrunois, le sieur de la Colombière pour le Gapencois, le sieur Guerin pour le Valcluson et le sieur Appaix pour le Diois, auxquels leurs colloques feront tenir dans trois mois precisement tous les memoires qu'ils pourront recueillir en leurs églises, de quoy les dits autres pasteurs rendront compte au synode prochain. La

duquel elle heut troys fils et deux filhes, savoyr: Jean et aultre Jean, Piere, Philipe et Madelenne. Ils demeurarent vingt et sept ans ensemble, et puys ledit Louys mourut de la peste en s grange du bourg de Quint, ou il se retyra et y fut ensevelly, ayant ataint l'eage de quarante sept ou quarante huyt ans, ayant vequ le durant de sa vye fort vertueuzement, s'estant trouvé en pluziers combats, durant les quatre gueres cyvylles, quy furent en ce royaume, a l'ocazion des religions, ou il se pourta tousjours vaylhement et en home d'honneur. Ladite Gay demeura veufve, ne se voulut remarier, a l'ocazion de l'amytyé qu'elle avoyt a ces enfens. Elle estoyt de petite estature, blonde des cheveuls, femme diligent et vertueuze, playnne de grand amytyé envers les siens et devotieuze en sa religion. Elle avoyt lors que sond. mary mourut ataynt l'eage de trante huyt ans et [est morte en l'année 1634 le vingt-huit de janvier a dix [heures de nuict, toujours priant Dieu et requerant ses amis de [prier Dieu pour elle, a ce que Dieu la retira en son paradis.]

Gaspar

Gaspar Gay, fils de Anthoine, naquyt ung jour de lundy, huytieme de septembre, en l'année myl cinq cents soysante, entre quatre et sinq heures du matin. Son paryn fut noble Gaspar Faure, consegneur de Vercors, et sa marynne damoyzelle Louyze Faure, sa tante maternelle, femme de monsieur Me Claude Caty, docteur et avocat de cete vylle. Yl fut batizé en l'esglize roumaynne, dens le temple de St Jean, quy estoyt dans l'enclos de la grand esglize Notre Dame de Dye, et après noury, ayant ataint l'eage de sinq ans, son pere le mena a Granne [1], chés son honcle le sire André Frayse, quy avoyt expouzé damoyzelle Margueryte Faure, seur de sa mere, ou il demeura quelque anée, et après retourna en cette vylle.

France protestante, t. I (1877), colon. 294, signale l'ouvrage suivant, tout en le déclarant introuvable : Deux homélies, l'une des miracles du Christ au ventre de la sainte et glorieuse vierge sa mere, l'autre de l'extreme cheute et merveilleux relevement du roy Manassé ; item les fruicts divers d'une muse chrétienne, par le sieur Pierre Appaix, Daulphinois, 1598, in-8°.

1. Grasse, ch.-l. de canton de l'arrond. de Valence.

Luy fut baylhé pour son premyer precepteur, en l'année 1566, mestre Jean Roubert, natif de Gresse, en Triesves, quy estoyt bon latin et grand mayryen, lequel demeura deus ans en cete mayzon pour l'instruyre aveqs Danyel Gay son frere, lesquels pasés survint au moys de septembre 1568 la troyziemme guere cyvylle, en laquelle falut que seus de Prouvance de la religion refourmée, du Dauphiné, Languedoq, Vyvarés et Auvergne, Forets et Beaujoloys fisent une armée, laquelle ils dreserent, et fut le peuple lors de ladite religion sy abruty et hors de sens que les princes de Condé et amyraylh ne leur ayant demandé que dix mylle homes, s'en trouva plus de trante et la moytyé et plus des personnes inutiles au combat, lesquels aryvés en Guienne pres desdits princes, furent estounés de voyr une telle foulle de peuple. Car le zelle de religion, quy estoyt plus abondant qu'a ce jourdhuy, i pourta jusques aus vieus de soysante et septante ans, les jeunes de dix et douze ans, les boyteus et mal dispozés de leur personne, et en tel nombre qu'yl sortyt de cete ceule vylle plus de sept cents personnes, desquelles n'en retourna deux cents.

La vylle donq abandonnée fut sayzie par le segneur de Gordes, lyeutenent de roy pour lhors en cete prouvince, ou luy mesme vint en personne et i myt garnyson. Ledit M⁰ Roubert s'en fuyt, car il estoyt de la religion, et se retira en Grese, a la mayzon de son pere, ou ma mere nous envoya en l'anée 1569 en may, et i demeurames six moys. Du despuys nous mena a Rouyssas [1] en Triesves, ou mondit frere et moy demeurames deux ans coumysauls en la mayzon de sire Claude Rouland, dit le Baron.

La payx de l'année 1570 estant fete, nous retyrames a Dye dans la mayzon de nostre pere, quy estoyt de retour de son voyage de Guyenne, ou fusmes mys a l'escolle aveq M⁰ Giraud, regent par lors en l'escolle de cette vylle. En l'année 1572 il mourut, et lors les masacres de Parys, Rouan, Lyon et aultres villes se firent sur ceuls de la religion, ou fut monsieur l'amyraylh tué aveqs beaucop de noblesse, et par toute la France fut

---

1. *Roissar-en-Trième, com. du cant. de Mens.*

masacré plus de trante mylle personnes. Ce bel acte se coumyt durant le regne de Charles de Valoys neufiesme de se nom, quy aporterent une grande ruyne en ce rouyaume, et furent contraints les troys parts de seuls de ladite relygion d'alher a la messe. Leurs afferes estoit par lors byen bas. Dyeu y prouveut fort myraculeuzement, car aveq une pougnée de gents quy estoyt encor demeurés, il redressa les ruynes ce son esglize. En cette anée et les deux suyvants, nous heumes pour precepteurs M⁰ Nycolas Sageryns, italien de nasion, et du despuys, monsieur Fortys fransoys.

En l'année 1573 les armes pour la quatryeme guere furent levées en cete prouvynce par les segneurs de Montbrun, de Myrebel, de Lesdiguieres, Morges, Champoulyon 1, Blaconds, Comps, Gouvernet, Vercoyran et le Poyt, gentilzhomes de cete prouvince de la religion reformée, soubs l'autoryté du roy de Navaré et prince de Condé, quy estoyt protecteur des Esglizes.

En cete année, Monsieur de Myrebel, aveq ses troupes, donna l'escalade en cete vyle, vers la tour de Baumes 2, ou il fut repoussé par le capytene Mayres et les abitans de cete vylle.

En l'année 1574, au moys d'octobre, le dit sieur de Myrebel entra par escalade dans Dye, y ayant unne entreprinse, laquelle estoyt fette par ung capporal Brignole et son frère et ung noumé Barachin leur compagnon, prouvensauls. Ils furent repoussés et sortys dehors par l'eschelle qu'yls estoint antrés, vers la Tour de Ste Agathe, ou le dit Brignole etoyt de garde, par noble Claude de Lheré, segneur de Glandage, gouverneur par lors de ladite vylle, et le segneur de Vercors, L'oncle maternel du dit Gaspar, qui estoyt lhieutenent du dit sieur de Glandage et habitans de la dite comunaulté. Il pleut toute sete

1. *Giraud de Bérenger de Morges, seigneur de Tréminis, Le Monestier de Percy, Revel, etc., capitaine de 50 hommes d'armes, fils de Jean et de Olive Odde de Bonniot ; il épousa Georgette de Bérenger du Gua et mourut en 1587.* — *Albert Martin, seigneur de Champoléon et d'Orcières, capitaine de 50 hommes d'armes, fils de Georges et de Françoise Gombert ; il épousa Madeleine de Bérenger de Gua, sœur de Georgette.*

2. *La seconde tour au-dessus de la porte S¹-Pierre.*

nuyt, quy fut cauze que le dit sieur de Myrebel ne peult randre grand combat. Il y perdit une vingtayne de ses gents ; de seus de la vylle, i mourut le capitenne les Ouches [1], ensegne du sieur de Glandage, Monsieur de Poumyer sergent majour, le sire Francoys Bertrand, marchand de cette ville, M° Anthoynne Lambert notere et secretere de la mayzon de vylle, et le chanoyne de Pennes et troys ou quatre aultres. Ledit Brignolle et son frere se sauverent, et Barachin fut prizonnyer et pendu, quy acuza fausement Jean Reymond, fils du Margnaud, marchand drappier de cete vylle, quy fut injustement executté.

Nous demeurions par lors vers M° Guylhen Barnaud, paintre et escryvein de cete dite vylle, ou nous apprennyons d'escripre et d'arymetyque.

Au coumancement de l'année 1575, le dyt Gaspar ala trouver son pere, quy estoyt gouverneur soubs le segneur de Montbrun en Espennel, ou il coumansa de porter l'arquebuze et fere sentynele, ayant d'eage de quatorze a quinze ans, ou demeurarent deux ans. La paix fette, sondyt pere se retira et luy ausy en cete vylle.

La sinquyeme guerre, quy vint en l'année 1577, son pere le donna pour page a noble Claude de Laryviere, segneur de Ste Marye, Bruys et Montmorin, et par lors capitenne d'une compagnye de gents de cheval et mareschal de camp en cete prouvinse, ou il demeura quinze moys. En cete année fut veu au siel unne grand estoylle chevelue, quy dura ung moys et suyvoyt la lune.

La payx fete en France, il fut envoyé a Crest, au coumansement de l'an 1579, pour aprandre l'estat de marchand de draps de soye, fut mys chés le sire Piere Barbeyer, marchand de la dite vylle, ou il demeura deux ans, desquels donna sinquante deux

1. *La terre des Hoches, dans le Trièves, appartenait alors à une famille de ce pays, nommée Jouven. Guigues de Jouven, écuyer, seigneur de Roissas, au diocèse de Die, vers l'an 1500 épousa Jeanne des Vieux, et laissa: Georges de Jouven qui fit sa sœur héritière ; et Jeanne de Jouven, mariée en 1544 à Humbert de la Tour, écuyer, seigneur de la Saigne, en présence de noble Balthasar de Jouven.*

escus. Aprés il fit un voyage a Geneve, ou il demeura prés d'ung moys, puys fit ung voyage a Marselhe, ou il demeura aultant, puis se rezolut, par l'advys de ses parans, d'alher servyr a Lyon, ou il alla et y demeura en l'année 1581 jusques en l'année 1582, anvyron quinze moys, chez le sire Claude Noyrat, marchand des draps de soye, demeurant en la rue Mersiere, audevent de l'ensegne de l'escu de Basle. Il luy falut quyter, a cauze de la peste, et y vyt en l'an 1582, le roy Henry de Valoys troyzieme, à la place des Cordelliers et dans l'esglize des Selestins audit Lyon : s'estant retyré en la mayzon de son pere et y demeuré quelques anées, dans lesquelles Monsieur le duq de Mayene et le sieur de Maugiron firent bastyr une cytadelle dans Dye 1, contre le gré et volonté de la plus grand partye du peuple estant à la pays, pour tenyr bridés les habytans de ladite vylle et i coumyrent noble Hugues de Lere, segneur de Glandage, pour gouverneur, lequel y ayant demeuré jusques en mars 1585 ce desclera devant le temps et mal à propos du party de la ligue de messieurs de Guyze, quy tendoyt a oter la couronne de la mayzon de Valoys, Henry III regnand, pour la transpourter à la leur, ce que Dyeu a myraculeuzement empesché ; lequel de Glandage se sayzit de vive force de la personne de noble Jean de Gramont, segneur de Vachières 2, et de sertains ses domestiques, quy pasent par

1. *Voir plus haut, p. 189. Nous avons dit qu'on avait songé d'abord à fortifier la maison de Chabestan. Quelques notes complèteront les détails que nous avons donnés. Cette maison, appelée autrefois la maison d'Aix fut vendue par Louis Artaud de Montauban, seigneur de Recoubeau et d'Aix, à noble Pierre Bergier, qui en fournit un dénombrement en 1540. Ce dernier fit son testament à Die, devant André Masseron notaire, le 4 mai 1543 et mourut peu de temps après. De sa femme, Catherine de Pennes, il n'avait laissé qu'une fille, Jeanne, mariée à noble Jean de Revilhasc, seigneur de Chabestan, en Gapençais ; il avait désigné pour son héritier universel son petit-fils Jean-François de Revilhasc.*

2. *Jean de Grammont, seign. de Vachères, était fils de Guillaume, seign. de Vachères, St-Benoit, Rimont, La Chaudière, et de Claire de la Beaume-Suze. Il était capitaine de 50 hommes d'armes, fut membre du conseil de justice établi à Die en 1587, et mourut vers 1592, sans laisser d'enfant. Sa veuve, Jeanne de Budos de Portes, se remaria l'année suivante avec le connétable de Montmorency. La seigneurie de Vachères passa à Louis de Grammont, frère de Jean.*

cette vylle, pour sen aller a Gap, vers le segneur de Lesdiguieres, fut par luy aresté et fet prizonnyer, mené en la cytadelle, quy estoyt vers Sainte Agathe, aveq pluzieurs habytans de la vyle acuzés de ce vouloyr sayzir de la vylle. Tous ceuls de la religion furent en cete vyle en ung fort grand dangier de mort et de sacage, par la temeryté du dit de Glandage, quy estoyt fort inconcyderé : més Dyeu y prouveut par le moyen de certains catoliqs des princypauls de cette vylle, gents de byen quy l'en empescherent, aveq l'ayde Dyeu. Il fut cauze d'ung grand byen, non seulement pour cette provinze, mes pour toute la France ; car il descouvryt, avant le temps, l'emteprinze de Mesieurs de Guyze, quy estoyt de s'aproprier la couronne et randre reclus et moyne le roy et extermyner la religion refourmée en France. Dyeu par voyes incougnues aus homes y a sagement prouveu.

Cella fut cauze que les armes furent myzes debout, par ceulx de la dite religion, quy se tyndrent sur les gardes, et coumansea la sixieme guere cyvylle en France le premyer d'avryl en l'anée mil cinq cents huytante sinq.

En cette dyte anée, au moys de Janvyer, je fus resseu archer aus gardes de Henry de Bourbon, roy de Navarre, et heus mes letres signées et célées, ne peus alher servyr, a l'ocazion de la guere quy a longuement duré et pourté de ruyne et domage en se pouvre roùyaume, car en touttes les aultres gueres ne s'etoyt tant fet de mal au peuple qu'en celle cy, en laquelle s'establyt une telle tyrannye par certains de la noblesse, ayant coumandément de guere, que après avoyr cytadellé toutes les vylles du Daulphiné, ils prindrent d'une telle fason sur le peuple, qu'yls ruynèrent tout, et ce trouva anée avoyr levé sur le pouvre Tiers-Estat ung mylion cinq cents myle escus et plus.

En may en l'année 1585, le dit de Glandage fut mandé par les Princes de la Ligue et partyt de ceté vylle aveques troupe pour sen alher les trouver, coume il fit, en France. Il laysa pour gouverneur en la ville et cytadelle le segneur de Veaulne [1] aveq troys compagnyes de gents de pyed, lesquels

1. *Jean de Fay de Solignac, seigneur de Veaunes, près de Curson, écuyer,*

entrerent eu quelque dyvyzion et fut tué ung capitenne d'eulx a la place, quy cauza une telle disension parmy euls qu'yl falut qu'yls quytasent la vylle, laquelle du despuys fut gardée quelques moys par les habitans, le sieur de Veaulne y coumandant, et pour ce que la guere n'etoyt encor fort desclarée contre ceulx de la religion, car il ne se parloyt alors que de royalistes d'un party, et de l'aultre Guizards, et que ceulx de la religion tenoyt le party du roy. Ceulx de la vyle ce rezolurent de tenyr le party du Roy et envoyerent queryr ceulx de la religion de la dite vylle, quy estoyt a Pontays, Menglon et aylheurs portans les armes s'en estant sortys, après l'eslargisement du segneur de Vachieres, pour la crainte, d'envyron troys cents homes pourtans les armes, leur promettent de garder la vylle pour le roy aveques eulx, ils vyndrent et entrerent, més doubtant que ce ne fut pour les atrapper, ils se tyndrent armés sur leurs gardes, et ayant quelque avertisement se bariquerent contre la cytadelle etans coumandés les dits habitans par les capitennes Chabanas et Maryé et certains aultres Cetoyt au moys de julhet 1585, que j'estoys ensegne d'une compagnye de cent homes de pied, soubs le segneur de Soubreroche, pour le servyce du roy ou je vins acompagné de sinquante arquebuziers, tous de cete vylle et par lors de nostre compagnye.

Il aryva en cete vylle deux conselhers de la cou~ de Parlement de Grenoble aveq ung secrettere pour enjoindre qu'on heut a mettre bas les armes. Je fus coumys alhors pour alher trouver monsieur de Lesdiguyeres et mesieurs de la noblesse, asamblés a Rouzans, et les supplier de nous asister, ce quyls firent. Car ils comyrent alhors d'entreus les segneurs de Gouvernet et Dupoyt pour venyr parlher et trayter aveques les dits conselhiers, aveq lesquels ils ne peurent convenir, et je vyns aveq eulx. Lesdits conselhiers s'en retournerent a Grenoble

était d'une très ancienne famille du Vivarais. Il eut de Françoise Payn trois enfants : 1° Antoine, d'abord homme d'armes de la compagnie de Clermont, puis capitaine d'une compagnie de 200 hommes à la solde des habitants de Romans et commandant pour le roi en cette ville (1582-4), enfin gouverneur de Die (1586-90); — 2° Justine, qui épousa Antoine-Pierre d'Albignac, sieur de St-Muris; — 3° Jean, sieur de Cherinet et de Veaunes.

en seurté, et nous nous rendismes mestres de la vylle, asieageames la cytadelle, laquelle dans troys jours se randyt, et fut après convenu la razer, se qu'on fit aveq une telle impetuozité et fureur de peuple, que jusques aus femmes et petits enfents y acoururent, de fason que myraculeuzement ce quy c'etoyt basty aveq grand despance en deux ans, fut ruyné en deux jours. Vray exenbple aus tirans pour voyr qu'yl n'y a ryen destable au monde, et ce qu'on estyme fere pour longtemps est byen souvent ruyné dans ung ryen par des moyens incougnus ; car cette sitadelle estoyt capable de tenyr troys ans sans canon et dans troys jours elle fut randue et razée par le peuple. Il n'y a ryen parmy les peuples quy soyt tant aymé que la lyberté et au contrere tant hay que la servytude. Donq le vray moyen pour s'aqueryr et mayntenyr les peuples et de les cheryr et aymer et ne les aservyr, car celluy quy ryt aujourdhuy pleure demain et fet mauvés estre hay du peuple.

La sitadelle donq randue et promys par lesdits segneurs de Gouvernet et du Poyt de n'y en rebastir à l'advenir aulcune, il fut querelle entre eux du gouvernement : d'ou pour les sortyr de different firent fere asemblée generalle du peuple, d'ou le sieur de Gouvernet empourta le plus de voys et fut esleu pour gouverneur, *et male pro no(bi)s*.

Mon pere fut sergent majour [1] soubs luy et non guyeres longtemps. Au moys après nous alasmes a l'exsecusion de la prinze du Monthelymar, quy fut emportée par troys coups de petard qu'on doüna a la porte St Martin. Nous y fusmes assiegés par le segneur de Maugiron et batu de deux canons. Le siege fut levé et nous gardasmes la ville.

L'année suyvant myl cinq cents huytante six, au moys de juin, la peste don j'ay parllé sy amplement cy devant y fut recougnue, laquelle fut fort grande.

Le sieur de Gouvernet, le segond de juin, partyt de Dye, et le sieur de Soubreroche et moy son ensegne aveques nostre com-

---

[1]. *Le sergent-major, choisi par le conseil de ville, était chargé de veiller au bon ordre de la cité ; on le prenait ordinairement parmi les capitaines de la garde bourgeoise.*

pagnye et les trouppes du segneur de Lesdiguieres asieageames Guylhestre, ou nous demeurasmes quinze jours, et ne la peusmes prandre. Ayant quyté le siege, alames au devant de Gap ou demeurasmes quinze jours et y fismes le gast, après retourney à Chastillon, ou ayant demeuré ung moys, servant et aydent des vyvres a mon pere, quy fayzoit sa quarantaynne au Martouret, en sa grange aveq sa famylhe, en nombre de douze ou quinze, ou il se prezerva myraculeuzement aveq l'ayde de Dyeu de mal luy et les siens, sans qu'yls heussent james aucun mal en leurs personnes. Il y heut peu de famylhes a Dye desquelles il ne mourut quelquun fors qu'en la sienne. La peste s'estant myze a Chastilhon, nostre compagnye ce desbanda et je quytys et allis fere ma quarantayne a Barnave, ou ayant demeuré envyron ung moys je fus mandé par le sieur de Gouvernet, lequel j'aley trouver et me ranger en sa compagnye de gendarmes, ou demeurey six moys; puys a la fin de janvier 1587 m'envoya a Dye, pour savoyr sy tout estoyt en bon estat et s'il y avoyt a craindre. Je l'avertys que tout y estoyt byen et quyl pouvoyt venyr en aseurance, ce quyl It et aryvé, me douna la charge de sergent majour, que j'eszercey durant les anées 1587 et 88 et 89 et 90 et 91 jusques au coumencement d'aoust que je quittey et me retirey a nostre menage.

En ladite anée 1587 et le 20 avryl, je fiancey Louyze Engilboud, filhe de feu sire Jean Engilboud [1], bourgeoys de Dye, et

1. *Jean Engilboud, marchand de Die, avait embrassé la Réforme ; il fut consul avec Guillaume de Vaulserre en l'année 1568. Pendant la durée de sa charge, la ville fut menacée d'un démantellement ; le 29 juillet, Etienne Charrency se présentait au conseil apportant une lettre de messieurs les commissaires à faire desmanteller les villes et que quelques uns ont dict et rapportés auxdits commissaires que la ville ne veult permectre le desmantellement, ains qu'ils veulent endurer le coupt de canon et qu'ils feront venir les compagnies de Romans. Le 4 mars 1552, il avait acquis aux enchères publiques une partie des biens de feu Jacques Gayte, notaire, que Claude Gayte, tuteur du jeune Hercule Gayte, fils de Jacques, avait mis en vente. Il fut père de Louise Engilboud, qui épousa par contrat du 25 février 1551 (n. s.) Jean Lambert, de Lesches, et fut dotée de 300 écus d'or sol, et de Hercule Engilboud. Celui-ci fut anobli en 1608 et acquit plusieurs terres et droits féodaux : la parerie de Muret à Vassieux et celle des Gironde, de Die ; Charles Artaud de Montauban lui vendit peu de temps après la seigneu-*

de damoyzelle Marye Reynarde, filhe de feu noble Gaspard Reynard, segneur de Saint Aulban et Vauldroume, et l'espouzey le 26 du moys de septembre soubs l'ale du marché, ou preschoyt monsieur Barbyer, mynistre natif de cete vylle, qui nous espouza.

En l'anée 1590 et le 8 de febvryer, nous eusmes nostre 1er fils Hercules, duquel sera cy après parllé.

Le vi du moys de mars 1590, monsegneur Charles de Leberon, eveque et conpte de Valance et Dye me douna la charge de coureyer [1], qu'est le segond oficyer qu'il aye au dit Dye, que j'exersey les troys ans lymytés a tenyr ladite charge, car on ne la peult tenyr davantage pour ce qu'elle et trianelle coume celle de juge.

En ladite anée me survint deux forts grands et mesme troys aflictions. La premyere fut ugne fort grand maladye qui survint a ma femme, estant en couche de son premyer fils, de laquelle il pansa mouryr et ne luy tenoyt hon plus de vye. La segonde, la mort de Herculles Gay, nostre fils. La troysieme, la mort de Danyel Myelon, soldat de sette vylle, quy fut tué par moy par une fort grand disgrace, le 15 de nouvambre 1590, moy estant coreyer et serjent majour, de laquelle j'eus grace du Roy Henry de Bourbon, quatriesme de se non, Roy de France et de Navare, laquelle je interyney à Crest. Je reseus une fort grand tristesse de la mort dudit Myelon et me pansa de tristese coutter la vye. L'affere en vint de cete fason. Danyel Myelon, estant soldat en la compagnye du capitenne Jean de Chabanas, mon beau frere, a l'ocazion de ce qu'il a expouzé la seur uteryne de Louyze Engilboud ma femme, l'ayant servy l'espace de cinq ou six moys, n'ayant heu aulcun payement, se

---

rie de Boulc et sa parerie de Soubreroche, moyennant 20,000 livres. Hélène Artaud, sa veuve, constituait en 1633 une pension de 12 livres au consistoire de Die, et en même temps, noble René d'Engilboud, son fils, seigneur de Boulc, coseigneur de Vassieux, en constituait une de 20 livres au même consistoire. René n'eut qu'une fille, Melchionne, qui épousa vers 1690, Alexandre Bardonenche, conseiller au parlement.

1. *Officier de justice, dont les fonctions répondaient à celles qu'exercent aujourd'hui dans les tribunaux les procureurs.*

seroyt ataqué audit Chabanas le luy refuzant, cy que l'ayant aquetté a la porte S¹ Pierre, ledit Chabanas sortant seul dehors l'auroyt suyvy, luy dizant que s'il ne le payoit, il luy couteroyt la vye, et qu'yl n'entreroyt jamès dans la vylle que cela ne fut, jurant tout oultre quyl le tueroyt ; ce que estant ouy par ung Jean Coquet, notere de ceste vyle, et Charles Boys seruryer, l'en voulerent destourner et feré retourner a la vylle, ce que ne pouvant, vindrent avertyr la garde quy estoyt par lors a la porte d'y acouryr, lesquels me tindrent ausy avertys de se qu'en estoyt. C'etoyt sur les troys heures après mydy, que je me preparoys pour donner les cartiers aus gardes de la nuyt et povre heure et povre avertissement pour moy, car dès lors entendent le raport du dit Couquet et Boys je m'y achemyney, pour empescher le desain dudit Myelon, aveq une alebarde, tant a l'ocazion de se que j'etoy beau frere du dit Chabanas que aussi pour le debvoyr de mes charges, savoyr de celle de sergent majour, quy me coumandoyt, le dit Chabanas etant lyeutenant de gouverneur, de luy asister, et de coureyer, ofice en la justice, quy me coumandoyt le sayzir au corps pour le constituer prizonyer, s'ataquant et menasant de tuer son capitenne ; ce que l'ayant trouvé et prins au coullet, craignant que ne le vousise offancer, se saysit de mon alebarde, laquelle ne me voulant quyter, fus contraint metre la mayn au pougnal pour luy fere peur, et tenant la main avec ledit pougnal bas, nous serant l'un contre l'autre, mon pougnal luy piqua la quysse gauche, où il entra envyron deux doigts dedens, ataygnyt la veyne cave, de laquelle blesure il escoulla de sang, et le fayzant panser, moy y estant, ala a Dyeu dans dymy heure après sa blesurre, a mon grand regret et desplayzir. Je ne reseus jamès une telle afliction, car nous n'avyons jamès heu aucune disputte ensemble et mesme nous avyons demeuré longtemps a l'escolle jeunes garsons. Dyeu me fabvoriza grandement en cet affere, car j'avoy d'enemys quy deziroyt de me troubler. Je fis une belle enqueste justificatyve pour moy. Il me couta troys cents escus, mès le desplezir que j'eus de cet afere me fut plus grand que la despance. J'ay mys cete afere ycy en rang, non pas pour en fere gloyre, mès pour fere voyr aux myens l'inconvenyent quy m'arryva et le desplayzir et regret que j'en eux et pour leur dyre que jamès ung sage home ne doybt mettre la main au couteau, car a telle heure vous aryve, ny panssant point, que quelque grand mal y survyent. Le souverain remede et pour son pouvoyr garder, pryer Dyeu et fuyr mauvezes compagnies, n'etre quereleux, ny mutin. J'ay pryé Dyeu et prye me pardonner cette ofance.

Au moys de Novembre 1590, je me trouvey a la prinse de Laperiere et St Laurens de Grenoble ; la vylle fut prinse quelques jours après par le segneur de Lesdiguieres contre l'opinion de pluzieurs.

Je quytey après en l'année 1591, au moys d'aoust, la charge de sergent majour ; je rendis les clefs de la vylle au segneur de Gouvernet, lequel ne vouloyt que je quytasse et tant a l'ocazion de ce qui m'etoyt venu a l'ocazion de la dite charge que pour aultres ocazions que icy avoy, et me retirey en nostre mesnage ; d'ou je ne bougey sinon quand Monsieur de Maugyron randyt Vienne au duq de Nemours et St Marcellin, ou je fus aveq l'armée du segnor Coronel Alphonce d'Ornano, lyeutenant du roi en cete prouvince, qui estoyt compozée aveq les troupes du segneur de Lesdiguieres et Gouvernet, de sinq a six mylle personnes. Nous asieageames St Marsellin et le prismes, et alasmes a la Cotte St André soubs esperance de donner bataylhe au duq de Nemours, quy estoyt au Pont de Beauvezin aveq son armée, compozée d'environ douze myle homes, ou nous demeurasmes huyt ou dix jours, estyment quil vint. Mes il n'oza james paretre. J'etoy a cheval, volontere aus troupes du sieur de Gouvernet. Le sieur de Nemours ayant congedyé ses troupes, nous nous retirasmes. Voylla tout ce quy ce fit en ce voyage.

Cepandant les troys ans de ma charge de coreyer expirerent, et je fus après constitué conselher au conselh particulier de la mayzon de vylle en l'année 1592, au consulat de Paul Avond et Lanteaulme Vigne [1], qui fut en l'année 1593. Je fis comanser un

---

1. *Paul Avond, fut plusieurs fois consul de Die. Il s'était fait protestant, et quelques-uns de ses descendants eurent à souffrir pour leurs croyances religieuses : Paul Avond fut envoyé aux galères, et Daniel fut retenu en*

bastyment pour habyter en nostre grange du Martouret. Jy avoy fet auparavant bastir ung estable pour le bestaylh et ung nays qui me coutta tout envyron six cents escus, car tout etoyt fort cher en ce temps la. J'aquys en Laulmet et Martouret vingt et sinq seyteyrées de tere, coume sera veu par les contrats sy après contenus par rolle et inventere, en la ligne de la 4e generasion, laquelle coumense en moy, a l'occazion de se que mon pere m'a donné par mon contrat de mariage sa mayzon paternelle avequès l'estable, jardin dans Dye et son tenement du Martouret, consistant en grange, prés, terres, vignes, hermes et boys, le tout au teroyr de Dye.

En l'année 1594 je fus contynué en ma dyte charge de conselhier, au consulat de Monsieur Me Anthoyne Rambaud, avocat de cette vyle, et honeste Danyel Gay, mon frere.

En cete anée 1594, le 26 julhet, naquyt nostre segond fils: Fransoys Gay, lequel mourut byen tost, coume sera cy après veu.

En l'année 1595, je fus contynué en la mayzon de vylle pour conselhier et esleu par le peuple jugé coumys de la police ; setoyt au consulat du sire Eynard Bernard est Heustachy Gontier.

Il survint, aus anées de ses troys consulats, une grande contansion entre les habitans de cete vyle de Dye, à l'ocazion d'une revyzion et nouvelle estimasion du teroyr et mandement du dit Dye, quy cauza des grands divizions entre les habitans. Car les ungs la vouloyt, les aultres non, et ces par-

---

prison à Valence, en 1687 ; Abraham fut plusieurs fois assisté à Genève entre les années 1707-1709. Un membre de cette famille, Jacques Avond, abjura le protestantisme et devint curé de Mirabel en Diois, où on le trouve en 1628, et 1634 : il est auteur d'un petit poéme, mentionné dans la Biogr. du Dauph., t. I. p. 47. — La famille Vigne, aujourd'hui encore représentée à Die, est très ancienne dans notre ville. Ennemont Vigne, presbtre curé de l'esglise N.-D. de Dye se présente le 28 octobre 1554 devant le conseil et dict comment messieurs de l'esglise du chapitre ont prins le calice d'argent appartenant à la vile et audit curé, comme il a dict apparoir par le role des relicques, qu'on faict toutes les années, et qu'ils luy en veullent tailher ung d'estaing au grand deshonneur de la ville. Antoine Vigne, religieux dominicain du couvent de Die, se fit protestant en 1562.

tialités aveq les grandes contrybusions et charges qui regnoyt par lors les firent endebter de vingt et sinq mylle escus et plus. La source et origine de tous ces malheurs avyndrent par le moyen de certains nouveaus venus habyter en cette vylle, quy nous geterent a ung tel labirynte de confusion, quy pansa ruyner l'estat de cette communaulté, et sans la prevoyance des vieuls origineres et habitans de cete dyte vylle les afferes sen aloint geter en ung myzerable estat et en une totale ruyne.

En ce temps, le sieur de Gouvernet, contre la promesse qu'yl avoyt fete au peuple, fit bastir une sytadelle vers Ste Agathe, contre la volonté du peuple quy le suporta fort impasiement. Le temps luy fut fort favorable, a l'ocazion de nous divizions et partyalytés, sans lesquelles ne l'ut ozé entreprendre. Les foulyes des peuples sont l'establissement des grands. J'ay mys cet affere icy a celle fin de fere voyr a nous suseseurs ou nous folyes et divizions nous porterent, quy leur poura servyr de myroyr et patron en leur temps, et leur donner ocazion d'estre plus sages que nous autres, afin de n'apeller ung tyran pour leur conduyte. L'unyon maintient les cytés, la dezunion les ruyne, et ny a telle forteresse que l'unyon d'une cyté. Dyeu seul y prouoye et face la grace a nous suseseurs d'y estre plus advizés que nous.

En cete dyte anée, au moys de septembre, il fut deputé par le corps de ceste communaulté aveq le sieur Heustache Gontier, consul, et Monsieur Me Anthoyne Rambaud avocat, pour alher a Lyon aveq tous les deputtés des troys ordres de la prouvince, requeryr au roy solagement pour le peuple, quy estoyt tellement chargé et opresé par contribusions, que sertains de la noblesse levoyt sur euls quyls ne pouvoyt plus, et la fut pryé le roy jurer les libertés de la prouvince, coume il fit. Nous luy fismes jurer ausy les nostres de cete ville de Dye [1]; c'etoyt au regne de Henry de Bourbon, roy de France et de Navare, quatryeme de se non, prince tres valheureux et debonnere.

---

1. *Les lettres de Henri IV, confirmant les privilèges de Die furent données à Lyon, au mois de septembre 1595; il y est dit que ce fut à la demande des députés de cette ville: Eustache Gontier, consul, Antoine Rambaud, docteur, Gaspard Gay, capitaine, Hercules Engilboud, conseiller.*

En la mesme anée ung peu auparavant, je fys un voyage en cour, a Dijon, en Bourgogne, pour avoyr grace pour le couzin André Escouffier, quy avoyt tué Jean Du Cros 1, de Dye, laquelle j'aportey et corus de grands hasards pour les chemins

1. La famille Ducros, de Die, enrichie par le commerce, a joué un rôle assez considérable dans le XVIIe siècle. Marcellin Ducros, marchand, frère de Jean, dont il est ici question, testa le 10 janvier 1610 et mourut le 5 novembre suivant, laissant Charles, René, Jean et Jeanne Ducros. René fut avocat et mourut sans postérité ; Jeanne, morte avant 1610, avait épousé Claude Poudrel, avocat à Die, et fut mère d'Antoine Poudrel. Charles et Jean héritèrent par égales parts de leur père et laissèrent une postérité, dont nous allons établir la filiation. Les Ducros furent de zélés protestants. — Charles Ducros fut d'abord avocat à la cour de Die. En 1605 les églises réformées le députèrent à l'assemblée de Chatellerault, où il fut élu un des trois députés généraux. Henri IV l'anoblit par lettres du 14 avril 1608, vérifiées par arrêt du 18 juillet suivant. Il fut nommé président en la Chambre de l'Edit de Grenoble par lettres du 18 mars 1609. Lesdiguières l'envoya en 1612 à l'assemblée de Sommières et en 1619, à la cour. En 1622, ayant été envoyé à Montpellier pour traiter de la paix avec le duc de Rohan, Charles Ducros fut assassiné dans une émeute excitée par le ministre Suffrein, dans la nuit du 22 février. Il avait testé une première fois le 2 juillet 1617 et une seconde fois le 8 septembre 1621. De sa femme, Jeanne Bertrand, de Die (qui mourut le 22 octobre 1651, à l'âge de 72 ans, 16 jours) il eut : Pierre Ducros, conseiller au parlement de Grenoble, par lettres du 22 juillet 1622, qui acheta la seigneurie de Recoubeau. Comme son père, il périt d'une manière tragique ; il fut tué à Valence, le 14 août 1644, dans une émeute de femmes, occasionnée par la cherté des vivres (Voir l'Album. hist. et arch. du Dauphiné par CHAMPOLLION-FIGEAC et BOREL D'HAUTERIVES). De sa femme Magdeleine de Philibert de Venterol, il eut : 1° Alexandre, qui suit ; 2° François, tué en Catalogne ; — 3° Anne, mariée à n. Isaac de Chabrières ; 4° Marguerite. — Alexandre, sieur de Recoubeau et de l'Aube, mourut vers 1694, ayant eu de sa femme Gabrielle de Berger, deux fils : Charles, décédé le 27 avril 1658, et Alexandre, sieur de l'Aube, qui se convertit à la révocation de l'édit de Nantes et épousa en l'Eglise catholique, le 15 décembre 1705, Anne Bonnard, dont il n'eut pas d'enfant. Il mourut en 1726, laissant une succession des plus embarrassées, qui fut partagée entre François d'Armand, sieur du Périer, N. de Caritat, et François Bertrand, procureur à Die. Son domaine de Chamarges, fut adjugé aux enchères publiques à Gabriel Vigne, chanoine de la cathédrale ; il fut acquis dans la suite par les Gallien de Chabons (Voir Le siège de Chamarges par les dames de Die en juin 1681. In-8°, 17 pages. Extrait du journal de Die, janvier 1879). — Jean Ducros, troisième fils de Marcellin Ducros, épousa Catherine de Reynier. Il testa devant David Arnoux, not., le 15 mars 1633 ; puis il fit un second testament en 1640, devant Girin, not.,

Dyeu me conserva et rendyt a la mayzon, aprés avoir veu le roy au dit Dijon et pluzieurs belles vyles en Bourgougne, aveq tout le contantement quon pouroyt dezirer, aprés avoyr fet ou au alher que retour cent soysante lues de chemyn, estant contraint de passer au plus long, a l'ocazion de Tizi, Toyssé, Chalon et Seure 1, quy tenoyt lors pour la ligue.

En l'année 1596, au moys de janvyer, je me fis portrere au vif et armé a ung paintre flament, quy estoyt en cete vylle, et en payey quatre escus.

Au dit an et dix-neuf dudit moys, naquyt de Louyze Engilboud et de moy Danyel Gay, nostre troyzieme fyls ; coume aussy en cete anée, a l'election des consuls de cete vylle, le segneur de Gouvernet, gouverneur d'icele, en haynne du voyage que je fis a Lyon par devers le roy, que aussy me voyant directement bandé a sousteñyr le byen publiq contre sa volonté, craygnant que je fusse esleu consul, brigua sertains mauvès habitans et des prinsipaux, lesquels, uns de crainte et aultres de mauveze volonté au soutyen du byen publiq, en eslirent d'aultres, et mesme pour luy fere playsir ne fus mys du conselh de vylle. Voylla l'ingratitude du peuple, quy est ung anymal a pluzieurs testes, ne recougnoysant le byen quand hon le luy fet et quy neanlmoins ne doybt desgouter les gents de byen a s'employer jusqu'a la mort pour le byen du publiq, lequel nous doybt tousjours estre pour recoumandé.

En cete année, au moys de julhet, fut veu au cyel une estoylle chevelue durant huict jours quy randit estonnés pluzieurs personnes.

En l'an 1597, contre la volonté du segneur de Gouvernet et au consulat des sires Danyel Boys et Hector Segont 2, je fus

---

testament qui fut ouvert le 22 janvier 1646, époque de sa mort. Il laissait deux filles : 1º Catherine, épouse de noble François Odde de Bonniot, sieur de Prébois, qui mourut en sa maison de la Salle, le 6 mai 1640, mère de Charles Odde de Bonniot, sieur de Lautaret ; celui-ci épousa en 1658 Marie de Lamorte. 2º Lucrèce Ducros épousa noble Daniel Lagier, sieur de la Motte, conseiller du roi, contrôleur des gabelles du sel en Dauphiné ; elle mourut le 10 octobre 1653, mère de Paul Lagier, sieur de Pluviane.

1. *Thizy, chef-lieu de cant. du dép. du Rhône. — Thoissey, ch.-l. de c. du dép. de l'Ain. — Seurre, ch.-l. de c. de la Côte-d'Or.*

2. *Daniel Bois, avocat, ancien du consistoire de Grenoble, en 1623.*

esleu par le peuple du conseylh general et du particulier et crée juge coumys de la police.

Le dernyer jour du moys de janvyer, ung vendredy, a sept heures du soyr, le 14ᵉ jour de la lune, il s'aparut au siel une estoylle flamboyante, qui mena une grand clarté, laquelle fut suyvie de deux gros tonneres ; le cyel, la lune et les estoylles estant fort cleres, d'ou plusieurs furent fort estounés pour n'avoir jamès veu une semblable choze, [cela fut veu de plu-[zieurs parts et oui. Dieu conduise toutes chozes selon sa sᵗᵉ [volonté et convertisse ce grand et remarquable signe a quelque [choze de bon pour le repos et soulagement de son povre [peuple gemissant soubs la tyrannie de ses opresseurs dès [39 ans.]

Le dyt Gaspar, fils d'Anthoynne, estoyt home de grand estature et de six pieds d'aultheur, gresle de corps, gros d'espaulles et maygre de face, le poyl et barbe fort espaysse et blonde, grand nés et petits yeux noyres, et home fort actif en toutes chozes, grand chemyneur et aymant fort le travaylh des champs et l'agryculture, se playzant fort a lyre histoyres et escripre, etant eagé lorsquil fit cecy de trante quatre années et quelques moys, et afin qu'on recongnut sa signature quyl fayzoit ordynerement en chozes d'impourtance la inseree icy, afin quelle serve si le temps le requeroyt.

G. Gay.

Le dyt Gaspar est decedé de cette vye pour aller a la gloyre celeste de paradys, ainsin qu'yl a toujours pryé et esperé en Dyeu luy en fere grace, au nom de son fils bien aymé Nostre Segneur Jezus Christ, le [troisième] du moys [de juin] année mylle [six cents six]; ayant attaint l'eage de [46] anées. Dyeu luy face myzerycorde. Amen.

Danyel

Danyel Gay naquyt ung jour de mercredy, le 13ᵉ de may année myle cinq cents soysante deux, entre huyt et neuf heures de matyn. Son paryn fut hon. André Fraysse de Greine, son honcle. Il n'eut point de marynne. Il a esté le premyer des Gays en cete vylle batizé a l'esglize reformée, dans le grand temple Nostre Dame de Dye, par ung mynystre du lyeu de Chastilhon [1]. Il fut instruyt a l'escolle aveq moy par mesmes presepteurs, et ayant ataint l'eage de vingt ans, il fut mys a Grenoble ches M⁹ Nycollet, procureur en la cour de Parlement dudit Grenoble, ou il demeura quelques années pour aprandre l'estat

---

[1]. *Voici une lettre écrite à Die, le 6 janvier 1562, par le ministre Guillaume Bermen ; elle renferme de fort curieux détails sur les progrès du protestantisme dans nos contrées. Nous la reproduisons d'après le* Thesaurus epistolicus Calvinianus *(Brunsvigæ, in-4°, 11 volumes, 1872-1879), n° 3637. L'autographe est à la Bibliothèque de Genève, vol. CIX, fol. 99.*

A Monsieur Colladon ou a son absence a Monsieur Calvin, ministres de la parolle de Dieu a Geneve.

    Salut par nostre seigneur Jesus-Christ.

Monsieur et frère, l'occasion par laquelle vous escriptz la presente est que ce porteur nommé Michel Malsang, jadis jacopin, prechant en habit de moyne a Valdroume, village proche de la presente cité de Dye d'envyron six lieues, inspiré du Sainct Esprit delibera laisser l'habit de moynerie, come despuys a faict a tant que je me transpourtis audit Valdrome por illec fonder esglise chrestienne, cognoissant qu'il y avoit gentz craignantz Dieu, lesquels despuys esleurent por leur ministre ledit Mahang come leur etant agreable et estanz familiez de la parolle de Dieu, de sorte que ledit Malsang, sont huy huict jours, en presence de trois ministres noz freres et de moy, proposa aux fins d'estre receu au ministere de la parolle de Dieu (apres ce que fort bon rapport fust faict par l'assemblée de ses bonnes vie et conversation). Laquelle proposition faicte fust resolu qu'il allast estudier encores deux ou trois moys. Au moyen de quoy il s'en va a ces fins la hault, avec ung sien compagnon, nomé Gaspard de la Mer, natif de Cisteron, demeurant pour pedagogue audit Dye, bien modeste, morigené et de mediocre scavoir tant en lettres divines que humaines, qui pareillement est esleu por ministre en l'esglise de Chastilhon, village proche dudit Dye de deux lieues. Lesquelles deux eglises de Valdrome et de Chastilhon envoient a leurs despens estudier lesdictz Malsang et de la Mer, lesquels (a ce que ie cognois et que m'ont promis) diligenteront grandement a leur estude. Parquoy vous prie en particullier, come aussi generalement font ceulx desdictes esglises, leur voulloir ayder et vous en prendre garde mesme aux choses que concernent la correction et discipline scholastique. Puys, quant leur scavoir pourtera d'estre receuz audict ministere, vous plaira les fere presenter devant messieurs, et estre qu'ilz seront receuz audict ministere les envoyer de par de ca, le chascun respectivement en son esglise et non alhieurs, actendu ladicte ellection et qu'elles les entretienent (come sus est dict) la hault a leurs despens. Joinct une autre raison, qu'elles sont si fameliques de la parolle de Dieu

de pratisien. Après, demeura ung long temps a Ayx en Prouvence, poursuivant le cours de sa pratique, dans lequel survint la guerre sizieme en l'année 1585, en laquelle il pourta quelque temps l'arquebuze, en la compagnye de Monsieur de Soubreroche, en laquelle j'etoys ensegne ; après, se remy't arquebuzier a cheval en la troupe du segneur de Gouvernet, durant le temps que alors survint la peste en cette année 1586, en laquelle il quyta et fit sa quarantayne au Martouret, aveq mon pere ou ils demeurerent quatre moys et plus. La vylle ayant entrée, il se retyra et expouza Jeanne Plante, filhe a feu hon. Jean Plante [1], marchand en son vyvant de cette vylle, vefve de syre Charles Caty, laquelle il fit son heritiere. Ce fut en l'année 1587. De laquelle il heut Phelipe, Jeanne, Margueryte, Gaspar, et Lucresse, Madelayne Gay, ses enfens. Il fut [trois fois] consul de cette coumunaulté en l'année myl cinq cents quatre vingts

que rien plus, come asses le faict le demontre. Et en ce faisant nous tous vous serons grandement redebvables et prierons nostre bon Dieu le vous rendre, vous priant de salluer noz freres en mon nom et de leur recommander lesdictz Malsang et de la Mer, lesquels vous pourront rappourter de la prosperité de nostre esglise, et comme dernierement nous avons cellebré la cene.

Ma femme vous sallue, ensemble toute nostre chere Esglise, tous recommandans a voz prieres et de toute vostre esglise, et aultant en sera faict de nostre part. De Dye, ce vi^e de janvier 1562.

Le tout vostre frere et humble obeissant GUILL^e. BERMEN, ministre de la parolle de Dieu a Dye.

1. *Jean Plante, marchand, dont le nom se rencontre fréquemment dans les registres consulaires, habitait la rue de l'Armellerie ; il fut consul en 1566 avec François de Gironde, écuyer. Ce fut un zélé protestant. En 1570, il fit partie de la députation, chargée de demander au conseil l'observation des édits, touchant les points favorables à la nouvelle religion. Les noms des membres de cette députation nous feront connaitre quels étaient alors, dans notre ville, les chefs des principales familles protestantes: Raymond Appaix, Jehan Plante, Jehan Engilboud, Jehan Combel, Claude Grimaud, Claude Gayte, Pierre Malhefaud, Pierre Telmas, Anthoyne Jourdan, Guigues Corsanges, Antoine Poudrel, Antoine Garcin, Jordan Girin, Bertrand Malhefaud, Claude Chion, Guigues Timond, James Foulhas, Jehan Malhefaud, Jehan Gilbert, André Bonier, Jehan André et Nicolas Estre. En 1600, un Plante était notaire à Die. Louis Plante, avocat, fut consul en 1668. Pierre Plante, chirurgien, vivait en 1698.*

et quinze, avecques monsieur mᵉ Anthoyne Rambaud, avocad de cete vylle, et le sire Jean Coulomp leur trezoryer [et en [l'année   avec Mᵉ Daniel Roman procureur et la derniere fois en l'année avec Mᵉ Jean Masseron procureur. Il alla de ce [monde en paradis le unze d'aoust 1620, ayant leyssé ung fils [et trois filhes après luy. Ledit fils estoit advocat nommé [Gaspard, Phelippe femme de sire Jean Richard, Jeanne femme [de s. Jean Ripert ¹, et Marguerite n'estant pas maryée aussy [le susdit sieur avoucat Gay, qui mourut   ].

Ledit Danyel fut home de boune taylhe, moyenement gros, yeux petits voyres, le poyl et barbe blonde, home traytable en apointemens, ou il estoyt souvent employé, aymant l'agryculture et fort diligens en les afferes, muny de grand memoyre [et ayant attaint l'aage de 58 ans, est allé de ceste vie a la gloire [celeste de paradis, le xiᵉ du moys d'aoust année 1620].

JEAN.

Jean Gay naquyt ung jour de vendredy, le douzieme octobre

1. *Du mariage de Jeanne Gay, fille de Daniel, avec Jean Rippert naquit Daniel Rippert et Isabeau Rippert, qui épousa Jacques Gros, médecin de Die. Jeanne Gay testa le 19 février 1657 : elle veut être ensevelie au cimetière de ceulx de la relligion refformée de ceste ville, de laquelle elle fait profession, au scindic desquels pauvres de ladicte relligion ladicte testatrice a donné et legue pour une seule fois la somme de vingt livres, payable aud. scindic un an après son deces ; elle donne à sa fille Isabeau Rippert, femme de mᵉ Jacques Gros, médecin de Die, la somme de cent livres, outre ce qu'elle lui a donné en contrat de mariage ; elle lègue à Daniel, Jean et Jacques Gros, ses petits-enfants, cent livres à chacun d'eux, et à Jeanne et Marie, ses petites-filles, deux cents livres à chacune ; elle lègue à Antonie Vallentin, de Barnave, sa servante, la somme de 10 livres ; elle institue enfin pour héritier universel Daniel Rippert, son fils, avocat. Ce dernier épousa Catherine Nicolas et eut trois enfants : Daniel, avocat, Louis et Catherine Rippert. Catherine, mariée en 1697 à Giraud Long, marchand de Die, fut mère d'Antoine Long. Celui-ci naquit en 1698, suivit la profession de son père, et de sa femme Marie Imbert eut François Long, notaire, qui épousa le 9 février 1773 Marie Lucrèce Lagier, fille de Louis Lagier, avocat à Die et de Françoise de La Morte-Félines. Francois Long fut père de : 1° Louis-Antoine-François, né le 26 novembre 1773 ; mort le 12 juillet 1848 ; — 2° Jean-Denis Long, docteur en médecine, né le 3 octobre 1776 et décédé le 17 mai 1866 (Voir plus haut, p. 13. — C'est dans ses papiers de famille que se trouvaient les manuscrits originaux des Mémoires des frères Gay) ; — 3° Marie-Rose, née le 8 octobre 1781.*

myl cinq cents soysante sinq. Son paryn fut noble Claude de Chippres, segneur de Soubreroche, du lyeu de Chastilhon ; sa maryne fut damoyselle Cleré de Sauvaing, filhe du segneur du Chaylar. Il fut batizé en l'esglize reformée par monsieur Gerome [1], ministre en cete esglize de Dye, au lyeu ou et la grand boucherye de la vylle. Il aprint l'estat de marchand de draps de soye, lequel lorsque j'ay fet secy l'avoyt exercé en cete dyte vylle l'espace de sinq années [et avoit print les armes [durant la guerre de la Ligue es années 1585, 1586 et 1587, et [depuis avoit dressé boutique de marchandise. En l'année 1599 il expousa Claude d'Eurre [2], laquelle mourut environ [ans après, luy ayant laissé ung fils, et après, en l'année 1602, [il se remaria avec Madeleine Marye [3]. En l'année 1632 et le [30 janvier, ayant demeuré huit jours mallade, fit son testament, [receu par m⁰ David Planel notaire hereditere de ceste ville, [par lequel fit heritier son frere cappitaine Anthoyne Gay, et [legua a sadite femme tous les meubles de sa maison, et le [vin de sa cave, et vingt une livres aux pauvres]. Ledit Jean fut de boune tailhe, gresle de cors, plain de face, yeux roux,

---

1. *Cf.* ARNAUD, Hist. des protestants du Dauphiné, *t. III, p. 327.*

2. *C'était probablement une petite-fille d'Aimé de Glane-d'Eurre, sieur de Cugy, gouverneur de Die, à qui la famille Gay demeura toujours très dévouée. Ce capitaine huguenot, qui eut un moment de célébrité, testa le 7 mai 1586, et laissa d'Antoinette des Massues de nombreux enfants: Daniel, David, Jean, André, Esther, Honorée et Françoise (voir plus haut, p. 54, et archives de la Drôme, E, 1252 et suiv.).*

3. *Elle appartenait à une famille de notaires, qui embrassa le protestantisme et a joué un certain rôle dans notre ville au XVIe siècle. Guillaume Marie, notaire, a été plusieurs fois consul, ainsi que Jacques Marie. Dans la querelle qui divisa les gentilshommes protestants du Dauphiné, après la mort de Montbrun, le capitaine Guillaume Marie, de Die, ainsi que les capitaines Gay et Appais, s'attacha au parti des Désunis, qui ne voulaient point de Lesdiguières pour leur chef. Le 28 juillet 1580, Lesdiguières écrivait de Gap au conseil de Die pour leur faire entendre que le capitaine Marie et ceux de sa faction luy auroient déclaré se vouloir, si leur est permis par led. sieur, se retirer en cette ville (de Die) en leurs maisons et y demeurer en neutralité, ce que led. sieur treuve fort étrange, et n'estoit d'advis qu'on le receut en cette qualité. Guillaume Marie mourut vers 1590 ; sa veuve, Louise Gruel, fille de Jacques, se remaria avec noble Maximilien de Gironde,*

poil et barbe chastagnée, ayment fort le trafique de la marchandise et peu l'agriculture et le travaylh champestre et [ayant [eu plusieurs enfants qui sont morts advant luy, est decedé le [premier de febvrier 1632, apres quatre heures apres midy et a [esté ensevelly le jour de Nostre Dame la Chandelleuse 1.]

Marye

Marie Gay naquyt un jour de mercredy, le sixieme julhet myl cinq cents soixante huyt, entre quatre et sinq heures de matin. Son paryn fut noble Ponson de Bergeron, sieur de Chanteloube 2, d'Aouste; sa marynne fut damoyzelle Louyze de Beauchastel 3. Il fut batizé par monsieur de Luzi 4, mynystre

---

1. Le 2 février, fête de la purification de la Très Sainte Vierge.
2. Chanteloube est le nom d'une maison forte sur le territoire d'Alixan.
3. Elle était fille de François de Beauchastel et de Madeleine Reyne, qui testa le 17 avril 1554 à Die. Elle avait trois frères: Gaspard, qui fut plusieurs fois consul de Die; Jean, chanoine, puis doyen de Die, qui apostasia, présida lui-même à l'incendie des archives du chapitre et des reliques de St Etienne sur la place de la cathédrale en 1562 et finit par se marier; et Louis, reçu habitant de Genève le 12 octobre 1556. Cette famille n'était pas établie dans notre ville depuis fort longtemps. Le notaire Charency nous a laissé l'inventaire des meubles, que garda chez elle Louise de Beauchastel, veuve d'Antoine Faure de Vercors; cet inventaire est daté du 22 janvier 1552 (n. s.) et nous fait connaître quel était le mobilier d'une grande dame à Die, au XVIe siècle. Premierement deux formes lictz de boys blanc, avec leurs constres bien bonnes de plume et deux cuyssins plume. Plus dedans lesd. lictz, deulx linceulx pour garde palhe. Plus la garniture de cortines a chescung troys linceulx, en l'ung a deux corraux. Plus deux couvertes et une vanne en ung lict bien bonne. Plus deux couvertes en l'aultre lict. Plus une douzaine et dymie linceulx, quinze grands et troys petits. Plus deux arches lombardes, tenant chescune huyts sestiers ou environ. Plus ung buffet de noyer menuisé a deux armeres, avec les serrures et clefs, et deux chieres de noyer. Plus une table ronde de sapin, ung banc tout de noyer a deux armeres dessoubs. Plus une table longue et deux trateaux de sapin. Plus deux scabelles, deux landiers de fer. Plus une arche de noyer menuizée, avec la serrure a doble ressort et avec sa clef. Une petite palle pour le foyer. Plus une chiere lombarde, que n'a point de derrier, qui se plie. Plus ung cumacle fer a deux branches et douze cheynons. Plus ung aultre cumascle a troys branches et sept cheynons. Plus un tapis de tapissarie de Flandres pour la table. . . . .
4. Jean de Lusi, pasteur à Dieulefit de 1561 à 1562 et à Die en 1568.

de Dye, et au moys de nouuambre myl cinq cents huytante quatre fut maryée a sire Piere Valensan, apotiquere de cette vyle de Dye Ele fut de boune taylhe, blonde de cheveuls, petits yeux noyrs, femme fort devotyeuze en sa religion refourmée, ayment et frequentant les predicasions, et b eut tant de son patternel que matternel que sinquante escus, que son paryn luy donna en son dernier testament quatre cents escus de doyre. [Après la mort dud. sire Vallensan, qui fut en l'année 1601 et au bout de l'année. Il se remaria avec monsieur M⁰ [Samuel Benoit 1, médecin, natif de Seyne, environ trois ans [apres la mort dud. s. Vallensan. Elle mourut en l'année [et fit heritier led. s. Benoit.]

ANTHOYNE.

Anthoyne Gay naquyt ung jour de vendredy, le penultyeme jour de juin, myl cinq cents septante ung, a troys heures après mydy. Son paryn fut le sire Jean Barbyer, marchant de cete vylle, et sa maryne fut damoyselle Jeanne Fraysse, sa couzine, femme de M⁰ Louis Escouffier, notere de Dye. Il fut batizé au chateau d'Ayx par monsieur M⁰ Chabran 2, ministre par lors de Dye, ou l'on n'ozoit prescher a l'ocazion d'un esdyt que le roy Charles neufvieme, roy de France, avoyt fet. Il fut instruyt aus escoles, ou il aprint a lyre et escripre, et ayant ataint l'eage de dix et huyt ans, il print les armes en la sixieme guere, et fut par lors arquebuzier a cheval aus gardes de noble Fransoys de Bonne, segneur de Lesdiguieres, et y receut deux arquebuzades en sa personne, dont l'une luy demeura dans le cors,

---

1. *Samuel Benoit, docteur en médecine, qui épousa Marie Gay, veuve de Pierre Vallensan, apothicaire, était le second fils d'un réfugié dauphinois de Genève, Georges Benoît et de Salomée Cop, de la famille des savants de Basles. Il fut professeur à l'académie de Saumur et grand humaniste; on a de lui une traduction en vers latins de la seconde semaine de Du Bartas, imprimée à Lyon en 1609. Il exerça la médecine à Die et à Grenoble. Cf.* La France protestante, *t. II (1881) col. 277-81* ; Rochas, *t. I, p. 102.*

2. *Il s'agit sans doute de Jean Chabrand, ministre à Sisteron en 1561, réfugié à Genève à la Saint-Barthélemy et admis à l'habitation dans cette ville le 15 septembre 1572.*

laquelle il heut a la desfette que monsieur de Lesdiguieres fit a Esparon en Prouvance sur ceux de la Ligue. Il se trouva en plusieurs factions de guere, tant en Prouvance, Piemond, Savoye et Daufiné, tousjours suyvant le segneur de Lesdiguieres, segneur tenu en reputation de luy des plus vaylhants, sage et heureux de la France, et quy a fet des exploits mervelheux, en son temps. [Et pour lors estant general de l'armée [du roy en Dauphiné, Piemond et Savoye, ce fut en l'an 1590, [sur la fin d'octobre, au lieu de Vif, qu'il se remit au service [des gardes dud. segneur, qui dud. lieu, s'en ala tenyr les Estats [de ceste prouvince a Voiron et iceulx tenus alla prandre les [rues de Grenoble nommés de St Laurent et La Periere, et [donna ung coup de petard a la porte du pont de l'Isere qui [passe entre lesdites rues et lad. ville, qui enfonça lad. porte, [mais le cladat de fer de lad. porte abatu, ne se fit pour ce [jour, autre chose. Mais fit venir son armée et six canons pour [batre la dite ville, laquelle fut rendue par composition et le [gouvernement donné a M. de Morges. La compagnie dud. [segneur entra la premiere dans lesd. rues de St Laurens et de [la Perière, et apres celle des gardes de laquelle ledit Anthoine [estoit, commandé par mons. des Orres [1]. Quelques jours après [mons. de Gouvernet avec cinq cents reistres et environ deux [cents arquebusiers a cheval tant des gardes que autres alla [en Savoye a St Bardot [2], ou estoyt logé. . Renvoyé au feuil. [52, ou est descrit ce que led. Antoine a durant sa vie veu de [notable.] Ledit Anthoyne fut de la grandeur de Gaspard son frere et luy retyroyt fort de fasse et poyl et barbe blonde, actyf et plain d'amytié, aymant fort l'agriculture et les armes et a lyre histoyres.

Esther

Esther Gay naquyt ung vendredy sinquyesme jour de decembre myl cinq cents septante huyt, a deux heures du soyr. Son parin fut Me Claude Dupuys, notere de cete vylle ; ses marynnes furent damoyselles Honorée et Fransoyze de Glane,

---

1. *La terre des Orres, au diocèse d'Embrun.*
2. *Saint-Baldolph, en Savoie, cant. et arr. de Chambéry.*

filhes du segneur de Cugie, par lors gouverneur de Dye et fut batizee a l'esveché par monsieur Ennemond de la Combe57, ministre. Elle mourut de briesve maladye eagé d'envyron deux ans. Voyla en soume ce quy c'et passé d'elle.

57. *Voir plus haut, p. 177. Nous donnerons ici, d'après le* Thesaurus epistolicus Calvinianus, *n° 3654, une lettre adressée à Calvin par Pierre Bise, pasteur à la Côte-Saint-André, le 16 décembre 1561 ; on y trouvera de fort curieux détails sur les origines du protestantisme à Romans et sur le ministre Lacombe.*

Au très fidelle serviteur de Dieu, mon très honoré seigneur et docteur, monsieur Calvin.

Nostre Seigneur Jesus vous soit pour salut.

Mon tres honoré seigneur, considerant l'estat de l'esglise de Romans et la moisson copieuse qui y est, ie ne puis moins faire que la vous recommander au nom du Seigneur, afin que par vostre faveur, aide et conseilh elle soit assistée. J'apperçoy la famine tres grande de la pasture celeste, l'ardeur de la recevoir, quand le Seigneur leur presente le moyen.

Ouyant la clameur de ce grand troupeau, voyant la diligence des diacres, le soing des anciens et experimentant le zèle en l'œuvre de Dieu, leurs regrets et soupirs, causant la longue absence de la Comba, leur ministre (presté en une extreme necessité a ceux d'Oranges, comme serez amplement adverty par ces deux notables personnages) ie suis contraint de soupirer avec eux et me complaindre a vous du tort qu'il me semble leur estre faict par lesdits d'Oranges et la Comba, contre l'intention du synode tenu a Dye et la permission desdits de Romans. Car si ceux d'Oranges ne se sont voulu pourvoir de ministre, comme leur avoit esté enioinct, regrettans encores (comme verrés par leurs lettres) leur Greg. Cornelius receu par eux sans vocation et ordre legitime, et si ledict La Comba n'ayant resisté audit Romans iusques a la prison et au sang se trouve plus commodement et a son aise avec lesdits d'Oranges, si sa femme nouvellement espousée lui est un empeschement ou lui est plus chere que l'Esglise du Seigneur, de laquelle par necessité il a esté en charge, qu'en peut mais ce pauvre troupeau affamé et desolé, duquel il rendra comte.

Je vous supplie donc, au nom du Seigneur, leur tendre la main, de sorte qu'ils aient occasion d'estre au double redevables envers vous. Il seroit du tout necessaire qu'a vostre instance Mr Merlin y fit un voyage : car ie say qu'il y sera receu comme un ange de Dieu, avec un fruict inestimable. Ils ont conceu cette esperance que mondit sieur Merlin leur fera ce bien et grace de les venir remettre en ordre (afin que ie ne dise en vie), a leur grande consolation. Ie me tiens desia pour resolu de la facilité et devoir envers les siens, auquel i'en eusse escry si i'eusse heu le loisir. A tant je prieray nostre bon Dieu et pere vous faire prosperer en son œuvre,

Marthe

Marthe Gay naquyt ung lundy vingt et troyzieme avryl my. cinq cents huytante deux, entre sept ou huyt heures du soyr, Son parin fut Thomas Gay, son frere, et sa marinne fut Glaude Gay, sa seur, femme de syre Louys Appays. Elle fut batizée par monsieur Vytal Lhaurens [1], lors mynystre de Dye, dens la cour du jardin et estableryes de sire Pierre Bertrand, pres des courdeliers, ou l'on preschoyt par lors, a l'ocazion de ce que l'on n'avoyt point encore basty de temple pour prescher. [Il fut marié en premieres nopces a sire Pierre Advond et en heust deux enfans qui moururent quelque temps apres la mort de leur pere. Elle se remaria a Sr Pol Chappot [2], lequel aussy mourut et leyssa la susdite Marthe Gay avec ung malle et deux filhes : l'ainée maryée avec Gaspard Poullat, nommée Bonne, et l'autre Louyse mariée avec Pierre Lambert notere, et ce apres le deces dud. Pol Chappot. Lad. Marthe Gay est decedée le vingt huyt octobre 1640, a quatre heures après midy, jour de dimanche, ayant jusqu'au dernier periode de sa vie recours a la misericorde de Dieu et sans apreander la mort, apres avoir esté exortée et consolée par monsieur Eustache [3], ministre, est decedée et leyssé heritier Charles Chap-

assister a ses povres et desolées esglises, vous fortifier et conserver en bonne santé, longue et heureuse vie, me recommandant tres humblement a vos sainctes prieres et bonne grace, sans oublier mondit sieur Merlin et mes honorés seigneurs, vos freres et compaignons. De Romans, ce 16 de decembre 1561.

Pour autant que ceux de Beaurepaire, Moras, St-Valier et autres esglises desirent d'avoir ministres, ie vous supplie admonester un Me Pierre Bisson, iadis apoticaire a Yverdun qu'il se prepare : car ie delibere en brief l'envoyer querre, si le trouvez propre. Sa pieté et saincte conversation m'est assez notoire de long temps.

Vostre tres humble serviteur et disciple a iamais.

BISR.

1. Mr Arnaud l'appelle Laurent Vitel (t. II, p. 327).
2. Il était peut-être parent de Pierre Chapot, dauphinois, qui fut exécuté à Paris en 1546 pour avoir introduit dans la ville des livres hérétiques, qu'il avait apportés de Genève. Cf. La France protestante, t. III, col. 1085-6.
3. David Eustache a été successivement ministre à Corps, à La Terrasse,

[pot, son fils, par son dernier testament, receu par m. Jean [Mailhefaud, notere, du jour que dessus elle mourut.]

MEMOYRE DES CONTRATS FETS ET PASÉS EN LA FABVEUR DE ANTHOYNNE GAY, BOURGEOYS DE DYE, AUQUEL COUMANCE LA TROYZIEME GENERASION.

Mariage de Anthoynne Gay bourgeoys de Dye et de damoyselle Jeanne Brunel, filhe de noble Vinsent Brunel, segneur de St Maurisse, Lale et le Serre en Triesves, et habytant dudit St Maurisse, reseu par me Guylhaume Brunel, notere de Lalé, mandement dudit Saint Maurisse, du vingt et six nouvambre myl cinq cents quarante deux. — 1542 —

Mariage dudit Anthoynne Gay avec damoyzelle Jeanne Faure, filhe de noble Jourdan Faure, segneur de Vercors de cete vylle de Dye, resseu par metre Anthoynne Charensy, notere dud. Dye, en l'année myl cinq cents sinquante et neuf. — 1559.

Dounasion de me Gabryel Gay, chanoine de l'Esglise catedralle Notre Dame de Dye, fet en fabveur de Jourdan Malsang, et nous servant, reseu par me Gabryel de Savignes, notere de Dye, du vingtyeme mars myl cinq cents quarante. — 1540.

Testement de venerable messire Piere Gay, prebstre de l'esglise Nostre Dame de Dye, faysant en fabveur de Anthoyne Gay, son frere, reseu par me Anthoynne Lambert, notere de Dye, du vingtyeme jour du moys de janvyer année myl sinq cents sinquante sinq. — 1555.

Instrument d'apointement, fet entre led. Piere Gay et Gabryel Gay, son honcle, reseu par me Anthoyne Charensy, de l'année J contenue aud. instrument.

Achept de vingt et ung flourins pension, faysant pour led. Anthoynne, contre Jourdan Malsang, reseu par me Anthoyne Lambert, notere de Dye, le vingt de julhet myl cinq cents sinquante quatre — 1554.

à La Mure, à Die (de 1638 à 1641) et à Montpellier. Il soutint plusieurs disputes théologiques avec des docteurs catholiques, notamment avec le P. Fichet, jésuite. ROCHAS, t. I, p. 358-60; — ARNAUD, Notice sur les controverses relig. en Dauphiné, p. 39, 40, 45.

Arest provizionel de la cour de Parlement du Daufyné, seant a Grenoble, contre Leonarde Roustagne, vefve a feu Jourdan Malsang, pour vingt et ung flourins pension, du 14e decembre 1581, signé Albarestier.

Aultre arest definitif contre lad. Rostagne, pour les vingt et ung flourins pension, sy dessus mentionnés, donné aud. Grenoble le douzieme du moys de may 1583, signé Bertrand.

Achept d'un tenement de deveys, fet par me Piere Gay, situé au teroyr de Dye, lyeu dyt en St Corp, près la Roche de Roumeyer, au-dessous la riviere de Meyrosse, et du coutté de la vylle les vignes de la Gueyre, reseu par Me Mourel, notere de Dye, du unzieme febvryer 1537.

Enqueste, fette pour led. deveys par Pierre et Anthoynne Gay freres, en ung procès contre eus intanté, pour l'abolition dud. deveys, par Dysdyer Daumas dyt Fassy, fette par Me Guylhaume de Rodon, juge de cete vylle, et mestre Jacques Mailhefaud, son greffier, du treze jour du moys de decembre 1549.

Nomynasion en amy, fayzant pour led. Anthoynne Gay, d'une tere aus Myelons, qu'yl a du despuys eschangé a M. Bertrand Malhefaud, couturyer de cete vyle, pour une aultre au sere du Martouret, coume apert par Me Antoyne Lambert, notere de Dye. 1564.

Mariage de André Courbiere de Lyvron et damoiselle Jeanne Faure, de Dye, servent en cette mayzon, resu par Me Anthoine Charensy, notere de Dye, du septyeme jour du moys de juin 1556.

Achept du tenement de Puergnon, consistant en mayzon et coulombyer, jardin, tere, pré et vigne par Piere Gay, de Piere Charensy de cette vyle, resu par Me Anthoyne Lambert, notere de Dye, avec ratificasion, le tout reseu par led. Lambert, savoyr l'achept le vingt et deux julhet 1554, et la ratificasion le six mars 1555.

Achept de Anthoyne et Pierre Gay d'une tere en Saueyra, aquyse de jean Brun, boulangier de Dye, que confronte le rif de Saveyra, juste le beal de leygage, tere et pré de Claude Vignon, tere et pré de Hilaire Sausine, resseu par Me Claude Boyery, notere de Dye, du dix neuf decembre 1550.

Achept dud. M° Pierre Gay d'une terre en l'Aulmet, acquyse de Jean et Mychel Brunels, alias Pascallet, confrontant la terre des freres prescheurs, le beal de leygage au mylieu, tere de Fransoys Plannel et tere desdits prescheurs du dessus, receu par M° Barthelemy Escouffier notere de Dye du unzieme janvyer 1538.

Achept de M° Pierre Gay d'une tere en l'Aulmet, aquize de Laurans et Fransoys Perynets de Dye, confronte la tere de Fransoys Pascallet, le tenement de teres, grange dud. achepteur, terre de M° Anthoyne Pelhon et aultre dud. Paqualet, tere du prieuré de St Marcel, ung rif mort entre deus, resseu par M° Anthoyne Charency, de Dye, du quatorzieme avryl 1541.

Achept de Anthoynne Gay de cent huyt pas tere de longeur et cinq pas de largeur au Martouret, aquys de Genefvieve Tybaude, juste et long la tere dud. Gay de long et de deus coustés, et tere de lad. Tybaude, tere dotale de M° Guy Brun, le rif au pied, deslivrée à l'inquand du douzieme nouvambre 1557, reseu par M° Esprit Dermenon greffier et notere de Dye.

Transaction de Jacques Fabryer et Claude Pynoud, pour leygage du Martouret nous servent, reseu par M° Fransoys Achart, notère de Dye, en l'année 1505.

Achept de Pierre et Anthoyne Gay freres d'une vigne, asize en Beq au sel, syse en Loysette ou l'Arenyer, aquise de Estienne Masse, que confronte le chemin publiq alhand en Beq au sel, et vignes desd. achepteurs, ung rif mort entre deux, reseu par M° Anthoyne Lambert, notere de Dye, du sixieme avryl 1549.

Achept d'une tere en l'Aulmet aquyse par les susdits Gays de Louys Richaud, dyt Sausine, et Claude Malsang, maryés, que confronte la terre de Pierre et Reymond Margnauds, resseu par M° Claude Boyery, de Dye, du 15 may 1551.

Apensionement d'un tenement en l'Aulmet ou Saueyra, et consistant en grange, mayson, terres et prés, fet en fabveur de M° Piere Gay, par don Thomas Gay, son honcle, sacrestain du prieuré de St Marcel les Dye, avec ses confronds, reseu par M° Guylhaume Marye, notere dud. Dye, du sixieme jour du moys de setembre 1538.

Ratification, recougnoysance et investiture dud. tenement, fet aud. Gay, par le pryeur de St Marcel, reseu par led. Marye, du vingt troysieme juin 1539.

Achept de dix flourins de pansion, que le susdit tenement de l'Aulmet faizoit au prioré de St Marcel les Dye, reseu par Me Barthelemy Escouffier, en datte du jour et année i contenus.

Achept de Me Piere Gay d'une tere en l'Aulmet, aquyse de Laurans Chapaiis, laboureur dud. Dye, que confronte la tere dud. vendeur du coutte de la vylle, juste le chemin alhand a Roumeyer, reseu par Me Anthoynne Charensy du six et neufvieme du moys d'octobre 1544.

Achept de Anthoyne Gay d'une mayzon dans Dye, asize en la rue de Vileneufve, qu'yl a heu a l'inquand publiq des hoirs de Martin Malsang, que confronte la mayzon dud. Gay, mayson des hoirs de George Bertrand, passé par devant Me Guylhaume Roudon, juge, et Me Jacques Mailhefaud, greffier, du 15 julhet 1551.

Quytance, consedée aud. Gay par Jean Roux et Cateryne Gay, maryés, par les droyts de legitime deubs a lad. Cateryne, sur les byens de Barthelemy Gay leur pere, reseu par Me Anthoyne Lambert, notere de Dye, du douzieme julhet 1566.

Espulsion de douze sols pension, que led. Anthoynne Gay fayzoyt aus pauvres lepreux de la maladiere desus vylle, reseu par Me Fransoys Garcin, notere de cette vylle de Dye, du 4e febvrier 1581.

Aquyt concedé a Anthoynne Gay, par Thomye Gay, filhe naturelle de feu Me Pierre Gay, et Joachin Amblard, son mary, du Montelhymar, reseu par Me Claude Vallete, notere du Monthelymar, du 17 janvier 1566.

Aquyt concedé a Anthoynne Gay par Oudix Roux, sa niepce, filhe de Cateryne Gay, pour tous les afferes passés, qu'yls ont heu ensemble, reseu par Me Pierre Cartyer, not. du Crest, du 18e juin 1576.

Eschanges, fets entre led. Anthoynne et Anthoyne Garsin, dit Patu, d'une piece de tere au Martouret, que confronte la tere de Claude Vyeron et la vigne de Me Paul Dermenon et le chemin alhand a Ouson, baylhée par led. Garsin, et une piece de tere en l'haulmet, baylhée aud. Garsin par led. Gay, reseu par Mᵉ Eynard Chabert, notere de Dye, du 8 septambre 1578, sur ung registre au feulh. xxiiii.

Eschanges, passés entre Anthoynne Gay et Bertrand Malhefaud et Caterynne Fabvyer, maryés, d'une tere au Martouret, baylhée par lesd. Malhefaud et Fabvyer aud. Gay, pour une tere aus Myelons, que led. Gay leur a baylhé, reseu par M. Eynard Chabert, notere de Dye, couché sur ung reg. au feui.h. lxxi, en l'année 1566.

Achept de tere, fet par Piere et Anthoyne Gay, freres, reseu par Mᵉ Anthoyne Charensy, en l'an 1544.

Eschanges, fets par lesd. Gay aveq Jean Faure dit Paserat d'une vigne en la Gelinne, que led. Faure leur a baylhé, reseu par Mᵉ Andre Maseron, le premyer jour de may année 1545.

Achept desd. Gay d'une terre au Martouret, aquyse de Jacques Fabvyer de Dye, reseu par Mᵉ André Maseron du 15 jour du moys de juyn année 1546.

Achept desd. Gays d'une vigne en la Gelynne, aquyse de Goudon, reseu par Mᵉ Esprit Dermenon, not. en 1548.

Achept de Pierre et Anthoynne Gays, freres, d'une piece de vigne en Beq au sel ou l'Areynier, aquyse de Estienne Masse, et reseu par Mᵉ Anthoyne Lambert, notere de Dye, en l'année 1549.

Achept d'une vigne en la Gelynne ou tere, aquyze par lesd. Piere et Anthoyne Gays, freres, de Jacques Vya., resseu par Mᵉ Anthoynne Lambert, not. de Dye, en l'année 1552.

Achept dud. Anthoyne Gay d'une vigne en la Geline, reseu par Mᵉ Esprit Dermenon, not., en l'ann. 1550.

Instrument faysant en la fabveur de Pierre Gay, reseu par Mᵉ Anthoyne Charensy ou Guylhaume Marye noteres de cette vylle en leur lyvre G. folyo 14.

Achept de Mᵉ Pierre Gay, prestre de l'esglise Notre Dame de Dye, d'une tere en l'Aulmet, qu'yl a aquys de Perynnet, reseu par Mᵉ Guylhaume Marye, not. de Dye, en l'année 1540.

Achept de Mᵉ Pierre Gay d'une tere en l'Aulmet, aquys des

Chapaiis, reseu par Mᵉ Guylhaume Marye, notere de cette vylle en l'année 1543

Achept dud. Mᵉ Pierre Gay d'une tere, aquyse des Galvaguets, reseu par Mᵉ Maurely, not. de cete vylle, en l'an 1534.

Transation et appointement, passés entre Anthoyne Gay, bourgeoys de Dye, et Thomas et Glaude Gays, ses enfans, tant de leurs droyts paternels que maternels, aveq les paches et conventions entre euls, coume a plain et contenu au contrat dud. apointement, reseu par Mᵉ Davyd Lambert, not. de Dye, du 23ᵉ mars 1585.

Aquyt, concedé par le sire Jean Valensan, marchand de cette vylle, pere de Piere Valensau, a Anthoynne Gay beau pere dud. Piere, de la soume de cent sinquante escus sol et une robe de sarge de Flourance, en diminusion de dot, constytué a Marye Gay, femme dud. Piere et filhe dud. Anthoyne, reseu par Mᵉ Gaspard Chabert, not. de Dye, du vingt et sizieme mars année 1585.

Espulsion et quytance de quarante deux sols pention d'un coutté et dix huyt sol de l'autre, de laquelle Barthelemy Gay s'etoyt rendu caution pour Gabryel Gay son frere, envers messieurs de l'esglise, comme apert aquyt donné a Anthoyne Gay par Mᵉ George Marselhe, chanoyne de lad. esglise, et instrument, le tout reseu par Mᵉ Authoynne Charensy, du 22 julhet année 1557.

Aquyt concedé a Anthoyne Gay par sire Louys Apays, mary de Glaude Gay, sa filhe, pour la soume de 310 escus, payés en diminusion du dot de lad. Glaude aud. Apays, reseu par Mᵉ Anthoyne Lambert, not. de Dye, du 17 julhet 1565.

Aquyt concedé a Anthoynne Gay par Thoumas Gay, son fils, de la soume de deux cents trante troys escus vingt sols, a luy legués en son contrat de maryage par led. Anthoynne, reseu par Mᵉ Gaspard Chabert not. de Dye, du dixieme decembre 1580.

Achept de Anthoynne Gay d'une tere au Martouret, aquize de Guylhaume de Byerre, de Dye, que confronte le rif du Martouret, reseu par Mᵉ Claude Boyery, not. dud. Dye. du 9ᵉ juin 1550.

Testament de Anthoynne Gay, fet en fabveur de Gaspard Gay, son fils, le 12ᵉ d'aoust 1586, reseu par Mᵉ Louys de Rodon, notere de Dye, vers le pont d'Aurelhe, a l'ocazion de la grand contagion, quy fut a Dye en cette année 1586.

[Testament d'Anthoyne Gay, reçu par Mᵉ Pierre Chalvet,
[notaire, le 30 decembre 1587, ou il fait Gaspard Gay, son fils,
[heritier, et ou led. Gaspard decederoit sans enfant ou ses
[enfants decederoient sans enfans substitue Anthoyne Gay
[son frère et les siens].

C'ET LA QUATRYEME GENERASION DE LA MAIZON DES GAYS, A DYE, DE LAQUELLE GASPAR FYLS D'ANTHOYNNE CE TROUVE LE PREMYER, BYEN QUE THOMAS FUT SON AYSNÉ, A L'OCAZION DE CE QUE LED. THOMAS S'ESMANCYPA, ET PAR AINSIN LED. GASPARD CE TROUVE HERITIER, DUQUEL S'ENSUYT LA GENERASION ET CE QUI EN A ESTÉ. DYEU NOUS FASE LA GRACE D'Y MULTYPLIER A SA GLOYRE.

Gaspar Gay, fyls d'Anthoynne, a coumancé la quatryesme generasion et sont sourtys de luy et de Louyse Engilboud sa femme des le vingt avryl myl cinq cents quatre vingts et sept, que leur mariage fut reseu par Mᵉ André Gilbert [1], notere de Dye et expouzerent le vingt six septambre myl cinq cents quatre vingts et sept soubs l'ale du marché. Monsieur Barbyer [2], mynystre de ceté vylle les espouza. Ladite Engilboud heut troys mylle six cents lyvres de doyre, que son pere le sire Jean Engilboud, bourgeois de Dye, luy avoyt donné par son dernyer testament, ou Hercullés Engilboud, son frere, a sa constitutyon de dot. Elle estoyt de moyenne stature de grandeur yeux roux, grand front et poyl chastaing, femme devotyeuse et de peu de paroles, bonne mesnagere et propre tant en habyts quen aultres chozes. Elle naquyt, a ce que j'en ay peu reculhyr, au moys de nouvambre, en l'année mil cinq cents soysante.

---

1. C'est probablement à cette famille de Die qu'appartenait Louis Gilbert, qui fut ministre protestant et se convertit au catholicisme en 1685. On sait qu'il est auteur d'une vie de Sᵗ Etienne, évêque de Die. ROCHAS, t. I, p. 422.
2. Louis Barbier, successivement ministre à Die en 1588, à Saillans en 1603, à Pontaix en 1604.

Elle estoyt de mon eage et n'avoys qu'un moys plus qu'elle. Nous demeurasmes deux ans et quelques moys maryés, sans avoyr enfens, et du despuys eusmes, en l'année myl cinq cents quatrevingts et dix, le premier D'elle donq et de moy, sont issus : Hercules et Fransoys, [Danyel],   , desquels la natyvytté sera cy après descripte au long.

Hercules.

Hercules Gay naquyt un jour de jeudy, huyctieme de febvryer, année myl cinq cents quatrevingts dix, le synquiesme jour de la lune nouvelle, entre neuf et dix heures du soyr. Son paryn fut honorable Herculles Engilboud, son honcle, frere de Louyze Engilboud sa mere, et sa marynne damoyzelle Fransoyze de Chappot, couzine germaynne de lad. Engilboud, et fut batizé le septyeme mars en l'annee susdite, au temple de nouveau basty vers Saint May [1], par monsieur Davyt [2], mynistre de Pontays, preschant lors ycy, ou se fayzoyt une asamblée de mynistres, et Dyeu le retyra a luy le dixyeme mars myl cinq cents nonante. Se voullant servyr des premyers fruyts qu'yl nous avoyt donné. Dyeu nous face myzericorde et nous envoye ce qu'il cougnoyt nous estre nesessere, au nom de son fils Jesus Crist. Amen.

Fransoys.

Fransoys Gay, segond fils de Gaspar, naquyt ung jour de mardy, vingt six de julhet mil cinq cents nonante quatre, entre quatre et sinq heures du matyn, la lune estant nouvelle de neuf jours. Son paryn fut noble Fransoys de Perdeyer [3],

---

1. *Ce temple fut démoli par arrêt du Conseil d'Etat, le 3o juillet 1685, comme étant bâti dans une ville épiscopale. La cloche que les protestants y avaient placée avait été saisie le 1ᵉʳ avril de la même année par le juge Gaspard Collet, sieur d'Anglefort et le consul Boudra.* « *Elle avait, lisons-nous dans une note de Mʳ Long, une largeur de 3 pieds moins un pouce en bas et autant en hauteur en dedans. Ecusson aux armes de France.* SALVATORI XPO RELIGIONIS REFORMATAE AVCTORI ET PROTECTORI DIENSES CIVES DD ANNO 1612.
2. *Auguste David, ministre de Pontaix.*
3. *La famille Perdeyer ou Perdier est originaire de Menglon. Claude Perdier est nommé parmi les nobles de cette localité dans une révision de feux de*

syeur de St Martin, et sa marynne damoyselle Izabeau de Vercors, ma couzine, et a esté batizé au temple de nouveau basty vers St May, par monsieur Guylhaume Vallyer [1], mynystre de la parole de Dyeu a Dye, un jour de mardy, trantyesme d'aoust, anée myl cinq cent quatrevingts et quatre. Et Dyeu l'a retyré de cete vye pour le mettre en la gloyre eternelle, le premyer jour du moys de septambre, en la susdite année. Dyeu nous face mysericorde, au nom de son fils Nostre segneur Jezus Crist. Amen.

DANYEL.

Danyel Gay, nostre troyzieme fils et de Louyze Engilboud, naquyt ung vendredy, dix neuf janvyer, mil cinq cents nonante six, entre sinq et six heures du matyn. Son paryn fut honorable Danyel Gay, mon frère, son honcle, et sa marynne damoyselle Jeanne de Brunel, femme du capitaine Jean de Chabanas, seur uterine de Louyze Engilboud, sa mere. Et fut batizé au temple vers St May, par monsieur m{e} Guylhaume Vallyer, ministre de la parole de Dyeu en cette vylle de Dye, le jeudy vingt cinquyesme janvyer, audit an myl cinq cents quatrevingt seze. Dyeu luy face grace et a nous pour le fere instruyre en sa craynte, au non de son fils byen aymé, nostre segneur Jezus Crist. Amen. [Decedé en 1650 et le   ].

1478. François de Perdeyer, marié à Françoise de Chapot, sieur de Saint-Martin sur Menglon, habitait Die : sa fille et unique héritière Madeleine fut baptisée le 15 avril 1592 ; elle épousa en 1624 Hercule de Chabestan, seigneur de Montobscur et en eut Antoine de Chabestan ; elle mourut le 8 avril 1658. Claude de Perdeyer, frère de François, capitaine et gouverneur des châteaux et vallées de Queyras avait épousé le 8 avril 1590 Madeleine de Chypre ; cette dernière étant morte le 27 décembre 1592, il se remaria le 20 août 1594 avec Claude de St-Ferréol. N'ayant eu qu'une fille, Jeanne de Perdeyer, qui avait épousé Henri de Philibert, seigneur de Venterol, il testa en faveur de Henri de Philibert, son petit-fils, à la condition qu'il porterait son nom et ses armes ; il fit des legs à sa femme, à Madeleine de Philibert, sa petite-fille, et à François, son autre petit-fils. Il mourut vers 1624. Henri de Philibert de Perdeyer, seigneur et baron de l'Argentière, épousa Françoise d'Agoult, fille de Charles, seigneur de Piégon ; il testa en 1680 : ses enfants étaient Charles, François, Henri, Claude et Françoise de Philibert de Perdeyer.

1. *Guillaume Vallier, né à Cervières, élève de l'académie de Genève, fut ministre à Die de 1593 à 1609, époque de sa mort.*

Memoyre des contrats, fets et passés en la fabveur de Gaspar Gay, marchand de cette vylle de Dye, auquel coumance la quatriesme generasion.

Mariage fet et passé entre Gaspar Gay, marchant de Dye, fils d'Anthoynne, et Louyze Engilboud, filhe de feu sire Jean Engilboud, bourgeoys dud. Dye, reseu par m^e André Gilbert, notere de Dye, ung lundy, vingtieme jour d'avryl, myl cinq cents quatre vingts et sept, et insygnué a Crest par devant monsieur m^e Jean Daryer, dyt Bounet, lyeutenant partyculyer et m^e Portefays, grefier aud. siege, le vingt troys may en lad. année 1587.

Achept d'une tere, fet par Gaspar Gay, aquize des hoirs a feu Pierre Vyeron, laboureur de Dye, asize au Martouret, aveq une grange y estant, contenent envyron quatre seyteyrées, que confronte de deux couttés les teres de Anthoyne Gay mon pere et du desoubs le chemyn quy va a Ousson, deslyvrée aud. Gay a l'inquant publiq, pour le prys de soysante deux escus, par noble Jean Brunel, mon beau frere, quy me nouma en amy. Apert par m^e Pierre Guylhet, greffier, et la remision, reseue par m^e Davyt Lambert, notere de Dye, du vingtyeme julhet myl cinq cent huytante sept.

Aquyt du sire Piere Vallensan, mon beau frere, en ma fabveur, de la soume de septante escus a luy payés en dymynusion de dot de Marye Gay, sa femme, resseu par m^e Pierre Picyer, notere de la vylle de Crest, du 6e de nouvambre 1587.

Aquyt a moy concedé par Louyze Engilboud, ma femme, de la soume de sinquante escus d'or, pour les joyauls a elle donnés en son mariage, reseu par m^e André Gilbert, notere de Dye, et led. aquyt par m^e Picyer, notere de la vylle du Crest, habitant en cete vylle du 6e nouvambre année 1587.

Aquyt a moy consedé par syre Danyel Gay, mon frere, de la soume de sinquante escus a luy payés en dimynusion de ses droyts paternels, reseu par m^e Picyer, notere du Crest, le vingt et sinquyeme nouvambre 1587.

Aquyt a moy concedé par André Brunet, marchand de cette vylle, exacteur d'un rolle des vingt taylhes perequées en febvrier 1587, en la rue de Vylleneufve, payé pour mon pere de mes denyers, montants septante et troys escus quarante sols, resu par m° Piere Picyer notere du Crest, du dernyer decembre 1587.

Achept d'une tere au Martouret, par moy aquise de m° Anthoynne Lyotard, pour pris de sinq escus, contenent une seyteyrée, confrontant tout a l'entour les teres de Anthoyne Gay, mon pere, resseu par m° Pierre Guilhet, notere de Dye, du 29 avril 1588.

Aquyt de Anthoyne Amblard exacteur de sinq taylhes, perequées en febvryer 1588, montant dix neuf escus sinquante sinq sols, payés pour Anthoyne Gay, mon pere, de mes propres denyers, reseu par m° Labarme, notere du Crest, du 12° aoust 1588.

Quytance en ma fabveur de la soume de 19 escus, 55 sols payés a Lantheaume Vigne, exacteur de sinq taylhes, perequées en julhet 1588, reseu par M° Jean de la Barme, not. du Crest, le 15 octobre 1588.

Achept d'une tere en l'Aulmet, que j'ay aquys a l'inquand a la place de cete vylle, des hoirs de feu Jacques Chion, contenant deux seyteyrées et eymyné, pour prys de seze escus quinze sols, reseu par m° Piere Guylhet greffier de cete vylle du 14e febvryer 1589.

Achept d'une tere vigne et mayzon au Martouret, aquyse des hoirs a feu m° Esprit Dermenon, confrontant les teres de Anthoyne Gay, mon pere, contenant le tout dix seyteyrées, pour prys de cent trante deux escus, coume apert par contrat resseu par m° Thomas Dupuys, notere de cete vylle, du 17° du moys d'octobre année 1589.

Achept d'une tere au Martouret, aquize de honorable Hercules Engilboud, mon beau frere, confrontant la susdite tere de Dermenon et tere de Jean Brun, le rif et le chemyn aland a la grange de mon pere, contenant sinq seyteyrées, pour prys de quatrevingts escus, reseu par m° Thomas Dupuys, notere de Dye, du 23 nouvambre 1589.

Aquit en ma fabvéur de la soume de cent sinquante escus, y estant compriñs aquyt pour mon pere de la soume de troys cents septante quatre escus, payés a mon frere Danyel Gay, coume estant tuteur de Auguste Gay, fils a feu Thomas, nostre frere, tant pour les droyts paternels que maternels dud. Thomas, fayzant l'entier payement de tout ce que luy estoyt deub, revenant le tout a sinq cents vingt et quatre escus, resseu par m^e Pierre Picyer, notere du Crest, du quatryeme fevrier 1590.

Achept d'une tere au Martouret, que j'ay aquys a l'inquand, a la place de cette vylle, des hoyrs de feu Claude Blanq, confrontant tere de m^e Jean Malhefaud, tere de noble Jean Faure, mon cousin, tere du sieur d'Oursiere, tere de Jourdan Escoufier, tere qu'ay heu de Herculles Engilboud, mon beau frere, le rif entre deux, contenant troys seyteyrées, pour prix de 26 escus 15 sols, reseu par m^e Pierre Guylhet, greffier de Dye, pasé devant m^e Louys Piere, juge, le 19 avryl, anée 1590.

Aquyt en ma fabveur de la soume de deux cents escus, a moy consedée par honorable Anthoynne Gay, mon pere, et fayzant aussy en fabveur de noble Claude Brunel, resseu par m^e Pierre Picyer, notere du Crest du 4e de febvryer 1590.

Aquyt en ma fabveur de la soume de sinquante escus, payés a Suzanne Malsang, d'une hobligation que mon pere luy debvoyt par hobligation, laquelle j'ay retyree et canselée, reseu led. aquyt par m^e Piere Guylhet, notere de Dye, du 5e du moy de juin, anée 1590.

Apensionement d'une mayzon en St Vinsent, que j'ay du despuys vendue a Jaume Arnaud, dit Jainylhon, fet en fabveur des chanoynes de l'esglize nostre Dame de Dye, pour deux escus chascune année, payables a une chascune fete St Piere et Pol, coume de se apert contrat resseu par m^e André Gilbert notere de Dye, du 30 octobre 1590.

Aquyt en ma fabveur de la soume de 33 escus 36 sols payés pour les arcyrages d'une pansion de vingt et ung flourins pension, que mon pere fet a noble Veransy de Genin [1], segneur de Pennes, a Jacques Davit et Lantcaulme Vigne, ses rantyers, reseu par mestre Pierc Guylhet, notere de Dye, du 18e decembre 1590.

---

1. *Venance de Jony, seigneur de Pennes. Voir p. 64.*

Remision fette a noble Jean Faure segneur de Vercors mon couzin des teres du couvent bas, situées vers le pont de St Vincent[1], que j'avoys apensionné pour six escus pension, chascune année, de frere Arnaud Artaud, gardyan et yconome des cordelyers de cete vylle de Dye, coume en apert par contrat reseu par m^e Piere Picyer, not. du Crest, randu aud. Fauré, laquelle remysion me sert de descharge et garantye pour lad. pansion envers lesd. Cordeliers, laquelle a este reseüe par m^e Mouryer, notere, demeurant a Oste, le 3e janvyer anée 1592.

Aquyt que j'avoys oublyé de metre en son rang fet en ma fabveur de la soume de 50 escus, que j'ay deslyvré de mes deniers a Jean Gay, mon frere, sur le tout moins de sent escus que nostre pere luy a legué sur mon maryage, lequel aquyt a este reseu par M. Piere Picyer le 1 nouvambre 1588.

Ratificasion de tranzation si devent passée par Thomas et Glaude Gay a Anthoyne Gay, leur pere, laquelle avoyt ete ressue par m^e David Lambert, en l'anée 1585, aveq aquyt du deub en icelle fette par Glaude Gay a sond. pere et servent a Gaspar Gay son frere, reseu par m^e Danyel Roman, notere de cete vylle le 23 aoust 1596.

---

1. *On désignait alors sous le nom de* couvent bas, *comme nous l'avons dit plus haut, p. 178, l'emplacement de l'ancien couvent des Cordeliers. Ce couvent ayant été détruit en majeure partie vers la fin du XIVe siècle et les religieux ne trouvant plus assez de sécurité en dehors des murailles de la ville, obtinrent, après de longues querelles avec les autres religieux de Die, de venir se fixer dans l'intérieur de la cité. Leur monastère fut de nouveau dévasté pendant les guerres de religion; la chapelle, qui existe encore aujourd'hui sert de remise, a été bâtie en 1685, comme l'atteste l'inscription suivante :*

MESSIRE ISIDORE DE MASSOT CHEVALIER
BARON DE PELLISSIERE MESTRE DE CAMP
D'VN REGIMENT DE CAVALERIE CHE
VALIER DE L'ORDRE DE NOSTRE DAME
DV MONT CARMEL DE S. LAZARE DE
IERVSALEM COMMANDEVR DVD. OR
DRE AV GRAND PRIEVRE DE LANGVEDOC
A POSE CETTE PIERRE POVR RETABLIR
CETTE ESGLISE CE 18 MAY 1685

Achept d'une piesse de vigne au Martouret, par moy aquyze de m⁰ Gaspar Charensy et Marguerite Roux sa femme, contenant envyron troys seyteyrées de tere, que confronte la vigne que j'ay heu des hoirs de mᵉ Espryt Dermenon, vigne de Barthelemy Cret, le rif du Martouret et le chemin alhand en Ousson, pour prys convenu entre nous de 65 escus, que luy ay payé, coume apert par l'instrument d'achept resseu par mᵉ Piere Guylhet, not. de ceste vylle, le 21 janvyer 1597.

Aquyt et vente fette a sir Jean Gay, mon frere, d'une piesse de tere, asize au Martouret, que j'avoy aquyse des hoirs de feu Glaude Blanq, laquelle luy ay baylhé pour le prys de 40 escus en dymynussion des cent escus a luy legués par Anthoyne Gay nostre pere en mon contrat de mariage aveq Louyse Engilboud, desquels avoyt reseu ci devent 50 escus apert par aquyt ; lequel aquyt et vente a esté resseu par mᵉ Davyd Grymaud, not. de cete ville le   janvyer 1597.

Ici se termine la rédaction de Gaspard Gay. Suivent trois feuillets blancs, XXXVII, XXXVIII et XXXIX ; le feuillet XL a été enlevé. Au feuillet XLI recto, commence la rédaction d'Antoine Gay ; elle est d'une écriture assez mauvaise. L'auteur a pris soin de mettre en tête cette note, suivie de sa signature : Signet que fesoit Anthoine Gay aux chosses d'importance. Fait en 1631. GAY. *Tout ce qui suit est entièrement de sa main.*

C'EST UNE BRANCHE DE LA QUATRIEME GENERATION DES GAYS, CONTINUÉE EN ANTOYNE GAY, FILS D'ANTOYNE, AVEC ISABEAU GALLAND AU PREMIER LICT ET LOUYSE BERNARD AU SEGOND.

LOUYSE

Louyse Gay naquit ung dimanche, dixieme d'aoust, mil six cent trois, entre huit et neuf heures de matin. Son parin fut sire Daniel Gay, son honcle, et sa marine Louyse d'Allian, son ayeulle maternelle. Elle fut batissée au temple par monsieur mᵉ Pierre Appays, ministre de l'esglise de ceste ville, le quatorzieme d'aoust, dicte année. Elle fut de taille grande, blonde et belle fille ; la petite verole luy gasta ung peu la fasse. Elle fut mariée en l'année mil six cent dix-neuf avec mᵉ Theophille

Chabannas, notaire et procureur de cette ville. Leur contrat de mariage fut reçu par m⁰ Estienne Peyrol, notaire de ceste ville.

PIERRE.

Piere Gay naquit le neuviesme dexembre mil six cents cinq, jour de la consesion (*lisez* conception) Nostre Dame et le vandredy a quatre heures du matin. Son parin fut m⁰ Pierre Chion [1], son oncle, notaire et procureur, et sa marine Madelleine Appays, sa cousine germayne, femme de mᵉ Pierre Lambert, aussy notaire et procureur, et a esté batissé au temple, le jour de Noel, vingt-cinquieme dud. mois et année susdite, par monsieur m⁰ Piere Appays, ministre de ceste esglise et son cousin germain. En l'année 1621, led. Pierre Gay print les armes et s'en ala avec son pere, qui avoit une compagnie aux troupes qui s'estoit dressé en Dauphiné soubs le commandement de Monsieur de Montbrun. Et apres avoir quité et mis bas les armes, il ala demeurer a Grenoble deux années pour aprandre la pratique, et apres fut tout ung temps qu'il demura vers mestre Daniel Roman, procureur aud. siege de Dye et fut reçu procureur aud. siège le   1634, par commission et lettres qui lui en furent données par monseigneur de Vallance et Dye, n'en reservant aud. siege aucun des lieutenant dud. seigneur depuis qu'il a esté evesque et comte de Dye. En l'année 1636 et le premier de juilhet, il espousa Suzanne Peyrol, fille de s. Daniel Peyrol, beaufrere de son pere, et luy fut constitué deux mil deux cents livres par Marie Nicolas, sa belle mere, tant pour le droit paternel que de lad. Nicolas. En 1637, il eut ung fils, que Anthoyne Gay, son pere, fit batiser a ladite Marye Nicollas, sa belle mere, et luy fut mis nom Anthoine. Il est mort le 17 octobre 1638. Lad. Suzanne Peyrol est decedée en l'année 1646 et le * may, ayant laissé Daniel, Marye, Philibert et Philippe Gay ses enfants. Led. Daniel est decedé le 17 septembre 1650, ayant une fievre, laquelle dans

---

1. *Cf. sur les différents personnages de ce nom, tous dauphinois,* La France protestante, *t. IV (1883), col. 329-31. Pierre Chion et Jacques, son fils, étaient notaires à Die (1600-55).*

quinze jours luy causa la mort, estant eagé d'environ douse ans : il estoit admiré aux leture et dans la gentillesse.

Jeanne.

Jeanne Gay naquit ung jeudy a cinq heures du matin, unze de juin mil six cents neuf. Son parin fut monsieur mᵉ Piere Appays, ministre de la parolle de Dyeu, en ceste esglise de Dye, et sa marine fut Jeanne Gay, sa cousine germaine, fille de sieur Daniel Gay. Elle fut batisée par monsieur mᵉ Guilhaume Vallier, ministre en lad. esglise, le dernier dud. moys de juin. Elle fut de taille assez grande, blonde et belle fille. Elle a esté maryé avec Guillaume Nicollas, dict en son nom de guere Sere, qui est le lieu de sa naissance. Le contract de leur mariage a esté reçu par mᵉ Pierre Lambert, notaire de Dye et son cousin germain, en l'année 1646, au moys d'avril et le
Elle a heu ung fils, le vi septembre 1647 ; fut presenté au bateme par moy Anthoine Gay, avec Isabeau Ripert, ma niece, femme de monsieur mᵉ Jacques Gros, medecin, le 13ᵉ dud. moys, et luy ay mis nom Anthoine. Estant né le septieme moys, il estoit fort petit, et ne croiet pas qu'il vequit long jour. Dieu le veuilhe benir et luy donner sa crainte. *Jeanne* est decedée le 17 septembre 1650 entre six et sept heures apres mydi, ayant esté une année dix jours dans le lit et a fait testament reçu par Mᵉ Joseph Bonnet not. et proc. habitant de ceste ville.

Madeleyne

Madelleyne Gay naquit le vingt neuf de juin, environ trois heures du matin, mil six cent unze. Son parin fut sire Sebastian Marthin, son cousin, habitant de la Mure, et Madeleyne Marie, sa tante et femme de sire Jean Gay, fut sa marine. Elle fut batissée en l'esglise de ceste ville par Monsieur mᵉ Guilhaume Vallier, ministre en icelle, le dix de julhet susdite année. Elle fut fort longtemps malade et mourut le vingt neuf de janvier, mil six cent quatorze, n'ayant que deux ans et sept moys lors de son deces.

N.

Le dix de decembre mil six cent treze, ung mardy, environ

les six heures du matin, est né   Gay n'ayant este batisée causant l'absence de noble Jean Faure de Vercors, qui la devoit presenter en batesme ; estant tombée malade, le vendredi troiziesme janvier, mil six cent quatorze, je la voulois fere batiser le dimanche et icelle fere pourter a monsieur le sire Jean Gay, son honcle, et a ma seur Marthe Gay, sa tante, femme de sire Pol Chappot, et mourut le susdit dimanche, cinquiesme de janvier, a trois heures du matin, ce qui causa une grand tristesse a sa mere et a moy. Je prie Dieu qui le nous aye pardonné et n'est bon de dillayer en ces affaires et pour quelque consideration que l'on aye, n'ayant cela proucedé pour autre consideration que d'atandre led. parin qui estoit absent en ce temps, l'on ne batizoit que aux predications, et maintenant l'on batize aux prieres du soir et du matin, et ce depuis quelques années seulement, ce 30 janvier 1637.

Antoyne Gay

Antoyne Gay naquit le lundy quatorzieme avril mil six cent quinze, environ les huit heures du matin. Son parin fut noble Jean Faure seigneur de Vercors, mon cousin germain, et damoizelle Catherine Plante, ma mere, fut sa marine, veufve de capitaine Jean Appays. Il fut batisé dans le temple le dix de may année susdite, par Monsieur me Jean Scharpius [1], professeur en theologie en l'academie de ceste ville. Il pourtoit mon nom et estoit l'image et resemblance de mon visaige et poil. Il tumba en Purgnon d'ung agrioutier, qui se rompit ou dilloucat ung ners de l'espine du dos, et ne nous en dict rien que six ou sept moys apres que lad. rompure commença a se grossir coume une noix. Sa cheute fut en l'année 1623 et en l'année 1624 il fut fort malade et faillit a mourir au moys de

---

[1]. Jean Scharpius était un ministre écossais, qui vint en France en 1604, pour échapper aux rigueurs de Jacques Ier. Il s'établit d'abord à la Rochelle, puis à Die où il occupa avec distinction la chaire de théologie dans l'université. Il soutint de vives polémiques en 1612 contre les jésuites de cette ville et le juge-mage Antoine Rambaud. Il fit un voyage en Angleterre en 1618 et revint bientôt reprendre sa chaire à Die, où il demeura jusqu'en 1629. Cf. Arnaud, Hist. de l'acad. prot. de Die. Paris, 1872, in-8°, p. 38-41.

may et en juillet, aoust, septembre, jusques au quatriesme fut travaillé d'une piere qu'il avoyt a la vessie, l'empeschant d'uriner, laquelle il sortit en urinant estant de la grosseur d'une feve lombarde et vesquit encore jusqu'en octobre mil six cent vingt-cinq, et le quatriesme octobre, avec beaucoup de discours de pieté et crainte de Dieu pour son eage ; n'ayant ataint l'eage de dix ans entier, randit l'ame à Dieu.

Daniel

Daniel Gay naquit le treze d'octobre, jour de la saint Giraud, mil six cent vingt, environ midy, ung mardy. Son parin a esté sire Daniel Peyrol, son oncle maternel, et sa marine Phelippe Gay, sa cousine germaine et femme de sire Jean Richard. A este batizé le huitieme novembre dicte année au temple, par monsieur me Estienne Blanc [1], docteur et professeur en langue hebraïque en l'academie de ceste ville, et soubs led. sieur Blanc estudie en theologie.

Marie.

Marye Gay naquit ung vandredy, troiziesme de mars, entre neuf et dix heures de nuict, en l'année mil six cent vingt-trois. Son parin a este monsieur maistre Gaspard Gay, docteur et advoucat et son cousin germain, et sa marine demoizelle Lucrece Gilbert, fille de monsieur me Estienne Gilbert. Elle a este batisé le neuf d'apvril susdite année, par Monsieur me Jean de Saignes [2], ministre en ceste esglise et dans le temple. Elle

---

1. *Etienne Blanc était élève en philosophie de l'académie de Die en 1610. Après avoir été successivement pasteur à Château-Dauphin en 1614, et à Oulx en 1616, il devint professeur de théologie à Die en 1637. Nous avons de lui quelques écrits (La France prot., t. II, col. 600-1). Il mourut vers 1658, laissant un fils Jean, qui alla faire ses études en théologie à Genève, et qui lui succéda dans la chaire d'hébreu au collège de Die. En 1664, ce collège avait pour principal Antoine Crégut, professeur en théologie ; la philosophie y était enseignée par Alexandre Vigne, et Bertrand Olhagaray. Les classes, au nombre de sept, avaient pour régents : la 1re Antoine Gresse ; la 2e, Pierre Nétion ; la 3e, Samuel Tetel ; la 4e, Antoine Poudrel ; la 5e, Antoine Mondor ; la 6e, Guillaume Damas ; la 7e, Jean André, dit Patton.*

2. *Jean de Saignes fut successivement pasteur à Crest de 1600 à 1605, à Beaufort de 1605 à 1619, et à Die de 1620 à 1624, époque de sa mort.*

s'est mariée, en l'année 1646, avec Monsieur messire Bertrand de la Margue, ministre du saint Evangille en l'esglise de Freysinieres et Brienson, led. sieur de la Margue estant natif de Villefranche de Lauraguais en Languedoc. Et ayant esté presté par messieurs du synode tenu au Pont de Royans, pour une année, a l'esglise de Boffre et la Bastie, esglise du Vivarais. Elle y a enfanté d'ung fils le   novembre 1647, et a esté presenté en bateme par monsieur des Fonds, [1] de Vallance et mademoiselle de Jarjaies, sa fille, et mis son nom Anthoine. Monsieur de Vinay, ministre de l'esglise d'Anonnay, aud pays, l'a batisé aud. lieu de Boffre. Dieu lui face la grace de voir tousjours sa crainte et de vivre longues années en icelle.

Jean-Anthoyne.

Jean-Anthoyne Gay naquict ung dimanche, douse de janvier mil six cent vingt cinq, environ les six heures apres midy. Il a esté presenté en batesme par son frere Pierre Gay et par sa seur Jeanne, le treze d'apvril susdite année. Monsieur me Estienne Blanc, professeur en langue ebraïque en l'academye de ceste ville l'a batisé dans le temple. Il a coumansé a pourter les armes en l'année 1647 et au moys de juin estant allé a l'armée d'Italie avec monsieur de St Martin de Vercors, capitaine au regiment de Dauphiné ou de Sault.

Après avoir donné ces quelques notes sur ses neuf enfants (dont les six premiers, Louise, Pierre, Jeanne, Madelaine, N. et Antoine sont du premier lit, et les trois derniers, Daniel, Marie et Jean-Antoine sont du second), Antoine Gay le capitaine a écrit son autobiographie. Elle commence au feuillet LII recto et se poursuit sans interruption jusqu'au feuillet LXXVII verso. C'est par ce travail que se termine le manuscrit original des frères Gay.

---

1. *La terre des Fonts en Vivarais, ancienne propriété de la famille Galbert, passa par le mariage de Catherine de Galbert avec Etienne Reboulet, gentilhomme protestant de Valence, en 1576, dans cette dernière famille. Alexandre Reboulet de Galbert, écuyer, sieur de Ronchol, épousa Jeanne Tinel, fille d'Antoine Tinel et de Jeanne de Glane.*

Anthoine.

Anthoine Gay, qui est nommé au vingt deuxieme feuillet du presant, ayant prins les armes en l'année 1590 et en octobre, fut des gardes de monseigneur de Lesdiguieres: ce fut au lieu de Vif et de la alla led. seigneur aux Estats, qui furent tenus au lieu de Voiron, duquel il partit lesdits estats achevés et alla prandre les rues de la Periere et St Laurans, et fit donner un coup de petard a la porte de la tour du pont pour entrer dans la ville de Grenoble ; mais la porte enfoncée, le cladas de fer estant aussitost abatu par ceulx qui estoit en garde dans lad. tour, ne peurent entrer dans la ville, laquelle il assiegea, et fit aussistost venir son armée et six canons, lesquels estant en baterie, compositerent et sourtit le sieur d'Albigny, qui en estoit gouverneur avec la garnison, la veille de Noë et entra le seigneur de Lesdiguieres avec son armée dans la ville. Monsieur de Morges heut le gouvernement du roy. Aussy avoit le dit sieur de Morges, avec sa compagnie, entré premier par escallade dans les rues de la Perrière et St Laurent, et après entra la compagnie des Gardes que ledit Anthoyne en estoit, commandée par Monsieur des Orres, d'Ambrun. Et six ou sept jours après, Monsieur de Gouvernet, avec cinq cents retres et deux cents arquebuziers a cheval alla fere une course en Savoye et a ung lieu nommé St Bardot [1], ou estoit logé la compagnie du Baron de Ballansion, et par la tout autour estoit l'armée du duc de Savoye, qui se preparoit pour secourir Grenoble, laquelle compagnie fut presque toute desmontée et quelques ungs tués, et se retira le sieur de Gouvernet et sa troupe, sans que les ennemis l'osassent attaquer. Le dit Anthoine y gaigna ung cheval.

Quatre moys après, le roy manda a Mr de Lesdiguieres d'aller avec son armée en Prouvance joindre Monseigneur de la Vallette, pour aller advitailler Bere, que le duc de Savoye tenoit assiégé par des fors qu'il y avoit faict [2]. C'est ung sallin ou le roy tire de grands revenus. Estants lesdits seigneurs avec leurs armées joincts, arrivées au lieu de Vinon, heurent advis que le duc ve-

---

1. St-Baldoph, près de Chambéry.|
2. Vidrl, p. *119*.

noit avec son armée et despartirent le lundi de Pasques 1591 du siege (de) Vinon, et estant en veue d'ung village nommé Esparon, leurs courriers descouvrirent la riere garde de l'armée du duc, qui despartoit et en avertirent lesdits seigneurs, qui après avoir tenu le conseil fut resolu de les aller attaquer, et se retirerent les ennemis dans le village qu'ils avaient barriqué, excepté la cavallerie Provençalle, qui se retira au grand galop. L'on commanda quelques regiments avec les deux compagnies des gardes du seigneur de Lesdiguieres pour les attaquer, ce qu'ils firent ; mès estant entrés dans leurs bariquades et ayant recogneu qu'estions peu de gents n'estant secondés, nous firent une charge si rude qu'il nous contrenirent a en sourtir, et fut le dit Anthoyne blessé de troys arquebuzes, l'une au cousté droit qui luy rompit deux costes et la balle traversa de bas en hault son corps et alla se loger en l'espaulle gauche. Il est et a toute sa vie esté sans qu'elle l'incomode. Les aultres au bras droit et cuisse, ne rompoint aucun os. Il y mourut et furent blessés plusieurs des notres, mais non des gentilshommes et cappitaines. Les ennemis ayant tenu jusques au mercredy, voyant que le duc de Savoye, qui estoyt logé avec le reste de son armée a Barjous, distant dudit Esparon d'une petite lieue, ne les secorroit, se rendirent ; scavoir les estrangiers la vie sauve et baston blanc, les francoys a discretion, qui fut d'estre mis aux galleres comme furent environ 1500 et tous les capitaines prisonniers de guere, tous nous blessés furent pourtés par les dits estrangiers a Riez, estant environ en nombre de 120 blessés.

Estant guéri le dit Anthoyne, s'en alla treuver le seg. de Lesdiguières au Pont de Beauvesin, frontière de Dauphiné et Savoye, ou il estoit pour empescher que l'armée de don Ollivary n'entra dans le Dauphiné, et laquelle au moys de septembre de lad. année il deffit a Pontcharra et demeura sur la place environ 3000 morts et plusieurs prisonniers et ung grand butin. Il y fut gaigné deux cournetes et vingt et deux drapeaulx quil envoya au roy. Il n'y mourut que deux hommes des siens et quelques blessés [1]. Il accompagna le dit seigneur en Piemont aux entre-

---

1. VIDEL, p. 119-23.

prinses de Pignerol et Suze et a tous les exploits de guere que ledit seig^r. y fit, comme a la defaite de Vigon, combat de Gressillane, Conose, de Racomier, advitaillement de Carno a la barbe du duc et de son armée et jusques a la retraite quil fit du Piemont, estant toujours dans ses gardes.

L'an 1593 le duc de Savoye assiegea le chateau de Exsilles, quil batit fort rudement, y ayant tiré dix mille coups de canons et après heut une belle composition n'ayant pas esté secouru [1]. Le dit seig^r de Lesdiguières avec son armée demeura durant le dit siege a Oure, qui n'est qu'a deux petites lieues du dit Exsilles et, quelques jours après la place rendue, defit a Chalebertaud don Roderic de Toullede qui demeura sur la place avec environ 600 des siens [2].

Il reprit une année et demy après le dit Excsilles, sans y tirer plus de 500 coups de canons, a la barbe du duc, qui avec 20,000 hommes et 4 canons le voulloit secourir, ce qui ne peut fere, et apres la perte de beaucoup des siens se retira, et du lendemain, le chateau fut rendu a composition, la vie, armes, tambours batants et les enseignes desployées [3].

En l'année 1596, il accompaigna le dit seigneur en cour, qui mena cent gentilshommes et sept de ses gardes [4], ou il demeura dès le moys de Juilhet jusques a la fin de septembre, qu'il vint fere une demy quarantaine en la grange de Lhoumet, a cause de la peste qui estait a Paris et par tout ces quartiers, et mourut ung de ses compagnons de la peste a Romans.

En 1597, le dit seigneur dressa une armée pour la guerre de Savoye [5] et donna au dit Anthoyne l'enseigne du quadet de Braguard dans le regiment de Monsieur de Bonne et se trouva aux prinses de la Murienne et aultres places que ledit seigneur y print comme aussy aux attaques et escaramouches des Molletes qui a esté la plus grande qui se soit faict de notre temps. Les ennemis y furent bien battus, notament le dernier jour qu'ils nous attaquerent. Monsieur de Crequi, collonel de toute son infan-

---

1. VIDEL, p. *139*. — 2. VIDEL, p. *142*. — 3. VIDEL, p. *154-8*.
4. VIDEL, p. *169. Le roi était alors à Lyon.*
5. VIDEL, p. *180 et suiv.* — DE THOU, t. *XIII*, p. *144 et suiv.*

terie, y fust blessé au bras et tesmoigna et son courage et son experiance aux armes. Le duc fesoit treiner quatre piesses de campaigne qu'il fist tirer contre nous bariquades tout le long du combat ou contre nostre cavalerie, mais bien assailli, bien defendu, le duc se retira après avoir laissé sur la place beaucoup des'siens, et dura le combat du segond jour environ 6 ou 7 heures, rafreychissant de temps en temps ceulx qui estoient aux tranchées en baricades. Du lendemain l'armée du duq se retira et alla loger a Barau et Chapareilan, et la nostre a Pontcharra qui est vis a vis de Barau, la riviere de l'Isere entre deux. Il y fist commanser a bastir ung fort le jour de St Barthelemy. Dès l'aube du jour fit fere une grand escopeterie, tirer force coups de canons, et nouma le dit fort St Barthelemy [1]. Ledit seg^r. de Lesdiguieres, ayant seu quil fesoit le dit fort, dit : « il travaille pour nous, car apres quil l'aura faict nous le prandrons; » comme il a foict 6 ou 7 mois apres. Il se retira et manda partie de son armée assieger une petite ville appelée Allos, commandé par messieurs des Crotes et de Bonne avec deux canons, qui ayant salué de 30 ou 40 coups se rendit [2]. Ledit Anthoyne alla de la part de Mr de Bragard demander le gouvernement, qui luy fut accordé et fut de retour avant que les canons fussent arrivés et fut commandé avec la compagnie du sieur quadet de Braguard de fere les approches a la dite ville, ce qu'il fit. Estant entré, il fut malade de fievre chaude. Ils demeurerent quatre années en garnison, jusqu'en l'année 1601 que le roy de france et le duc firent eschange du marquisat de Saluces avec la Bresse.

La paix faicte, le dit Anthoyne se retira a Dye et se maria avec Isabeau Galland, fille de feu Mr Me Jean Galland, notaire et procureur de Dye [3], en la dite année, le jour de Noë. Leur

---

1. VIDEL, p. 196. — 2. VIDEL, p. 195.

3. *Quatre registres, in-8°, des minutes de Jean Galland sont déposés aux archives de la Drôme (E, 2236-3) ; elles concernent les années 1533-1586. Il y avait à Die plusieurs familles de ce nom : le 14 avril 1579, Claudine Galland, fille de feu Claude, habitant de Die, épousait Antoine Bouffier, fils de feu Jean-Antoine Bouffier, laboureur de Valdrôme (Archives de la Drôme, E, 2231).*

mariage fut reçu par m⁰ Pierre Lambert, notaire. Ils heurent six enfants, deux males et quatre filles.

En l'année 1602 et en may, par le commandement du roy, le seigneur de Lesdiguieres remit sur pied sa compagnie de gendarmes 1, et heut ledit Anthoyne place de gendarme, ou il demeura jusques en l'année 1610, que le dit seig^r ayant commandement de fere levées pour la guerre de Milan 2, luy commanda de prendre la lieutenance de la compagnie de gens de pied, que le sieur de Vercors son cousin faisoit au regiment de Monsieur de Verdun 3, de St Marcellin, son beau-père, qui estoit la 1ere compagnie du dit regiment.

La susdite année, le dit Anthoyne estoyt consul de Dye, avec le s^r Jean Ducros, fils a sieur Marcellin.

En la dite année, il arriva ung des grands malleurs, qui pouvoit arriver a la France ; ce fut l'assassinat de notre roy Henry le Grand, par ce maudit Ravaillac. Ce fut le 14e may. La reyne fut cré regente, le malheur estant arrivé, et commanda au dit seigneur de Lesdiguières de fere mettre sur pied les troupes, que le feu roy avoyt destinés pour la guere de Millan; lesquelles il lougea par les villes et places du Dauphiné, et fut le régiment du dit sieur de Verdun logé six compagnies a Romans et quatre a St Marcellin, ou ils demeurerent jusques au commensement d'aoust, que les dites troupes furent congediées, toute la France demeurant par la sage conduite de la reyne et de son conseil en paix. Ladite année, monsieur de Gouvernet, gouverneur de Dye, crea cinq capitaines, pour commander les habitans de la ville, fit fere une revue generale a tous les habitans, capables a pourter armes, et nouma pour

---

1. Videl, p. *219*. — 2. Videl, p. *245*.

3. *Jean de Gilbert, sieur de Verdun, d'une famille de St-Marcellin, fut gouverneur de Barraux et de Livron, sous Lesdiguières ; il avait épousé Françoise de Glane de Cugie, dont il eut Augustin de Gilbert, gentilhomme ordinaire de la chambre du roi en 1626. Celui-ci fut l'aïeul de Jean de G., seigneur de Verdun, qui se distingua dans les armes vers 1668 et ne laissa que deux filles : Olympe, femme d'Octavien Ferrand, conseiller au parlement, et Marguerite, qui épousa Henri de Guaragnol, dont la famille n'avait cessé de posséder la charge de vi-bailli de St Marcellin depuis l'année 1565. Cf.* Brisard, Hist. généal. de la maison de Beaumont, *t. I, p. 395.*

la rue de l'armellerie, capitaine, Vincent Terrasson [1]; a la place, le dit Anthoyne Gay; en Villeneufve, sieur Louys David; en la grand rue, capitaine Pierre de la Morte [2]; et en St Marcel, sieur Claude Gilbert, dict de Peouilhane.

1. *Vincent Terrasson est sans doute l'aïeul de Jeanne Terrasson, qui nous a laissé un récit des souffrances qu'elle a endurées à la suite de la révocation de l'édit de Nantes. Ce récit commence à l'année 1685; on sait que le 30 juillet de cette même année, un arrêt du conseil du roi ordonnait la démolition du temple de Die.* (CLAPARÈDE ET GOTY. Deux héroïnes de la foi. Blanche Gamond — Jeanne Terrasson. Récits du XVIIe siècle. *Paris, 1880, in-12; 397 pp.*

2. *La famille de Lamorte est depuis le XVIe siècle une des plus importantes de Die.* I. *Jean de Lamorte achetait en 1552 une maison dans la rue Villeneuve; il fut consul en 1571, et laissa pour fils :* II. *Jean-François de Lamorte. Celui-ci épousa Marguerite d'Armand, fille de Reymond, seigneur de Lus, et en eut : Jean, qui suit; 2° Pierre, tige des Lamorte-Félines ; 3° Jacques, tige d'une troisième branche des Lamorte, notaires à Die; 4° Claude, qui n'eut pas d'enfant d'Anne Magnan et mourut après 1660.* — BRANCHE DE LAVAL. III. *Jean de Lamorte, trésorier provincial de l'extraordinaire des guerres au gouvernement de Dauphiné par lettres du 9 septembre 1598, fut anobli par lettres du mois de juin 1606, vérifiées en novembre 1607. Il avait épousé le 6 avril 1607 Magdelaine de Bérenger de Pipet. Il en eut : 1° Pierre, qui suit; 2° François, capitaine au régiment de Vernatel, qui de Marie Livache, sa femme n'a laissé qu'une fille : Marie, née en 1642, mariée le 25 août 1658 à Charles Odde de Bonniot, sieur de Lautaret; elle mourut en 1714, mère de Jean de Bonniot et de Marianne de Bonniot, qui épousa le 18 avril 1681, son cousin Jean-François de Lamorte, de Die. 3° Jean-François, seigneur de Martorans, qui franchit l'un des premiers la brèche de Rouffach en Alsace; 4° André, mort en 1635 des suites des blessures qu'il reçut au siège de Rouffach, où il se distingua; 5° Alexandre, seigneur de Malissole, capitaine-major au régiment de Turenne, gentilhomme du roi par lettres du 12 mai 1651, maréchal de bataille en 1652, mort des suites d'une blessure au siège d'Arras; 6° Henri, mort en Hollande dans un combat.* IV. *Pierre de Lamorte, seigneur de Laval et de la Motte-Chalencon, qui dès l'âge de douze ans embrassa la carrière des armes et fut successivement enseigne de mestre de camp au régiment de Turenne, capitaine au régiment de Vernatel et dans celui de Normandie, puis maréchal de bataille en 1653. Il mourut en 1685, père de :* V. *Charles, seigneur de Laval et de la Motte-Chalencon, qui épousa Almade-Alexandrine-Justine-Renée de la Tour-la-Chaux-Montauban, et en eut :* VI. *Jean-René de Lamorte, né en janvier 1733, lieutenant de dragons au régiment de la reine, qui ne laissa qu'une fille Marie-Thérèse, mariée à François, marquis de Châtelard.* — BRANCHE DE FÉLINES. III. *Pierre de Lamorte, capitaine, servit au siège d'Ostende, et mourut en 1627. Il avait*

En l'année 1614 et en may, Messeigneurs de Lesdiguieres, lieutenant du roy en Dauphiné, de Saint-André, premier pre-

épousé Marguerite Zacharie, qui testa en 1658 (Girin, notaire) et mourut la même année. De ce mariage naquirent : 1° Jean-François qui suit ; 2° Henri, tué dans un combat contre les Turcs ; 3° Henri, tué au siège d'Orbileto ; 4° Hercule ; 5° Jeanne, qui épousa le 12 mai 1657 André Serre, ministre protestant ; en 1683, elle fut obligée de quitter la France, pour suivre son mari expulsé du royaume, comme ayant prêché dans des lieux défendus aux ministres par les édits. IV. Jean-François de Lamorte épousa Judith Romey, dont la famille possédait des biens dans le Vercors, à Saint-Agnan et à La Chapelle ; Judith était veuve en 1694, âgé alors de 76 ans. De ce mariage naquirent : 1° Jean François de Lamorte. qui suit ; 2° Alexandre, dont la postérité sera donnée après celle de son frère et qui fut la tige des Lamorte-Félines de Die ; 3° Esther, qui épousa le 17 novembre 1678 Aman Gras, de Dieulefit ; 4° Judith, qui épousa Alexandre Vernet, avocat, et mourut en 1732. V. Jean-François de Lamorte posséda des biens à La Chapelle-en-Vercors ; il fut anobli le 28 octobre 1703 et mourut en 1706 à l'âge de 64 ans. Il avait épousé en 1681 Marie Anne de Bonniot, fille de Charles Odde de Bonniot, sieur de Lautaret et de Marie de Lamorte : on lui donna par contrat le Franconière et la coseigneurie de Vercors. Marie Anne de Bonniot était née le 10 juin 1669 : elle avait eu pour parrain Paul Lagier, sieur de Pluviane et pour marraine dame Anne du Cros, femme de noble Isaac de Chabrière, conseiller à la cour. Daniel de Bonniot, sieur de la Salle, son frère émigra à l'époque de la révocation de l'Edit de Nantes. De ce mariage naquit : 1° Charles, mort sans postérité en 1739 et 2° : VI. Jean-François de Lamorte, coseigneur de Vercors, qui épousa avant 1745 la fille d'Etienne Guillet de l'Isle, négociant à Die, qui avait acheté dès 1730 la seigneurie de Charens, près de Luc, et quelques années auparavant, en 1718, la maison dite le château, située au nord-est et au pied du rocher de la Bâtie, en Vercors. Il fut père de : VII. Etienne de Lamorte-Charens, à qui son aïeul Etienne Guillet légua ses biens du Vercors. Il fut nommé conseiller maître ordinaire en la Chambre des Comptes par lettres du 22 avril 1760 et mourut à Die vers 1785. De Diane-Olympe Isoard, d'une famille qui a fourni des conseillers à la Chambre des Comptes, il a laissé : 1° Jean-François de Lamorte-Charens, conseiller maître en la Chambre des Comptes, qui eut de N. d'Artaud, N. de Lamorte-Charens, officier dans la garde royale, marié en 1828 à Mlle de Margiot, dont il n'a pas eu d'enfant. Il était fixé au château du Guâ, près de la Tour-du Pin. 2° VIII. Etienne de Lamorte-Charens, chevalier de St Louis, officier au régiment de Lorraine-infanterie, du 1er avril 1771, siégea aux Etats généraux de 1788 ; émigra, fit la campagne de 1792 à l'armée des princes et celle du régiment de Mortemart où il entra en 1794, à la formation du corps, en qualité d'officier. Il épousa à Valence, le 6 mars 1806, Adélaïde Bergeron et mourut en 1831 laissant un fils : IX. Paul-Etienne-Charles de Lamorte-Charens-de Franco-

sident en la cour, Charles du Cros président en la chambre de

nière, né en 1808, général de brigade, grand officier de la Légion d'honneur, premier aide de camp de son A. I. le prince Napoléon, décédé à Saint-Marcellès-Valence le 12 juin 1874, sans laisser d'enfant de sa femme, Mlle Quiot, fille du général baron Quiot du Passage. — LA MORTE-FÉLINES, DE DIE. V. Alexandre de Lamorte, né en 1662, est le premier qui ajouta à son nom celui de Félines. Il épousa le 10 mai 1695 Elisabeth de Lamorte, fille de François de Lam., notaire, et de Jeanne Gros. Il mourut le 22 février 1732, père de : 1° Jeanne, née le 30 mars 1696 ; 2° Jean-François, qui suit ; 3° Marie-Anne, née en 1701, qui épousa le 28 novembre 1724 Alexandre Morin, de Poyols ; 4° Charles, né le 8 avril 1712, marchand à Die, qui épousa Anne Pupin, et fut la tige des Lamorte-Pupin. VI. Jean-François de Lamorte-Félines, né le 12 décembre 1697, épousa le 17 février 1722 Anne-Marie Boudra. Il mourut le 22 avril 1779, laissant : 1° Françoise, née le 24 juillet 1725, qui épousa le 19 janvier 1750 Louis Lagier de la Condamine, avocat, fils de Louis Lagier de la Condamine, aussi avocat, et de Marie-Anne de Lamorte (fille de Jean-François et de Marie Anne de Bonniot). C'est de ce mariage que naquit, entre autres enfants, Marie-Lucrèce Lagier, qui épousa le 9 février 1773, François Long, notaire à Die, père de Jean-Denis Long, né le 3 octobre 1776, docteur en médecine, dans les papiers de qui nous avons retrouvé les Mémoires des Frères Gay. 2° Jean-François, qui suit ; 3° Antoine né le 21 décembre 1733. VII. Jean-François de Lamorte-Félines, né le 9 janvier 1731, mort le 17 mai 1806. Il avait épousé le 17 février 1759 Louise de Lamorte-Charens, sa cousine, qui mourut le 17 nivôse an XIII, âgée de 66 ans. Elle lui donna : 1° Louise Catherine, née le 25 novembre 1762, qui épousa le 19 octobre 1784 Pierre François Accarias, notaire et receveur des domaines à Mens. 2° Etienne-François-Anselme, qui suit ; 3° Alexandre-Frédéric, né le 8 novembre 1773, mort le 4 août 1853, tige des Lamorte-Félines, de Serres ; 4° Marie, qui épousa, le 1er juillet 1788, François-Pierre-Antoine Morin, notaire à Poyol, mort en 1835 ; 5° Antoine-Justin, né le 13 avril 1777 et mort le 9 novembre 1839. VIII. Etienne-François-Anselme de Lamorte-Félines, né le 22 avril 1771, mort le 6 mai 1852. Il avait épousé le 17 mai 1781 Marthe-Josèphe de Lamorte-Charens, sa cousine, dont il eut : 1° Mélanie Louise-Joséphine, née le 5 mars 1792, qui épousa le 5 décembre 1810 Louis-François Bonnefoy, négociant à Montélimar, décédé le 9 novembre 1857 ; 2° Caroline-Camille, née le 15 ventôse an II, qui est morte à Die, le 8 mars 1883, sans avoir été mariée ; et 3° IX Adrien-Jean-François de Lamorte Félines, né le 18 ventôse an IX. Il épousa le 30 octobre 1826 Marie-Julie-Célina Planel et en eut : 1° Alfred, qui suit ; 2° Emile-Etienne-Antoine-Joseph, né le 28 août 1830, qui a épousé le 4 avril 1853 Marie-Anne-Hermine Conneau, dont il a eu deux filles : 1° Marie-Julie-Célina-Eugénie-Hortense, née à Die le 6 septembre 1854 et 2° Jeanne-Françoise-Juliette, née à Montpellier le 16 juillet 1856, décédée l'année suivante. X Alfred-Jean-François-Gaston de Lamorte-Felines, juge de paix à Die, né le 17 août 1827, épousa

l'esdit, (Claude) Expilli, procureur du roy au |parlement de

le 14 décembre 1858 Louise-Mathilde-Paule Marty, née à Valence le 6 janvier 1835. Il est mort ne laissant qu'une fille Claire-Marie-Josèphe-Adélaïde, qui a épousé le 17 janvier 1882 Anatole Heurard de Fontgalland, et qui est décédée à Die le 17 décembre 1884, à l'âge de 25 ans, mère de deux enfants : Humbert et Pierre de Fontgalland. — BRANCHE DES LAMORTE, NOTAIRES A DIE. III Jacques de Lamorte, fils de Jean-François et de Marguerite d'Armand, étudiait à l'académie protestante de Die en 1626 ; il est qualifié docteur et avocat dans une donation de 7 livres, 10 sols de pension, qu'il fit au consistoire de Die, en 1633. Il possédait des biens à Vassieux et à St-Martin-en-Vercors. Il mourut en 1661, laissant de sa femme, Marie d'Alléoud (décédée le 20 décembre 1672): IV François de Lamorte, né vers 1647 et mort le 25 novembre 1724. François était greffier de la judicature mage de Die en 1673, notaire et procureur aux cours de Die, en 1683. Il avait épousé au mois de janvier 1673 Jeanne Gros, fille de Jacques, docteur en médecine à Die, et d'Isabeau Ripert ; Jeanne mourut le 12 août 1704. De ce mariage naquirent : 1° Judith, née en 1676, qui épousa le 22 octobre 1693 Daniel Isoard, procureur à Die ; 2° Louise-Alexandrine, née le 22 octobre 1677, qui épousa le 10 octobre 1698 Etienne Guillet de Lisle, marchand à Die, dont la fille, comme nous l'avons vu, se maria avec Jean-François de Lamorte, son cousin, et lui apporta la seigneurie de Charens ; Louise-Alexandrine mourut le 15 juin 1721 ; 3° Marie, née le 16 janvier 1679, décédée le 9 septembre 1690 ; 4° Elisabeth, qui épousa le 10 mai 1695, son cousin Alexandre de Lamorte-Félines ; 5° François, qui suit ; 6° Anne, née le 16 avril 1683 ; 7° Théophile, né en 1685 ; 8° Marie, née en 1686, morte en 1704 ; 9° Jean, né le 16 juin 1688, décédé en 1696. V. François de Lamorte, né le 24 janvier 1682, fut notaire. Il était consul de Die en 1718. Il mourut le 6 mai 1739. De son mariage avec Catherine Terrisse, naquirent : 1° Anne, née le 16 février 1709, qui épousa le 4 juin 1737 François Brunel ; 2° Jean-François, qui suit ; 3°-6° Daniel, Jean-François, Etienne et Louis, qui moururent en bas âge ; 7° Joseph, officier de Saint-Louis, qui n'eut point d'enfant de Catherine Agnès, sa femme. Il testa le 30 août 1790, en faveur de son frère Jean-François et mourut le 2 juin 1791. VI Jean-François de Lamorte, notaire, né le 20 février 1710 et mort le 24 mai 1758. Il eut de Françoise Gaymar, sa femme, quatorze enfants ; 1° Françoise ; 2° Antoine ; 3° Catherine ; 4° Jean-François, notaire, né en 1731, maire de Die en 1786, député aux Etats généraux de 1788, mort le 8 fructidor an VI ; il avait épousé le 30 janvier 1761 Anne Plante. 5° Jean-Louis ; 6° Anne ; 7° François ; 8° Elisabeth ; 9° Joseph, qui fut père de Thérèse de Lamorte, décédée le 17 avril 1801 et de Paul-Joseph, né le 28 juin 1816 qui épousa Suzanne Bérenger et mourut le 3 décembre 1852 ; ce dernier avait eu un fils, Joseph-Marius, qui mourut le 15 juillet 1843 ; 10° Charles, secrétaire du Directoire du district de Die, qui de Jeanne-Bonne Pascal, eut : Anne-Elisabeth; Jean-François ; Joseph ; Denis ; Pierre-Henri. 11° Pierre, praticien à Die en 1790 ; 12° François ; 13° André ; 14° Jean. — Les autres branches sont étrangères à Die.

Dauphiné, commissaires du roy pour l'observation des Esdits [1], furent au dit Dye et ordonnerent quil seroit etabli ung conseil de 80, qui auroit toute la conduite de la dite ville ; scavoyr 64 conseilliers de la religion refourmée et 16 de la religion catholique. Il fut nommé pour ung des 64 consellers de la religion ; les aultres habitans n'ayant plus voix au conseil, sinon que par la mort de l'ung des quatre vingts que l'on nommoit a la creation des consuls et advant icelle.

En 1615, mourut Izabeau Galland le 17 oct. Peu avant, il perdit deux de ses filles, et lui restoit Anthoyne Louyse et Jeanne.

En 1616, en novembre, il receu lettre de Monseig^r de Lesdiguieres de prendre la lieutenance d'une compagnie de pied, que Monsieur de Nions [2], fils a Mons. de Gouvernet, dresoit au regiment du dit seig^r Desdiguières, pour la guerre de Piémont. Le dit seign^r de Gouvernet, estant arrivé a Dye, l'en fit prier et luy en parla après ; car n'eust eté cela, il n'eut pas entreprins le vouyage et quité ses enfans a cause de leur jeunesse, lesquels il recommanda a son frere, sieur Daniel Gay.

Estant a Grenoble, allant prendre congé du dit seig^r de Lesdiguieres, la nouvelle de la mort de Monsieur de Chambaud [3], ariva, qui fut cause que Monsieur de Gouvernet ne voulut que Monsieur de Nions allâ avec la dite compagnie en Piemond, et le dit Anthoyne y alla comme son lieutenant, auquel voyage il demeura environ sept moys. 70 de ses compaignons y moururent de malladies et trois ou quatre a la güere, et n'en revint que une tranteine tous mallades. Le dit Anthoyne n'y heut aucun mal.

Il fut comandé par le prinse major de Savoye d'aller for-

1. *Cf.* Vie d'Artus Prunier de Saint-André, *publiée d'après un mss. de Chorier, par Vellot.* Paris, 1880, in-8°, p. 279.
2. Jean de la Tour-Gouvernet, seigneur de Montmorin et de Mirabel, gentilhomme ord. de la chambre du roi, gouverneur de Nyons, mourut avant 1630.
3. René II de la Tour-Gouvernet, vicomte de Privas, baron de Chambaud, par son mariage avec Paule de Chambaud. Il fut aussi baron d'Aix, conseiller du roi, sénéchal du Valentinois et Diois, député de la noblesse du Languedoc, aux Etats généraux de 1614. Il fut tué en Piémont en 1615 à la tête de cinq régiments.

ser une Eglize ou 2 ou 300 hommes de la vallée de Scechia s'estoint bariqués, à l'entrée de lad. vallée, avec cent hommes du regiment de M. de Lesdiguieres, soutenus par 200 h. des regiments de Messieurs de Sausy et de la Passa, eulx les conduisants et en la presence du dit prince majour, lesquels après avoyr faict ung salue de mousquetades contre la troupe quil comandoit quiterent et les suivit, mais il heut comandement de se retirer. Il fut commandé avec deux autres capitennes du mesme regiment et deux cents hommes d'aller donner l'asault a une des bresches de Crevacore et le regiment de Mr de Seisy a une autre bresche, ils entrerent après avoir faict quelque resistance et se retirèrent au chasteau, il y avoit de 700 a 800 Tranteins ou Toudesques.

Il print prisonnier ung jeune homme fils du potesta du dit Crevacore qui est ce que nous appelons en ce pays juge, qui luy promit 200 pistolles, ayant esté mené avec les autres prisonniers a Turin, le prinse majour ne luy en fit bailler que 200 ducatons.

Il se retira sur la fin d'apvril a Dye en l'année 1617.

En l'année 1619, au moys d'Aoust mourut Monsieur de Gouvernet [1], gouverneur de Dye et Dyoys, qui avoit esté gouverneur depuis l'an 1585 en Juilhet. Ce fut le comansement de nous maulx que sa mort, car il aymoit le peuple de la ville et n'avions durant sa vie et gouverne heut tant de malleurs qu'avons heu après.

Après luy, Monsieur le baron d'Aix [2], son fils, fut gouverneur, qui estoyt aussy fort aymé du peuple et fort bon seigneur.

En la dite année et en septembre, le dit Anthoyne se remaria avec Loyse Bernard, fille de sire Eynard Bernard et veuve de Jean Pouffier de Montmor ; yl en a heu trois enfants, scavoir : Daniel, Jean, Anthoyne et Marie Gay.

---

1. *René I de la Tour-Gouvernet, baron de Montauban, Mevouillon, Aix, la Chaux, Cornillon, Val d'Oulle, seigneur de Nyons, Montmorin, Mirabel, Quint, Pontaix, Laborel, Val-Gaudemar, Cornillac, etc., mourut à Die en 1619.*

2. *Charles I de la Tour-Gouvernet, bon d'Aix, d'Auberives, seig. de Châtillon, Quint, Pontaix, Barsac, etc., né à la Charce en 1576, testa en 1643.*

En l'année 1621, partie de ceulx de la relligion s'armerent [1] ; en Dauphiné fut faict général Monsieur de Montbrun. Le dit Anthoyne fit une campagne au regiment de Monsieur de Lus, mais Monseigneur de Lesdiguieres estant arrivé dans la province, mirent armes bas.

Il fut deputé avec Monsieur Laurens, 1er consul, et Monsr d'Engilboud pour aller fere la reverance a Monseigr Desdiguieres a Baix, et le fellixiter de ce que meritoirement le roy luy avait donné l'espée de connetable, et iceluy faict connetable ce fut a Lauriol.

Le dit Anthoyne estoit fort souvant depputé pour les affaires de la ville.

En l'année 1623 Monseigneur le comte de Soissons [2], gouverneur de la prouvince estant arrivé a Grenoble et les estats convoqués, il fut deputé avec Monsr de Vercors pour se treuver aux dits Estats de la part du conseilh de ville.

Le gouvernement de Dye fut osté par le roy passant par le Dauphiné a Mr de Gouvernet, moyennant 30,000 livres, quil luy donna comme aussy furent le Montellimar et Niors, moyennant une bonne somme de deniers ; le roy donna le gouvernement de Dye a Monsieur de St Feriol qui estoit gouverneur de Romans [3].

En l'année 1626, le dit Anthoyne fut nommé 1er consul de Dye et avec luy Sr Daniel André et Pierre Poyte tresaurier.

Estant a une assemblée du pays, il fut deputé, avec Monsieur de Monteyson, l'ung des comis du pays, pour aller conduire jusques en Piemond les compagnies de chevaulx legiers de Messieurs de Condé, Montpansier et de Cluye (sic) et cavaliers. Mon dit seigr le connestable a son despart de Grenoble luy

1. *Cf.* Arnaud, Hist. des protestants du Dauphiné, t. II, p. 8-26.
2. *Louis de Bourbon, comte de Soissons, né en 1604, mort en 1641.*
3. *Les Sibeud de St-Ferréol, qui ont joué à Die un certain rôle, descendaient d'un notaire de Vif, Lancelot Sibeud, qui vivait au milieu du XVe siècle. Jean Sibeud, son fils, ayant acquis du chapitre de Die, le 5 novembre 1485, le fief de St-Ferréol, en prit le nom et le transmit à ses descendants. Hercule Sibeud, seigneur de St-Ferréol et Divajeu, avait été gouverneur de Romans en 1597 ; il fut nommé à Die en 1622. De Suzanne Giraud, dame de Divajeu, il laissa Alexandre Sibeud, dont il sera question plus loin.*

dit : « Allés a Lauriol treuver les troupes qui y sont logées, et acompagnés les, avec Monsieur de Monteyson, jusques en Piemond, et sy elles sont battues par les gens de Monsieur de Montauban, perdés vous avec elles.» Estant a Dye, eurent advis qu'ils les attendoint en chemin, entre la Baume et Luc. Elles passerent au col de Meney.

Le sieur de Monteyson s'en retourna a Dye et le dit Anthoyne alla jusques a la frontiere de Piemond avec les dites troupes, et a son retour alla treuver Monseig^r le connetable qui luy avoit escript de l'aller treuver a Valence.

Et en la dite année et au moys d'aoust, morut au dit Vallance Messire François de Bonne, seig^r de Lesdiguieres et connetable de France, en l'eage de 82 ans [1] ; il fut pourté a Grenoble et son cœur y fut enterré et, les ceremonies de son enterrement faictes, l'on pourta son corps au chateau de Lesdiguieres. Le dit Anthoyne fut deputé par le Conseil a Monseig^r le marechal Crequi, auquel ayant dit qu'il estoit de la part de la ville pour luy offrir service et luy tesmoigner le desplaisir que nos habitants avoient de la mort dudit seigneur, la response que fit le dit seigneur : « ils ont bien raison d'en avoir du desplaisir, car il aymoit les habitants de vostre ville et vous particulièrement. »

Environ ung moys après, mourut aussy a Dye Monsieur de St Feriol, nostre gouverneur [2]. Le roy donna a son fils le gouvernement. Ce fut ung grand desplaisir aux habitans, car c'estoit ung bon gentilhomme et qui ne desiroit que de conserver la place et bien servir le roy. La ville y perdit beaucoup. Estant arrivé a Dye il appela a la citadelle Monsieur de Vercors et les capitaines des cartiers, pour leur dire quils continuassent de comander et reduisit les cinq compagnies en quatre, leur

---

1. VIDEL, p. *473. Lesdiguières mourut le 28 septembre 1626, à Valence, dans la maison du chanoine Rousset, située à la côte des Chapeliers. C'est dans cette maison que La Motte-Gondrin avait été assassiné.*

2. *Alexandre Sibeud de St-Ferréol, fils d'Hercule. Il avait épousé le 18 août 1625, Catherine de Moreton, fille de Jacques, seigneur de Chabrillan, et de Guigonne d'Urre. Catherine, devenue veuve, fit un testament le 23 juillet 1678.*

disant qu'il n'avoit autre désir que de servir le roy et de garder les abitans de tout son pouvoir, a ce qu'ils ne fussent foullé.

En 1627 Messire Charles Jacques de Leberon, evesque de Dye et Vallanse luy *(a Antoine Gay)* donna la charge de courcier pour trois ans, comme est de coustume et fut a sa bonne grace.

En l'année 1628, arriva a Dye, environ pasques 3000 hommes de pied et la compagnie de gendarmes de Monseigneur le Mareschal de Crequi, qui durant dix jours vesquirent à discretion sur les paouvres habitans, et furent desarmés ceux de la relligion, et leurs armes balliées au sieur de S' Feriol et mises dans la citadelle.

Il fut député par Monseigneur de Vallance a Turin vers Monseigneur le Mareschal de Crequi, sur quelque dispute qu'arriva entre ledit seigneur et Monsieur de S' Feriol gouverneur [1].

Ce fut en l'année 1629, le roy de France Louys XIII en revenant de Piemond coucha à Dye [2], et huict jours apres passa

1. *Le récit de ces discussions entre l'évêque et le gouverneur de Die est un des épisodes les plus curieux de l'histoire de notre ville au XVII*e *siècle. Nous ne pouvons entrer ici dans des détails que nous donnerons dans notre histoire de Die. Nous nous contenterons de faire connaître que le 7 février 1630 un arrêt du Conseil du roi réservait au roi le jugement de cette affaire, et nous y lisons que l'évêque et le chapitre poursuivaient le gouverneur pour raison de concussion : pour avoir commis un attentat sur la vie du suppliant (l'évêque) la veille de noël dernière au devant de la principale porte de l'Esglise cathedrale, adsisté d'aulcuns de ses chanoines et domestiques, ayant non seulement tiré l'espée, mais ensemble quinze ou seize de ses adherants, la plupart de la religion prétendue réformée, qui tous portèrent l'espée tant contre le suppliant que contre son vicaire general et ses domestiques, deux desquels auroient été blessés... (Livre blanc de l'évêché de Die, fol. 94. MSS aux archives dép. de la Drôme. Fonds de Die, non encore classé).*

2. *Louis XIII se rendait au siège de Privas. Il était à Die le 4 mai et en partit le lendemain pour aller coucher à Crest. Le 6, se trouvant dans cette dernière ville, il acceptait d'être le parrain de deux enfants. Voici ce que nous trouvons dans les registres de catholicité : Le sixieme may de ladite année (1629) a esté baptizé Louis Chion, fils a M*e *Claude Chion, bourgeois de ceste ville et de demoiselle Marguerite Granon (?). Parin a esté sa Majesté tres chrestienne, laquelle commanda a M*e *Philibert de Mont..., baron de*

Monseigneur le cardinal de Richelieu, qui y coucha deux nuicts. Ils logerent a l'evesché.

La dite année, les catoliqs et le seigneur evesque nous firent appeler par devant le conseil du roy, ou ils demandoint plusieurs choses, et lesquels ils obtindrent presque toutes et entre autres : que le conseil de la ville seroit composé de 24, douze catholiqs et douze de la religion refourmée ; le 1er consul seroit catholiq et le 2e de la religion refourmée et le trezourier, creé come a la coustume, mais non desdit 24 ; le secretere, catholiq roumain. Comme aussy fut inibé de ne lever plus aucung argent sur le poys a farines et iceluy abouly. L'affere concernant les revenus des paouvres de l'hospital, renvouyée au parlement de Grenoble. Et pour le temple, qu'il seroit informé sur ledit dans troys moys.

En l'année 1631, fut comansé a establyr le conseil de 24, en presence du Sr Passieu, juge de Dye et commissere a cest effaict. Le conseil des 80 estant mandé, ou apres plusieurs discours sur led. changement, les catholiqs qui estoient là present n'ayant volu nommer leurs douze conseillers s'excuzants sur le petit nombre d'eulx, fut procedé a la dite nomination d'office, par le susdit Passieu, juge. Et par ceulx de la relligion, furent nommés pour conseillers : nobles Jean Faure de Vercors, Reyné d'Engilboud, Monsr Me Estienne Gilbert, Estienne Chastel, André Perinet, Anthoyne Poudrel, David Chalvet, Mr Me Daniel Roman, Jean Trophe, Daniel Avond, Jean Coquet et Jean Gros procureurs. Sur laquelle nomination le sieur Hugon requit que autre nomination seroit faicte par lesd. sieurs

---

de Ber... et gouverneur de B... de faire le reste des ceremonies audit marrine, madame Marie de Montlor, femme de M. d'Ornano, gouverneur de ceste ville. Sad. Majesté luy ayant donné le nom de Louis. — Le mesme jour, les mesmes ceremonies ont esté administrées et le nom donné par sa majesté tres chretienne, ayant faict son entré en lad. ville le jour d'avant, à Louis d'Eurre, fils de (Jacques) d'Eurre, seigneur de Brette et seigneur d'Eurre et de Magdeleine Mistral. Sad. Majesté commanda a M. Cézar de Choiseul, baron du Plessis-Praslin et Madame Marie de Montlor a faire le reste des ceremonies, ayant esté baptisé a Eurre, par Me Forest, curé dud. lieu, pour causes a luy cognues, a ce qu'il m'a dict. (*Note communiquée par M. Brun-Durand, de Crest.*)

de la religion, causant ce que les susdits estoient tous docteurs ou procureurs, et après plusieurs procedures faictes de part a autre, fut aussy procedé par le sieur juge aux nominations de ceulx de la religion a ung aultre conseilh, scavoir noble Reyné d'Engilboud, Messire M⁰ Estienne Gilbert, Estienne Chastel, Izaac Escoffier, Mʳ Pierre Guilet et Daniel Roman procureurs, le sire Anthoyne Gay, Izaac Lenfrey, Danyel Peyrol, Jeremye Vernet, Pierre Romey et Jean Lagier. Pour consuls, Monsieur Mᵉ François Vial, pour premier consul, et sire Pierre Romey pour second. Jean Bertrand, dit Poudrel, pour tresorier et Mᵉ Anthoyne Brunel pour secretaire.

Les douze conseillers catholiqs estoint Monsieur mᵉ Anasthaze Cati, Jean Varinier, le sire Vial, Mᵉˢ Achille David, Claude Arnaud, Jean Dumont, Estienne Marcel, Francoys d'Argenses, Pierre Poyte, Jean Talluote, Estienne Rouyer et Jacques Begoin ; lesquels exerserent leurs charges jusques au moys de mars, que la cour commit le Visenechal de Crest, pour venir proceder a nomination dudit conseil, scavoir :

Pour les catholiqs les douze catholiqs, et pour ceulx de la religion les douse de la relligion.

Et furent nommés pour consuls : Monsieur Mᵉ Jean de Coullet, pour premier consul, et Anthoyne Poudrel, pour second.

Jean Bertrand Poudrel continué pour tresourier et Anthoyne Brunel pour secretaire.

Et pour conseillers de la relligion furent només par le peuple : Noble Jean Faure de Vercors, Philibert Phelipes de Giliers, Messieurs Mᵉˢ Estienne Gilbert, André Perinet, David Laurans, David Chalvet, Sieurs Jean Ducros, Pierre Bertrand, Jeremye Vernet, Mʳˢ Mᵉˢ Daniel Roman, et Jean Coquet, procureurs.

Et des catholiques : Monsieur M⁰ Gaspar Rambaud et Anastaze Cati, chanoine, Monsieur M⁰ Jean Armand et Jean Peyrol, Mᵉˢ Cezar Imbert, Pierre Poyte, Anthoyne Lafaurie, Jean Talluote, Estienne Rouyer, François d'Argense, Jacques Begoin.

En la dite année, survint plusieurs malleurs en ce rouyaume, comme la peste qui recomansa a fere de pointes en plusieurs lieux, et continuant ce que depuis trois ans il avoit comansé, une excessive cherté de vivres, notamment du pain ; car le pain blanc a valu en des endroits de la France cinq sols la livre ; mais en ceste ville a valu trois sols et demy, et deux sols neuf deniers le pain bis ; car sur la fin le sestier de froment valoit douze livres six sols. La livre de la cher de mouton trois sols, et deux et demy la livre de bœuf. Le pot d'huile d'olive 20 sols, celuy de noix dix huit sols, et deux œufs pour ung sou. Et avec tout cela plusieurs nouveaulx offices establis, a la surcharche et ruine toutale du peuple de cette province ; et pour comble de tous les maulx, grand nombre de gents de guerre, qui estoit logé dans ledit rouyaume et particulierement en ceste province et ville, où il y a heu de grands logements et longs, qui ont faict que la ville s'est engagée d'environ 130,000 livres et oultre le particulier en des aultres bonnes et notables sommes.

Sur la fin de l'année 1630, il arriva deux presages de tous les malleurs que j'ay dict cy devant estre a ruine en ceste ville, ce fut que la tour de la maison de ville tumba et la cloche, qui sonoit pour l'exercice de ceulx de la religion et de la maison consulaire du dit Dye estoit logée en icelle, sans se rompre tumba parmy ce debris ou ruyne, qui abatit partie de la salle ou le conseilh de ville se tenoit et acrasa la garde robe ou estoient les papiers de la dite ville. Dieu preserve les abitans et la ville de plusieurs aultres malheurs, qui la menassent, et face que nous humiliant a luy, il nous pardonne et nous fasse revoir les abitans d'icelle en toute sorte de bon repos, comme avions vescu durant le passé de trante et tant d'années.

En Allemaigne arriva la guerre, par la venue aux pays du roy de Suède, qui s'estoit mis en campaigne avec 40,000 hommes pour le service de Dieu et soustien des princes oppressés par l'empereur et le roy d'Espaigne aux pays d'Allemaigne, ou il fit de grands progrès et faicts d'armes et ayant demeuré quelque temps aux pays, mandà ung ambassade au roy de France Louys XIIIe de ce nom, pour l'assurer de son dessein et luy tesmoigner qu'il estoit en volonté de se tenir en son amitié ; et fut entre lesd. deux roys de France et de Suede faict ligue avec beaucoup des aultres princes d'Allemagne et estats de Flandre, pour s'opposer a l'empereur et roy d'Espaigne et aultres princes et estats qui estoint de leur parti ; c'estoit es années 1631, 1632, 1633.

Le dit Gay avec Sr Moyse Vial, furent nommés pour assister les consuls de Dye pour extimer les biens du clergé et de la noblesse. ce qu'ils firent, et environ lequel temps, ou commansement de 1634, ledit roy de Suede mourut en une bataille ou combat, duquel il fut victorieux sur ses ennemis par la prudence et couraige des chefs de son armée et valeur de ses soldats.

L'on croyoit que les armées dudit roy de Suede après sa mort seroit aussitot dissipées, mais par la grace et asistance de Dieu ils continuerent le dessein du dit feu roy et ce avec l'asistance et bon conseilh que le roy de France leur donna, car il leur fournit bons conseils et bon nombre de ses troupes, tant de cavalerie que d'infanterie, quil leur envoya, et permit a ses subjets d'y aller les assister. Et par ce que le duc de Lorraine avoit promis a sa majesté d'estre de son parti et après print celuy de l'Empire et du roy d'Espaigne et aultres princes de leur faction ou ligue, il s'en alla en son pays de la duché de Lorraine, laquelle il conquit et mit des bonnes garnisons aux places fortes pour son service, et s'en retournant en France laissa sur la frontiere d'Allemaigne et aux pays des Grisons les armées conduites par Monseig[r] de Rouan, le seig[r] mareschal de la Force et aultres seigneurs, tant pour adsister aux armées du défunt roy de Suede que defense de ses alliés des cantons de Suisse et conservation de la duchée de Lorraine.

Il declara la guerre ou roy d'Espaine et empereur, en l'année 1635, faisant des esdits par lesquels il defend a ses subjets le traffic et commerce d'Espaigne et desclaire les Espaignols et biens, qui sont dans ses roiyaumes et terres, acquis a soy et tous confisqués. Luy declairant la guerre, il faict mander le ban et riere-ban a sa noblesse et commande aux gouverneurs des provinces et aux cours de ses parlements, juges royaulx et aultres officiers, de fere tenir prests tous les subjets, pour partir avec armes au premier commandement qu'ils en auront ; donne commandement a Monseigneur le duc de Crequi de s'en aller en Italie avec 15000 hommes de pied et deux mille cavaliers avec tout l'atirail necessere a une armée de ce grand roy de France.

En l'année 1634 et sur la fin de may, il fut donné arrest en son conseilh sur le different des trois ordres de la province de Dauphiné, pour raison des tailhes et aultres charges que l'ordre du Tiers Estat suportoit, par lequel plusieurs qui avoit obtenu par faveur et dans la minorité du roy des lettres de noblesse et pretendants reabilitacion d'icelles furent cassées et ce depuys l'an 1602 et le cadastre introduit, et a cet effet fut comis et deputé par sa majesté   de Tallon, conseiller en son conseilh privé, commissaire et surintendant de la justice aux provinces de Daulphiné, Prouvence et Lyonois, et comis pour l'oservation du cadastre et examen du dit arrest. Il ordonna que tous les papiers, parcelleres, cadastres, luy seroient exibés, qu'a ses fins tous les habitans de la province de Dauphiné donret parcelle de ses biens et fonds aux consuls, chastellains et aultres a ce commis des lieux ou les dits biens seroint situés. Et après luy estre remis et pourtés aux lieux ou il leur seroit enjoint.

Et fut pour executer ce commandement au regard de la ville de Dye commis et deputés les sieurs : Cezar Imbert, Jean Gros consuls, Monsr Me Estienne Gilbert, André Périnet, Jean Peyrol et le sieur Brunel secretaire de la ville, et le dit Anthoyne Gay pour aller a Crest et là au nom de la dite ville informer de tout ce que par le dit seigneur de Tallon nous seroit demandé, fere dresser l'estat qu'il conviendroit fere. En effet de quoy ils despartirent de la dite ville avec tous les papiers qui leur estoint necessere, et s'en allerent en celle de Crest, tous les susnommés et commis par le conseilh de la dite ville de Dye, excepté Mrs Me André Perinet et Jean Peyrol qui se treuverent n'estre desputés pour s'y acheminer avec les aultres nommés, qui ne laysserent a fere tout ce qui estoit necessere pour le bien de leur dicte ville. Et ayant demuré pour ce fere 7 ou 8 jours, ils s'en retournerent avec tous leurs papiers et livres du parcellère et perequere. Ce fut en febvrier 1635, sur la fin du moys. Le roy envoya a la Province d'imposer sur les habitants d'icelle la somme de .... et ce en suite de l'arret donné en son conseilh le dernier may 1634, par lequel il est pourté que tous les anoblissements sur de reabilitacions obtenues despuis l'année 1602 estoint cassés et lesdits pretendants nobles tirés aux tailhes, et que tous les biens acquis par les anciens nobles depuis le 1er janvier 1628 en deça payeroient la tailhe.

La dite ville ayant receu le dit mandement et lanson, le conseil fut assemblé et par icelluy conclu quil seroit adjoint aux consuls anciens et modernes, secretaire et tresourier de la dite ville, quelques ungs des conseilhers de la maison consulaire pour les adsister, attendu qu'il falloit metre dans la dite tailhe tout ceulx qui avoient esté anoblis par lettres ou offices, et furent nommés pour ce Monsieur Me Anthoyne Poucrel et le dit Anthoyne Gay, pour fere la dite perequation et fut trouvé expedient de fere et lever neuf tailhes pour le payement de sept mille sept cents ... et pour les droits de recepte de perequation, non valeurs et aultres frais qui revenoient a neuf mil deux cents et ... (sic).

En l'année 1636, Monsieur le Comte de Sault commandant en ceste province de Dauphiné, fit fere une levée de 2,000 hommes aux 10 villes de la province, avec l'adsistance des bourgs et villages, ayant escript aux gouverneurs des villes et consuls de chacune d'icelles de metre sur pied 200 hommes et donner a ceste ville de Dye pour ayder le despartement de Dye, Mens, Vif et Vauboneys, pour fere la levée et ce dans le 20 janvier susdite année qu'il falloit que lesdits 200 hommes fussent prets a partir et s'en aller en l'armée du roy aux Itallies, et servir de crue aux regiments de Monseig^r le comte de Sault et a celuy de Monsieur de Richemond d'Enrichemond.

Le sieur de St Ferreol, gouverneur de Dye et Messieurs du conseil de la ville ayant reçu le dit commandement, s'assemblerent le 10 de janvier susdite année, et attandu le peu de temps qu'il leur restoit, pour fere la dite levée et pour aller inthimer les dits lieus qui y devoint contribuer, deputerent le dit Anthoyne Gay pour aller vers mon susd. Seig^r le comte de Sault pour le supplier de leur donner plus de temps, n'ayant le dit temps pour n'avoyr estés advertis, ne leur demeurant que sept ou 8 jours du temps qu'il leur estoit enjoint de fere marcher les dits 200 hommes, et fere inthimer le bour de Vif, chef de despartement, et fere que leur dict despartement missent sur pied leurs hommes, conformement a l'ordre de mondit seig^r le comte, et fut envoyé aux lieus de Mens et de Vauboneys sieur Jean François de la Morte, pour leur inthimer la susdite ordonance. Il luy fut donné par mon dit seigneur le comte de Sault comission d'aller conduire les susdits 200 hommes en Italie, en l'armée du roy, pour les remetre a M^r le duc de Crequi, qui commandoit la dite armée ou autres ayant charges du roy de la recepvoir.

La troupe ne fut preste que le 21 de febvrier de la dite année, qu'il partit de Dye avec 172 hommes, et allerent coucher a Luc et de là, suyvant la route jusques sur la frontiere de Piemond, furent reçus a Brianson et enroulés les susdits hommes par Monsieur de Charencie, comissere des guerres et contreroulleur desdits gents de guerre, et de la passé le mont Genevre les ay remis an lieu de Bousson a Monsieur de la Passa, capitenne au regiment de mon dit seigneur le comte de Sault ; la plus part des dits soldarts l'ayant quicté en chemin ne voulants passer en Italie tant pour ce qu'ils y alloint la pluspart contraints par les communaultés que pour la crainte de maladies que les françois ont en Italie. Le nombre desdits soldarts qu'il remit estoit de cent hommes.

A mon retour fut faict ordre par mon dit seigneur le comte de Sault le 18 de mars, que les lieus qui n'avoit fourni leurs hommes les fourniroit et que ceulx qui avoint quité se remetroient dans deux jours après la publication d'iceluy, a peyne de la vie, et fut pendu quelques ungs de ceulx qui s'en estoint retournés, et les communaultés des lieux d'ou estoint ceulx qui s'en estoint retournés contraints a en bailher des autres en leurs place, aux despens desdits soldarts. Et les dits hommes estant prest a partir furent bailhés a quelques capitaines des regiments de Sault et de Richemond qui les conduisirent en l'armée.

En l'année 1638 et le 21 septembre, il fut deputé par Messieurs de la ville de Dye d'aller vers Monseigr le duc de Lesdiguieres, commandant en Dauphiné pour le service du roy, pour obtenir route pour loger les hommes que la ville avoit mis par son ordre sur pied, attandu que les aultres nomé par l'election du Montellimar estoint despartis ; lequel seigneur luy auroit accourdé et encor chargé d'iceulx conduire, luy ayant acourdé deux hommes de pied pour l'acompaigner et ayder a faire la dite conduite jusques a Suze et de la prandre nouvel ordre du comisere que le roy y avoit, avec charge qu'il eut de les fere bien equiper a la dite ville et pendant le temps que l'on faisoit fere leurs habits et preparoit tout ce qui estoit necessere, il y eut contremandement et ne despartirent du dit Dye.

La guerre d'Itallye continuant et en l'année 1640, fut encore enjoint aux communaultés de ceste province de Dauphiné de dresser ung homme pour fere et ordonner que les dix villes de la province de Dauphiné eliroint la chacune quatre capitaines, quatre lieutenants et quatre ensegnes pour commander et conduire, le chascun des dits capitaines cent hommes, il auroit esté requis de prendre le soin de la conduite d'une des compagnies par Messieurs les consuls et conseillers de la dite ville, qui luy prometoint luy fournir la somme de 600 livres pour s'equiper et mettre en estat pour ce fere ; quoiqu'il estoit eagé de 69 ans, il s'y estoit resolu, mes pour ce que ceulx qui luy en avoit parlé de la part de la ville luy avoint nomé troys personnaiges qui devoint prendre la mesme charge que luy et après la ville en nouma a leur refus d'aultres, le dit Gay ne volut prendre la dite charge et se parier avec ceulx que la ville noumoit et n'y vollut point aller et ne fut noumé que deux capitaines de la ville pour conduire les hommes, que la ville et villages du Dyois fournissoit [1].

---

[1]. *Les 3 folios de garde, que Gaspard Gay avait laissés en blanc à la tête de l'histoire généalogique de sa famille, ont été utilisés par son frère Antoine, qui y a transcrit de sa main quelques curieuses notes, que nous reproduisons ici.*

J'ay mis les memoires cy après escrites, qui ont esté tirés d'un livre de noble Charles de Jouanny, seigneur de Pennes, abitant en ceste ville de Dye, par sire Gaspard Gay, mon frere, pour informer a l'advenir nos sucseseurs de ces antiquités et choses, survenues en ceste ville, comme :

1374. Anno Domini milesimo tresentesimo sept(uages)imo quarto et die decima mensis septembris, venit bastardus de Cliclino cum multis Britanibus ante Diam et peciere reducere villam et vituallia. Fuit eis contraditum et quod non aberent vinum, neque aliud, et sic redierunt versus vallem Sancte Marye, unde venerunt ibi, ilicque dominus Olivarius de Cliclino *(Olivier de Clisson, né en 1336, gouverneur de Bretagne en 1369, de de Guyenne 1370, connétable de France 1380, mort en 1407)* cum omnibus societatibus Britaniarum, qui erant de numero quatuor decem milia et vigenti bassineti, in quibus erant decem mille equitum et quam plurimi pilhardi et esterunt circam villa, tam in burgis quam in grangiis, sexdecim dies et in decem et septimo die receserunt, redem(ptione) prius habita a villa et apresi(*ata*) tres mile florenorum, et hinc fuerunt destructi burgii qui erant circa villam et civitatem Diensem, regnante domino Ludovico de Villars, episcopo comiteque Diensis et Valentinensis, et erat ibidem cappitaneus ville dominus Odetus de Villars miles et cum ipso erat dominus Guilhermus de Lerz miles et potens de Brissino domina(*ba*)tur et (*erant*) multi alie gentis armigeri. Item predictus potens de Brissino remansit ibidem cappitaneus postmodum per magnum tempus et multum bene se habuit in fortificationes et reparationes ville et recesit cum magno honore et cum laude patrie.

Oultre ce que dessus led. Gaspard Gay a tiré des livres domeniaux de Saint Pierre *(le prieuré de St-Pierre, aux portes de Die)* ce que cy après :

Anno Domini milesimo trecentesimo quadragesimo octavo fuit mortalitas magna universalis per totum mundum, et fuit Die circa principium mensis Mayi et duravit circa finem mensis septembris et obierunt de ecclesiasticis septuaginta quatuor, videlicet de canonicis quindecim, de supercoreariis triginta et de subcorreariis vigenti, de clericis novem.

Ce que cy dessoubs estoit autour de la cloche de la rologe :

SANCTE CHRISTOPHORE ORA PRO NOBIS CHRISTVS VINCIT CHRISTVS REGNAT CHRISTVS AB OMNI MALO NOS DEFENDAT IESVS MARIA IOSEPH AN. 1530.

Les collones qui soutiennent lad. cloche furent montées l'an 1603.

Pour le commentaire, que réclameraient ces dernières notes, nous renvoyons le lecteur à notre Essai historique sur l'Eglise et la ville de Die, *dont le premier volume est publié* (Montélimar, 1888, in-8°, XII et 500 pages).

TABLE ALPHABÉTIQUE

Nota. *Nous n'avons fait figurer dans cette table que les noms auxquels se rattachent des événements de quelque intérêt. L'abréviation n. g. indique une notice généalogique.*

Acier (Jacques de Crussol), 68.
Adrets (François de Beaumont, baron des), 2, 6, 16.
Aix, baronnie, 207.
Albigny (Charles de Simiane de Gordes), 224, 225, 231, 234, 248.
Alixan, 227.
Allex, 210, 23.
Ancone, 229.
Aouste, 215, 225, 25.
Appais (Le capit.) 46. 178. N. g, 280.
Arces (Gaspard d'), 67.
Armand. N. g. 136.
Aubenasson, 75.
Aubres (Le sieur d'), 51.
Aureaux (Les) près Saillans, 77.
Aurel, 32.
Avençon (Guill. d'), arch. d'Embrun, 187, 195, 196.
Avond, famille, not. g., 292.
Barbier (Louis), médecin, 313.
Barbières, château, 147, 154, 215.
Barnaud, vice sénéchal, 209.
Barnaud (Guillaume), peint., 101.
Basset (Félix), 181.
Baulme (La), conseiller au parlement, 241.
Baume-Pluvinel (La) famille, n. g. 276-7.
Baume-Suze (François de la), 127. 217.
Beauchastel, famille, n. g., 302.
Beaufort, château, 36.
Beaume-Cornillane, 84, 195.
Beaumont, près Valence, 215.
Beauvoir, château, 170, 173, 180.
Benoit (Samuel), 303.
Bermen (Guillaume), ministre, 298.
Bise (Pierre), ministre, 305.
Blanc (Etienne), professeur de théol. prot., 324.
Blain (Louis Marcel de), 40.
Blacons (Hector de Forest), 152, 209, 217.
Boffin, conseiller au parl., 241.
Bois (Daniel), 296.
Bosancieu, fort, 227, 230.
Boscodon, abbaye, 208.
Bouffier (Antoine) 329.
Boulc, village, 290.
Bouquéron, 189, 240.
Bourdeaux, 175, 185.
Bourg-d'Oisans, 148, 227, 229.
Bouvier (Le capitaine), 45, 161, 170, 180.
Briançon, 171, 203, 226, 245.
Brion (Pont de), 211.
Brissac (Jacques de Cossé), 112.

BRUNEL de St-Maurice-en-Trièves, fam., n. g. 52.
BRUTIN ou BROTIN, famille, n. g. 29.
BUIS-LES-BARONNIES, 225.
BUISSON (Le sieur du), 225.
CADET (Le capit.), 224.
CAETANI, légat, 236, 237.
CALIGNON (Soffrey de) 186, 224.
CASTILLON (Jean), 87.
CATHERINE DE MÉDICIS, en Dauphiné, 166.
CATI, famille, n. g. 68, 104.
CAZETTE (Le capit. La), 244.
CHABANAS (Jean de), capitaine, n. g., 30, 177, 287, 291.
CHABESTAN, famille, n. g., 283.
CHABESTAN, maison à Die, 176, 188, 194.
CHABEUIL, 22.
CHABRAN (Jean), ministre, 303.
CHAMARET, 217.
CHAMPAGNE (Le capit.), 44.
CHAMPOLÉON (Le capit.), 283.
CHAMPS (Le capit.), 56.
CHAMPS, château, 214.
CHANTELOUBE, maison forte, 302.
CHAPOT (Pierre), 306.
CHARENCY, famille, 105.
CHARPEY (Claude de Lattier, seign. de), 213.
CHATEAU-DAUPHIN, 230.
CHATEAUDOUBLE, 156, 168, 171, 172, 195.
CHATEAUNEUF-DE-MAZENC, 151, 211, 238.
CHATEAU-QUEYRAS, 217.
CHATILLON-EN-DIOIS, 85, 144, 207, 298.
CHAUDEBONNE (Le sieur de), 28, 114, 188.
CHEVALIER (Jacques) 112.
CHEYLARD (Louis de Sauvain du), 39.
CHIPRE, famille, n. g. 91.
CHORGES, 205, 212.
CLAIX, 227.

CLANSAYES, 151, 217.
CLÉRIEU, 162.
CLERMONT-EN-TRIÈVES, 225.
CLERMONT-MONTOISON (Antoine de, 217, 225, 235.
COLLET D'ANGLEFORT, famille, not. g., 56, 103.
COLOMBIÈRE (La), famille n. g , 176.
COMPAGNIES (LES GRANDES), 348.
COMPS (Mary de Vesc, seign. de), 40, 177.
CONFLANS (Jean de), 113.
COPPE, famille, voir Forest.
CORBIÈRES, 227.
CORSANGE, famille, n. g. 51, 273.
COURSAS (Noël de Monteil de), 229.
CREST, 157, 207, 209, 234, 339.
CRUSSOL, château, 156.
CUGY (Aimé de Glane de), n. g. 54, 152, 157, 170, 175, 185, 188, 209, 212, 301.
DAVID (Achille), 105.
DIE, assemblée politique, 5 ; synode, 175 ; communautés relig., 3, 175, 319 ; prise et pillée, 19, 206 ; la citadelle, 188 99 ; peste 211, 278-9 ; famine, 206 ; le temple, 314 ; les écoles, 275-6.
DISIMIEU (César Martin de), 251.
DONZÈRE, 153, 161, 229.
DORNE (Jean de), 112.
DUCROS, famille, n. g. 37 et 295.
EMBRUN, 180, 187 ; concile, 196 ; 203, 205 ; pris, 207 ; 233.
ENGILBOUD, famille, n. g. 289.
EPERNON (Le duc d'), 226.
ESCOFFIER, famille, n. g., 68.
ESPENEL, 32.
ETOILE, 157, 209, 221.
EUSTACHE (David), ministre, 306.
EXILLES, 246, 328.
EZAHUT, 186.
FAURE DE VERCORS, famille, n. g. 264-71.
FAURE DE VERCORS (Jourdain), abbé de St-Jean d'Angely, 269-71.

TABLE ALPHABÉTIQUE 351

Fay-Solignac, famille, n. g. 236.
Flandaine-en-Royans, 230.
Fonclère, 235.
Forest, famille, n. g. 132.
Frise, 233.
Froment, famille, n. g. 63.
Galland, famille, n. g. 329.
Gap, 148, 151, 181, 185, 187, 222 ; capitulation, 225 ; 234.
Garagnol, famille, n. g. 330.
Garcin, famille, n. g. 81.
Gay (Thomas), sa vie par Gaspard Gay, 274-9, ses mémoires, 27-141.
— (Gaspard), son autobiographie, 231-97 ; ses mémoires, 251-320. — (Antoine), son autobiographie et ses mémoires, 326-48. — Famille, généalogie, 251-348.
Gentillet (Innocent), 175.
Geyssans (Aymar de Clermont de Chatte), 188, 229.
Gières, fort, 219, 241.
Gilbert de Verdun, famille, n. g. 330.
Gilbert (Jean), peintre, 186.
Gironde, famille, n. g. 103.
Glandage (Claude de Lhere, seig. de), sa famille 27 ; 184, 189, 208, 233.
Gordes, lieut. gén., 17, 90, 155, 158, passim.
Gouvernet (René de la Tour), 6, 63, 206 et passim.
Grammont, famille, 233 ; voir Vachères.
Grane, 24, 50, 186.
Grenoble, 172, 180, 186, 196, 203, 209 et suiv.
Grignan, 207.
Gua (Louis de Bérenger, seig. du), 126.
Guillestre, 217.
Haumonté (La chanson du), 96.
Henri III, 124, 125 ; lettres, 168, 204, 214.
Hostun, 148, 215.

Izeron, 147, 170.
Jarrie, 205.
Jésuites (Les) en Dauphiné, 195.
Jonchère (La), château, 148.
Jonchère (Gabriel Forest de la), 205.
Jony, famille, n. g. 64. — (Charles de), fragments de ses mémoires, 348.
Jouven, famille, n. g, 284.
Lacombe (Ennemond), ministre, 174, 177, 181, 305.
Lambert (François), cordelier apostat, 4.
Lamorte, famille, n. g. 331-4.
Laprade (Le capit.), 162.
Lastic (Le sieur de) 51.
Leberon (Charles de Gélas), évêque de Valence et de Die, 200, 339.
Lesdiguières, 147, 155, 164 et passim. Sa lettre aux habitants de Die, 182.
Lhôtel (Jean de), évêque de Viviers, 127.
Lionne (Sébastien de), 179.
Livron, premier siège, 25 ; second siège, 108-41 ; 181, 185.
Long (Jean-Denis), médecin et historien, 13, 300.
Loriol, 34, 186.
Lorraine (Jean, cardinal de), évêque de Valence et de Die, 3 ; — (Charles, cardinal de), 141.
Lusi (Jean de), ministre, 302.
Maigret (Amédée), dominicain apostat, 5.
Malhefaud (Pierre), 44.
Malsang (Michel), dominicain apostat, 298 ; famille, n. g. 263.
Manas, 22.
Marie (Guillaume), 177, 179 ; famille, n. g. 30).
Marignac, 150.
Marsane, 229.
Marsas, 162.
Mas (Le sieur du), 73.
Maugiron (Laurent de), 158 et pas-

sim. Lettres, 163, 189, 203, 206, 209, 229.
MER (Gaspard de la), pédagogue, 298.
MÉVOUILLON, 225, 290.
MIÉLON (Daniel), 290.
MIRABEL-EN-DIOIS, 210.
MIRABEL (Claude de), sa famille, n. g. 132, 283, *passim*.
MOIRANS, 170, 205, 234.
MOLLANS, 225.
MONESTIER-DE-CLERMONT, 210.
MONLUC (Jean de), évêque de Valence et de Die, 7, 200.
MONTBONNOT, 240, 241.
MONTBRUN (Charles du Puy, seig. de), 2 ; sa famille, n. g. 35 ; 20, 89, 145, 146, 283.
MONTÉLIMAR, 203, 206, 207, 213, 215, 217, 225, 226, 288.
MONTFLEURY, 240.
MONTLAUR-EN-DIOIS, 207. — (Le S^r de), 205.
MONTELÉGER, 147, 215.
MONTSÉGUR, 217.
MORESTEL, 148, 242.
MORGES (Giraud de Bérenger), 231, 283.
MOTTE-CHALANCON (La), 142.
MURES (Jean de Bourrelon, seig. de), 162.
MURE (La), 172, 173, 174, 181.
NEGRO (Hercule), 173, 189, 190.
NEMOURS (Le duc de), 251.
NYONS, 180, 195, 225.
ODDEFRED, famille, n. g. 60.
OISANS, pays, 259.
OLIVIER (Le capit.), 46.
ORNANO (Alphonse d'), 206, 215, 225, 228, 230, *passim*.
OURCHES (Rostaing d'Urre), 94, 145.
PAPARIN-DE-CHAUMONT, (Pierre), évêque de Gap, 187.
PARIS (Philibert de Brutin, seig. de), sa famille, n. g. 29.
PASCHAL (Pierre), inquisiteur, 15.
PAULMIER (le capit.), 164, 168.

PASSAGE (Le sieur du), 205, 223, 233.
PAYSANS (La guerre des), 162 et suiv.
PERDEYER, famille, n. g. 314.
PESTE (La) en Dauphiné, 211, 278, 348.
PIÉMONT (Eustache) chroniqueur, 8.
PILES (Le sieur de), 36.
PLANTE (Guillaume), 176. — (Jean), 299.
POET (Le capitaine du), 177, 206, 209, 221, 225.
POET-LAVAL, 215.
POITIERS (Louis de), évêque de Valence et de Die, 3.
PONET, 150.
PONTAIX, 27, 175, 186. — (Le capitaine), 138.
PONTCHARA, 329.
PONT-EN-ROYANS, 24, 161, 172, 179, 212.
PRACOMTAL (Le sieur de), 215, 229.
PRADELLES, 82.
PRÉVÔT (Pierre), peintre, 186.
PRION, famille, n. g. 135.
PRUNIER-St-ANDRÉ (Artus), 232, 247.
PUYMORE, citadelle à Gap, 187, 220, 224.
PUY-St-MARTIN, 151.
QUINT (Les Tours de), démolies, 186.
RACHAT (Le pont), 27.
RAMBAUD, famille, 102. — (Antoine), 293, 294.
RECOUBEAU, 95.
RENIER (Etienne), cordelier apostat, 5.
REYNARD, famille n. g. 113.
ROCHEBAUDIN, 151.
RIPERT, famille, n. g. 300.
ROCHE (Balthazar de Flotte, baron de la), 205, 206, 213, 223, 233.
ROCHE-SUR-BURS (La), 33.
ROMANS, 157, 159, 163, 203, 211, 213, 223, 225, 236, 261.
ROYSSES (Philibert de) et sa famille, n. g. 136.
SAILLANS, 43, 186, 209, 210.
SAINT-ANTOINE, 212, 233.

TABLE ALPHABÉTIQUE 353

Sᵗ-Auban, 113. — (Le capitaine), 177, 178.
Sᵗ-Barthélemy (La), en Dauphiné, 21.
Sᵗ-Egrève, 229.
Sᵗ-Ferréol (Le sieur de), 60, 183.
Sᵗ-Marcel-lès-Sauzet, 206.
Sᵗ-Marcellin, 179, 229, 292.
Sᵗ-Maurice-en-Trièves, 52.
Sᵗ-Nazaire-en-Royans, 172, 180, 220, 230.
Sᵗ-Nazaire-le-Désert, 83.
Sᵗ-Paul, en Gapençais, 245.
Sᵗ-Paul-lès-Romans, 212.
Sᵗ-Paul-Trois-Châteaux, 30, 186, 207.
Sᵗ-Quentin, 170, 172, 180.
Sᵗ-Restitut, 180.
Sᵗ-Robert, 236.
Sᵗ-Sorlin, 242.
Sainte-Croix-en-Quint, 27.
Sainte-Marie (Claude de la Rivière), 52.
Samson, 215.
Saone (La), 170.
Saou, 210, 229, 230.
Sauvain-du-Cheylard, famille, n. g. 86.
Sauzet, 162.
Savasse, 186, 230.
Scharpius (Jean), professeur à Die, 323.
Serres, 180, 225.
Sibeud-de-Sᵗ-Ferréol, famille, n. g. 337.
Sigoyer, 180.
Soubreroche, 91, 290. Voir Chipre.
Suffize (Le capitaine) et sa famille, n. g. 87.
Tallard, 171, 172, 187, 220, 222, 234.
Terrasson (Jeanne), ses mémoires, 331.

Tour-du-Pin, 241.
Tournon (Jacques de), évêque de Valence et de Die, 5.
Tourrettes (Les), 151.
Triors (Claude Odde de), 205.
Tullette, 153, 186.
Tullins, 170.
Uriage (Le sieur d'), 187.
Urre, 156, 209.
Vache (La), 215.
Vachères, 285. — (Le capitaine), 50, 177, 221.
Valence, 156, 157, 171, 188, 195, 201, 203, 207, 211, 213, 220, 223, 225.
Vallette (Bernard de Nogaret, duc de la), 209, 225, 233.
Vallier (Guillaume), ministre, 315.
Valloire (Le soulèvement de la), 170, 205.
Vaudois, 15.
Vaulserre (Guillaume de) et sa famille, 99.
Ventavon, 180.
Vercheny, 30.
Vercoiran (François des Massues), 40, 182.
Vercors, famille de Die, 52. Voir Faure de-Vercors.
Vercors, famille de Saillans, 57.
Vienne, 185, 236, 238, 251.
Vif, 210, 215, 221.
Vigne, famille, n. g. 293.
Villars (Pierre de), archevêque de Vienne, 4.
Vinsobres, 186.
Visite pastorale (Ordonnance du parlement prescrivant une, 196-200.
Vizilles, 205, 215, 229.
Voiron, 232, 247.

A. M. D. G.

MONTBÉLIARD, IMP. P. HOFFMANN

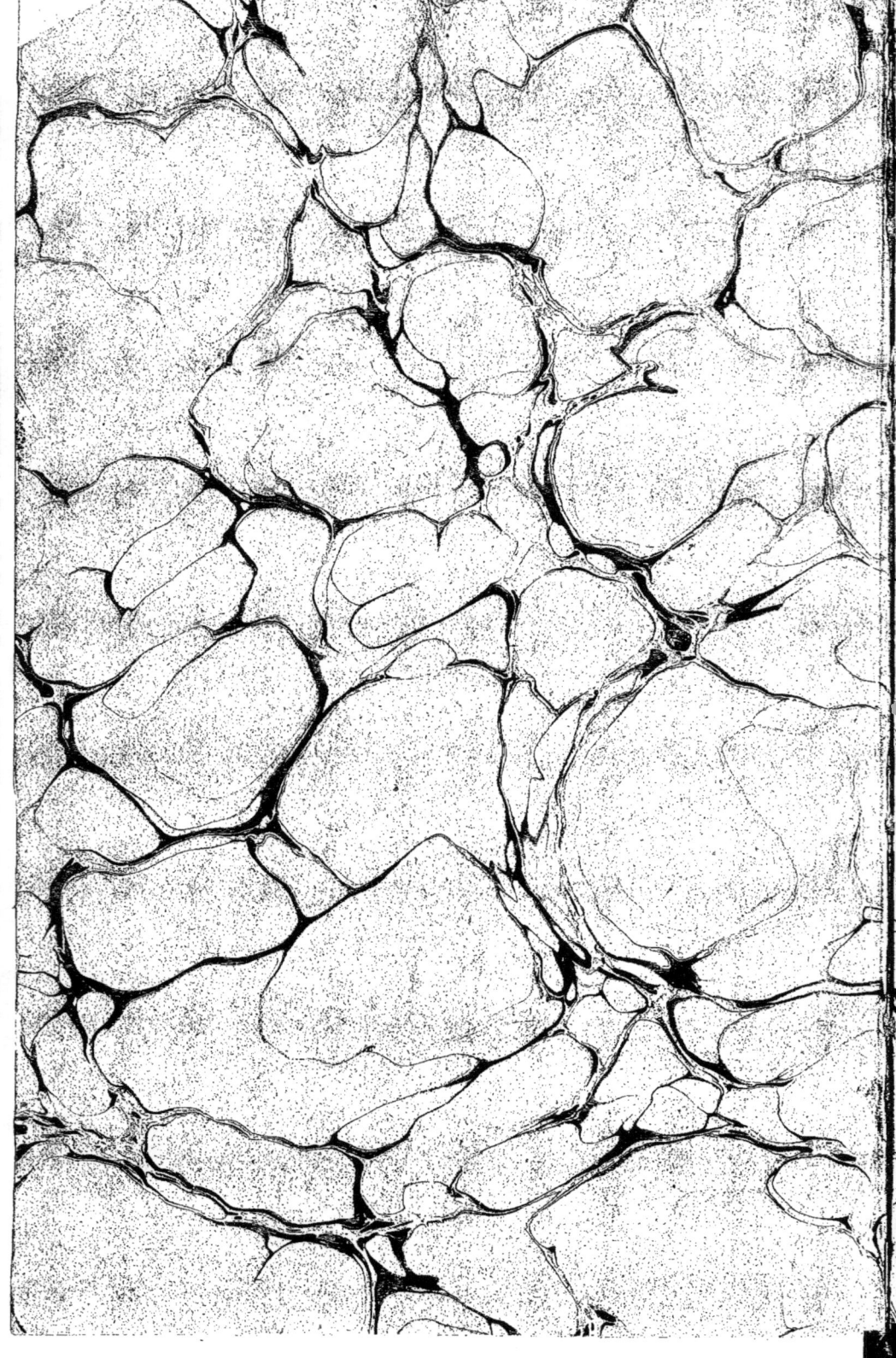

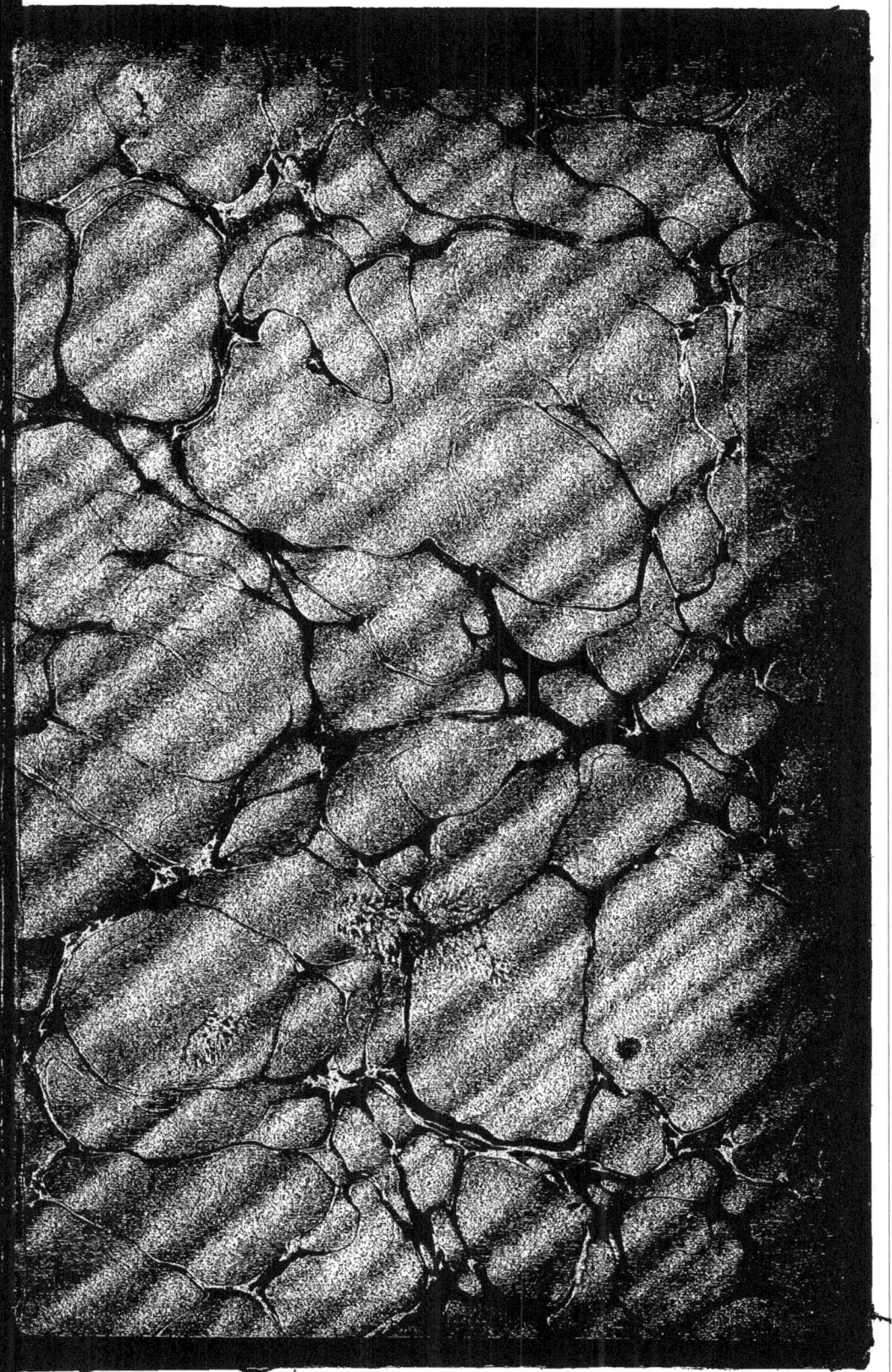

CHEVALIER

MÉMOIRES
DES
FRÈRES GAY
DE MONTBÉLIARD

L² 3696 k

www.ingramcontent.com/pod-product-compliance
Lightning Source LLC
Chambersburg PA
CBHW070845170426

43202CB00012B/1950